ジェームズ・リカーズ
藤井清美 訳

ドル消滅

国際通貨制度の崩壊は
始まっている！

THE DEATH OF MONEY
The Coming Collapse of the International Monetary System
James Rickards

朝日新聞出版

ドル消滅

国際通貨制度の崩壊は始まっている!

目次

第Ⅱ部　貨幣と市場

第八章　ＩＭＦ

第九章　貨幣化する金

第一〇章　ＦＲＢ

ドル消滅
国際通貨制度の崩壊は始まっている!

THE DEATH OF MONEY
The Coming Collapse of the International Monetary System

THE DEATH OF MONEY
The Coming Collapse of the International Monetary System
by James Rickards

This edition published by arrangement with Portfolio, a member of Penguin Group (USA) LLC,
a Penguin Random House Company through Tuttle-Mori Agency, Inc., Tokyo.

Book Design
松田行正+杉本聖士

そこで、あなたの見たこと、現在のこと、
今後起ころうとすることを書きとめなさい。

黙示録一章一九節（『口語　新約聖書』日本聖書協会、一九五四年）

序文

ドル・パニックふたたび

本書はドルの終焉《しゅうえん》について論じる本だ。その延長線上で、国際通貨制度の崩壊の可能性についても論じることになる。なぜなら、ドルに対する信認が失われた場合、他のどの通貨も世界の準備通貨というドルの地位を引き継ぐ用意はできていないからだ。ドルは基軸である。ドルと国際通貨制度は表裏一体なので、ドルが崩壊したら、それとともに国際通貨制度全体が崩壊する。このダブル崩壊は恐ろしい可能性だが、これから説明していく理由により、ますます避けがたくなっているように見える。

まずは過去を振り返ってみよう。

今日のアメリカ人で、一九七八年にドルが世界の準備通貨としての機能を失いかけたことを思い出す人はほとんどいないだろう。その年、FRB（アメリカ連邦準備制度理事会）ドル・インデックスは気が滅《め》入《い》るほど低水準に落ち込み、アメリカ財務省はスイス・フラン建ての国債を発行せざるをえなかった。外国の債権者たちは、価値貯蔵手段としての米ドルをもう信頼しなくなっていたのである。ドルの購買力は低下の一途をたどり、一九七七年から一九八一年の間に半減した。その間のアメリカのインフレ（物価上昇）率は、五〇パーセントを超えていたということだ。国際通貨基金（IMF）は一九七九年から、持てる資源を総動員して世界通貨（特別引き出し権、略称SDR）を発行せざるをえなかった。ドルに対する世界の信認が低下する中で、IMFは市場に一二一億SDRを投入することで流動性を提供したのである。

われわれは、あの暗い時代を思い出したほうがよいだろう。金《きん》の価格は一九七七年から一九八〇年の間に五〇〇パーセント上昇した。一九七一年のニクソン大統領の金兌換《だかん》停止により、ドルの管理された減価として始まった動きが、七〇年代の終わりには本格的な暴落に発展したのである。ドルの暴落は大衆文化にまで入り込んだ。ジェーン・フォンダ主演の一九八一年の映画『華麗なる陰謀』は、ドルを投げ売りして金を買おうとする産油国の秘密計画を扱ったもので、銀行崩壊、金融パニック、世界各地の暴動という結末になっていた。フィクションではあったが実に迫力があり、将来を暗示していたと言えるかもしれない。

ドル・パニックが最も深刻化したのは一九七〇年代の終わりだったが、ドルに対する信認の喪失は、一九七一年八月、ニクソン大統領が金に裏づけられたドルを放棄した直後にはすでに感じられるようになっていた。作家のジャネット・タバコリは、ドルの断末魔の苦しみが明白になったとき、海外にいたアメリカ人がどのような状態に追いやられたかを描き出している。

海外旅行をしていたアメリカ人は、レストランやホテルや土産物店がドルの為替《かわせ》変動リスクを引き受けたがらないことを突然思い知らされた。フェラゴスト（訳注　イタリアの八月中旬の祝日）とあって、ローマの銀行は営業しておらず、現金が足りなくなったアメリカ人は厄介な状態に追いやられた。ホテルの支配人は、チェックアウトするゲストにこう尋ねていた。「金をお持ちではありませんか？　なにしろ、あなたの国、アメリカの大統領があんなことをしたんですからね」。彼はまじめに言っていたのである。金での支払いを受け入れる、と。

私はとっさに、ホテル代をリラで前払いしたいと言った。……支配人は手を叩《たた》いて喜んだ。彼も他のスタッフも、王侯貴族に対するように私をもてなしてくれた。私はいまいましいドルを持つ他のアメリカ人と同じではなかった。残りの滞在期間中、どの店もレストランも私を客にしたがらなかったが、私がリラで払えるとわかってからは別だった。*1

FRB議長ポール・ボルカーと新大統領ロナルド・レーガンのその後の取り組みが、ドルを救うことになる。ボルカーは一九八一年に金利を一九パーセントに引き上げて、インフレを退治し、ドルを外資にとって魅力的な投資対象にした。レーガンは一九八一年から減税と規制緩和を実施し、これによって企業の自信を回復させ、アメリカを外資がどんどん流入する国にした。一九八五年三月には、ドル・インデックスは一九七八年一〇月の最低水準から五〇パーセント持ち直しており、金価格は一九八〇年の最高水準から六〇パーセント下落していた。アメリカのインフレ率は一九八〇年の一三・五パーセントから一九八六年には一・九パーセントに低下した。状況がこのように好転したので、ハリウッドは『華麗なる陰謀2』の制作には乗り出さなかった。一九八〇年代半ばには、混乱はおさまり、キング・ドルの時代が始まっていた。一九七八年以後、世界の準備通貨としてのドルは消え去りはしなかったが、消え去る寸前だったのだ。

世界は今、あの時代に戻っている。

今日の世界経済には、一九七八年と似通った症状がいくつも見て取れる。二〇一一年七月、FRBドル・インデックスは、一九七八年一〇月のパニック時の水準より四パーセント以上低い史上最低値を記録した。二〇〇九年八月には、IMFがふたたび国際金融市場の緊急救援者になった。三一〇〇億ドル相当のSDRを新たに発行するという形で救いの手を差し伸べ、SDRの流通量を八五〇パーセント増大させたのだ。九月初めには、金価格が一オンス一九〇〇ドルに迫る史上最高値を記録した。これは、先ごろの不況が始まる直前の二〇〇六年の平均価格を二〇〇パーセント上回る価格だった。二一世紀の大衆文化は、『華麗なる賭け』の二一世紀版とも言える金融崩壊を扱ったテレビドラマ、*Too Big to Fail*（大きすぎてつぶせない）を世に送り出した。

一九七八年と近年の出来事との類似は不気味ではあるが、すべてが同じというわけではない。一九七八年に世界を苦しめていた要素で、今日は表に現れていないものが一つある。それは吠《ほ》えなかった犬、すなわちインフレだ。だが、犬の声が聞こえていないからと言って、それは危険が存在しないということではない。消費者物価指数など、広く注目されている米ドルのインフレ指標は、二〇〇八年以来ほとんど変化していない。それどころか、緩やかなデフレ（物価下落）になった月もあった。インフレは中国とブラジルで現れており、中国では政府がインフレ抑制のために通貨安政策をとり、ブラジルではバス運賃などの基本的なサービスの価格高騰が暴動を発生させた。アラブの春の初期段階の抗議行動は、食料品価格の高騰にもよるものだった。それなのに、米ドルのインフレは抑え込まれてきたのである。

もっと詳しく見ると、一九九〇年以前の方法を使ってアメリカの物価指数を算出する慣行がある一方で、アメリカ人が実際に直面しているインフレをより正確に表すと言われている別の財・サービスのバスケット（組み合わせ）を使うインフレ算出方法もある。こちらの方法では、アメリカの年間インフレ率は政府の公式数値の二パーセントではなく九パーセント程度になるので、警戒信号が出ていることになる。牛乳やパンやガソリンを買っている人なら誰でも、間違いなくこの高いほうの数字が正しいと思うだろう。こうした影の統計値は多くを物語りはするが、国際通貨市場やFRBの政策にはほとんど影響を与えない。ドルに対する脅威とそうした脅威に対してFRBがとる可能性のある対応を理解するためには、FRBの目を通してドルをとらえることが必要だ。その視点からは、インフレは脅威ではない。

それどころか、インフレ率を押し上げることは債務危機に対するＦＲＢの解決策であり、政策目標でもあるのである。

このインフレ推進政策は、大惨事を自ら招き寄せるようなものだ。とはいえ、ＦＲＢを始めとする主要国中央銀行の未曾有《みぞう》の貨幣増刷にもかかわらずインフレが発生している様子がないことに、ＦＲＢに批判的な人々は困惑している。ＦＲＢが二〇〇八年以降ベースマネー（中央銀行が供給する通貨）の供給量を四〇〇パーセントも増やしてきたのに、インフレが事実上まったく見られないのはなぜかと、多くの人が首をひねっている。だが、二つの説明がすぐ手近にあり、これらの説明はどちらも崩壊の可能性を示唆している。一つは、アメリカ経済は構造的に傷んでおり、そのため大量に供給されたマネーを有効に利用できないのだという説明。もう一つは、インフレは近いうちにやってくるという説明だ。どちらの説明も当たっている。アメリカ経済は壊れているし、インフレは迫りつつあるのである。

本書は、これらの事象を独特な方法で分析する。この後に続く章では、均衡モデルやいわゆるバリュー・アット・リスク評価、それに推定相関などの一般的な経済分析ツールを批判的に検討する。広く使われている一般均衡モデルは摂動均衡や二重均衡の状態では無意味であることを、読者は理解することになるだろう。世界経済はまだ「ニュー・ノーマル（新しい標準）」に至ってはいない。世界は今、羅針盤も海図もないままオールド・ノーマルからニュー・ノーマルに向かって航行しているのである。

危険は内からも外からもやってくる。われわれは、中央銀行は経済を窮地から救うことができるという間違った信頼を抱いてきた。実際には、中央銀行は市場を破壊しているのである。デリバティブ（金融派生商品）がもたらす危険を測定するためにウォール街や規制当局が使っているバリュー・アット・リスク・モデルは、笑ってしまうような代物だ。このモデルは過度のレバレッジ（負債）――われわれの社会をどんどん不均衡にしている法外な報酬に変換されるもの——を覆い隠している。隠れたコストの報いが来て納税者がふたたび[illegible]を払わされるとき、銀行家は豪邸やクルーザーでゆったりくつろいでいるだろう。これらの[illegible]たちは、だまされやすい記者や買収された政治家に、この新しい崩壊は予[illegible]と説明するだろう。

われわ[illegible]ないもの[illegible]債務や財政赤字の実態を直視するのを拒んでいる間に、世界中の多くの国がドルに圧力を[illegible]りになっている。われわれは、金本位制は過去の遺物だと思っているが、今や世界中で金の[illegible]戦が起こっており、これは金本位制に戻る動きの表れかもしれない。サイバー金融攻撃がもたらす危険や世界金融戦争のリスクを、われわれはずいぶん過小評価しているのである。

金融アナリストやエコノミストが好む回帰分析や相関分析は、行く手にあるリスクを避けるためには無力である。これらの分析手法は、「未来は過去とある程度似通っている」と想定している。歴史は偉大な教師ではあるが、金融アナリストたちの想定には致命的な欠陥がある。そのうちの一つは、過去を振り返る際、さかのぼり方が十分ではないことだ。ウォール街で使われているほとんどのデータが、一〇年か二〇年、せいぜい長くて三〇年前までしかカバーしていない。なかには、過去一〇〇年間のデータを使い、それほど遠い過去には存在していなかった測定手段に代わる適切な手段を見つける、より研究熱心なアナリストもいるかもしれない。だが、歴史上の文明崩壊で最も大規模な二つ、青銅器時代の崩壊とローマ帝国の没落は一六〇〇年の時を隔てて起こったのであり、しかも後者は、一六〇〇年前の出来事だ。文明の崩壊が迫っていると言いたいのではない。単にほとんどの回帰分析がきわめて限定的な図しか与えてくれないことに注意を向けてほしいのだ。

もう一つの欠陥は、ある種のリスクを史上例を見ない規模のものにする拡大のダイナミクスを、アナリストたちが理解していないことに関係がある。潜在的リスクはシステムの規模の指数関数であり、デリバティブで測った金融システムの規模は前例のない大きさであるから、リスクも当然、前例のない大きさ、ということになる。

ドルに対して使われる崩壊という言葉が世界の終わりのように響くとき、それは一〇〇パーセント実際的な意味を持っている。崩壊とは、簡単に言うと、ドルの未来の購買力に対して市民や中央銀行が信認を失うということだ。その結果として、ドルを持っている者たちは、通常より速いペースで支出したり実物資産を購入したりすることによってドルを手放すことになる。この急激な行動変化は、当初は金利の上昇やインフレ率の上昇、それに資本形成の崩壊を引き起こす。最終的な結果は（一九三〇年代のように）デフレのこともあれば、（一九七〇年代のように）インフレのこともあり、その両方になることもある。

ドルと国際通貨体制の迫りくる崩壊は完全に予見できる。これは、議論を刺激するための結論ではない。国際通貨体制は前世紀に三度崩壊した。一九一四年と一九三九年と一九七一年だ。いずれの崩壊も、その後に大混乱の時期が続いた。一九一四年の崩壊は第一次世界大戦によって引き起こされ、その後一九[illegible]年から一九二一年にかけてハイパーインフレ（物価暴騰）と不況が交互に訪れる混乱の時期と一九二〇年、一九三〇年代の新たな崩壊の一因となった欠陥の多い金本位制だったにもかかわらず、年に生み出された[illegible]は安定を取り戻した。一九三九年の崩壊は第二次世界大戦によるもので、一九四四ソンによるドルの金兌換停[illegible]ッズ体制によってようやく安定が取り戻された。一九七一年の崩壊はニクされていたのではあるが——って引き起こされ——もっとも、この結末は何年もかけて徐々に形成その後の混乱は、一九七八年にドル崩壊に近い状態になるほど深刻化した。

次に訪れる崩壊は、これまでの崩壊と同じく戦争、金、大混乱のいずれかをともなうと思われ、三つすべてをともなうことも考えられる。本書はこれから数年のうちに発生する可能性が高い、ドルに対する最も差し迫った脅威、すなわち金融戦争、デフレ、ハイパーインフレ、市場崩壊について説明する。やがて訪れる大混乱を乗り切れるのは、今のうちに準備しておく国や個人だけだろう。

本書は、広く使われているが正しくない手法の代わりに、現在のリスクと生じる可能性が高い結果を眺める最も適切なレンズとして、複雑性理論を使う。資本市場は、他に類を見ないほど複雑な系《システム》だ。複雑性理論は科学の歴史においては比較的新しい理論だが、誕生から六〇年の間に気象、地震、社会的ネットワーク、その他の密結合システムに広く適用されてきた。複雑性理論の資本市場への適用はまだ始まったばかりだが、すでに従来の手法より大きな予測力を持つリスク測定法や価格力学に関する洞察を生み出している。

これから説明していくように、次の金融崩壊は史上類を見ないものになるだろう。それでも、この世の不透明な金融事象をより明確にとらえることは、投資家が最善の戦略を考える助けになる。本書の「むすび」でいくつかの提言を挙げるが、取るべき最善のコースを決めるためには、岐路で立ち止まってリスクの地雷原をしっかり把握し、ドルの終焉について熟考することが必要だろう。

単なる市場の結果に目を奪われるのではなく、金融戦争について考えてみよう。

金融戦争

われわれは、金融戦争を行う準備ができているだろうか？　金融戦争という行為は、単なる競争的な振る舞いではなく意図的な悪意ある振る舞いをともなうので、国家間の通常の経済競争とは別物だ。金融戦争では、混乱を生じさせ、パニックをあおり、最終的には敵の経済を機能停止にするために、デリバティブの使用や取引所への侵入が必要になる。金融戦争は、産業スパイ活動をはるかに超えたものだ。産業スパイ活動は遅くとも一九世紀初頭から、すなわちアメリカ人のフランシス・カボット・ローウェルがイギリスの自動織機の設計を記憶して、アメリカで同じものをつくったときから行われてきた。

現代の金融戦争の手段には、隠れヘッジファンドや、受注システムにダメージを与えて、アップル、グーグル、ＩＢＭのような銘柄の大量の売り注文を模倣させるサイバー攻撃などがある。このような戦術に懐疑的な効率的市場論者たちは、一目散に逃避する市場の不合理な弱点を見抜くことができない。金融戦争は、富の最大化ではなく勝利を目的とするものなのだ。

ドル覇権の時代における金融戦争のリスクは、かつてなかったものだ。アメリカはこれまで、市場参加者が自国の安全保障をドルに依存しない世界で生きる必要は一度もなかったからだ。一九七八年にドルからの逃避がピークに達したときでさえ、ドイツや日本や石油輸出国はソ連の脅威からの保護をアメリカに全面的に依存していたので、当然ドルを下支えするものと思われていた。今日、ロシア、中国、イランなどの有力国は、自国の安全保障をアメリカに依存してはいない。それどころか、アメリカが経済的に傷つくことに、何らかの利益を見出《みいだ》すことさえあるかもしれない。資本市場は戦略事項の領域に決定的に移行しており、しかも、その意味合いを最も理解する必要があるウォール街のアナリストやワシントンの政策決定者は、この新しい世界を漠然としか認識していない。

加速するインフレ

一八世紀初頭のリチャード・カンティロンから二〇世紀のＶ・Ｉ・レーニンやジョン・メイナード・

ケインズまで、インフレの批判者たちはこぞって、インフレは貯蓄、資本、経済成長をひそかに破壊すると考えてきた。

インフレは往々にしていつの間にか始まり、それと気づかれないうちに足場を固める。中央銀行にとって重要な意味を持つこの認識の遅れは、貨幣錯覚と呼ばれている。人々は実質的な富が創出されつつあると感じるのであり、そのためケインズの言う「アニマル・スピリット」（訳注 投資行動の動機となる、将来に対する主観的な期待）がかき立てられる。銀行や目先の利く投資家は富をつかみ、一般市民の手には価値の下がった貯蓄や年金や生命保険が残ったことには、後になってようやく気づくのだ。

一九六〇年代、七〇年代は、貨幣錯覚の格好のケーススタディになる。一九六一年から一九六五年まで、アメリカの年間インフレ率は平均一・二四パーセントだった。一九六五年にリンドン・ジョンソン大統領が大々的な支出を開始し、ベトナム戦争の拡大と「偉大な社会」の恩恵をめざす「大砲もバター」政策で財政赤字を発生させた。この支出をまかなう資金はＦＲＢによって供給され、その資金供給は一九七二年にニクソン大統領が再選されるまで続いた。インフレ率は当初は緩やかに上昇し、一九六六年に二・九パーセントに、一九六七年に三・一パーセントになった。それから制御不能となり、一九七〇年には五・七パーセントに上昇し、最終的には一九八〇年に一三・五パーセントというピークに達した。インフレ率が一九六〇年代初めには当たり前だった一・九パーセントという水準に戻ったのは、一九八六年になってからだった。

一九六〇年代、七〇年代から得られる二つの教訓が、今日、きわめて重要だ。一つは、インフレは一般国民が気づかないうちに大きな勢いを得ることがあるという教訓だ。インフレが重要な政治課題となり、公共政策の突出した懸案事項になったのは、インフレ・サイクルに突入して九年後の一九七四年のことだった。勢いと認識のこのずれが、貨幣錯覚の本質なのだ。

二つ目の教訓は、インフレ認識は、いったん変化したらリセットするのがきわめて難しいということだ。ベトナム戦争の時代には、普通のアメリカ人がインフレに注目するまでに九年かかり、インフレ期待を落ち着かせるにはさらに一一年の歳月がかかった。坂の上に岩を押し上げるには、上から下に転がすよりはるかに時間がかかるのだ。

最近の状況に目を向けると、FRBは二〇〇八年以降、三兆ドル以上の貨幣を増刷してきたが、アメリカ国内では物価はあまり上昇していない。それでも、FRBは二・五パーセント以上というインフレ目標を設定しており、その目標が達成されるまでは増刷のペースを緩めはしないだろう。FRBはインフレをアメリカの債務の実質価値を低下させ、デフレという恐ろしい現象を防ぐ手段とみなしているのである。

そこに大きなリスクがある。インフレ目標が達成されてインフレ期待が変わったら、インフレ率の上昇がインフレ期待を高め、それがインフレ率をさらに上昇させるというフィードバック・ループ（訳注　フィードバックの繰り返しで結果が増幅されること）が生まれると、歴史からも行動心理学からも予想されるのだ。FRBは、このフィードバック・ループを止めることはできない。なぜなら、そのダイナミクスは金融政策によるものではなく、人間の性質によるものだからだ。

インフレのフィードバック・ループが勢いを増す中で、一九七〇年代末の再現が予想されるようになるだろう。同じコインの両面である金価格の急騰とドルの暴落が、たちまちのうちに起こるだろう。次の天井知らずのインフレと前回のそれとの違いは、ロシアと中国とIMFが、ドルではなく金とSDRで新しい準備資産を提供する用意があることだ。ドルが次に綱から落ちたときには、安全ネットはないのである。

隠されたデフレ

アメリカでは一九二七年から一九三三年までのデフレ以来、長期間のデフレは発生していない。そのため、デフレを実際に記憶しているアメリカ人は今ではほとんどいない。FRBによる大々的な貨幣増刷がなかったら、アメリカは二〇〇九年から二〇一三年にかけて深刻なデフレにみまわれていただろう。アメリカ経済の強いデフレ傾向は消え去ったわけではなく、覆い隠されているにすぎない。

デフレは、多くの理由からFRBの最悪の悪夢である。デフレによる実質利益には簡単には課税できない。年間一〇万ドルの給与をもらっている学校管理者が、物価が変わらない中で五パーセントの昇給を得たとすると、彼女の生活水準は税引き前で見ると五〇〇〇ドル分上昇することになる。だが、政府がその五〇〇〇ドルに課税するので、彼女の手元に残る額は五〇〇〇ドルより少ない。それに対し、彼女の所得が変わらない中で、物価が五パーセント下落したら、彼女の生活水準は同じく五〇〇〇ドル分上昇するが、それは賃金の上昇ではなく物価の下落という形でもたらされるので、政府はその上昇分に課税できないのだ。

デフレは政府債務の実質価値を増大させ、返済をより難しくする。デフレの流れを反転させることができなければ、「インフレによる事実上のデフォルト（債務不履行）」という比較的痛手の少ない結果ではなく、政府債務の明白なデフォルトが発生するだろう。デフレは名目GDP（国内総生産）成長率を低下させ、その一方で、名目債務額は財政赤字のせいで毎年増大する。これは債務の対GDP比率を高め、アメリカをギリシャと同じ軌道に乗せ、政府債務危機の可能性を高める働きをする。

デフレは個人債務の実質価値も増大させ、デフォルトと破産の大波を生み出す。これらの損失は次に銀行の肩にかかり、銀行危機を引き起こす。FRBの最も重要な使命は銀行システムを支えることだから、デフレは防がなければならない。デフレは銀行の支払い能力を脅かす不良債権を生み出すからだ。

最後に挙げると、デフレは自己強化的に悪化していき、FRBがこの流れを逆転させるのは不可能に近い。FRBは、インフレを抑制する能力には自信を持っている。もっとも、一九七〇年代の教訓は、思い切った措置《そち》が必要な場合があることを示しているのではあるが。FRBは、デフレを終わらせることの難しさをよく知っている。現金の価値が日ごとに高まっていくというデフレの決定的特徴が見られるとき、人や企業は現金を退蔵し、支出や投資を行わない。この退蔵が総需要を抑え込み、GDPを縮小させる。だから、FRBは二〇〇八年以降、三兆ドル以上の貨幣を増刷して、デフレが始まること自体を防ごうとしてきたのである。この先数年間のFRBの政策として最も可能性が高いのは、デフレをかわすために大々的な貨幣増刷を継続することだろう。FRBの実務上の前提は、「インフレの帰結はどんなものでもそのうちに対処できる」である。

デフレを抑えるために貨幣増刷を続けるうちに、FRBは増刷の政治的限界に達する可能性がある。それはFRBのバランスシート（貸借対照表）が五兆ドルを超えたときか、FRBが時価ベースで見ると支払い不能の状態になったときだろう。その地点に達したら、FRBの理事たちはデフレと一か八かの勝負をすることを選ぶかもしれない。悪魔とのダンスというこのシナリオでは、FRBは財政政策によって総需要を維持しようとするだろう。そうしなければ、いくら貨幣を増刷してもデフレが勝利するおそれがあるからだ。これは、FRBがヘリコプターからカネをばらまいても、それを拾うと債務を背負うことになるので国民が拾おうとしないときに起こりうる。どちらのシナリオでも、アメリカは明白なデフレに直面していた一九三〇年代に、突然逆戻りすることになるだろう。

このような状況では、デフレを断ち切る唯一の方法は、アメリカが金の価格をたとえば一オンス七〇〇〇ドル、場合によってはそれ以上に引き上げると、大統領令によって宣言することだ。FRBはフォートノックスに保管されている金を使って財務省の代わりに公開市場操作を行うことで、この価格固定化を実現することができる。一オンス七〇〇〇ドルという価格を維持するために、一オンス六九〇〇ドルになったら買い手に回り、一オンス七一〇〇ドルになったら売り手に回るのだ。目的は金の保有者を裕福にすることではなく、全般的な物価水準をリセットすることだ。

このような措置はありえないように思えるかもしれないが、実行されればきわめて大きな効果を上げるだろう。この世に孤立して動くものはないのだから、金に対するドルの価値のこうした引き下げは、他のすべてのもののドル価格の上昇にただちにつながるだろう。金が一オンス七〇〇〇ドルの世界は、石油が一バレル四〇〇ドル、銀が一オンス一〇〇ドルの世界でもある。一九三三年にアメリカが金の価格を一オンス二〇・六七ドルから一オンス三五・〇〇ドルに引き上げたとき、つまりドルを四一パーセント減価したとき起こったように、金に対するドルの価値を引き下げたら、デフレを鎮静化することができるのだ。アメリカがふたたび深刻なデフレに直面した場合、金に対するドルの価値の引き下げという同じ措置がとられるだろう。貨幣増刷が失敗したら、他に解決策はないからだ。

市場の崩壊

市場の崩壊は、基本的な経済政策とは別個のシステミック・リスク（訳注　特定の金融機関や市場の機能不全が、市場全体に波及する危険性）によるものだ。市場崩壊のリスクは、規制機関の無能さと銀行の強欲さによって増幅される。複雑性理論は、このリスクを分析するのに適した枠組みだ。

この分析の出発点は、資本市場は複雑系の四つの決定的特徴、すなわち主体の多様性、結合、相互依存、適応行動をすべて示していることを認識することだ。「資本市場は複雑系である」と結論づけることは、規制やリスク管理にとって深い意味合いを持つ。第一の意味合いは、リスクの正確な大きさはデリバティブの名目価値の総額であって、正味の額ではないということだ。すべての銀行のデリバティブ持ち高の総額は、今では六五〇兆ドルを超え、世界全体のＧＤＰの九倍以上になっている。

二つ目の意味合いは、複雑系で起こりうる最大の惨事は、システムの規模の非線形指数関数だということだ。これはすなわち、システムの規模が二倍、三倍になると、大惨事のリスクは一〇倍、一〇〇倍に増大するということだ。これは九・一一とか二〇〇八年といった、歴史的な出来事にもとづくストレス・テスト（健全性審査）に価値がない理由でもある。前例のない規模のシステムは、前例のないシステミック・リスクをもたらすからだ。

システミック・リスクのこうした突出に対する解決策は、驚くほど単純だ。ただちに行うべきことは、大規模な銀行を分割することと、デリバティブを禁止することだ。大規模行は、グローバル金融にとって必要不可欠なものではない。大型融資が必要なときは、過去にアラスカ・パイプライン、初期のスーパータンカー船団、初代のボーイング747型機などの大型インフラ・プロジェクトでよく行われたように、主幹事行がシンジケート（協調融資団）を組めばよいのである。銀行分割の利点は、銀行の破綻《はたん》がなくなることではなく、銀行の破綻が脅威ではなくなることだ。破綻のコストは封じ込められるようになり、システムを脅かすような転移は生じなくなるだろう。ほとんどのデリバティブを禁止すべき理由は、もっと単純だ。デリバティブはあいまいな値付けによって銀行を儲《もう》けさせ、簿外会計処理によって投資家をだますという目的以外には、事実上、何の役にも立たないのである。

これらの戦略の利点が何であれ、大規模行が分割されたりデリバティブが禁止されたりする可能性は皆無である。これは規制当局が時代遅れのモデルを使ったり、銀行自身のモデルに頼ったりしているため、システミック・リスクを把握できないでいるからだ。議会が行動しないのは、議員がおおむね銀行の政治献金のとりこになっているからだ。

銀行やデリバティブのリスクは引き続き拡大し、次の崩壊は前例のない規模になるだろう。システムの規模が前例のない大きさになっているからだ。FRBの資源は、二〇〇八年に全面的な崩壊を防ぐのがやっとだったのだから、さらに大規模な崩壊が起こったらFRBのバランスシートは押しつぶされると予想するべきだ。FRBは相対的に穏やかな時期に三兆ドル以上の貨幣を増刷してきたのだから、将来、さらに三兆ドル増刷することで対応するのは政治的に実行不可能だろう。世界をふたたび流動性で満たす仕事はIMFが担うことになるだろう。公的機関の中でバランスシートが傷んでいないのはIMFだけだからだ。IMFはSDRの大量発行によって危機にうまく対処し、この通貨オペレーションは基軸準備通貨としてのドルの役割に事実上、終止符を打つだろう。

未来の通貨制度

ドルに対するこうした脅威は随所に見られる。内生的な脅威は、FRBの貨幣増刷とギャロッピング・インフレーション（訳注　物価水準が年率一〇パーセントを超えるペースで上昇する急激なインフレ）の懸念である。外生的な脅威には、ロシアや中国による金の蓄積（これについては第九章で詳しく説明する）という、新しい準備資産への移行の前触れとも言える動きがある。

このほかに、無数の副次的な脅威がある。インフレが発生しないとしたら、それは止められないデフレのせいだろうし、FRBの対応は大胆なリフレ（通貨再膨張）政策になるだろう。ドル本位制から抜け出したいと思っているのはロシアと中国だけではない。イランやインドはアジア準備通貨への移行を先頭に立って進めるかもしれないし、湾岸協力会議加盟国は、ペルシャ湾に置かれる中央銀行が発行する新しい地域通貨で原油の輸出価格を表示するかもしれない。ドルに対する地政学的脅威は経済競争にとどまらず、悪意のあるものに変化して金融戦争の形をとるかもしれない。最後に挙げると、グローバル金融システムは、正面攻撃を受けなくても内部の複雑さと波及効果のせいで自《おの》ずと崩壊するかもしれない。

今のところ、ドルと国際通貨制度は同義である。ドルが崩壊したら国際通貨制度も崩壊するだろう。崩壊しないはずがないのである。普通の市民や貯蓄者や年金生活者が、崩壊後の混乱の主な被害者になるだろう。ただし、こうした崩壊は通商や金融や銀行業の終焉を意味するわけではない。主な金融プレーヤーたちは、国家であれ、銀行であれ、多国籍企業であれ、何とか切り抜けるだろうし、その一方で、諸国の首脳や財務大臣や中央銀行総裁はひっきりなしに会議を開いて、ゲームの新しいルールをとりまとめるだろう。金融エリートたちが制度を立て直す前に社会的混乱が生じたとしても、諸国は軍事警察、軍隊、無人偵察機、監視体制、大統領令など、不満を抑え込む手段を備えている。

未来の国際通貨制度は、ドルを基軸とするものにはならないだろう。中国、ロシア、産油国、その他の新興国が一体となって、アメリカの通貨覇権の終結と新しい本位制度の創設を要求するからだ。新しい本位制度の基軸が金になるか、SDRになるか、それとも地域準備通貨のネットワークになるかはまだわからない。だが、選択肢は限られており、投資家は主な可能性を詳しく研究することで優位に立ち、この新しい世界で富を保全する合理的な見通しを得ることができる。

システムは制御不能になっている。新しいプレーヤーの登場、忠誠関係の変化、政治家の愚かさ、技術の変化など、経済の世界の状況変化によって、投資家は混乱状態に陥っている。読者は本書で、ドルの終焉とその結果生じる国際通貨制度の崩壊を垣間《かいま》見るとともに、古い制度の焼け跡から生まれる新しい制度を先取りして眺めることになるだろう。

第 I 部

貨幣と地政学

MONEY AND GEOPOLITICS

第一章　市場のシグナル

われわれが最も心配していることの一つは、今日何かが起こることだ。事後の分析でわかるのは、二週間前にそれが起こっていたのに、処理されていなかった別の何かに埋もれていたため、われわれは気づかなかったということだ。

B・〝バジー〟・クロンガード（CIA行政本部長）　二〇〇一年九月一日

絶対的証拠は、九月一一日の前にオプション市場で異常な取引があったという見解、テロリストかその仲間が間近に迫った攻撃の事前情報にもとづいて取引を行ったことと矛盾しない見解を裏づけている。

アレン・M・ポテシュマン（イリノイ大学アーバナ・シャンペーン校）　二〇〇六年

何事も、公式に否定されるまでは信じてはいけない。

クロード・コックバーン（イギリスのジャーナリスト）

九・一一の異常なインサイダー取引

「独りで取引する者はいない」。金融市場の金言だが、この自明の理はあらゆる取引に取引記録が残ることを意味している。どこを調べ、履歴やデータをどのように分析すればよいかを知っていれば、こうした取引記録から、大小さまざまな見かけどおりのプレーヤーによるありふれた株式売買についてはもちろん、もっと不穏な事実やトレンドについても多くのことを読み取ることができる。九・一一を取り巻く市場の証拠――その大部分が一般国民にはほとんど知られていない――は、その好例だ。

ラングレーのCIA（アメリカ中央情報局）本部のセキュリティ万全の会議室は窓がなく、静かで狭苦しいので、そこを使う人々から「金庫室」と呼ばれている。二〇〇三年九月二六日、ジョン・マルヘレンと私は、本部ビル四階の金庫室で隣同士の席に座っていた。マルヘレンは、ウォール街史上屈指の伝説的な株式トレーダーだった。私は九・一一テロ攻撃の事前情報にもとづく株式取引に関するCIAの幅広い調査の一環として、テロリストの取引をモデル化するよう依頼されていたのである。

私はマルヘレンの目を見て、九・一一の直前にアメリカン航空株のインサイダー取引があったと思うかと尋ねた。彼の答えはあけすけだった。「あれは、私がこれまでに見た最もあからさまなインサイダー取引だったよ」[*1]

マルヘレンは一九七〇年代初めに株式取引の世界で働き始め、二五歳でメリルリンチ史上最も若いマネージング・ディレクターの一人になった。八〇年代の取引不祥事事件の一環として一九九〇年にインサイダー取引で有罪判決を受けたが、その判決は控訴審でくつがえされた。彼の有罪判決の根拠とされたのは、自身がインサイダー取引で悪名を馳《は》せたアイヴァン・ボウスキーの証言だった。[*2]マルヘレンは裁判期間中に、ボウスキーを白昼堂々と殺すつもりで銃弾入りの突撃ライフルを車に積んでいたため、ニュージャージー州ラムソンの自宅で警察に逮捕されたことがあった。

マルヘレンはオプション取引の専門家で、オプションの価格とオプションの原資産となっている株式の価格との数学的つながりを熟知していた。乗っ取り株のベテラン・トレーダーでもあって、案件情報が往々にして事前にリークされること――これは「インサイダー取引をしてくれ」と言っているようなものだ――をよく知っていた。インサイダー取引とそれを表す価格シグナルの関連について、マルヘレンほど詳しい人間はいなかったのだ。

われわれがラングレーで顔を合わせたとき、彼は当時七社あったニューヨーク証券取引所スペシャリストのうちの一社、ベアー・ワグナーのCEO（最高経営責任者）だった。最近は重要性が薄れているが、九・一一の時点では、スペシャリストは売り手と買い手をつなぐ最も重要な橋渡し役だった。スペシャリストの仕事は、マーケットメイク（訳注　投資家の売買注文の相手方となって取引を成立させること）を行って価格を安定させることだった。スペシャリストはマーケットメイクでとるリスクを分散させるためにオプション市場を使っており、ニューヨークの株式取引とシカゴのオプション取引を結びつけるきわめて重要な存在だった。

マルヘレンの会社は、九・一一当時、アメリカン航空株の指定マーケット・メーカーだった。旅客機がツインタワーに激突したとき、彼は世界貿易センター近くの自分のオフィスから煙と炎を目にして何が起こったのかを即座に理解した。他の人々が「小型機が航路を外れたのだろう」と思っていた間に、マルヘレンはS&P五〇〇銘柄の先物を猛烈な勢いで売りまくった。攻撃発生から先物取引所が閉鎖されるまでの九〇分間に、彼は株式の空売りで七〇〇〇万ドルの利益を手にしたのである。その利益は、のちに全額慈善事業に寄付したのだが。

マルヘレンは目撃者だった。彼は九・一一テロの発生とそれに先立つインサイダー取引の両方を目撃したのである。二〇〇三年に彼がラングレーにいたのは、九・一一の前から始められていたＣＩＡのプロジェクトに参加するためだった。

テロリスト・トレーダー

二〇〇一年九月五日――ニューヨークとワシントンへの攻撃が九月一一日に行われることをウサマ・ビン・ラディンが知ったのは、この日だった。[*3] テロへのカウントダウンはすでに始まっていた。ニューヨーク証券取引所周辺の街路が死と瓦礫《がれき》で埋め尽くされるまでに残された取引日は、四日間だった。この攻撃に関するインサイダー情報を持っていたテロリスト・トレーダーたちがテロから利益を得る戦略を実行できるのは、その四日間だけだった。九・一一テロの事前情報にもとづくインサイダー取引は、九月六日には大々的に行われていた。

ビン・ラディンはサウジアラビア有数の富裕な一族の出身で、金融取引について高度な知識を持っていた。アルカイダの他のリーダーたちも、九・一一テロの実行犯を含めて、無知で貧しい階層から集められたわけではなかった。彼らは医師やエンジニアで、多くがドイツやアメリカなどの先進国に住んでいた。またアルカイダは、日常的に株式取引を行っている富裕なサウジ人から金銭的支援を受けていた。

アルカイダがニューヨーク証券取引所の仕組みに精通していたことは、よく知られている。九・一一テロからわずか数週間後に行われたパキスタンのジャーナリストのインタビューで、ビン・ラディンは次のように語ったが、この発言は、彼がテロと金融取引の関係をどれほど密接なものとみなしていたかを示している。

九月一一日火曜日にニューヨークとワシントンで起こった出来事、あれはどんな基準で見ても本当に大きな出来事です……そして、タワーの倒壊が……途方もなく大きな出来事だったとすれば、その後の出来事はどうでしょう……今なお続いている経済的損失について話しましょう。

ニューヨーク株式市場の損失は、一六パーセントに達しました。この数字は史上最大だと言われました。二三〇〇年以上前にあの市場が開設されて以来、一度もなかった数字だと。……あの市場の取引総額は四兆ドルに上ります。ですから、四兆ドルに一六パーセントを掛けて株式の損失額を出すと、それはアラーの思し召しで六四〇〇億ドルに達するのです。*4


九・一一にハイジャックされた四便の運航会社、アメリカン航空とユナイテッド航空は上場企業で、両社の株式はニューヨーク証券取引所で取引されている。二〇〇一年には、アメリカン航空はAMR、ユナイテッド航空はUALというティッカー・シンボルで取引されていた。

インサイダー取引の証拠を探す調査官は、通常、株式市場と密接につながっているオプション市場から調べ始める。過去の多くのインサイダー取引事件が、オプションは、インサイダー取引者が好んで使うツールであることを示してきた。理由は明白だ。オプションは、同じ額の資金に通常の株式取引よりはるかに大きなレバレッジ（増幅）をかけられるのだ。ウォール街のいかさま師にとって理にかなっていることは、テロリストにとっても理にかなっている。確実なことに賭けているとき、レバレッジは予想利益を拡大してくれる。そして、テロリストたちは確実なことに——彼らの攻撃の後に発生するパニックに——賭けていたのである。

九・一一テロ攻撃の実行面の詳細を事前に知っていたのは少数の実行部隊のメンバーだけだったが、二〇〇一年九月一一日に攻撃が行われるということは、周囲のもっと多くの人に知られていた。ハイジャッカーのすぐそばにいる仲間、同居人、金銭的支援者、それに家族や友人たちだ。[*5] テロリストから間近に迫った攻撃のことを聞いた人々がそれを他の人々に話し、この情報は、ウェブビデオがクチコミでどんどん広がるように社会的ネットワークを通じて広まった。

社会的ネットワークの中で広まるテロ攻撃の事前情報は、諜報《ちょうほう》機関の助けにはならない。メッセージを傍受すれば話は別だが、傍受は情報収集のための資源を適切なチャネルに振り向けるという面でも、シグナルをノイズと区別するという面でも課題を突きつける。だが、九・一一の前には、少なくとも一つのチャネルは赤ランプを点滅させて、航空会社を巻き込む悲惨な出来事が今にも起ころうとしていると世界に伝えていた。そのチャネルは、アメリカの金融界の頂点に立つ組織、ニューヨーク証券取引所だった。

テロへのカウントダウンが進む中で、市場のシグナルはツナミのように押し寄せた。特定の銘柄の下落に賭ける取引と上昇に賭ける取引の比率は、通常は一対一だ。[*6] ところが、九月六日、七日の両日には、ユナイテッド航空株の下落に賭けるオプション取引が上昇に賭ける取引を一二対一の比率で上回った。九月八日と九日は週末で、証券取引所は休みだった。テロ攻撃前の最後の取引日は九月一〇日で、その日はアメリカン航空株の下落に賭けるオプション取引が上昇に賭ける取引を六対一の比率で上回った。そして、二〇〇一年九月一一日、ユナイテッド航空とアメリカン航空の便が世界貿易センターとペンタゴン（国防総省）に突入した。テロ攻撃後の最初の取引日には、テロ前日の終値からユナイテッド航空の株価は四三パーセント、アメリカン航空の株価は四〇パーセント下落した。何千人ものアメリカ人が死亡した。その一方で、オプション取引を行った者たちは莫大《ばくだい》な利益を得ていたのである。

九・一一の直前に見られたような、弱気の賭けが強気の賭けを上回る一方的な取引は、その銘柄に関するマイナスのニュースがある場合は異常ではないだろう。だが、当時、航空会社についてはとりたててニュースはなかった。サウスウエストやUSエアウェイズなど、他の大手航空会社の株式には、アメリカンとユナイテッドを襲った大量の弱気取引は見られなかったのだ。

表面上は、九・一一直前の四取引日にアメリカン航空とユナイテッド航空の株価の下落に大量の一方的な賭けが行われただけだった。だが、ベテラン・トレーダーや高度なコンピューター・プログラムは、このパターンが表すものにすぐに気づく。それは、マイナスのニュースが出る前のインサイダー取引だった。テロリストたち自身と彼らの社会的ネットワークだけが、そのニュースがアメリカ史上最もまがまがしいテロ攻撃になることを知っていたのである。

テロ攻撃前のインサイダー取引にテロリストが関係していたことを示す証拠は、取引記録だけではない。だが、そうした証拠にもかかわらず、政府が設立した九・一一委員会は次のように結論づけた。


証券取引委員会、FBI(アメリカ連邦捜査局)、および他の機関による徹底的な調査では、テロ攻撃を事前に知っていた者が証券取引によって利益を得たという証拠はまったく発見されていない。*7

九・一一委員会報告書で使われているこの文言は、巧妙なごまかしだ。これらの機関による調査では証拠は発見されていないと述べているが、それは証拠がないということではなく、これらの機関は証拠を発見できなかったということにすぎない。利益を得た者はいなかったと結論づけているが、それは取引が行われなかったということではなく、利益が確定されなかったということにすぎない。おそらく犯人たちは、奪ったカネの袋を逃走中に落としてしまった銀行強盗のように、儲《もう》けを受け取りそこなったのだろう。テロリストのインサイダー取引者たちは、攻撃後に証券取引所が数日間閉鎖され、そのため取引を清算して利益を受け取ることが不可能になるとは予想していなかったのかもしれない。

便乗取引

公式に否定されているにもかかわらず、科学的分析の世界やシグナルの増幅という現象にもっと深く入り込むと、テロリストと取引のつながりを示す証拠が見つけられる。九・一一の前の異常なオプション取引は、複数の学者によって詳しく研究されてきた。九・一一委員会の調査が終わった後に発表されたものが大部分を占めるこれらの研究論文は、九・一一前のオプション取引はインサイダー情報にもとづいていたと断定している[*8]。

九・一一に関連したテロリストのインサイダー取引に関する第一級の学術研究は、二〇〇二年から二〇〇六年までの四年間にわたり、当時イリノイ大学アーバナ・シャンペーン校にいたアレン・Ｍ・ポテシュマンによって行われた[*9]。彼の結論は、二〇〇六年にシカゴ大学から出版された。

これらの結論は、強力な統計的手法に支えられていた。これは目撃者がいない場合にＤＮＡを使って犯罪を立証するようなものだ。殺人事件では、検察官が被告のＤＮＡを犯罪現場で発見されたサンプルと照合する。ＤＮＡが一致しても被告は無実かもしれないが、その可能性はほとんどないと言えるほど低い。そのため、陪審員は通常、有罪判決を下す。ある種の統計的相関はきわめて強力なので、間違いの可能性がわずかながらあるにもかかわらず、明白な結論を引き出さざるをえないのだ。

ポテシュマンのような学者は、膨大なデータを使ってベースラインと呼ばれる株価の通常の振る舞いを設定する。それから対象期間の実際の取引をベースラインと比較して、対象期間が通常の活動を示しているか極端な活動を示しているかを判定する。極端な活動が見られた場合は、それを説明するためにさまざまな説明変数が試される。この手法は、調査や法の執行にかかわる多くの文脈で有効であることが実証されてきた。[*10] たとえば、インターネット・バブルの時代には、IT企業が広く行っていたストック・オプション（自社株購入権）の違法なバックデイティング（訳注　オプションの付与日を実際より前の日付にすること）を暴くために、この手法が使われた。

ベースラインを設定するためにポテシュマンが使った主なデータは、S&P五〇〇指数を構成する全銘柄の一九九〇年から九・一一テロ直後の二〇〇一年九月二〇日までのオプション取引の日次記録だった。彼は関連のある比率をいくつか調べたのち、テロリストが使った可能性が最も高いもの、すなわちAMRとUALのプット・オプション（売る権利）の単独買いに注目した。株式のプット・オプションを買うということは、その株式の値下がりに賭けるということだ。

彼はそれらのデータを、プット・オプションの取引量がきわめて少ないことを表す〇・〇からきわめて多いことを表す一・〇までの数値に置き換えた。その結果、九・一一前の四取引日には、ハイジャックされた航空会社のどちらかについて一日の最高数値が〇・九九だったこと、また両社を合わせた四日間全体の最高数値は〇・九六だったことが明らかになった。このような極端な歪《ゆが》みの原因となるニュースがない場合、必然的に引き出される結論は、この動きはインサイダー取引を示しているということだった。ポテシュマンは次のように述べている。

九月一一日に至るまでの数日間のオプション市場での異常な活動を示す証拠があり、これは投資家がテロ攻撃の事前情報にもとづいて取引したことと符合する。*11

スイス金融研究所によって行われたもう一つの優れた研究も、同じ結論に達している。この研究は一九九六年から二〇〇九年までの期間を対象とし、アメリカン航空を含む三一社の株式の九六〇万件を超えるオプション取引を分析したもので、九・一一については次のように結論づけている。

アメリカン航空、ユナイテッド航空、ボーイングのような企業、またそれより程度は低いもののデルタ航空、ＫＬＭオランダ航空のような企業は、テロ攻撃に至るまでの期間にインサイダー取引活動の標的になっていたようだ。その期間に新たに発行されたプット・オプションの数は統計的に見て大量で、これらのオプションを行使することで実現される……利益の合計額は一六〇〇万ドル以上に上る。これらの発見は、やはりテロ攻撃前のオプション市場の異常な活動を立証しているポテンシュマンの証拠（二〇〇六年）を裏づけている。*12

九・一一委員会はこれらの学者が使った取引記録の存在を知っていたし、テロリストによるインサイダー取引があったという報道を熟知していた。それなのに、オプション取引とテロリストのつながりを完全に否定したのである。委員会がテロリストによるインサイダー取引があったという結論を導き出せなかったのは、シグナルの増幅を理解していなかったからだ。

株式取引におけるシグナルの増幅は、インサイダー情報にもとづく少量の違法な取引が、「誰かが私の知らない何かを知っている」という認識にもとづく、はるかに大量の合法的な取引を生み出す現象を言う。合法的な取引者が最初の違法な取引に、その違法性を知らずに便乗するのである。

この場合も、独りで取引できる者はいない。プット・オプションのどの買い手に対しても、その取引の発生を認識している売り手がいるのである。それに、どの取引も必ず、プロのトレーダーが利用できる価格報告システムに記録される。テロリストによるプット・オプションの小口買いは、それらのプロ・トレーダーたちに気づかれずにはすまないだろう。九・一一前の数日間には、アメリカン航空についてもユナイテッド航空についても重要なニュースはまったくなかった。小口取引に気づいた者は誰も、このトレーダーはなぜこの銘柄の下落に賭けているのだろうといぶかしむだろう。そして、何者かはわからないが、そのトレーダーは自分のやっていることを理解しており、下落に賭ける根拠を持っているにちがいないと推測するだろう。このプロ・トレーダーは、見知らぬトレーダーのインサイダー取引に便乗して、自分の個人勘定ではるかに大量のプット・オプションを買うかもしれない。

まもなく他のトレーダーたちもその動きに気づき始め、同様にプット・オプションを購入する。それぞれの取引が少しずつ総額をさらに増大させ、最初のシグナルをさらに増幅する。極端な場合には、この展開は映画『ウォール街』の大混乱のクライマックスと似通ったものになる。この映画では、マイケル・ダグラス演じる主人公のブルー・スター航空株のインサイダー取引がどんどん増幅され、「全部売るんだ！」「今すぐ撤退だ！」という怒号の中で制御不能の事態になる。

最終的に、テロ前日の二〇〇一年九月一〇日には、アメリカン航空の四五万一六〇〇株に相当する四五一六枚のプット・オプションが取引された。これらの取引の大部分は合法的なものだった。テロリストによる少量のインサイダー取引が、それよりはるかに大量の合法的な便乗取引をスタートさせるのだ。便乗取引を行った者たちはテロ攻撃に関するインサイダー情報など持っていなかった。プット・オプションを買っている者たちは、ＡＭＲに関するまだ公になっていない悪材料を知っているにちがいないと読んで、その読みに賭けていたのである。

彼らの読みは正しかった。

テロリストによるインサイダー取引という見方に対して、諜報コミュニティの多くの者が打ち出す一般的な反論はこうだ。計画が発覚するリスクがあるのだから、テロリストは無謀にもインサイダー取引を行うことで自分たちの作戦の安全性を危険にさらすようなことは決してしない。この理屈は簡単に論破できる。テロ実行犯のモハメド・アタがローガン空港（ボストン）発のアメリカン航空11便をハイジャックしに行く途中で、イー・トレード社の口座を通じてＡＭＲ株のプット・オプションを買ったとは、誰も言っていない。インサイダー取引は、テロリスト自身ではなく彼らの社会的ネットワークの中の誰かによって行われたのだ。

作戦の安全性に関しては、その必要性は昔ながらの強欲さによってやすやすと踏みにじられる。その好例が、ライフスタイル・コーディネーターのマーサ・スチュワートだ。二〇〇一年の時点では、スチュワートは料理や室内装飾に関する本やテレビ番組の成功のおかげで世界有数の富裕な女性だった。その年、彼女はブローカーからのインサイダー情報にもとづいてイムクローン・システムズの株を売却し、約四万五〇〇〇ドルの損失を回避した。その額は、彼女の富に比べれば微々たるものだった。それなのに、彼女は二〇〇四年に共同謀議、司法妨害、およびその取引に関連した虚偽陳述の罪で有罪判決を受け、刑務所に送られたのだ。

確実なことに賭けるとなると、強欲さが良識に勝って、その賭けを抗《あらが》いがたいほど魅力的にする。インサイダー取引の歴史はこのような事例に満ちている。チャンスが生まれたとき、テロリストの仲間が超富裕なセレブより優れた判断を示すとは思えない。

報告書の欠陥

社会的ネットワーク分析、統計的手法、シグナルの増幅、それに専門家の意見の重みを考えると、九・一一委員会の判断は不可解だ。委員会はなぜ、テロリストが攻撃前にAMR株とUAL株の取引を行ったという結論を引き出せなかったのだろう。答えは、九・一一委員会報告書そのものにある。第五章の脚注一三〇だ。

脚注一三〇は、九・一一直前のAMR株とUAL株に関する動きは「きわめて疑わしい」ものだったと認めている。また、「異常な取引が確かに発生したが、そうした取引のそれぞれにとくにどうということのない理由があることが判明した」としている。これらの「とくにどうということのない」理由を詳しく調べると、委員会の推論の欠陥が明らかになる。

たとえば、この報告書は「アルカイダとの考えられるつながりはまったくないアメリカの機関投資家一社が、九月六日にUALのプット・オプションの九五パーセントを購入したが、これは一一万五〇〇〇株のアメリカン航空株の購入も含むトレーディング戦略の一環だった」と述べている。この説明は二つの点で失敗している。第一に、取引の大部分が犯罪と関係ないものだと判明したことは、シグナルの増幅と完全に符合する。最初の少量の取引だけがテロリストによって行われたのだ。九・一一委員会報告書には、委員会がその小さな最初のシグナルまで掘り下げる努力をした証拠は示されていない。委員会はその努力を怠って、犯罪と関係ないノイズにまどわされたのだ。

第二に、九・一一委員会は、聞き取り調査に対するその機関投資家の回答を信用している。わが社はAMR株の購入をともなう投資戦略、つまり一種のロング・ショート戦略の一環としてUAL株のプット・オプションを買ったのだという説明を真に受けているのである。これは、委員会のメンバーの甘さを示している。大手の機関投資家は、互いの関係はまったくないが事後に選び出してセットにすれば、調査官に動機の潔白さを証明できるような無数のポジションをとっている。この機関投資家のAMR株のポジションは、それ自体では、この会社がUAL株をなぜあれほど大量に空売りしたのかについて何も語っていないのだ。

九・一一委員会報告書はさらに、「九月一〇日のアメリカン航空株の一見疑わしい取引の多くは、九月九日日曜日に購読者にファックス送信された、アメリカのある調査会社のオプション取引ニュースレターを参考にしたものだった」と述べている。この分析は、ウォール街の調査がどのような役割を果たすかを委員会のメンバーがあまり理解していなかったことを示している。

取引情報誌は何千種類も出回っている。どの一日をとっても、ニューヨーク証券取引所に上場されている大手企業の売りもしくは買いを推奨する情報誌を少なくとも一誌は見つけることができる。事後に振り返って、アメリカン航空株のプット・オプションの買いを推奨していたニュースレターを見つけ出すのは造作もないことだ。その反対を推奨するニュースレターも間違いなく出回っていただろう。理論に当てはまる証拠を抜き出して他の証拠を無視するのは確証バイアスの表れであり、間違った情報分析の大きな原因だ。

ニュースレター云々《うんぬん》という理由づけのもう一つの問題点は、この推奨がすでに進行していたAMR株のインサイダー取引とは無関係に現れたと、委員会のメンバーが思っていることだ。ニュースレターは実際にはノイズの一つなのに、それをシグナルとみなすのはなぜなのか。たとえば九月七日には、AMR株のプット・オプションの出来高が前日から倍増して過去三カ月弱で最大となり、株価は下落した。このパターンは、九月一一日テロの前にインサイダー取引が行われたという見方と符合する。九月九日のニュースレターが九月一〇日のプット・オプションの買いを生み出したというより、九月七日のプット・オプションの出来高がニュースレターの推奨を生み出した可能性のほうが高いのだ。

もっと可能性の高い説明は、九月六日から一〇日までの一連の動き全体が、最初の少量のインサイダー取引によって引き起こされたシグナルの増幅だったというものだ。ニュースレターのような単一の事象を切り離して、その前の事象に言及せずにそれを原因とするのは、お粗末な分析だ。シグナルとノイズを分けるためには、一歩下がって全体を眺めるほうがよいのである。

インサイダー取引者やそれに便乗する投資家は、証券取引委員会（SEC）が調べに来たときに備えて自社の活動を裏づける調査報告書を手元に残しておくことで悪名高い。SECの事後調査は、市場の急変動を引き起こすような出来事に関連した疑わしい取引を見つけたら必ず行うことになっている型どおりのものだ。SECの調査官に調査報告書を振りかざすのは、彼らを追い払う一般的な手法である。株式市場で違法な活動をする者たちは、自分のインサイダー取引に疑いの目が向けられた場合に備えて表向きの説明を用意しておくために、その目的以外には何の役にも立たない調査報告書を自分で作成することさえある。調査を阻止するための、このよく知られた手法を考えると、九・一一委員会報告書がただ一つのニュースレターに重きを置いたのは残念だ。

シグナルの増幅というレンズを通して見ると、九・一一委員会報告書の脚注一三〇にある「大口の買い手説」と「ニュースレター説」は、反論というより、むしろテロリストによる取引という見方と整合している。そのうえ、これらの説は、九月七日のユナイテッド航空株のプット・オプションの買いや他の疑わしい取引については何の説明にもなっていない。

ここで行っているインサイダー取引分析は、いわゆる九・一一真相究明運動——九・一一テロについて陰謀説を唱えている集団や個人の総称——からは切り離す必要がある。陰謀論者の多くは、このテロ計画にはアメリカ政府の機関や高官がかかわっていて、ツインタワーはハイジャック機の激突によってではなく事前に設置されていた爆薬によって倒壊したと主張している。このたわごとは、あのテロやその後の軍事的対応で死亡したり負傷したりした人々に対する許しがたい仕打ちである。あの攻撃がアルカイダによって計画、実行された確かな証拠は、反論の余地がないものだ。九・一一委員会報告書は、このような幅広い調査で生じる避けがたい欠陥にもかかわらず、歴史的価値のある優れた報告書であり、すばらしい歴史記録である。そのうえ、九・一一に関する広く受け入れられている話とテロリストによるインサイダー取引の間に矛盾する点はまったくない。テロ攻撃の規模と人間の避けがたい性質を考えると、このような取引は予想されたはずだ。インサイダー取引の統計的・行動的・逸話的証拠は、これ以上ないほど明白なのだ。

テロリストによるインサイダー取引はアメリカ政府の陰謀ではなく、テロリストの主要な計画の単純な延長だった。それは卑劣な行為ではあったが、結局はありふれたものだった。テロリストの仲間の小悪党たちは確実なことに賭ける魅力に抗えなかったのであり、シグナルの増幅が残りの取引を生み出したのだ。いずれにしても、シグナルは隠れてはいなかった。迫りくるテロ攻撃の証拠は、世界中の取引画面で、アメリカン航空株とユナイテッド航空株のオプション取引を観察することで読み取れたのだ。

ＣＩＡ長官、ジョージ・テネットのあけすけな言葉を引用すると、「システムは赤ランプを点滅させていた」[*13]のである。

プロジェクト・プロフェシー

九・一一委員会がテロリストのインサイダー取引という話を否定しても、一つの政府機関はそれでも――最初は十分な態勢が整っていなかったものの――もっと深く掘り下げたいと思っていた。

ＣＩＡは、大規模な攻撃が計画されている可能性を示唆する報告が大量に上がっていたことから、九・一一の前から総動員態勢をとっていた。テロ攻撃前の数日間の航空会社株や他の銘柄の異常な取引に関する一連の情報は、九・一一の直後にＣＩＡの関心を引いた。だが、この機関がそれらの手がかりをたどるためには、一つ問題があった。ＣＩＡは、資本市場やオプション取引に関する専門知識をまったくと言っていいほど持っていなかったのだ。

当時の諜報能力にこのような欠落があったことは、驚くに当たらない。グローバリゼーション以前は、資本市場は国家安全保障の領域には属していなかったのだ。市場は主として自国内で、それぞれの国のナショナル・チャンピオン（訳注　外国のライバルと競争できる少数の大企業）によって支配されていた。シティバンクなど一部の銀行は国際的に活動していたが、これらの銀行は伝統的な融資業務を行っており、株式取引にはかかわっていなかった。ＣＩＡが資本市場の専門知識を持っていなかったのは、冷戦時代にはその必要がなかったからだ。市場は戦場の一部ではなかったのだ。

そのため、九・一一後にテロリストのインサイダー取引の可能性を指し示す報告がどっと押し寄せたとき、ＣＩＡの事実上誰一人として、その実行方法や国家安全保障にとっての意味合いを判断するために必要な経験を持っていなかった。だが、幸いにも一人の上級情報分析官が、テロリストのインサイダー取引が持つ意味合いをよく理解していた。

ランディ・タウスは、バージニア州マクリーンに隣接していてＣＩＡ本部からさほど遠くないワシントンＤＣの高級住宅街で静かに暮らしている。二〇〇八年にＣＩＡを引退したが、ＣＩＡでの三七年間のほとんどを同機関の分析部門である情報本部で過ごした。優秀な物理学者・数学者で、その優れた分析や推論に対してＣＩＡから数々の勲章を授与された。彼の仕事はほとんどが複雑な兵器システムにかかわるものだったが、一九九六年のトランスワールド航空八〇〇便の空中爆発の原因解明に大きな役割を果たしたことで、ＣＩＡの内外で広く名を知られていた。

タウスには、もう一つ天職があった。これは日々の仕事では必要のないものだったが、兵器や技術について研究するときに劣らぬ情熱を注いでいた。彼は熱心な株式・オプション・トレーダーで、数学のスキルを生かして、儲けにつながるオプション価格の小さな歪みを見つけ、自分の個人口座で取引を行っていたのである。彼はこのオプション取引をすこぶる熱心に、しかも長期にわたって行っていたので、同僚の間では的確な情報分析に加えてこの活動でもよく知られていた。九・一一の直後にインサイダー取引の話が出てきたとき、ＣＩＡの上層部がタウスの名前を思い浮かべたのは何ら不思議ではなかった。

二〇〇一年一〇月、テロ攻撃からわずか数週間後に、ＣＩＡのテロリズム分析室はタウスに、新しいプロジェクトの責任者になるよう要請した。それは、テロリストが金融市場で利益を得るために自身の行為の事前情報を利用する可能性があるか、そして、諜報コミュニティはそうした動きに気づいて攻撃を阻止することができるかという問題を検討するプロジェクトだった。こうして、ＣＩＡの歴史上有数の長期にわたる異例の分析プロジェクトが始まったのだ。

この取り組みは「プロジェクト・プロフェシー（予言）」と名づけられた。二〇〇四年のプロジェクト終了までに、二〇〇人近い金融専門家——証券取引所幹部、ヘッジファンド経営者、ノーベル賞受賞者、現場のトレーダー、それに科学技術者やシステム・アナリストなど——が、時間と労力を投じてくれと要請された。タウスは、テロリストの考え方とウォール街のトレーダーの考え方を同時にモデル化する壮大な企てを先頭に立って指揮した。そして、二つの領域に少なからぬ共通点があることを見つけ出した。

プロジェクト・プロフェシーは二〇〇二年四月に公式に立ち上げられ、五月末には中核チームが集められた。最初の仕事はテロ攻撃の潜在的標的を列挙した脅威ボードを作成し、それらの標的を異常な価格変動によって事前警報を与えてくれる可能性がある公開株と結びつけることだった。これらの株式には、航空会社、クルーズ会社、公益事業会社、テーマパークなど、象徴的な意味で重要な資産を持つ幅広い企業が含まれていた。

二〇〇三年初めには、タウス率いる「プロフェシー」チームは、ウォール街や他の政府機関に声をかけて、タウスの理論の実務的な細部に肉づけするためのパネル・ディスカッションに参加するチームをつくり上げていた。テロリストは何らかの人目を引く方法でふたたび攻撃してくるだろうと、広くみなされていた。情報のリークはあるだろうか？　テロリストの仲間はインサイダー取引をするだろうか？

そうした取引を検知して、取引者とその標的を突き止めることができるだろうか？　適切に対応して攻撃を阻止するだけの時間があるだろうか？　プロジェクト・プロフェシーが解決しようとしていたのは、このような問題だった。

私がプロジェクト・プロフェシーにかかわったのは、ジェームズ・ボンド映画のラストシーンに使えるほどエキゾチックな場所、セント・クロイ島の山頂にあるカイザー・エステートでの出来事がきっかけだった。このエステートは、島の北岸沿いの町、クリスチャンステッドを見下ろすリカバリー・ヒルの三つの大邸宅を私道でつないだ複合施設である。エステートの中心は、広大で多層の真っ白な国際様式の邸宅、ホワイトハウスで、大きな屋外プールがあり、その周りにはお決まりのスチール製のポールとケブラー織のテントが並んでいる。

私は、二〇〇三年の冬にそこに滞在していた。機関投資家業界、ヘッジファンド業界、プライベートエクイティ（未公開株投資）業界の一流の金融専門家がオルタナティブ投資のネクスト・ビッグ・シング（次の大きな流れ）について議論する私的な集まりに参加していたのである。それは、ヘッジファンド戦略とプライベートエクイティ戦略を融合させてリスク調整後収益を最大化しようとするプロジェクトだった。

こうした集まりでよくあるように、飲み物を手に他の参加者と歓談するための休憩時間が設けられていた。そうした休憩時間中に、私は世界有数の大手機関投資家のトップとたわいない会話を交わした。彼は私のキャリアについて質問し、私はシティバンクに入って間もないころカラチに派遣されたという話をした。

それは一九八〇年代のことで、イランで革命が起こって国王が追放されてからまださほど時間がたっていないときだった。アヤトラ・ホメイニ師が最高指導者となり、イランはシャリーア、すなわちイスラム法の原則に導かれるイスラム共和国であると宣言した。イランの統治形態のこの変化は、パキスタンにとって、イスラム国家としてのより明確な資格証明を迫る圧力になった。パキスタンのジアウル・

ハク大統領は、銀行が融資に利子を課すこと——シャリーアによって禁止されている行為——を禁止するなどの宗教令を公布した。

シティバンクは、パキスタンに大きな事業所をいくつか開設していた。利子を課さずに銀行を経営しなければならないとあって、経営陣は衝撃を受けた。私は、シャリーアのエキスパートになって、シティバンクの事業所が西欧式の銀行業からイスラム式の銀行業に転換する手助けをせよと命じられたのだ。

私は一九八二年二月に、カラチに着いて仕事にとりかかった。のちにパキスタンの首相になるシティバンク・パキスタン法人のトップ、シャウカット・アジズが、ときどきホテルに立ち寄って銀行まで同乗させてくれた。モンスーンの季節には、われわれは、かの地の人々が刺激を得るために噛《か》む真っ赤なビンロウの実を吐き出す物売りの脇をすり抜けて、満艦飾のバスや三輪の自動車がひしめく水浸しのカラチの道路を走り抜けたものだった。

そのファンド・マネージャーにこのような話をしていたとき、私は彼の顔が緊張し、眼差《まなざ》しが真剣になったことに気づいた。彼は他の参加者に邪魔されないテラスの隅に私を連れて行き、顔を近づけて小声でこう言った。「あなたはイスラム世界の金融についてよくご存じのようだし、パキスタンの地理にもお詳しいようだ」。このような経験をしたのは何十年も前だったので、パキスタンに関する私の知識は少し錆《さ》びついていた。それでも私はこう答えた。「ええ、ずいぶん勉強しました。イスラム世界の銀行業には詳しいですよ」

彼は身体を寄せてこう言った。「私はテロリストの金融活動に関連したプロジェクトでＣＩＡに協力しています。ＣＩＡはあまり専門知識を持っていないので、人材を集めようとしています。調達できるかぎりの人材を調達してくれと頼まれているんですが、ＣＩＡの誰かから連絡があったら話を聞いていただけますか」。私は「ええ」と答えた。

九・一一とその直後の状況を覚えていない若い人々に、アメリカ国民をとらえた怒りと強い愛国心の入り混じった感情を説明するのは難しい。多くの人が友人や家族を失ったり、そうした悲劇にみまわれた知人がいたりしたニューヨーク地区では、その感情はとくに強かった。どうすれば役に立てるだろうと、われわれはみな自問した。ワシントンからもらった唯一のアドバイスは、「ディズニー・ワールドに行こう……家族を連れて行って人生を楽しもう」[*14]だった。今ここに、買い物をすること以上の貢献をするチャンスが現れたのだ。

数日後、ニューヨークの私の事務所の電話が鳴った。電話の主は、ＣＩＡ情報本部トランスナショナル・イシュー室の者だと名乗った。そして、テロリストの金融活動の特徴、とりわけ大規模なテロ攻撃前のインサイダー取引について検討するチームに参加する気はないかと尋ね、プロジェクトの範囲を説明する手紙を送ると言った。私は承諾し、手紙はすぐに届いた。二〇〇三年初夏には、私は「プロジェクト・プロフェシー」チームの他のメンバーに会うためにＣＩＡ本部に向かっていた。

プロジェクトに途中から参加するのは決してたやすいことではない。チームのリズムや文化がすでに確立されているからだ。だが、私はメンバーの多くよりウォール街に長くいたし、大方のメンバーより国際経験が豊富だったので、すんなり入り込めた。数カ月足らずで、私はタウスから直接指示を受ける共同プロジェクト・マネージャーになった。

レッド・チーム演習

私の最初の貢献は、CIAがやろうとしていることは、別の動機からヘッジファンドがすでに毎日やっていると指摘したことだった。CIAはテロリスト・トレーダーを見つけようとしており、それに対しヘッジファンドはひそかな買収の動きを見つけようとしていた。だが、ビッグデータ分析の手法をトレーディング・パターンに適用する点は同じだった。

疑わしい取引を見つけるためには、三段階の作業が必要だ。まず、ボラティリティ（変動性）、平均日次出来高、プットとコール（買う権利）の比率、短期金利、株価モメンタム（勢い）などのデータを使って、通常の取引のベースラインを設定する。次に、取引をモニターして、ベースラインと比べて異常な動きを見つけ出す。そして第三段階として、その動きを説明する公開情報があるかどうかを調べるのである。ウォーレン・バフェットが大口の買いを入れたために株価が急騰したのであれば、それは異常ではない。十分起こりうることだ。興味をかき立てる事例は、とりたててニュースがないのに株価が急騰するという場合である。論理的に推論すると、それは誰かがあなたの知らない何かを知っているということだ。ヘッジファンドはその隠れた情報の出所には関心を持たないかもしれない。取引に便乗できればそれでよいからだ。CIAにとっては、その観察結果は手がかりになった。しかも、そこに潜むリスクははるかに高かった。

開発プロジェクトの例に漏れず、セキュリティや相互接続性やユーザー・インターフェースのプロトコルを設計するために、プロフェシーもプログラマーやシステム管理者のオタク集団を抱えていた。チームは、シリコンバレーのスタートアップ企業の喜びをCIAの「やればできる」という文化と合体させて、ブルームバーグ・テレビジョンで視聴者が毎日見ている情報と同じ情報を使ってテロを阻止することをめざすユニークな活動に取り組んでいたのである。

プロジェクト・プロフェシーが最も盛り上がったのは、二〇〇三年九月のレッド・チーム演習のときだった。レッド・チーム演習は仮説やモデルをテストするためのよく知られた方法で、「敵」役を演じる専門家集団を集めて、彼らに当初の想定の欠陥をあぶり出すためのシナリオを演じてもらうというものだ。

われわれのレッド・チームは、著名な学者に加えて世界最大手の銀行やヘッジファンドや機関投資家の一流トレーダーを集めた、まるでプロボウル（訳注　NFLのオールスター・ゲーム）のチームのようなスター軍団だった。ジョン・マルヘレンのほか、シカゴ大学教授で『ヤバい経済学』（原題 *Freakonomics*）の著者、スティーブン・レビット、ヘッジファンド経営者で億万長者のデーブ・〝ダボス〟・ノーラン、それにモルガン・スタンレー、ドイツ銀行、ゴールドマン・サックスの幹部たちが名を連ねていたのである。九・一一後の重苦しい時期に、民間部門が協力の要請に応えているのを目にするのは勇気づけられることだった。専門家のアドバイスを求める電話が何百本もかけられ、誰一人として拒否しなかったのだ。ウォール街のあるCEOが「プライベート・ヘリで行きたいのだがCIA本部の敷地に着陸できるか」と尋ねたときは一瞬気まずい空気が流れたが、それは不可能であることが礼儀正しい言葉で伝えられた。

レッド・チームはテロのシナリオを与えられ、テロリストのように考えて、インサイダー情報にもとづいて取引する方法を考え出してほしいと依頼された。われわれはテロリストがどの市場を使うか、攻撃のどれくらい前から取引を実行するか、どれくらいの規模の取引を行うか、どのような方法でカネを安全に手に入れるつもりかといったことを予想したかった。われわれが正しい方向に進んでいるかどうかを、また、われわれの考えているシステムが悪役に指名された者たちが実際に企んでいることをキャッチできるかどうかを確かめるために、現実世界の専門家たちがプロジェクト・プロフェシーの理論的結果と対決することになる。

悪役たちに与えられた任務は、自宅に持ち帰って受ける試験のようにCIAの外で個別に遂行された。結果は、二〇〇三年九月下旬のさわやかな日に、CIA本部で開かれたグループ・セッションで報告された。報告はまる一日続いた。投資の専門家たちは、悪者になってわれわれのモデルや想定を攻撃するチャンスを存分に楽しんだ。

最も独創的な方法は、ジョン・マルヘレンが考え出したものだった。彼は攻撃の前には取引せず、攻撃の瞬間まで待って、その後でインサイダー取引を始めると言った。市場は時として反応が遅いこと、また、ニュース速報は往々にして間違っていたり不完全だったりすることを彼はよく知っていた。そのため攻撃の後、市場が周囲で起こっている出来事を把握しようともがいている間に、テロリストがインサイダー取引を行える時間帯が三〇分ほど生まれるのだ。攻撃後に取引することの利点は、決定的な証拠が存在しえないことだ。当局はその時間帯については調査すらしないかもしれない。マルヘレンがのちにわれわれに説明したように、この方法は彼が九・一一に実際に行ったことに酷似していた。

このような独創性にもかかわらず、レッド・チームの「テロリストたち」の行動は、本物のテロリストはどのように行動するかというプロフェシー・チーム自身の考えを裏づける傾向があった。われわれはテロリストの取引を最初から最後までモデル化して、インサイダー取引を行うのはテロリスト自身ではなく、テロリストの社会的ネットワークのメンバーだろうと予想していた。また、検知されるリスクを最小限に抑えるために、インサイダー取引はオプション市場で攻撃の七二時間前から行われる可能性が高いと結論づけていた。

われわれは警報システムも考案し、狙われる可能性が最も高い四〇〇銘柄のリストを作成した。次に、異常が明示されるように、ベースラインとなる株価の振る舞いをプログラミングした。それから、市場を部門別に分けてティッカー・シンボルを並べ、それぞれのティッカー・シンボルにインサイダー取引の可能性を示す赤、黄、青のランプを取り付けた自動脅威ボード・インターフェースを作成した。テロリストの注文入力から捜索令状を手にテロリストのドアを打ち破る諜報員まで、必要な要素をすべて備えたシステムができ上がった。

二〇〇三年の終わりごろには、われわれの戦略研究は終了に近づいていた。ウォール街の頭脳が寄り集まった集団が解散することになるので、一抹の寂しさがあった。かかわった人間の数と能力の高さを考えると、このような集団がＣＩＡに集まることは当分ありそうになかった。レッド・チーム演習の完全な記録は、編集されてプロジェクト・プロフェシーのメイン・アーカイブに保存された。

われわれの仕事は完全に終了したわけではなく、二〇〇四年の初めにはプロジェクト・プロフェシーは監視センターのプロトタイプを構築する用意ができていた。このシステムは他の機密ソースコードと統合されて、理想的には、たとえばパキスタンのテロ活動容疑者が捨てたメモの切れ端を解読する能力を持つことになる。そこに走り書きされたクルーズ船という言葉が、カーニバル・クルーズ・ラインなどの上場企業に関する監視センターからの赤信号と統合されて、カーニバル社の船に対する攻撃計画があるという判断を補強するのである。どちらの手がかりも危険を示すサインだが、二つを結びつけると何倍も強力な警報になるわけだ。

われわれのプロジェクトのエンジェル投資家は、ＣＩＡという宇宙のどちらかというと特異な場所にいた。シリコンバレーのスタートアップ企業で生まれた最先端の技術をＣＩＡが利用できるようにするために、一九九九年にインキューテルという会社が設立されていた。イノベーションの内側に入り込む一番の早道は、ネクスト・ビッグ・シングを支援する資金を手に登場することだ。インキューテルは開発の初期段階から投資する独立系のベンチャー・キャピタル会社として構想、設立されたもので、たまたまＣＩＡが出資していたのである。

明らかなしるし

縮小されたチームにインキューテルが出資した時点で、プロジェクト・プロフェシーは公式に終了し、われわれのグループは market intelligence を略してＭＡＲＫＩＮＴ《マーキント》と呼ばれる新しい段階に踏み出した。これは情報源となる人物に接触して情報を得る human intelligence（ＨＵＭＩＮＴ《ヒューミント》）、通信を傍受して情報を得る signals intelligence（ＳＩＧＩＮＴ《シギント》）、それに他のいくつかの○○ＩＮＴと協力する新しい情報収集部門だった。マーキントの設立は、情報収集の長い歴史における新しい節目だった。

二〇〇四年から二〇〇五年にかけて、チームは振る舞いモデルを改良して、実用可能なプロトタイプに必要なコードとネットワークを構築した。ＣＩＡのランディ・タウスに加えて、明確なビジョンを持った科学技術者レニー・レイモンドと優秀な応用数学者で因果推論の専門家のクリス・レイ、それに私が、このチームのメンバーだった。

私の役割は、市場に関する専門知識の提供と振る舞いモデルの作成、それに標的の選定だった。クリスはアルゴリズム（計算手順）とシグナル・エンジンの設計を担当した。レニーはそれらすべてをすばらしいユーザー・インターフェースと統合する役目を担っていた。ランディはＣＩＡの内部で動きまわって、われわれが資金と支援を確実に得られるようにした。四人が力を合わせることで、資本市場に関する極秘開発チームができ上がったわけだ。二〇〇六年初めにはシステムは作動しており、シグナルが現れ始めていた。

システムは期待以上の働きをした。われわれは、インサイダー取引を示すシグナルをしょっちゅう拾い上げていた。これらのシグナルは普通の市場プレーヤーからのもので、そのインサイダー取引がテロに関係していることを示唆するシグナルはまだ現れていなかった。われわれのプロジェクトには法律を執行する権限はなかったので、われわれはこれらの事例をSECに通報し、それ以外は何もしなかった。われわれはこれを「キャッチ・アンド・リリース」と呼んでいた。われわれはテロリストを追いかけていたのであり、ウォール街の普通のペテン師は他の機関に任せることにしていたのである。

二〇〇六年八月七日の月曜日、取引開始直後にシステムがアメリカン航空のところで赤ランプを点滅させた。赤ランプはいくつもの部門が並んでいる脅威ボード上の一つのシグナルを見逃さないようにするためだった。このシグナルのレベルは、これがきわめて強力なものであることを、マグニチュード八・〇の地震のようなものであることを示していた。ニュースにざっと目を通して、アメリカン航空についてはは何のニュースもないことがわかった。同社の株価がこのように振る舞う原因は何もなかった。これは、まだ人々に知られていないニュースにもとづくインサイダー取引の明らかなしるしだった。

その日はクリス・レイがシグナル・エンジンの操作を担当しており、彼女が私に次のような電子メールを送ってきた。「今日テロリスト関連の事件が起こるかも。寄り付きでAMR（アメリカン航空）にレッド・シグナルがついた」。クリスと私はシグナルとそれが現れた時刻を丹念に記録し、リアルタイムで分析した。テロ事件が発生した場合、後からテープを調べてテロを暗示するものを見つけたのでは説得力がないことを、二人とも理解していた。われわれは事前に警報を見つけて記録することで、シグナル・エンジンの価値を証明したかったのだ。

実際には、その日は何事もなく過ぎ、その翌日もテロリストの脅威のニュースは何もなかった。シグナルは誤検出だったように思え始めた。

シグナルが現れた日から三日目の八月一〇日木曜日、私は午前二時に書斎で書き物をしていた。私がその時間に仕事をするのは珍しいことではなかった。机から数フィート離れたところにある書棚の上の小型テレビは、音声を消してCNNにチャンネルを合わせていた。テレビにふと目をやったとき、私はロンドンの警察官たちが容疑者を拘束し、書類やコンピューターの箱を抱えてビルから出てくる画像と、画面の下部に流れているニュース速報のテロップに気づいた。テロップは、航空機爆破テロを計画していた者たちがスコットランド・ヤード（ロンドン警視庁）に逮捕されたと伝えていた。

私は入手できるわずかな詳細を知るために、ただちにボリュームを上げた。ロンドンは昼間で、航空機爆破計画の解体作戦はしばらく前から進められており、今になって広く報道されていたのである。その計画は、ロンドンから大西洋を越えてアメリカに行く便、アメリカ国民が最も大勢乗っていると思われる便を狙ったものだったことが明らかになった。多くの旅客機が危険にさらされていたようだが、アメリカン航空が最有力の標的だった。

私はクリスが私と同じく夜型人間であることを知っていたので、深夜にもかかわらず彼女の家に電話した。彼女は起きていた。「クリス、テレビをつけてみろよ」と、私は叫んだ。「信じられないことが起きてるよ」。彼女はテレビをつけ、その意味を即座に理解した。われわれがアメリカン航空株のインサイダー取引に気づいてから七二時間足らずで、アメリカン航空の便を爆破するテロ計画が粉砕されていたのである。このテロ計画はわれわれの振る舞いモデルが推定していたまさにその時間枠の中で展開していたので、なおさら不気味だった。

もちろん、われわれのシグナルはテロ計画の失敗とは何の関係もなかった。イギリスの諜報機関、ＭＩ５とＭＩ６が、ＣＩＡとパキスタンの諜報機関ＩＳＩの協力を得て、この計画を何カ月も監視していたのである。ブッシュ大統領は八月五日にテキサス州クロフォードの牧場でこの計画について報告を受けた。八月九日には首謀者のラシド・ラウフがパキスタンで逮捕された。ラウフは二〇〇七年に脱獄したが、二〇〇八年のＣＩＡの無人機攻撃で死亡したとみなされている。もっとも、彼が死亡したという報道には今日に至るまで一部で疑問が呈されているのだが。

テロリストたちは八月六日に作戦開始のゴーサインを暗号化して送信した。このメッセージがＭＩ６によって傍受され、ＭＩ５のエリザ・マニンガム＝ブレア長官に伝えられた。ＭＩ５とスコットランド・ヤードは、このゴーサインでわれわれが八月一〇日にＣＮＮで見た逮捕劇に踏み切ったのだ。

クリスと私がこのテロ計画に事前に気づかなかったように、計画を立てた者たちは自分たちが今にも逮捕されようとしていることに気づいていなかった。そのため、ロンドンの社会的ネットワークにいたテロリストの仲間の一人が、八月七日月曜日に朝一番でアメリカン航空株の取引を始め、それが増幅されてきわめて異常なパターンになり、われわれの脅威ボードに赤信号がともったというわけだ。われわれの振る舞いモデルが予測していたとおり、誰かが確実なことに賭けていたのである。

ＣＩＡからペンタゴンへ

われわれのシグナル・エンジンが大きく明確に、しかもイギリスの航空機爆破計画が明るみに出る前に警告を発した事実は、まもなくアメリカの諜報コミュニティの最高レベルにいる人々の注目を集めた。二〇〇七年二月二日、私はランディ・タウスから、CIA幹部のマイク・モレルがシグナル・エンジンやマーキントの現状について話を聞くためにクリスと私に会いたいと言っているという電子メールをもらった。このミーティングは二月一四日に行われることになったので、われわれにはブリーフィング（状況説明）の準備をする時間的余裕があった。

モレルは一九八〇年からCIAにいて、華々しい経歴を積んでいた。九・一一のとき、ジョージ・ブッシュ大統領はエアフォース・ワンで国内の空軍基地を転々とし、その間ワシントンとラングレーの司令部はディック・チェイニー、ジョージ・テネットらが指揮していたが、モレルは移動する大統領の傍らにずっとつき従っていたことで知られていた。二〇一一年五月にオバマ大統領がウサマ・ビン・ラディン殺害作戦をモニターしていたときも、モレルは大統領の傍らにいた。二〇一二年のデイビッド・ペトレイアスの突然の辞任の後を含めて二度、CIA長官代行を務め、二〇一三年に退局した。

二〇〇七年にわれわれが会ったときには、モレルはマイケル・ヘイデン長官から直接指示を受ける立場にいた。モレルの執務室で行われたマーキントに関するわれわれのブリーフィングには、CIAの他の幹部たちも招かれていた。プロジェクトが始まって以来の高レベルの聴衆になりそうだった。

ランディの電子メールには、CIA法務部長室の人間も参加すると記されていた。われわれのプロジェクトにプライバシー侵害の懸念を含む法的問題があるのは明らかで、本格的に実施するためにはFBIとの調整が必要になるはずだった。CIAは国内を担当する法執行機関ではないからだ。われわれは法的問題に膨大な時間を費やしており、これらの問題がどれほど慎重な扱いを要するかを理解していた。それでも、新しいテロ防止システムに関する予備ブリーフィングにモレルがなぜ弁護士を同席させたがっているのかはわからなかった。

モレルの執務室はＣＩＡの基準では広々としており、明るい窓がついていて、奥の壁際に大きな机があり、ドアのすぐ内側にミーティング・テーブルが置かれていた。ワシントンの執務室のよく見かける特徴は、部屋の住人が有力者と一緒に写った写真が飾られていることだ。モレルも自分の写真を飾っていたが、一味違う写真だった。大規模なイベントで撮られたツーショット写真ではなく、大統領執務室で書類の上に身を乗り出して熱心に議論している大統領と彼自身の大きく引き延ばした厳かな白黒写真だったのだ。世界で最も慎重に扱う必要がある、きわめて機密性の高い情報が伝えられる大統領日次報告の間に撮影されたものだろう。これらの写真が来訪者に強烈な印象を与えることを意図したものだとしたら、効果は十分だった。

クリスとランディと私は、ミーティング・テーブルの指定されたイスに座った。他の高官たちはすでにテーブルについており、モレルは自分の机から立ち上がって座に加わった。雰囲気は友好的ではあったがビジネスライクで、張り詰めているとさえ言えた。クリスとランディは、プロジェクト・プロフェシーの沿革とシグナル・エンジンの能力について説明した。私の役目は、マーキント・チームの唯一の法律専門家として、われわれの活動の法的権限と実行しているプライバシー保護措置について説明することだった。

私の説明が始まって数分後、ＣＩＡ法務部の人間が割り込んできてこう言った。「われわれはみなさんがやっておられることについて懸念しています。みなさんは取引記録をくまなく調べてＳＥＣに報告しておられる。ＣＩＡは法執行機関ではありませんが、それはいかがなものかと思っています」

われわれは個々の取引記録を使っているわけではなく、誰でも入手できるオープンソースの市場価格フィードだけを使っていると、私は反論した。テレビを見るのと大した違いはないのだと。ＳＥＣへの報告に関しては、責任ある市民として行動しているだけであり、ＣＩＡが望むなら止めてもかまわないと言った。ＳＥＣは自前の似通ったシステムを構築しているところだったので、いずれにしても将来はわれわれを当てにしなくなるはずだった。法務部の懸念は的外れのように思われた。

そのとき、モレルが身を乗り出してこう言った。「われわれが心配しているのは人々の受け止め方です。みなさんはあらゆることを適切に行っておられるかもしれませんが、『ニューヨーク・タイムズ』はこれを『ＣＩＡがアメリカ人の確定拠出年金口座を片っ端から調べている』と、歪曲《わいきょく》して報じるかもしれません。われわれは今、そのようなリスクをとるわけにはいかないのです」

モレルの心配は決して根拠のないものではなかった。『ニューヨーク・タイムズ』はすでに、諜報コミュニティがベルギーに本部を置く国際銀行間通信協会（略称、ＳＷＩＦＴ）の決済システムを使った銀行間取引にアクセスしていることを暴き出すことで、国家安全保障を損なっていたのである。ＳＷＩＦＴシステムは国際銀行業務の中枢部であり、テロリストの資金調達に関する情報の宝庫だった。『ニューヨーク・タイムズ』の記事の結果、テロリストに資金提供する者たちは地下に潜り、「ハワラ」と呼ばれるクチコミ・ネットワークやでっちあげのフロント企業を使うようになっていた。

ＣＩＡは水責めなどの強化された尋問方法について、メディアでさんざん叩《たた》かれている最中でもあった。われわれのプログラムが有効かつ合法だったとしても、メディアのさらなる批判はＣＩＡが最も望まないものだった。

実際、モレルの直感は正しかったことがのちに実証された。二〇一三年一一月一四日、『ウォールストリート・ジャーナル』が本当に「ＣＩＡの金融スパイ活動、アメリカ人に関するデータを盗み取る」[*15]

というトップ記事を掲載したのである。だが、元ＣＩＡ職員エドワード・スノーデンによる似通った暴露が続いていた最中とあって、この記事はほとんど関心を集めなかった。

私はモレルに、ＳＥＣへの報告は今後は行わないと断言した。また、われわれの使っている情報が誰でも入手できるもので、個人はまったく巻き込んでいないことをＣＩＡに納得してもらうために、必要な専門的詳細を提供すると申し出た。彼は感謝の言葉を述べ、それでミーティングは終わった。マーキントが少なくともＣＩＡに関するかぎり生き残りの道を断たれたことに私が気づいたのは、後になってからだった。

プロジェクト・プロフェシーが始まって間もないころ、私はランディ・タウスに言ったことがある。「このチームはすばらしい仕事をしており、大規模なテロ攻撃を阻止できるテロ防止システムが遠からず実現できるような気がする」と。ＣＩＡに三三年勤めていたランディは、笑ってこう言った。「ジム、ここでは物事がどのように動くかを教えておこう。われわれがすばらしい仕事をして、このシステムが魔法のように見事に機能するとしよう。でも、それはゆき場をなくして棚上げされるんだ。ある日、大規模なテロ攻撃が起こり、事前にインサイダー取引があったことが明らかになる。ＣＩＡはわれわれのシステムを棚から引っ張り出し、埃《ほこり》を払ってこう言うのさ。『さあ、ここに解決策がありますよ。次にこうした攻撃が迫ったときは、それを検知できるシステムをわれわれは持っているんです』。そのシステムは何百万ドルもの資金を得て、われわれが望んでいたように構築されるだろう。だが、次の攻撃で失われる命を救うには、それでは手遅れだ」

残念なことに、ランディの読みは正しかった。マーキントは彼の言葉どおり棚上げされたのだ。だが、われわれはまだ、シグナル・エンジンはＣＩＡで使われなくても重要な役割を果たすことができると思っていた。文民機関が関心を持たなくても、われわれにはまだ有力な売り込み先が一つあった。国防総省《ペンタゴン》だ。ペンタゴンは資源が最も豊富で、活動上の制約が最も少なく、考え方が最も前向きな政府機関だった。上級将校クラスには、エンジニア、博士号保持者、それに歴史や外国語や戦略論の修士号や博士号を持つ専門家がわんさといる。なにしろペンタゴンは、インターネットやワールド・ワイド・ウェブにつながったシステムを生み出した国防高等研究計画局（DARPA）を所管している機関なのだ。

偶然にも、われわれとペンタゴンの接触は、二〇〇七年と二〇〇八年、つまり文民諜報コミュニティがわれわれの活動から手を引きつつあったまさにその時期に始まった。だが、この関係を発展させるためには、マーキントそのものが進化する必要があった。クリス・レイと私は、マーキントが単なるテロ防止ツールではないことに初期の段階から気づいていた。資本市場でのテロリストの痕跡《こんせき》を検知できるとすれば、独裁者や戦略的ライバルや他の国家主体の市場における活動を監視するためにも使えるはずだった。われわれのなすべきことは、特別に選定した対象銘柄にピントを合わせるように、シグナル・エンジンを調整することだけだった。

このより大きな使命を念頭に置いて、クリスと私は株式のインサイダー取引に加えて他の事象も探し始めた。われわれが見つけた事象は、ベネズエラがドルで保有していた準備資産を金に変換したことだった。それは当時のベネズエラ大統領ウゴ・チャベスの対ドル戦争と、「ベネズエラの金をロンドンの保管施設から本国に送還せよ」という彼のその後の要求の前触れとなった動きだった。

われわれは二〇〇七年一二月に自分たちのシステムを軍関係者に紹介する機会を得て、ネブラスカ州オマハのアメリカ戦略軍（STRATCOM）に対して、マーキントのシグナル・エンジンのプレゼンテーションを行った。そのミーティングの参加者には、制服組に加えて文民の科学者もいた。われわれは、米ドルに対する攻撃やアメリカの市場を崩壊させようとする活動を早期に検知するためにこのシステムをどのように活用できるかを、具体例を使って説明した。

その技術に突然、新しい光が当てられた。われわれは未来の戦争を見据えていた。物理的兵器による戦争ではなく、化学・生物兵器、サイバー兵器、それにわれわれの事例のように、金融兵器を含む何でもありの戦場で行われる戦争である。

従来型の空中戦、地上戦、海戦ではアメリカが絶対的優位を保持しているので、ライバル国はアメリカに立ち向かう新しい方法を探し求めているということが、ペンタゴンの目に明白になりつつあった。未来の戦争は株式、債券、通貨、コモディティ（商品）、デリバティブ（金融派生商品）を含む拡大された戦場で戦われることになる。われわれのシグナル・エンジンは、完璧な早期警報装置だった。

「独りで取引する者はいない」という自明の理を思い出してほしい。どの買い手にも売り手がいるわけだ。取引の一方の側が国家安全保障にとっての脅威だとすると、その敵は意図せぬ痕跡を残す。敵の取引者は水中を泳ぐ魚のようなもので、波紋を残すのだ。その魚が見えなくても、波紋は見ることができ、魚がいると推論することができる。オマハでのそのミーティングに参加した、未来を見据えている人々は、われわれのシグナル・エンジンが波紋を検知できること、われわれが完璧な早期警報装置を生み出したことを認めてくれたのだ。

マーキントには結局、未来があることになった。この装置は、われわれが最初に作ろうとしていた狭いテロ防止ツールではなく、幅広いシステム、迫りくる金融的脅威を検知するための、市場の一種のレーダーとして生き残ることになる。マーキントは成長していた。われわれのチームと技術は、今や金融戦争の新しい、より大きな舞台に足を踏み入れていたのである。

第一一章　金融戦争

敵国を破滅に追いやるような戦争をコンピューター・ルームか証券取引所で始めることが……可能だとしたら、その場合、戦場ではない場所がどこかにあるだろうか。……命令を受けて出発しようとしている若者が今日「戦場はどこか」と尋ねたら、答えは「あらゆる場所だ」になるだろう。

喬良大佐、王湘穂大佐（中国人民解放軍）　一九九九年

今や敵はわが国の……金融機関を破壊する能力をも獲得しようとしている。……われわれは今から数年後に過去を振り返って、わが国の安全保障や経済に対する真の脅威を前にしてなぜ何もしなかったのかと悔やむわけにはいかないのだ。

バラク・オバマ大統領　二〇一三年二月一二日

中国の資産破壊兵器

戦争の一つの目的は、敵の意欲と経済的能力を低下させることだ。意外に思えるかもしれないが、市場を攻撃することで富を破壊する戦略は、敵の能力を奪うという点で、敵の船舶を撃沈することより効

果的なことがある。金融戦争は戦争の未来の姿であり、その未来を見通すために誰よりも熱心に研究しているのが、国防総省の高官、アンディ・マーシャルだ。

二〇一二年九月のある雨の朝、セキュリティ万全のペンタゴン（国防総省）の会議室で、マーシャルはテーブルの上に身を乗り出した。テーブルの周りには、マーシャルのスタッフに加えて、著名な投資マネージャー三人、SEC（証券取引委員会）職員三人、シンクタンクの専門家数人がいた。私を含めた、この慎重に選び出された集団は、金融戦争について議論するためにそこにいたのである。

「それはおもしろい」と、マーシャルは言った。一時間にわたって完全に沈黙していた彼がそう発言したのは、「中国が金を蓄積しており、ドルの交換価値を低下させるためにそれを金融兵器として使うかもしれない」とわれわれが話していたときだった。

アンディ・マーシャルは同僚たちからも敬意を表するために「ミスター・マーシャル」と呼ばれており、九二歳という年齢もあって丁重に遇されている。彼の公式の肩書は、国防長官府純評価局長だ。非公式には、彼はペンタゴンの主任フューチャリスト（未来研究者）であり、未来を見通してアメリカの安全保障に対する脅威を他の人々がその存在に気づきさえしないうちに評価する役割を担っている。マーシャルは一九七三年以来、八人の大統領の政権下でこの地位を保持してきた。

国家安全保障戦略への彼の関与は、さらに前の一九四九年にさかのぼる。この年、彼はアメリカ初のシンクタンク、ランド研究所に入所したのである。彼のかつての同僚や弟子には、ハーマン・カーン、ジェームズ・シュレシンジャー、ドン・ラムズフェルド、ディック・チェイニー、ポール・ウォルフォウィッツ、それにこの研究所の七〇年近い歴史を彩ってきた国家安全保障政策の他の巨人たちがいる。第二次世界大戦以降では、戦略問題に対する影響の深さと広がりでマーシャルと肩を並べるのは、故ポール・ニッツェだけだ。

マーシャルがこれらの人々ほど一般国民に知られていないとしたら、それは完全に故意によるものだ。彼はインタビューを受けたり演説したりすることはほとんどなく、公の場に登場することもない。おまけに、彼の論文はほとんどが極秘扱いだ。会議の場では、彼はスフィンクスのようにどっしり構え、長時間黙って話を聞き、すべてを理解したうえで今や三手先を考えていることを示す言葉を、ときおり二言、三言発するだけだ。

ほとんどのアメリカ人がアンディ・マーシャルの名を耳にしたことはないだろうが、中国の軍部は彼についてよく知っている。マーシャルは二〇世紀末の「軍事における革命」（RMA）の中心的な理論家だったのだ。RMAは、強力なコンピューティング・パワーにもとづく兵器や戦略の根本的変化の先駆けだった。精密誘導兵器や巡航ミサイルや無人偵察機は、すべてRMAの一端だ。過去数年間の中国の国防白書の主著者である人民解放軍の陳周将軍は、『エコノミスト』に次のように語った。「われわれはRMAを徹底的に研究した。われわれの偉大なヒーローは、ペンタゴンのアンディ・マーシャルだった。……われわれは、彼の論文を一言一句残さず翻訳した」[*1]

マーシャルは、中国と敵対する可能性があることをよく知っている。それどころか、彼は西太平洋での中国との戦争のためにアメリカの主要戦闘計画を策定した中心人物だ。「エア・シー・バトル（空海戦）」と名づけられたこの極秘計画は、中国の偵察能力と精密誘導ミサイルを封じ、それから空と海で大規模な攻撃に打って出るというものだ。[*2]

二〇一二年九月のこの集まりで、マーシャルは物理的兵器や空海戦の戦術について説明を受けていたわけではなかった。政府系ファンド、ひそかに行われている金の取得、およびアメリカ連邦準備制度理事会（FRB）の政策のせいで生じるおそれのある国家安全保障に対する脅威について、話を聞いていたのである。

中国は米ドル建ての金融資産を三兆ドル以上持っており、FRBの策謀によってドルが一〇パーセント減価するごとに、三〇〇〇億ドルの実質資産が中国からアメリカに移転する。自国が蓄積した富に対するこの攻撃を、中国がいつまで容認するかは不明である。空や海ではアメリカに勝てなくても、中国は資本市場を通じて攻撃することができるのだ。

われわれがその日アンディ・マーシャルと議論した脅威は、中国の軍事ドクトリンと完全に整合していた。金融戦争やサイバー戦争を含む中国の「超限戦」ドクトリンは、一九九五年という早い時期にそのルーツを持っている。その年、北京軍事科学アカデミーの元戦略局長、王浦峰少将が、「情報戦争という挑戦」と題した論文を発表したのである。冒頭でアンディ・マーシャルに敬意を表したのち、王は次のように述べていた。

近い将来、情報戦争が戦争の形と未来を支配するようになるだろう。われわれは情報戦争というこの発達中のトレンドを認識し、それを中国の戦闘即応能力近代化の推進力とみなしている。未来の戦争で勝利を得るためには、このトレンドがきわめて重要になるだろう。[*3]

中国人民解放軍は、『超限戦』と題した一九九九年の本で、このドクトリンをさらに明確に打ち出した。[*4] 超限戦、すなわち制限や限定をまったく設けない戦争の戦術には、ミサイルや爆弾や魚雷などの物理的兵器を使わずに敵を攻撃する数々の方法がある。生物・化学・放射性分子をまき散らして民間人を死傷させ、人々を恐怖に陥れる大量破壊兵器の使用もその一つだ。超限戦の戦術の他の例としては、航空機の離陸を妨げたり、水門を開けたり、停電を起こしたり、インターネットを遮断したりできるサイバー攻撃がある。

王らが最初にまとめた非対称の脅威のリストに、最近、金融攻撃が追加された。『超限戦』は、「戦神の顔がぼやけてきた」と題した章でこれを詳しく説明している。この本が書かれたのは、一九九七年アジア金融危機と、その波及的影響による一九九八年グローバル金融パニックからほどない時期だった。アジアの困窮の多くは、欧米の銀行がアジアの新興市場の銀行から短期資金を突然引き揚げたために生じたものだった。おまけに、欧米が牛耳っているIMF（国際通貨基金）のお粗末な助言のせいで、困窮はさらに悪化したのである。アジアの視点からは、この大混乱全体がアジア諸国の経済を不安定化させるための欧米の謀略のように見えた。不安定さは紛れもない現実となり、インドネシアから韓国まで、多くの国で暴動や流血の惨事が発生した。反感の高まりは、一九九七年九月の香港でのIMF年次総会における有名な事件、マレーシアのマハティール・モハマド首相とヘッジファンドの雄ジョージ・ソロスの非難合戦にまで発展したのである。

中国は他のアジア諸国ほどこのパニックの影響を受けなかったが、このパニックを研究し、銀行がIMFと結託してどのように市民社会をむしばみ、場合によっては体制変革さえ余儀なくさせるかを理解するようになった。この危機に対する中国の対応の一つが、欧米の貸し手による突然の「取り付け騒ぎ」に翻弄《ほんろう》されないよう、大量のドル建て準備資産を蓄積することだった。もう一つの対応が、金融戦争のドクトリンを構築することだった。一九九七年〜九八年の危機の教訓は、中国の二人の軍事指導者によって、詩的であると同時に予言的な次の一節にまとめられた。

かつて欧米世界の絶え間ない称賛をかき立てた経済的繁栄は、木枯らしによって一夜で吹き落される木の葉のように不況に変わった。……そのうえ、経済の分野でのこうした敗北は、社会・政治秩序の破綻《はたん》を促進する。*5

中国は、アメリカより先を行っている。中国の戦略的金融戦争のドクトリンは、一九九七年アジア金融ショックを受けて一九九九年に打ち出された。それに対し、金融戦争についてのアメリカの考えは、一〇年後の二〇〇九年に、二〇〇八年グローバル金融パニックというさらに大きなショックを受けて、ようやくはっきりした形をとり始めた。二〇一二年には、中国もアメリカも、戦略的・戦術的金融戦争ドクトリンを構築するための幅広い活動に取り組んでいた。われわれのグループがアンディ・マーシャルとそのチームにこの新たな脅威について説明するよう求められたのは、このような状況のときだったのだ。

金融戦争には、攻撃と防御の両面がある。金融戦争の攻撃とは、取引を妨害し、富を破壊することを目的とした敵の金融市場への悪意ある攻撃をいう。防御とは、攻撃を早期に検知し、市場の閉鎖や敵のメッセージ・トラフィックの遮断などのすばやい対応をとることをいう。攻撃を構成するのは、先制攻撃の破壊と第二撃の報復のどちらでもよい。ゲーム理論では、攻撃と防御は同じになる。第二撃の報復に十分な破壊力があれば、それが先制攻撃を防ぐ抑止力になるからだ。この論理は、アンディ・マーシャルらが冷戦期の一九六〇年代初めに核戦争シナリオで構築したドクトリンと同じものだ。このドクトリンは「相互確証破壊（ＭＡＤ）」と名づけられたが、今では「相互確証金融破壊」という新しいドクトリンが生まれようとしている。アンディ・マーシャルにとって、金融兵器はなじみのないものだったが、抑止理論はそうではなかったのだ。

攻撃能力と防御能力の区別だけが、金融戦争に関連した二分法ではない。証券取引所のコンピューターなどの物理的標的と、取引関係などのバーチャルな標的という区別もある。信頼にもとづく商行為も、バーチャルな標的になりうる。誠実そうに見える主体が持続的、反復的な取引によって信頼を獲得し、それから突然その信頼を悪用して、市場操作を狙った悪意ある注文を取引システムに大量に送り込むことができるのだ。

物理的標的には、証券取引所の施設そのものはもちろん、サーバー、スイッチ、光ファイバー・ケーブル、他のメッセージ・トラフィック・チャネルなどの広大なネットワークも含まれる。システム・エンジニアや敵国が、妨害行為やハッキングによってこの電子的連鎖のリンクを一つ破壊すれば、少なくとも一時的には大混乱を生じさせて市場を閉鎖に追い込むことができると気づくのはたやすいことだ。もっと広範囲におよぶ攻撃なら、破壊の程度によって異なるだろうが、何週間も、さらには何カ月も市場を閉鎖させることができる。

二〇〇八年の金融メルトダウン（融解）は金融戦争によるものではなかったが、アメリカの当局者たちにグローバル金融システムの複雑さと脆《もろ》さを間違いなく思い知らせた。二〇〇七年一〇月のピークから二〇〇九年三月の谷底までの間に、約六〇兆ドルの富が破壊されたのだ。このような大惨事が住宅ローン担保証券のような何の変哲もない証券によって引き起こされることがあるとすれば、システムの振る舞い方を熟知している専門家たちが組織的に市場操作を行ったら、どれほどの惨状を引き起こせるかは想像にかたくない。

マーシャルらのおかげで、しっかり組織されたサイバー金融攻撃は、従来型のどんな軍事攻撃にも劣らないすさまじい破壊力を持ちうるという認識が高まってきている。

隠れヘッジファンド

ヘッジファンドは、秘密活動の申し分ない隠れ蓑《みの》になる。悪意あるトレーダーが金融攻撃を実行するためには、必ずしもシステムを物理的に破壊する必要はない。ヘッジファンドのような合法的な主体を設立すれば、大手清算ブローカーに口座を開いて普通の取引を始めることができる。この取引は何年も続くことがあり、その間にその主体は資本市場でスリーパー・セル（潜伏工作員）になる。やがて、清算ブローカーはその主体を巨額の手数料を生み出してくれる最重要顧客とみなすようになり、その主体に他の顧客より大きな与信枠を与える。

ヘッジファンドは、絶えず情報優位を追い求める典型的な情報収集機関でもある。ヘッジファンドは諜報《ちょうほう》機関と同じような方法を使って、情報収集を行っている。高レベルの専門家会議に出席することは、専門家のネットワークを築いて、新製品や新発明に関する機密情報を引き出す一つの方法だ。企業に出資するという方法は、出資者に経営陣と接触する機会を与えてくれる。ヘッジファンドのトレーダーも諜報機関のエージェントも、このような接触を絶えず求めている。ヘッジファンドの場合は株価に影響をおよぼす新製品についていち早く知るなど、取引上の優位を得ることだ。諜報機関の場合、目的は敵方の相対的な経済的力に影響をおよぼす技術の進歩に先行し続けることだ。

スリーパーになったヘッジファンドは世界各地の多くのブローカーと緊密な関係を築くことができ、その結果、そのヘッジファンドの購買力は、すべての与信枠とデリバティブの想定元本を考慮に入れると手持ち資金の何百倍にもなることがある。敵の金融司令部から命令が下ったら、このヘッジファンド・ネットワークはただちに攻撃に出る。アップルやグーグルなど広く保有されている特定の銘柄の売り注文が市場に殺到して、マーケット・メーカーや投資家の買い注文を大幅に上回る。価格の下落がじわじわと始まり、すぐに勢いを増して、最終的には本格的な市場パニックに発展する。サーキット・ブレーカー（訳注　先物取引において価格の変動が一定の幅を超えたとき発動される、値幅制限や取引中断などの措置）が発動されても、売り圧力は弱まらない。ビジネス専門チャンネルがこの現象を取り上げ、パニックは拡大することになる。

敵のトレーダーにとって、明日というものは存在しない。彼らは取引の代金を数日中に、つまり評価損の影響の中で支払う必要があることなどまったく気にしていない。彼らの資金は今、注文を処理している清算ブローカーには知られていない北京やモスクワの銀行に戻っている途中かもしれないのだ。資本市場は日をまたぐ信用リスクに対してはいくつかの予防措置を備えているが、一日のうちに生じる損失に備えて保険をかける有効な措置は一つも編み出していない。中国やロシアの隠れヘッジファンドは、何年もかけて築かれた信頼や信用を悪用すると同時に、この弱点にもつけ込むことができる。

悪意ある攻撃は、現物市場だけで行われるとはかぎらない。攻撃者は株式を売ると同時に、ディーラーとの相対取引でプット・オプション（売る権利）を買う、つまりその銘柄を空売りすることで売り圧力を増大させることができる。悪意ある顧客はウィルスのようになって、そのディーラーのトレーディング・デスクに感染し、破壊の増幅に一役買わせるのである。

破壊を増幅するもう一つの方法は、まったく別の原因で市場がすでに値崩れしている日に攻撃を始めることだ。主要株価指数がすでに二パーセント下落している日に攻撃を開始して、二〇パーセント以上下落させようとするのである。これは、大恐慌の始まりを告げた一九二九年の二日間の大暴落に匹敵する暴落を生じさせるおそれがある。

金融攻撃を行う者たちは、攻撃の有効性を高めるために心理作戦を使うこともできる。虚偽のニュースを流したり噂《うわさ》を立てたりするのである。FRB議長が誘拐されたとか、著名な投資家が心臓発作で倒れたといった話は効果的だろう。一流銀行が営業を一時停止したとか、ヘッジファンドの経営者が自殺したといった話でもよい。こうした話に続いて、大手証券取引所で「技術的問題」が発生して売り注文を処理できなくなっており、顧客の損失がどんどん膨らんでいるという噂が流される。真実味を出すために、過去数年の間に実際に起こった出来事と似通った話がでっちあげられる。主流メディアがこうした話をそのまま報じ、パニックを誘発する状況が広まることになる。

ニューヨーク証券取引所とSECは、この種の暴走取引を防ぐための安全措置が設けられていると主張している。だが、これらの安全措置は、一時的に非合理な振る舞いをすることがあるかもしれないが、基本的には利益を追求している合理的なトレーダーを落ち着かせるためのものだ。こうした措置には、トレーダーが状況を把握して割安銘柄を見つけられるようにするための市場の一時停止や、評価損に対する保険をかけて、ブローカーに顧客のデフォルト（債務不履行）の衝撃を和らげるクッションを与えるための追加証拠金などがある。

金融戦争の戦士たちは割安銘柄や利益を追い求めているわけではないので、このような衝撃緩和措置で彼らの攻撃を阻止することはできない。それどころか、彼らは取引の一時停止を利用してさらに売り注文を積み上げ、第二波の攻撃をしかけることができる。おまけに、これらの安全措置は、影響を受ける当事者たちが実際にどのように行動するかによって効果が大きく左右される。追加証拠金の請求が行われたら、現金を差し出す必要があるため、合法的なトレーダーにはそれでブレーキがかかる。だが、悪意あるトレーダーは追加証拠金請求を無視して取引を続けるだろう。悪意あるトレーダーにとって、清算日というものは存在しない。敵の正体がのちに突き止められる可能性があることも、抑止力にはならない。アメリカは真珠湾を爆撃したのが日本であることを攻撃の後で認識したが、自国の戦艦が沈没したり炎上したりするまで、その攻撃が迫っていたことを認識していなかったのだ。

清算ブローカーは、取引の続行を防ぐために悪意ある口座を閉鎖することができるが、その方法では未決済の持ち高がそのヘッジファンドからブローカーに移転することになる。そのような事態になったら、多くのブローカーが破綻し、破綻の連鎖が金融システム全体に広がって清算機関が支払い不能に陥るだろう。証券取引所、清算機関、ブローカー、顧客という体系全体が崩壊の瀬戸際に追いやられる事態になりかねないのである。

潜伏工作員となったヘッジファンドは、潜伏的役割をもう一つ果たすことができる。攻撃の何年も前から情報収集機関として活動するのである。今日、しっかりした情報分析を行うためには国家の機密情報だけでは十分ではない。経済情報――天然資源開発プロジェクト、エネルギー資源の発見、パイプラインの建設予定ルート、その他の開発構想など――も国家機密に劣らず重要なのだ。経済情報は商品市場、金融の安定、経済成長、それに民間部門、政府部門双方の資源配分に影響をおよぼしうる。こうした機密情報は政府関係者には必ずしも知られていないが、民間部門のCEO（最高経営責任者）やエンジニアや開発者には広く知られている。

狙いをつけた企業の株式のかなりの割合を取得したら、隠れヘッジファンドはその企業の経営陣と会う手はずを整えることができる。ブローカーの調査部門からさほど注目されていない中小企業の場合、経営陣と接触するのはとくにたやすい。このような企業は往々にして、人工衛星や3Dソフトやデジタル画像処理の分野で最先端の設計に取り組んでいる。接触することがカギになる。抜け目ない投資家はまばたきやうなずきから手がかりを読み取って、最新の技術開発の時期や性質を推察する。こうした接触は何年も続くことがあり、隠れヘッジファンドは辛抱強く信頼を築き、売買を繰り返し、情報を集めて、脆弱《ぜいじゃく》な点を見つけ出す。それから、主人である政府の命令でサソリのように刺すのである。

この見方に同意しない人々は、ヘッジファンドという形での諜報機関や軍の秘密活動は、細かく定められた資金洗浄防止規定や顧客の身元確認規定をブローカーが厳密に実施すれば、容易に見抜くことができると主張する。この主張は吟味に耐えない。正体を隠して活動するための手法には、フロント企業、いわゆるカットアウト（連絡員）、秘密工作員、虚偽の経歴などがあり、何も知らない接触者が黒幕の正体に気づかないよう何層もの主体を積み重ねるという手法もある。隠れヘッジファンドの構造は、タックスヘイブン（租税回避地）の法人を何層もかかわらせることで、敵の黒幕に厚い隠れ蓑を与えている。専門的支援は、善意の専門職社員を雇って資金管理などの細かい仕事を処理させている腐敗した弁護士や銀行家から提供される。取締役は、投資家に管理サービスを提供するオフショア法域の投資顧問会社から調達される。連鎖構造の中に善意の個人や組織を紛れ込ませることで、防諜機関の目をくらますのである。

隠れヘッジファンドの経営者は、チューリッヒやロンドンなどの国際金融センターの環境が整った地区で活動する。彼らは高い教育を受けたプロフェッショナルで、何年も前に外国の諜報機関からこうした仕事をするよう仕込まれており、ハーバードかスタンフォードの経営学の学位を持っている。ゴールドマン・サックスやHSBC（香港上海銀行）のような大手銀行で経験を積んでスリーパー金融専門家の中核グループを形成し、それから敵のファンドの経営という極秘任務を与えられるのだ。

防諜工作員がこうしたスリーパーをたまたま見つけることはあるかもしれない。狙いをつけた通信を傍受することで、彼らの活動がいくらか明らかになることがあるからだ。だが、彼らの活動が抜け目なく構成されていたら、内部の人間が裏切らないかぎり、部外者がこうした隠れヘッジファンドを見破るのは不可能に近い。だが、もっと大きな問題がある。アメリカの安全保障コミュニティはそもそもこうした脅威に目を光らせているのか、という問題だ。

中国の秘密活動

これまでの話を信じがたいと思うなら、中国——および他の国々——がもっととらえにくい形の金融攻撃をすでに実行していることを考えてみてほしい。

二〇一一年一月、『ニューヨーク・タイムズ』は、長年アメリカ国債を買い越していた中国が二〇一〇年には売り越しに転じたと報じた。中国は今なお貿易黒字によって巨額のドルを蓄積しているし、自国通貨の価値を操作するために今なおドルを買っているのだから、この売り越しはおかしいと、この記事は指摘していた。この指摘が暗に意味していたのは、公式のデータは売り越しになっているが、中国は今なおアメリカ国債を大量に買っているにちがいないということだった。[*6]『ニューヨーク・タイムズ』は、二〇一〇年にイギリスがアメリカ国債の最大の買い手になったことに注目して、中国は「イギリスの資産運用会社が運用している口座に買いを移した」のだろうと推論していた。事実、中国はロンドンの銀行を隠れ蓑にしてアメリカ国債を買い続けており、その一方で公式にはアメリカ国債を売っていると発表していたのである。

中国が市場での秘密活動をごまかすために使っているもう一つの方法は、二〇〇七年五月二〇日の『ニューヨーク・タイムズ』の記事で明らかになった。著名ジャーナリストのアンドリュー・ロス・ソーキンが、政府系ファンドの中国投資公社（CIC）がアメリカの強力かつ秘密主義のプライベートエクイティ（未公開株投資）投資会社、ブラックストーン・グループの三〇億ドル相当の株式を買い取ることに同意した事実を暴いたのだ。[*7]

ブラックストーン・グループの創設者の一人、ピーター・G・ピーターソンは、元ニクソン政権高官で、のちに外交問題評議会会長やニューヨーク連銀理事長を務めた。もう一人の創設者、スティーブン・A・シュワルツマンは、二〇〇七年二月一三日、つまりブラックストーン株売却のわずか数カ月前にニューヨークのパーク・アベニュー・アーモリーで開いた六〇歳の誕生日パーティで悪評を買ったスーパー億万長者である。[*8]そのパーティでは、ロック歌手のロッド・スチュワートが三〇分のステージを務め、報道によると、それに対して一〇〇万ドルの報酬が支払われたのだ。中国は今やブラックストーンのパーティの最前列の席を手に入れようとしており、経営陣に接触する権利と検討中の案件に共同出資する力を獲得しようとしている。

二〇〇七年六月、つまり二〇〇八年パニックに発展したグローバル資本市場の暴落が始まる直前に、シュワルツマンは自分の案件組成のスタイルを次のように説明した。「私が求めているのは戦争だ。だらだら続くこぜり合いではない。……どうすれば他の入札者をつぶせるかをいつも考えてるよ」。[*9]彼は通常の金融取引のことを言っていたのであり、本物の戦争は彼の思いもよらないものだった。それでも、彼はすでに、彼の狭い視野ではとらえきれない広範囲にまたがる金融戦争の駒になっていたのである。ニューヨークをダボスから大連に行く途中の給油地程度にしか思っていないシュワルツマンのような自称地球市民は、本物の戦争は過去のものだと、もっとはっきり言うと、もう起こらないと思っているかもしれない。同様の考えは、事態が史上最大の戦争に向かって進んでいた一九二〇年代の終わりにも唱えられていた。

ＣＩＣのブラックストーン株取得によって、中国が「自国の膨大な外貨準備を国外で稼働させる」[*10]意欲を示したことを、アナリストたちは称賛した。だが、マネーの流出に重きを置くこの見方は、情報の流入を無視している。アメリカの最も強力な取引マシンの内部構造に関する情報が中国共産党の政治局に流れ込んでいることを考慮しないのは、おめでたすぎる。中国の投資精査チームは買収対象企業の機密情報を、最終的には成立しなかった案件についてさえ見ることができるのだ。三〇億ドルという売却代金は、シュワルツマンにとっては多額のカネのように思えても、中国の外貨準備の〇・一パーセントにすぎない。一〇〇ドル札を持っている人間が一〇セント硬貨を落とすようなものなのだ。中国がシュワルツマンとブラックストーンに食い込んだことは、東アジアの覇権とアメリカとの起こりうる対立に向かう同国の前進の重要な一歩である。もちろん、情報チャネルは双方向の流れを持つもので、ブラックストーンのような会社が中国の能力や意図に関する知見でアメリカの諜報コミュニティの助けになってくれることも確かである。

中国の金融戦争の標的にされる可能性があるのは、アメリカだけではない。二〇一二年九月、中国の高官が共産党の英字新聞『チャイナ・デイリー』に寄稿して、東シナ海の係争中の諸島に関する日本の挑発行為に報復するため、日本の債券市場に攻撃をしかけることを提案した。[*11]二〇一三年三月一〇日には、中国はＧ20（主要二〇ヵ国）の厄介な議論について情報を得るために、オーストラリア準備銀行のコンピューターに侵入した。[*12]

債券市場やプライベートエクイティ市場における中国の動きは、ひそかに行動して、重要な結節点に入り込み、貴重な企業情報をいつの間にか取得しようとする同国の長期的な取り組みの一環だ。これらの金融活動は、中国人民解放軍の悪名高い諜報部門、六一三九八部隊によるサイバー空間での悪意ある活動や重要なインフラの制御システムへの攻撃と並行して行われている。これらの並行的な取り組みは、アメリカとの未来の対立で中国に役立つことになるだろう。*13

サイバー戦争に関しては、アメリカは取り組みを怠ってはいない。それどころか、アメリカのサイバー能力は中国のそれを上回っているだろう。ジャーナリストのマシュー・エイドは二〇一三年に、国家安全保障局の中で行われているアメリカの秘密サイバー活動について次のように記した。

国家安全保障局（NSA）の部署で、きわめて秘密主義のテイラード・アクセス活動室、略称TAOは、一五年近くにわたり中国のコンピューター・システムや通信システムに侵入して、かの国の内部で起こっていることについて……きわめて信頼性の高い優れた情報資料を生み出してきた。

NSAの施設内にあるこの部署の活動スペースに入るためには、特別なセキュリティ・チェックをパスする必要がある。この部署の超現代的なオペレーション・センターの入口は、武装した守衛、キーパッドに六ケタのコードを正確に入力しなければ開けられない、ものものしいスチール製のドア、特別なセキュリティ・チェックをパスした者だけが入れるようにするための網膜スキャナー……によって守られている。

TAOの任務は単純だ。この部署は、標的のコンピューター・システムや通信システムにひそかに侵入し、パスワードを探り当て、標的とするコンピューターを保護しているセキュリティ・システムを破って、ハード・ドライブに保存されているデータを盗み取り、さらには標的とする電子メール・システムやテキスト・メッセージング・システムの中を流れるメッセージやデータをすべてコピーすることによって、外国の標的に関する情報資料を収集するのである。[*14]

TAOが行っているような諜報活動は、二〇一三年にエドワード・スノーデンが暴露した電子メールや電話の比較的単純な盗み読みや盗聴よりはるかに高度なものだ。

ウォール街も、金融関連のサイバー能力を向上させている。二〇一三年七月一三日、証券関連の業界団体が「クォンタム・ドーン2」と呼ばれる金融戦争ゲームを主催し、五〇ばかりの企業や政府機関から五〇〇人以上の人間が参加した。クォンタム・ドーン2は、主として通常の取引を混乱させる攻撃を防ぐことを目的としていた。この目的は有用ではあるが、注文入力システムを混乱させるのではなく模倣する、より高度な攻撃に備えるには不十分だ。[*15]

アメリカ対イラン

金融戦争を行っている大国は中国だけではない。今日、アメリカとイランの間でもそうした戦争が行われている。アメリカはイランを重要な決済ネットワークから締め出すことによって、イランの体制を不安定化させようとしている。二〇一二年二月、アメリカは、FRBとアメリカ財務省が管理している米ドル決済システムをイランが利用することを禁止した。これはイランにとって不便なことではあったが、それでも同国は決済通貨をユーロに切り替え、ベルギーに本部があるSWIFT（国際銀行間通信協会）の銀行間通信システムを通じて取引を決済することで、国際市場での取引を続けることができた。

二〇一二年三月、アメリカはSWIFTに圧力をかけて、イランがSWIFTの決済システムを利用することも禁止させた。イランは、他の国々とのハードカレンシー（国際通貨）の授受に参加することを公式に中断させられたのだ。アメリカは、イランとの金融戦争の目的を隠そうとはしなかった。二〇一三年六月六日、アメリカ財務省の高官、デイビッド・コーエンは、アメリカの制裁の目的は「イラン・リアルを減価させて、国際商取引で使用できないようにすること」[*16]だと語った。

結果は、イラン経済にとって壊滅的だった。イランは世界有数の原油輸出国であり、原油輸出に対してドルを受け取るために決済システムを利用する必要がある。イランは精製後の石油製品や食料品、それにアップルのコンピューター、ヒューレット・パッカードのプリンターなどの消費者向け電子機器の大量輸入国でもある。突然、輸入代金を支払う方法がなくなって、イランの通貨リアルは暴落した。貿易業者は希少なドルを闇市場で手に入れようとし、闇市場でのリアルの対ドル価値はそれまでの半分足らずに低下した。これは、一〇〇パーセントのインフレ（物価上昇）と同じことだった。預金者が富を保全するためにリアルを引き出して闇通貨や実物資産を買おうとしたため、イランの銀行システムに対する取り付け騒ぎが始まった。政府は取り付け騒ぎを止めるために金利を引き上げた。アメリカはグローバル決済システムからイランを締め出すことによって、通貨の暴落、ハイパーインフレ（物価暴騰）、銀行取り付け騒ぎを発生させ、食料品やガソリンや他の消費財の不足を生じさせたのだ。

イランはアメリカの制裁が拡大される前から、アメリカとその同盟国がイランのドル資産を凍結するのを防ぐためにドルを放出して金を買うという形で反撃した。[*17]たとえば、イランの原油の大量輸入国であるインドと協力して、インドがグローバル市場で金を買い、それをイランの原油と交換する原油・金スワップ（交換）を実施する措置をとった。[*18]イランはその金をロシアや中国の食料品や工業製品と交換することができた。厳しい金融制裁に直面して、イランは金がいつでもどこでも通用する通貨であることをあらためて実証していたのである。

トルコは、またたく間にイランに対する金の主な供給国になった。二〇一三年三月のトルコのイランへの金輸出は、前月の二倍以上の三億八一〇〇万ドル相当に上った。[19]だが、金はデジタル送金できるドルほど簡単には移送できないため、金との交換にはそれなりのリスクがあった。二〇一三年一月、一・五トンの金を積んだ貨物機が、イスタンブール空港でトルコの当局に差し押さえられた。[20]その金が密輸品とみなされたためだった。各種報道によると、その貨物機は金の主要産出国であるガーナから、世界中から運ばれてくる金や通貨の積み替え地点として名高いドバイに向かっていた。『ボイス・オブ・ロシア』の推測では、その貨物機の最終目的地はイランだった。最終目的地がどこであれ、誰かが——おそらくはイランが——一・五トンの金を失ったのだ。[21]

イランに向かう金のもう一つの出所は、アフガニスタンである。二〇一二年一二月、『ニューヨーク・タイムズ』は、合法的な手段と密輸という違法な手段の両方で行われているアフガニスタンとドバイとイランの大規模な三角貿易について、次のように報じた。「カブールからペルシャ湾……へのフライトを利用するときは、頭上の荷物入れから落ちてくるバッグに気をつけろという忠告に耳を貸したほうがよい。ある運び屋は……iPhone（アイフォーン）ほどの大きさの金の延べ棒を早朝のフライトで一度に六〇ポンド（約二七キロ）近く運んだという」[22]

イランが金の取引を拡大すると、アメリカはすぐさま報復した。アメリカ財務省が、イランへの金の販売を禁止する措置を二〇一三年七月一日から厳しく適用すると発表したのである。[23]この厳しい適用は、イランへの主な供給国だったトルコとUAE（アラブ首長国連邦）を狙ったものだった。アメリカはすでにイランのハードカレンシーの入手を阻止していたが、今や金についても同じことをしようとしていた。それは、FRBの高官らが表向きは金を軽視していたにもかかわらず、金が通貨であることをアメリカが暗黙のうちに認めたということだった。

イランが使った代替決済方法は、金だけではなかった。最も便利な方法は、禁輸措置の対象にならない現地銀行で現地通貨での支払いを受け入れることだった。イランはインドに原油を輸出して、インドの銀行のイランの口座に入金されるインド・ルピーを受け取ればよいのである。イランがこのルピーを使えるのは、インド国内で財を購入した場合に限られる。だが、インドの仲介業者はすばやく適応して、欧米の財をドルで輸入し、輸入品を再輸出する時間と手間を埋め合わせるだけの利益を上乗せしたうえで、イランにルピーで売ることができる。

イランは、制裁対象のチャネルを経由する違法な支払いを中国やロシアの銀行に代行させるという方法も使っている。同国は制裁が実施される前に、多額のハードカレンシーを中国やロシアの銀行に預金した。それらの銀行は、SWIFTの規定に反してイランが実質所有者であることを明かさずに、イランに代わってハードカレンシーをSWIFT経由で電信送金したのである。

各種報告書によると、イランが預金しているハードカレンシーの量は、中国の銀行だけで二七〇億ドルに上る。だが、イランがこの資金を自由に動かせるかとなると、それは送金を行うことでアメリカの関心を引くのは避けたいという中国の思惑によって制限されている。二〇一三年四月、イランは中国に、北朝鮮に対する中国の通常の人道支援の一環として、あの閉ざされた王国に四〇億ドルの「贈り物」をするよう依頼した。その贈り物が、本当は北朝鮮からイランに輸出された核兵器技術の代金であることを、イランは中国に明かさなかった。

二〇一二年末、アメリカは制裁を迂回《うかい》するこうした手法でイランを支援することについて、ロシアと中国に警告を発したが、どちらの国にもペナルティが科されることはなかったし、その見込みもなさそうだった。[*24] SWIFTも、制裁の適用に積極的ではなかった。SWIFTは、そもそもイランをシステムから締め出したいとは思っていなかった。アメリカの圧力を受けてそうしただけだったのだ。アメリカがロシアと中国に強く出なかったのは、シリアや北朝鮮など、両国と協力して対処すべきもっと重要な問題があったからだ。

イランは金融戦争とサイバー戦争を組み合わせて、ハイブリッドの非対称攻撃をしかける方法も実演してみせた。報道によると、二〇一三年五月、エネルギー企業が世界各地の石油・天然ガス・パイプラインを管理するために使っているソフトウェア・システムに、イランのハッカーたちが侵入したのである。[*25] このソフトウェアを操作すれば、イランは物理的な供給網だけでなく、価格発見が物理的な需給関係に左右されるエネルギーのデリバティブ市場にも大混乱をもたらすことができる。アメリカの高官たちが偵察作戦と呼ぶ、こうした探りを入れる動きは、それだけできわめて危険である。イランのハッカーも標的にされたアメリカ企業も、こうした活動が攻撃者自身でさえ意図していない市場のパニックを偶発的に引き起こすおそれがあることは考慮していないようだった。

アメリカの金融戦争能力の矢面に立たされた国は、イランだけではない。シリアに対するアメリカの金融制裁は、二〇一二年七月から二〇一三年七月までの一年間でシリア・ポンドの価値を六六パーセント低下させた。その結果、シリアのインフレは年率二〇〇パーセントに達した。シリア・ポンドが交換手段としての機能を事実上停止したため、シリア政府は主な友好国三カ国の通貨――イラン・リアル、ロシア・ルーブル、中国元――で業務を行わざるをえなかった。[*26]

二〇一三年末には、イランが金融面でこうむった打撃がオバマ大統領とイランのハサン・ロウハーニー大統領の合意を導き、ウラン濃縮プログラムに関するイランの譲歩と引き換えにアメリカの金融攻撃が緩和された。イランは制裁で苦しんでいたが崩壊してはおらず、今では交渉のテーブルでアメリカと向き合っていた。とくに重要な変化として、イランへの金の販売を禁止する措置が廃止され、同国は原油輸出によって得たドルを使って金を蓄積できるようになった。オバマ大統領は、制裁は緩和されるが、イランが核開発計画の縮小という約束を守らなければふたたび科すことができると言明した。それでも当面は、イランは経済の大混乱にみまわれながらも、アメリカとの金融戦争を休戦に持ち込んだ。

二〇一二年から一三年にかけてのアメリカとイランの金融戦争は、軍事力ではアメリカに立ち向かえない国でも、戦場が金融や電子の分野なら手ごわい敵になりうることを示している。アメリカがヨーロッパやトルコを味方にしたように、イランはロシアや中国やインドを味方にした。イランに味方した国々は、ドル以外の通貨を基軸とする新しい銀行・決済システムの構築を公然と口にしていた。ドバイは第二次世界大戦中のスイスのように、この戦争のどちらの側にも便宜をはかるという役どころを見つけていた。アメリカはイランをドル決済システムから追い出したいと願い、それに成功した。だが、「願いごとには注意せよ」という警告どおり、アジアでは今、非ドル決済システムが形をとりつつあるし、金はそれだけで有効な金融兵器であることが実証されたのだ。

現金、金、兵器、制裁がからんだ中国、ロシア、イラン、アメリカ、北朝鮮の間のいたちごっこは、戦略問題において金融兵器がどれほど重視されるようになっているかを示している。[*27]

サイバー攻撃

金融戦争に関心を持っていたのは、ペンタゴンのアンディ・マーシャルの部署だけではなかった。二〇一二年九月下旬、国際通貨システムの専門家たちが通貨と外貨準備の地政学について議論する招待者限定の会議が、バーレーン王国で開催された。三日間の会議のテーマには、米ドルの暴落と中国元、ロシア・ルーブルなどの地域準備通貨の台頭というシナリオも含まれていた。参加者はヨーロッパの国会議員、シンクタンクの学者、著名なジャーナリスト、資本市場の専門家などだった。

二〇一二年一〇月一二日、アメリカ科学者連盟が、イスラエルとイランの武力戦争というシナリオを含む金融戦争ゲームをワシントンDCで実施した。参加者は通常の武力戦争のシナリオを与えられたのち、金融的影響を評価し、力の増幅因子として金融兵器がどのように使われる可能性があるかを示すよう求められた。

二〇一二年一〇月二五日、ボーイング社がニューハンプシャー州ブレトンウッズでのオフサイト会議で、金融戦争ゲームを実施した。この会議は、歴史上重要なマウント・ワシントン・ホテルで開かれた。第二次世界大戦直後から一九七一年にニクソン大統領が金の窓を閉じるまで有効だった国際通貨体制を築いた、一九四四年のブレトンウッズ会議の会場として有名な場所だ。ボーイングは企業であって国ではないが、同社が金融戦争に関心を持つのはちっとも意外ではない。ボーイングは七〇カ国に社員を擁し、一五〇カ国に顧客を持つ世界屈指の輸出企業なのだ。ボーイングの防衛・宇宙・安全保障部門は、アメリカの安全保障活動のために最高機密の極秘コンピューター・システムを構築・運用している。金融戦争の可能性や影響にボーイングほど大きな利害がかかっている企業は、世界にほとんどないだろう。

五日後の二〇一二年一〇月三〇日には、国防大学が、学界、シンクタンク、大手銀行の六人の一流専門家の協力を得て実施していた一年間のバーチャル金融戦争ゲームを終了した。この演習に資金を提供したのはアメリカ太平洋軍で、演習の成果は極秘扱いの一〇四ページの最終報告書にまとめられた。*28

二〇一三年八月にはスイス軍が、「オペレーション・デュプレックス・バーバラ」と名づけられたきわめて精緻《せいち》な金融戦争ゲームを実施した。この演習でスイス軍部隊は、スイスの銀行に盗まれたカネを取り返すためと称して国境を越えて押し寄せてきたフランスの暴徒や民兵から、国を守るために戦った。*29

金融戦争に関する活動や分析はこのように幅広く行われているが、それでも脅威が完全に網羅されているわけではない。銀行などの金融機関を含むアメリカのインフラへのサイバー攻撃は増大しており、しかも多様な形をとることが考えられる。*30　二〇一一年のクリスマス・イブの厄介な事件では、アメリカ政府のある高官の個人識別情報が入っていたコンピューター・ファイルがハッキングされ、その情報がダウンロードされた。その情報はそれから、その高官の個人銀行口座を空っぽにするために使われた。その高官とは、当時アメリカのすべての資本市場を規制する機関のトップだったメアリー・シャピロのことだった。*31

二〇一三年四月二三日には、AP通信のツイッター・アカウントがハッキングされ、ホワイトハウスがテロ攻撃を受けてオバマ大統領が負傷したという偽情報を流すために使われた。この偽情報が出回ったのは、ボストン・マラソン爆弾テロとその犯人の追跡および銃撃戦という劇的な事件から数日後のことだった。ダウ・ジョーンズ工業株価平均はただちに一四〇ポイント以上下落し、その情報が嘘《うそ》であることが判明して回復するまでの間、短時間ではあったが一三六〇億ドルの富が消し去られた。シリア電子軍という、イランに支援されている親シリアのハッカー集団が、この攻撃を行ったのは自分たちだと発表した。[*32] ハッカーの成功と市場の反応は、市場がささいなことに敏感に反応し、さまざまな手段によって簡単に破壊されたり、操作されたりするものであることを実証した。これは、他の潜在的攻撃者にとって参考になる事件だった。

これらの出来事は最も危険な類の金融攻撃、すなわちサイバー攻撃と金融戦争を組み合わせた究極の威力増幅シナリオを指し示している。この場合、サイバー攻撃はアメリカの資本市場を機能停止にするために使われるわけではない。サイバー侵入者たちは注文入力ソフトをコントロールし、大手金融機関になりすまして大量の売り注文を出すのである。彼らが意図している金融崩壊は隠れヘッジファンドによる攻撃の場合とよく似ているが、資金がまったくいらない点が違っている。冷静さを失ったブローカーが何兆ドル分もの株式や債券やデリバティブ（金融派生商品）を売却しようとするさまを模倣するように、コンピューターがプログラミングされるのだ。

このシナリオは、二〇一二年八月一日のナイト・キャピタル（アメリカの大手証券会社）の失態をもっと大規模にして標的を定めたバージョンだ。[*33] ナイト・キャピタルの事件では、ソフトウェアのエラーのせいでコンピューターが誤作動を起こし、ニューヨーク証券取引所に大量の誤発注を出した。ナイト・キャピタルはわずか数分で七〇億ドル分の不要な株式持ち高を積み上げ、それを解消するために四億四〇〇〇万ドルの損失をこうむった。この惨事が発生していた間、ナイト・キャピタルの誰一人として問題の原因を割り出すことができず、キルスイッチを入れようとは誰一人思わなかった。結局ニューヨーク証券取引所が、自己防衛のために取引所のシステムからナイト・キャピタルを遮断したのである。

二〇一三年八月二二日には、さらに大きな失態が起こった。ナスダック株式市場が、コンピューター通信システムの障害のため三時間にわたってマヒしたのである。システム障害の原因は公式には一度も説明されておらず、イランのサイバー防衛司令部からの攻撃だった可能性は決して除外されていない。二〇一二年八月にはイランのサイバー部隊が「シャムーン」と呼ばれるウィルスで巨大石油会社、サウジ・アラムコの三万台のコンピューターを破壊したし、サイバー金融戦争のためのイランの活動は現在も続いているからだ。

これらの金融戦争のシナリオでは、攻撃の規模がきわめて大きいため、ニューヨーク証券取引所が対処できなくなって全面的な閉鎖に追い込まれることも考えられる。そのあとに続くパニックは、何千億ドルもの含み損を発生させることになるだろう。

市場は官僚に任せてはおけない

安全保障コミュニティの思慮深い人々が金融戦争に対する関心を表明してきた一方で、アメリカ財務省やFRBの官僚たちは、脅威分析に決まって冷や水を浴びせる。彼らの反論は市場に対する金融戦争の影響の評価から始まり、金融戦争は自国の金融資産の大幅な減少を招くので、中国を始めとする主要国は金融戦争には参加しないという結論で終わる。この見方は、官僚の危険なおめでたさを示している。財務省の見方は「金融戦争の目的は金銭的利益である」という前提に立っているが、その前提は間違っているのである。

金融戦争の目的は、敵の能力を低下させ、標的とする地域で地政学的優位を追い求めながら敵を制圧することだ。投資利益を得ることとは、金融攻撃とはまったく関係がない。攻撃者が金融大惨事によって敵を崩壊や機能停止に近い状態に追いやり、同時に他の戦線で前進することができれば、巨額のコストがかかったとしても、その金融戦争は成功とみなされるだろう。どんな戦争にもコストはかかるし、多くの戦争が復興に何年も、場合によっては何十年もかかるほど大きな破壊をもたらす。これは戦争が起こらないということではないし、金融戦争を始める者がコストはかかるのに利益は得られないということでもない。

次の計算を考えてみよう。中国がアメリカとの金融戦争の結果、準備資産の価値を二五パーセント失ったとすると、中国のコストは約七五〇〇億ドルになる。最先端のフォード級航空母艦一二隻、つまり想定されるアメリカの空母戦力と同等の戦力を構築、配備するためには、建造、運用、整備など、廃船までのすべてのコストを考慮すると四〇〇〇億ドル以上のコストがかかる。これらの空母を駆逐艦や潜水艦や他の護衛艦で守るためのコストや、艦隊を運用するために必要な地上のシステムやスタッフのコストを加えると、全体のコストはそれよりはるかに大きくなる。要するに、アメリカと金融戦争で対決する経済的コストは空や海で対決するコストより安く、しかも与える打撃はそれより大きいかもしれないのだ。中国は最先端の空母艦隊は持っていないが、資金とコンピューターは持っており、自国に適した戦場を選ぶだろう。

金融戦争が発生した場合、中国は金融資産を金《きん》に換えることで――中国が現在積極的に推し進めている政策――資産凍結や評価減から準備資産を守ることができる。金塊を一つ取得するたびに、中国は自国の金融上の脆弱《ぜいじやく》性を低下させ、ポートフォリオ（資産構成）上の損失と軍備コストとの差引関係を金融戦争のほうが得になる方向に動かしているのである。中国がどのような意図を持つ可能性があるかは、かの国が世界最大の金購入国であるという事実から推察できるのではなかろうか。

アメリカ財務省とFRBの見方には、長期的な効果を考慮に入れていないという欠陥もある。短期的には高くつく攻撃が、長期的には大きな利益をもたらすことがある。中国が金融戦争でどれだけのポートフォリオ上の損失をこうむろうと、それは和平交渉、すなわち交渉による解決で一気に反転させることができる。事態が正常化しさえすれば、差し押さえられた口座は凍結を解除され、含み損は含み益に変わりうる。その一方で、台湾や東シナ海などにおける中国の地政学的利益は永続的になる可能性があり、しかも、こうした戦いで最も打撃を受け、回復に何年もかかるおそれがあるのはアメリカ経済なのだ。

財務省やFRBの官僚たちが金融戦争に関する懸念を一笑に付すのは、彼らがリスクの統計的特質を誤解しているうえに、間違った均衡モデルに頼っているからだ。これらのモデルは、現実の市場とは一致しない効率的市場と合理的行動を前提にしている。金融戦争に当てはめると、彼らの見方は次のようになる。「特定の株式や特定の市場に対する敵の攻撃は、自滅的な結果になるだろう。なぜなら、いったん売り圧力が強まり始めたら、合理的な投資家が割安証券を買うために飛び込んでくるからだ」。このような行動は比較的平穏で落ち着いた市場で見られるだけで、実際のパニックのときは売り圧力は自己増殖し、買い手はどこにもいなくなる。大規模なパニックは、政府の強制的な措置がないかぎり急激に広がって全面的な崩壊に至るのだ。

このようなパニックの力学は、過去六〇年の間に二度、実際に作動し始めた。一九九八年九月には、グローバル資本市場はあと数時間で全面的に崩壊するというところまで追い込まれた。大手行がニューヨーク連銀の説得に応じて、ヘッジファンド、ロングターム・キャピタル・マネジメント救済のために四〇億ドルの資金を全額現金で拠出したことで、ようやく崩壊を免れたのだ。[*34] 二〇〇八年一〇月には、あと数日でほとんどの大手行が相次いで破綻するという事態になり、議会が不良資産救済プログラム（TARP）を制定するとともに、FRBと財務省が介入してマネー・マーケット・ファンド（MMF）の元本を保証し、ＡＩＧ（アメリカン・インターナショナル・グループ）にてこ入れし、市場の流動性を改善するために何兆ドルもの資金を投入した。どちらのパニックの際にも、ＦＲＢの考えでは窮地から救ってくれるはずの割安証券の買い手は現れなかった。

要するに、金融戦争に対する財務省とＦＲＢの見方は、情報分析官がミラー・イメージングと呼ぶものを示しているのである。アメリカは中国に金融攻撃をしかけるつもりはないので、中国もアメリカにそうした攻撃をしかけてはこないだろうと決めつけているわけだ。このような短絡的な見方では、敵の意図や能力を把握できないため、戦争を防ぐどころか戦争の大きな原因を生み出すことになる。金融戦争に関するかぎり、市場は重要すぎて財務省とＦＲＢに任せてはおけないのだ。

金融戦争の能力は、実際に金融戦争を始めなくても、「始めるぞ」という脅しに信憑性《しんぴょう》がありさえすれば効果的な政策手段になる。「アメリカが台湾を守るために軍事行動をとったら、アメリカの金融資産が一兆ドル以上破壊されることになる」と中国が明言したために、アメリカ大統領がそのような軍事行動を取りやめる、というシナリオが生まれうるのである。このシナリオでは、台湾は運命に身を委ねるしかない。アンディ・マーシャルの空海戦は、中国の資産破壊兵器によって抑止されるのだ。

金融上の最大の脅威は、こうしたシナリオが偶発的に展開するおそれがあることかもしれない。核攻撃と相互確証破壊をめぐる冷戦ヒステリーが最高潮に達していた一九六〇年代半ばに、二本の映画が米ソの核戦争というシナリオを取り上げた。『未知への飛行』（原題 *Fail Safe*）と『博士の異常な愛情』（原題 *Dr. Strangelove*）だ。これらの映画では、どちらの側も戦争など望んでいなかったのに、コンピューターの誤動作やならず者将校の行為のせいで戦争が始まってしまう。

今日の資本市場は決してフェイルセーフ（訳注 誤操作や誤動作などの障害が発生したとき、つねに安全の方向に動作するようにシステムが設計されていること）ではない。それどころか、ナイト・キャピタルの事件や二〇一〇年五月六日の奇妙な瞬間暴落が示すように、ますます破綻しやすくなっている。ソフトウェアの通常のアップグレードや試運転の間に、偶然、金融攻撃が始まることもあるかもしれない。一九九八年と二〇〇八年には、悪意ある主体の働きかけなどなかったのに、資本市場は崩壊の瀬戸際に追いやられた。この先、偶然によってであれ悪意によってであれ、似通った崩壊が起こるリスクは暗澹《あんたん》たる気持ちになるほど高いのだ。

　二〇一一年に『ナショナル・ジャーナル』が、武力侵略やインフラ崩壊や激甚自然災害に直面してもアメリカ政府が業務を継続できるようにするための極秘計画を詳細に伝える「ザ・デイ・アフター」という記事を掲載した。[*35] これらの計画には、連邦議会議事堂近くのワシントン・モールにヘリコプター中隊を着陸させて、議会指導者たちをバージニア州の緊急事態指揮センター、「マウント・ウェザー」に避難させることも盛り込まれていた。次に、国防総省の高官たちが、キャンプ・デービッドからさほど遠くないメリーランドとペンシルベニアの州境にあるレイブン・ロック山の深い地下掩蔽壕《えんぺいごう》に移送されることになっていた。

　マーク・アンバインダーが書いたこの記事のほとんどは、特定の高官——大統領が含まれる可能性もある——が死亡もしくは行方不明になったら指揮系統はどうなるかという問題に充てられている。アンバインダーは、これらの危機管理計画は一九八一年のレーガン大統領暗殺未遂事件のときも九・一一のときも、役に立たなかったと指摘している。そして、近年は通信の安全確保という点で改善が見られるが、それでも指揮系統に重大な不明確さが生まれるおそれがあり、次の国家的危機ではさらに多くの失態が予想されると述べている。

しかしながら、金融戦争は通常の戦争とはタイプの異なる危機をもたらし、物理的被害はほとんど、もしくはまったく与えない。高官の死亡や行方不明が起こるはずはなく、指揮系統は無傷のはずだ。金融攻撃と並行してインフラへの攻撃が行われないかぎり、通信は平常どおりに流れるだろう。

それでも、何兆ドルもの富が失われるので、攻撃された国は地震によって大都市が壊滅した場合と同様、確実に痛手を受けることになる。銀行や証券取引所は閉鎖され、市場の流動性は失われる。信頼は消え失せる。FRBは二〇〇八年以降、三兆ドル以上の貨幣を増刷してインクを使い果たしており、これ以上増刷する能力も信用もなくなっている。社会的混乱や暴動がすぐに発生するだろう。

アンディ・マーシャルをはじめとする安全保障コミュニティのフューチャリスト（未来研究者）たちは、このような脅威を真剣に受け止めている。財務省やFRBは彼らをほとんど、もしくはまったく支援していない。どちらの機関もミラー・イメージングにとらわれているのである。

皮肉なことに、解決策を編み出すのは難しいことではない。考えられる解決策は、大手銀行をつぶせないほど大きくはない規模に分割する、多重性を提供するため地域証券取引所中心のシステムに戻る、コンピューターのキーを叩《たた》くだけで消し去ることなどできない金《きん》を通貨システムにふたたび導入するなどだ。これらの変革の一次費用は、頑健性の向上と二次的な便益によって十分すぎるほど埋め合わせがつく。だが、これらの是正措置のどれ一つとして、議会やホワイトハウスで真剣に検討されてはいない。今のところ、アメリカは金融戦争の脅威にうすうす気づいているだけで、解決策からはほど遠いところにいるのである。

第 II 部

貨幣と市場

MONEY AND MARKETS

第三章　市場の緩やかな死

体系《システム》の人は……手がチェス盤の上でさまざまな駒を配置するのと同じくらいたやすく、大きな社会のさまざまな成員を配置できると思っているようだ。人間社会という大きなチェス盤では、あらゆる駒がそれぞれ独自の運動原理を持っていることを考慮していないのだ。

アダム・スミス『道徳感情論』一七五九年

経済計算の出発点となる「データ」は、その意味合いを解明できる単一の頭脳に「与えられた」社会全体についてのデータでは決してないし、そのような形で与えられることは絶体にありえない。

フリードリヒ・A・ハイエク　一九四五年

どんな……統計的規則性も、操作目的でそれに圧力が加えられたら崩壊する可能性が高い。

グッドハートの法則　一九七五年

繰り返される失敗

シェークスピアの『ベニスの商人』に、サラーニオが「ところで、市場にはどんなニュースがあるかね」と尋ねる場面がある。彼は情報《インフォメーション》を求め、自分にとって意味のある情報、すなわちインテリジェンスを集めて、市場で起こっていることを割り出そうとしているのである。サラーニオは、自分の周囲で起こっていることをコントロールしようとは思っていない。それは不可能だということを知っているからだ。彼はニュースの流れを理解して、市場で自分の場所を見つけようとしているのである。

ジャネット・イエレンとFRB（アメリカ連邦準備制度理事会）も、これくらい謙虚になるとよいのだが。

「市場」という言葉は、有史以前の交易品から中世の市場町、さらにはナノ秒の速さのビッドとオファーがコンピューター・クラウドに集まるポストモダン時代のデジタル取引まで、あらゆるイメージを呼び起こす。市場は、基本的には財やサービスの売買を行うために買い手と売り手が出会う場所である。今日の世界では、場所は抽象化されたデジタル空間かもしれないし、出会いは一瞬の接続にすぎないかもしれない。だが、核心の部分では、市場は青銅器時代に地中海沿岸で琥珀《こはく》が黒檀《こくたん》と交換されていたころから何ら変わってはいない。

とはいえ、市場は――金のような有形財の市場であれ、株式などの無形財の市場であれ――一貫して単なる財やサービスの交換より深いプロセスを意味してきた。せんじ詰めると、市場とは「財やサービスの価格に関する情報の交換」を言うのである。価格は持ち運び可能である。商人なり貿易業者なりがひとたび市場価格を確定したら、他の人々はその情報を使って生産を拡大もしくは縮小したり、労働者を採用もしくは解雇したり、情報優位性を引っ提げて他の市場に移ったりすることができる。

情報は、その情報を引き出すもとになった取引より大きな価値を持つことがある。ブルームバーグの莫大《ばくだい》な富は、この洞察の上に築かれている。ベンチャー・キャピタリストがまったく新しい製品を生み出す事業に出資しようとするとき、いくら出資するべきかをどうやって決めればよいか。出資者も起業家も、はっきりした額はわからない。だが、過去の結果——ときおりある巨額の利益であれ、たびたびある失敗であれ——に関する情報が、当事者たちに指針を与え、出資を進められるようにしてくれる。売上高や投資収益に関する情報は潤滑油であり、より多くの販売や投資が行われるようにしてくれる燃料だ。財やサービスの交換は市場の活動の結果かもしれないが、価格発見は、そもそも交換が起こることを可能にする市場機能なのだ。

中東のバザールで絨毯屋《じゅうたんや》から立ち去ろうとして、店主に「お客さん、お客さん、もっと安くできますよ。とても安く」と追いかけてこられた経験がある人なら誰でも、価格発見の魅力を知っている。この力学は、ニューヨークやシカゴの取引所のトレーディング・プラットフォームに接続しているサーバーで起こる自動高頻度取引となんら変わらない。コンピューターは「お客さん、もっと安くできますよ」のナノ秒バージョンを提示しているわけだ。価格発見は、今なお最も重要な市場機能である。

だが、市場は買い手と売り手、投機家と裁定取引者だけでなく、他の人々も活動する場所だ。今日のグローバル市場は、景気回復のためのプランを持つ中央銀行家にとってたまらなく魅力的なようだ。彼らにとって、市場は自分たちの介入主義の理論を試す試験管なのだから、プラン策定は中央銀行家の有害な思い上がりである。

中央銀行家は貨幣の価格をコントロールしており、したがって世界のあらゆる市場に間接的に影響を与える。この途方もない力を考えると、理想的な中央銀行家は、謙虚で慎重で、市場のシグナルに敬意を払う人ということになる。ところが、現代の中央銀行家はずうずうしく傲慢《ごうまん》で、市場を自分の思いどおりにねじ曲げようとする。トップダウンの中央計画の策定《セントラル・プランニング》、すなわちニーズやウォンツのより優れた理解なるものにもとづいて資源配分や工業生産量を決めることは、歴史を通じて政治プレーヤーたちが望んできたことだ。二〇世紀末にソ連と中国が中央計画経済を放棄し、それから間もない二一世紀初めに欧米の中央銀行がそれを嬉々《きき》として取り入れたのは、皮肉でもあり悲劇でもある。ソ連と中国は合わせて一〇〇年以上にわたり、世界で最も広大な二つの国と地球の人口の三分の一に徹底的な中央計画経済を押しつけていた。結果は、明白かつ悲惨な失敗だった。FRBを始めとする今日の中央計画の策定者たちも、やがて同じ失敗にぶつかるだろう。まだわかっていないのは、それがいつ起こり、社会にどれだけのコストを負わせるか、ということだ。

中央で計画を策定したいという思いは、トップダウンの策で問題を解決する必要があるという認識から生まれることが多い。一九一七年のロシア社会民主労働党（のちのロシア共産党）にとって、問題は皇帝と封建社会だった。今日の中央銀行の中央計画策定者たちにとって、問題はデフレ（物価下落）と名目成長率の低さである。問題は現実のものだが、トップダウンの解決策は錯覚で、傲慢さと間違った思想から生まれたものだ。

二〇世紀には、ロシアと中国はマルクス主義思想と大国のおごりにとらわれていた。今日、中央銀行家たちはケインズ主義と博士号のおごりにとらわれている。マルクス主義もケインズ主義も、先進経済特有の複雑さの霧から自然発生的に現れる解決策を見つけるために必要なレベルの自由を個人に与えてはくれない。それどころか、個人は中央銀行からの操作やコントロールに気づいていて、経済活動を抑制しているか、でなければ中央銀行の市場操作の照準から外れた、まったく新しい比較的小規模な事業に精を出している。

市場参加者たちに残されているのは、投機や過当売買、それにFRB理事たちの考えの裏をかこうとするゲームである。このごろでは、市場と呼ばれているものは、FRBの次の政策発表を先取りして取引したり、FRBの頑固な政策実行に便乗したりする場と化している。二〇〇八年以降、市場は富の創造ではなく富の搾取の場になっている。市場はもう真の機能を果たしていない。今日の市場では、学者や不労所得者のしなびた手が、商人や起業家の見えざる手にとって代わっているのである。

この批判は目新しいものではない。自由市場そのものと同じくらい古くからあるものだ。アダム・スミスは、近代資本主義システムの黎明《れいめい》期に当たる一七五九年の哲学的著作『道徳感情論』で、どんな計画策定者も、それぞれが策定者には把握できない独自の特性を持つ多くのシステムで構成されているシステムを思いどおりに動かすことはできないと主張している。これは、人形の中に人形が入っていて外からは中の人形が見えないロシアのマトリョーシカ人形の名をとって、「マトリョーシカ理論」と呼んでもよいだろう。一番外側の人形を開けると独自の特性を持つ次の人形が現れ、それを開けるとまた次の人形が現れるというように、どんどん続いていくのである。違いは、マトリョーシカ人形が有限であるのに対し、現代経済の多様性は無限で、互いに作用し合っており、理解を超えていることだ。

フリードリヒ・ハイエクは、アダム・スミスの著作から二〇〇年近く後の一九四五年に書かれた有名な論文「社会における知識の利用」で同じことを主張しているが、重点の置きどころを変えている。スミスが個人に重点を置いたのに対し、ハイエクは情報に重点を置いたのだ。方程式系にもとづくモデルが経済学を支配し始めていた、コンピューター時代のとば口にいたハイエクの視点が、ここに反映されている。もちろん、ハイエクは個人の自由の擁護者だった。自分の書く情報が、突き詰めて言うと複雑な経済システムの中の個々の自律的な主体によって生み出されることを理解していた。彼の言わんとしたことは、どんな個人も委員会もコンピューター・プログラムも、経済秩序を構築するために必要なすべての情報を手にすることは、たとえそのような秩序のモデルを編み出すことができたとしても、絶対にできないということだった。ハイエクは次のように述べている。

合理的な経済秩序という問題の特異な性格は、われわれが利用せねばならない状況に関する知識は集中した形や統合された形では決して存在しておらず、すべての独立した個人が持っている不完全で往々にして矛盾する知識の分散した断片としてしか存在していないという、まさにその事実によって決定される。……つまり、簡単に言うと、それは誰に対しても全体的な形では与えられない知識の利用という問題なのだ。*1

チャールズ・グッドハートは、オーストラリア準備銀行によって刊行された一九七五年の論文で「グッドハートの法則」を打ち出した。*2 この法則は「金融指標が政策目標になったら、それは指標としての役割を果たさなくなる」という趣旨の言葉で言い換えられることが多い。この言い換えはグッドハートの法則の本質をとらえてはいるが、もともとの表現は「操作目的で」という句を含んでいたのでさらに辛辣《しんらつ》だった（原文は「観測された統計的規則性はどんなものでも、操作目的でそれに圧力が加えられたら崩壊する可能性が高い」である）。この表現は、グッドハートが市場介入や市場操作全般についてだけでなく、複雑系における結果を左右するために中央銀行が特定のタイプのトップダウンの取り組みをすることについても憂慮していたという重要な点を強調するものだった。

アダム・スミスもフリードリヒ・ハイエクもチャールズ・グッドハートも、中央計画の策定は単に望ましくないとか最適ではないということではなく、不可能なのだと結論づけた。この結論はもっと最近になって登場した計算複雑性理論と一致する。計算複雑性理論では、解を求めるために必要なデータ量、計算ステップ数、および処理パワーで測定した難しさの度合いによって計算問題を分類する。この理論にはこうした分類区分を決めるための規則があり、必要なデータ量が多すぎるとか、処理ステップが無限だとか、世界の計算パワーをすべて使っても足りないといった理由で計算不可能と分類される問題もある。スミスとハイエクとグッドハートはこぞって、経済分野における人間の行為の多様性と適応性は、人間や機械の最適化能力を超える計算複雑性の典型的な例だと主張している。

これは、経済システムが最適性に近づくのは不可能だということではない。最適性は中央銀行の政策によって押しつけられるものではなく、経済の複雑性から自然発生的に生まれるものだということだ。今日、中央銀行、とりわけアメリカのFRBは、レーニンやスターリンや毛沢東《マオツォトン》の失敗を暴力抜きで繰り返そうとしている。もっとも、暴力はこの先、所得格差や社会的混乱や国家権力との対立によって生じるかもしれないが。

経済の複雑性という問題に関するアダム・スミスやフリードリヒ・ハイエクの言葉は広く知られているが、チャールズ・グッドハートはぞっとするような最終章を付け加えた。中央銀行が政策を決めるために使うデータが、それ自体、以前の政策による操作の結果であるとき、何が起こるかという最終章を。

資産効果は幻想？

インフレ（物価上昇）率、失業率、所得伸び率など、各種の経済指標は、政策決定を下すための土台として中央銀行によって注意深く観察されている。失業率の低下やインフレ率の上昇は金融政策を引き締める必要性を示すシグナルかもしれないし、資産価格の下落はさらなる金融緩和策の必要性を示すシグナルかもしれない。政策決定者は景気後退に対して、こうした指標データをよくするための政策を推進することで対応する。しばらくすると、指標データそのものが基礎的な経済実態ではなく、外見上よく見えるように誘導された政策結果を反映するようになるかもしれない。このデータが次の政策の土台として使われたら、中央銀行は間違ったシグナルが政策を導き、それがさらなる間違ったシグナルとさらなる操作を誘発して、やがて実態と虚構の見分けがつかなくなる「鏡の荒野」に入り込むことになる。実態からどんどん離れて、最終的には実質所得や実質生産高など、容易には操作できないデータの固い壁にぶつかって崩壊するフィードバック・ループ（フィードバックの繰り返しで結果が増幅されること）に陥ってしまうのだ。

その好例が、いわゆる資産効果である。その仕組みは単純だ。アメリカ人の資産の大部分が、二つの資産クラス――株式と住宅――で占められている。株式資産の価値はきわめてわかりやすい。アメリカ人は401（K）（確定拠出年金）口座の取引残高報告書を毎月受け取っているし、その気になれば特定の株式の価格をリアルタイムで確認することができる。住宅価格はさほどわかりやすくはないが、アメリカ人が自分の家の価値を大まかに把握するには、不動産物件の一覧表や井戸端会議から集めた事例証拠で十分だ。資産効果を唱える人々は、株価や住宅価格が上昇していれば、アメリカ人はより豊かになったように感じ、貯蓄に回すカネを減らして支出を増やそうという気になると主張する。

資産効果は、二〇〇八年以降のFRBのゼロ金利政策と大々的な貨幣増刷を支えている一つの柱である。これらの政策の影響が波及していく経路は、簡単にたどることができる。金利が低ければ、住宅ローンを組めるアメリカ人が増え、住宅の購入が増えて、住宅価格が上昇する。同様に、金利が低ければ、証券会社は顧客に金利の低い証拠金ローンを提供するので、株式の購入が増え、株価が上昇する。

また、重要な代替効果もある。投資家はみな、自分の貯蓄や投資に対して大きなリターンを得たいと思う。銀行預金がゼロに近い金利しか生み出していないとしたら、アメリカ人はより高いリターンを求めてその資金を株式や住宅に回すだろう。その動きがどんどん拡大し、その結果、株価や住宅価格が上昇することになる。ゼロ金利政策と量的緩和政策は、見かけ上は狙いどおりの結果を生んできた。株価は二〇〇九年から二〇一四年の間に二倍以上に上昇し、住宅価格は二〇一二年半ばに急激に回復し始めた。資産価格を操作しようとしてきたFRBは、四年の努力の末、二〇一四年には成功したように見えた。少なくとも帳簿上は、富が創出されていた。だが、それはどのような影響をもたらしたのか。

資産効果の力は何十年も前から論争の的になってきたが、最近の研究はその影響に大きな疑問を投げかけている。資産効果がある程度存在することは、ほとんどの経済学者が認めている。問題は、それがどれくらい強力なのか、どれくらいの期間続くのか、また、それを実現するために必要な悪影響や歪《ゆが》みを甘受するだけの価値があるのかだ。

資産効果は一般に、資産の増分一ドル当たりの個人消費の伸び率として表される。たとえば、株式や住宅の価値が一〇〇〇億ドル増大し、その資産効果が二パーセントだとすると、個人消費の伸びは二〇億ドルになる。議会予算局によると、住宅価格の上昇による資産効果は研究によって推定値が大きく異なり、一・七パーセントから二一パーセントの幅がある。*3 これほど大きな幅がある推定値はお笑い種《ぐさ》で、同様の研究に疑問を投げかけるとともに、この分野の方法論的難しさを浮き彫りにしている。

ニューヨーク連邦準備銀行が発表した、株価上昇による資産効果に関する優れた論文は、資産効果に関するFRB自身の見方を根底からくつがえす調査結果を含んでいた。この論文は次のように述べている。

われわれは総資産の変化と総支出……の間に正の関連があることを発見したが、その効果はかなり不安定で、突き止めにくいことが明らかになった。資産の予期せぬ変化に対する消費の増大という反応は不確実で、しかもきわめて短期間で終わるように思われる。……資産効果は……近年はかなり小さかったことが明らかになった。……消費の反応を一期遅れで見ていくと……資産の増大に対する打撃は消費の増大に事実上まったく影響を与えていない。[*4]

別の研究が示すところでは、資産効果は、それが存在する範囲で富裕層にずいぶん集中しており、普通のアメリカ人の支出にはまったく影響をおよぼさない。[*5]　ニューヨーク大学経済学部長デイビッド・K・バッカスも同様の見方を示した。

資産効果という概念は、経済データにもとづく検証に耐えられない。一九九〇年代の株式市場のブームはアメリカ人の資産の増大に一役買ったが、デイビッド・バッカスによると、消費の大きな変化は生み出さなかった。……株式市場が反転する前に「消費の大きな増大は見られなかった」と、バッカスは述べている。「また、実際に反転したとき、大きな減少は見られなかった」[*6]

資産効果の規模とタイミングに関する否定的な見方よりさらに気がかりなのは、経済学者たちが効果の方向についてさえ確信を持っていないことだ。一般通念では株価の上昇が消費を増大させるとされているが、経済学者たちは、実際はその逆で、消費の増大が株価を上昇させるのかもしれないと指摘してきた。[*7] 著名な金融経済学者レイシー・H・ハントは、資産効果に関する研究の現状を次のようにまとめている。

ここでの問題は、FRBの政策が総資産を増やすか減らすかではない。問題は、資産の変化が消費支出をいくらかでも有意な程度に変化させるか否かである。最も信頼できる証拠が示すところでは、資産の変動は消費支出にほとんど、もしくはまったく影響を与えない。したがって、FRBの大量の流動性に反応して株式市場が上昇するとき、より広い経済は影響を受けないのだ。[*8]

ここで、資産効果に関する優れた論文のいくつかが、最も新しい二つの株式バブルが最高潮に達した一九九九年と二〇〇七年のいずれかに発表されたことを考えてみよう。資産効果に関する学術研究がとくにおもしろいのは、資産効果が最も大きいとされている株式バブルの間であるのは当然だが、これらの研究は、資産効果は実際には小さく不確実であることを示している。

総合すると、これらの研究すべてが、FRBは資産効果を求めて何兆ドルもの貨幣を増刷しているが、実は単なる幻想に振り回されているのかもしれないと示唆しているのである。

デフレとインフレの決戦

アメリカは今日、過去一五年で三度目の株式バブルと二度目の住宅バブルを経験している。これらのバブルは実体経済の役には立たず、証券会社と銀行を豊かにするだけだ。これらのバブルが破裂したら、アメリカ経済は二〇〇八年のパニックよりさらに深刻なパニックにみまわれ、銀行の救済要請がすぐ後に続くだろう。このようなバブルが生まれたのは、一つには市場を信頼せず、操作しようとする中央銀行の傲慢さのせいだ。

資産バブルの発生は、FRBの貨幣増刷がもたらす最もよく知られた悪影響の一つだが、他にも多くの悪影響がある。まず考えられるのは、為替《かわせ》相場メカニズムを通じてアメリカから貿易相手国にインフレが輸出されることだ。二〇〇八年以降のFRBの金融政策の根強い謎は、アメリカの消費者物価が上昇していないことだ。二〇〇八年から二〇一二年までの消費者物価指数の前年比上昇率は平均一・八パーセントにすぎず、一九六五年以降のどの五年間よりも低かった。FRBに批判的な人々は何年も前から、時間的なずれはあるにしても、貨幣増刷によってアメリカのインフレ率は急上昇するだろうと予測してきたが、インフレはまだ現れていない。それどころか、二〇一三年には、持続的なデフレの兆候が現れ始めたのだ。

アメリカでインフレが発生していない大きな理由は、為替相場メカニズムを通じてインフレが海外に輸出されたことにある。中国やブラジルなど、アメリカの貿易相手国は、自国通貨が米ドルに対して増価するのを防ぐことによって輸出を促進しようとしていた。FRBがドルを増刷すると、これらの貿易相手国は、貿易黒字や投資という形で自国経済に入ってくる大量のドルを吸収するために自国通貨の供給量を増やさなければならない。貿易相手国のこの貨幣増刷政策は、それぞれの国の経済にインフレを発生させる。アメリカはこれらの国から安価な財を輸入することになるので、アメリカのインフレは緩和される。

二一世紀の冒頭から、世界全体に自然なデフレ・バイアスが見られ、とりわけアメリカではそれが強かった。アメリカは当初はこのデフレを、豊富な労働力によって生産される安価な財という形で中国から輸入していた。人民元が過小評価されていたため、中国の財の米ドルでの価格が、経済のファンダメンタルズ（基礎的条件）が決定する値より低かったことも、それを促進した。このデフレ・バイアスは、二〇〇一年に顕著になった。この年、アメリカの年間インフレ率は、明白なデフレに危険なほど近い一・六パーセントに低下したのである。

当時のFRB議長アラン・グリーンスパンを大幅な利下げに駆り立てたのは、このデフレ不安だった。二〇〇二年には、フェデラル・ファンド（FF）金利の実効レートは平均一・六七パーセントと、四四年ぶりの低水準になった。二〇〇三年には、FF実効レートはさらに下がって平均一・一三パーセントになり、二〇〇四年にも平均一・三五パーセントと低水準で推移した。この三年間の超低金利政策はデフレを防ぐことを目的としたもので、その目的は果たされた。消費者物価指数は、通常のタイムラグを経て二〇〇四年に二・七パーセントに、二〇〇五年には三・四パーセントに上昇した。グリーンスパンは墜落していた飛行機を地面に激突する寸前に急降下から脱させ、空気力学的に安定させて、それからふたたび上昇させたパイロットのようだった。二〇〇七年にはインフレ率は四パーセント強に戻っており、FF実効レートは五パーセントを超えていた。

グリーンスパンはデフレという怪物を追い払いはしたが、その過程でもっと厄介な問題を生み出していた。彼の低金利政策は住宅バブルに直結し、このバブルが二〇〇七年後半に崩壊して破壊的な影響をもたらし、新たな不況をスタートさせたのだ。それから一年足らずで、資産価値の低下と流動性の蒸発、それに信頼の喪失が二〇〇八年パニックを生み出し、これによって何十兆ドルもの含み益がまたたく間に消え失せた。

ＦＲＢ議長の座は、二〇〇六年二月、住宅をめぐる大惨事がまさに起こり始めていた時期に、アラン・グリーンスパンからベン・バーナンキに渡った。バーナンキは、グリーンスパンが抱えていたデフレという問題を引き継いだ。この問題は本当に消え去っていたわけではなく、二〇〇二年から二〇〇四年までの金融緩和策によって覆い隠されていたのである。消費者物価指数は二〇〇八年七月に一時的なピークに達し、それからその年の後半を通じて急降下した。二〇〇九年の前年比インフレ率は、一九五五年以降では初めて事実上低下した。インフレがふたたびデフレに変わろうとしていた。

今度の原因は、中国ではなくレバレッジ（負債）の解消だった。二〇〇七年の住宅市場の崩壊は、サブプライム・ローン（低所得者向け住宅融資）を始めとする質の悪い住宅ローン一兆ドル分の担保物件の価値を破壊し、それらの住宅ローン債権を裏づけとする何兆ドルものデリバティブ（金融派生商品）も暴落した。二〇〇八年のパニックは、金融機関やレバレッジを利用していた投資家に、債務返済のために資産を投げ売り価格で売却することを余儀なくさせた。ベアー・スターンズ、リーマン・ブラザーズ、ＡＩＧ（アメリカン・インターナショナル・グループ）などが支払い不能に陥ったせいで売りに出された資産もあった。金融パニックは実体経済にも波及して、住宅の着工は止まり、建設雇用は消えてなくなった。失業率が急上昇し、これがデフレをさらに悪化させた。二〇一〇年には、インフレ率は一・六パーセントに低下した。二〇〇一年にグリーンスパンを不安にさせたインフレ率とまったく同じ数字だった。迫りくるデフレの脅威に対するバーナンキの対応は、一〇年近く前のグリーンスパンの対応よりさらに積極的だった。バーナンキは二〇〇八年に実効ＦＦ金利をゼロに近い水準まで引き下げたのだ。実効ＦＦ金利は以来、ずっとその水準にとどまっている。

世界は、デフレとインフレの決戦を目の当たりにしている。デフレは新興市場の生産性向上や人口動態の変化、それにバランスシート（貸借対照表）のレバレッジ解消によって生じた内生的なものだ。インフレは、中央銀行の金利政策や貨幣増刷から生じた外生的なものだ。物価指数の時系列データは、単なるデータ点ではない。むしろ、断層線で互いに押し合っているプレートの力を測定する地震計に近い。断層線はたいてい穏やかでほぼ静止しているが、ときおり活発化する。圧力が高まって、一方のプレートが他方のプレートの下に入り込むからだ。二〇一一年にはインフレが比較的強く、物価指数の前年比上昇率は三・二パーセントに達した。二〇一二年後半にはデフレが優勢になり、消費者物価指数は九月から一二月まで四カ月連続で低下した。経済はインフレ・モードでもデフレ・モードでもない。さまざまな要因のせいで両方を同時に経験しているのであり、物価指数はこれらの相反する力がどのように作動しているかを示しているのである。

この力学は、政策にとって大きな意味合いを持っている。それは根本的なデフレ圧力が存在しているかぎり、FRBは金融緩和策をやめられないということだ。FRBが貨幣増刷のペースをゆるめたら、デフレがまたたく間に経済を支配するようになり、国の借金や政府の歳入や銀行システムにとって悲惨な結果になるだろう。だが、デフレの根本原因がなくなるとも思えない。この先数十年で、アジア、アフリカ、ラテンアメリカの労働力人口は少なくとも一〇億人増大し、コストと価格に下方圧力をかけ続けるだろう。その一方で、先進諸国では、人口動態の悪化が総需要に下方圧力をかけるようになるだろう。最後の要因として、技術進歩が加速しており、生産性の向上とより安価な財やサービスの登場を約束している。天然ガスやシェールオイルや水圧破砕法によるエネルギー革命も、デフレ要因だ。

要するに、世界はデフレを望んでおり、政府はインフレを望んでいるのである。どちらの力も弱まらず、したがって両者の間の圧力は高まり続けるだろう。一方の力がもう一方の力を突然みるみる押しつぶして、経済が単なるバブルではなく、深刻な不況もしくは激しいインフレという形の地震にみまわれるのは時間の問題にすぎない。

ＦＲＢの市場操作

大都市圏の近くでの発生が懸念される大規模地震は、通常「ザ・ビッグ・ワン（大地震）」と呼ばれる。だが、そうした大地震が起こる前に、大都市から遠く離れた断層線沿いの地域に大惨事をもたらす小規模な地震が現れることがある。ＦＲＢの市場介入にも同じことが言える。デフレを撃退するために渾身《こんしん》の努力をする中で、ＦＲＢは米国債の金利という主要舞台から遠く離れた市場で小さなメルトダウン（融解）を引き起こしているのである。ＦＲＢの金融緩和策の意図せぬ結果は、次第に明白になってきており、もたらす打撃も大きくなり、多くの点で問題をはらむようにもなっている。これらの悪影響をざっと眺めてみると、デフレという怪物を退治しようとするＦＲＢの無謀な努力は、失敗する定めにあることがよくわかる。

二〇〇八年から二〇一三年まで、インフレ率はきわめて低かったもののゼロではなかったが、個人所得や家計所得の伸びはほぼゼロだった。これはすなわち、実質所得は低インフレ環境においてさえ低下したということだ。ＦＲＢがデフレを撃退しようとせずに容認していたら、消費財の価格は下がっていただろうから、名目所得が伸びなくても実質所得は増大していただろう。このように、デフレは賃金が横ばいのときでも生活水準の向上をもたらすので、勤労者のボーナスなのだ。だが、実質所得は増大するどころか低下した。経済学者のレイシー・ハントは、この影響を次のように簡潔にまとめている。

賃金は引き続き軟調だったので、実質所得はアメリカの大多数の家計で低下した。FRBがこのような例外的措置《そち》をとっていなかったら、金利とインフレ率は現状より低くなっていただろうし、FRBの拡大する一方のバランスシートが内包する不可知のリスクは避けられていただろう。要するに、FRBは回復プロセスを妨げ、通常の経済成長に戻るのを遅らせ、所得・資産格差を悪化させてきたのであり、それとともに新たな問題――失敗した政策からどのようにして「撤退する」かという問題――を生み出したのだ。[*9]

FRBの政策のもう一つの意図せぬ結果は、預金者への影響だ。FRBのゼロ金利政策は、年間四〇〇〇億ドルの富を普通のアメリカ人から大手銀行に移転させている。なぜなら、二パーセントという正常な金利環境なら、銀行にカネを預けている預金者に四〇〇〇億ドルの利子が支払われることになるからだ。ところが、預金者たちは何も受け取っておらず、恩恵を得ているのは、預金者からの借金であるそのタダのカネをまた貸しして大きな利益を手にすることができる銀行だ。FRBの計画の一部は、預金者に不利益を与えて銀行に預金する意欲をそぎ、株式や不動産などの高リスク資産に投資させて、それらの資産の担保価値を下支えすることなのだ。

だが、多くの預金者がもっともな理由で本質的に保守的だ。八二歳の退職者は株式に投資したいとは思わない。次のバブルがはじけたら、老後の蓄えの三〇パーセントを簡単に失うおそれがあるからだ。初めてマンションを買うために頭金を貯めている二二歳の専門職も、同じ理由で株式を避けるかもしれない。どちらの預金者も自分の銀行預金に対して妥当なリターンを得たいと思っているが、FRBは金利政策を使って、彼らが何も得られないようにしている。そのため多くの市民が、市場金利の不足を補うために退職金や給与から預金に回す額をさらに増やしている。つまり、貯蓄を抑えるためのＦＲＢの操作は、実際には、失われた金利を補うために対抗策として貯蓄を増やす動きを生んでいるのである。これは教科書には書かれていないし、ＦＲＢが使うモデルにも含まれていない行動反応だ。

ＦＲＢの政策は、中小企業に対する融資にも打撃を与えてきた。これはＦＲＢにとって少しも問題ではない。ＦＲＢは大手銀行の利益を優先しているからだ。ジョンズ・ホプキンス大学教授のスティーブ・ハンケは、中小企業融資が打撃を受ける理由を先ごろ次のように指摘した。[*10] 銀行は中小企業融資の資金を銀行間貸し出しによって調達する。つまり、Ａ銀行が銀行間市場でＢ銀行に資金を貸し出すことで、Ｂ銀行は小規模企業に対する融資を実行できるのだ。だが、銀行間貸し出し金利はＦＲＢの介入でゼロになっているため、こうした貸し出しは今日、銀行にとって魅力がない。銀行間貸し出しからは市場平均並みのリターンを得られないので、銀行は銀行間市場に参加しなくなっている。そのため、銀行間市場の流動性は低下し、銀行は資金を必要なときに調達できるという自信をもう持てなくなっている。というわけで、銀行は資金調達の不確実さゆえに、中小企業への融資残高を拡大することを渋っているのである。

その結果生じる中小企業の信用逼迫《ひっぱく》が、失業率が依然として高い一つの理由である。アップルやＩＢＭのような大企業は、成長のために必要な資金を銀行から借り入れる必要はない。社内の現金資源や債券市場から何の問題もなく資金を調達できる。だが、大企業は新規雇用を生み出しはしない。雇用を生み出すのは主として小企業なのだ。つまり、超低金利政策を続けて銀行間貸し出し市場を歪めることで、ＦＲＢは小企業から運転資金融資を奪い、小企業が雇用創出のための資金を調達するのを難しくしているのである。

ＦＲＢの政策の意図せぬ結果には、もっとあいまいで目立たないものもある。そのような結果の一つが、銀行が利益を求めて危険な行動に走ることだ。金利がゼロに近いため、金融機関は十分な株主資本利益率（ＲＯＥ）を実現するのに苦労しており、リターンを高めるために借り入れやデリバティブによるレバレッジ（リターンとリスクを増幅する投資手法）に頼っている。借り入れによるレバレッジは銀行のバランスシートを拡大し、同時に銀行の必要資本額を増大させる。そのため、金融機関は目標リターンを達成するためにスワップ（交換）やオプション（選択権売買）を使うデリバティブ戦略のほうを好む。デリバティブは簿外で処理することができ、借り入れほど多額の資本を必要としないからだ。

デリバティブ取引の相手方は、契約の履行を確保するために米国債などの良質な担保を要求する。だが、銀行がこうした担保差し入れに使える資産の質は概して低い。そのため、簿外取引を行おうとする銀行は機関投資家と「資産スワップ」を行う。国債などの高格付け証券と引き換えに、機関投資家に低格付け証券を渡すのだ。銀行は、機関投資家がその国債を取り戻せるよう、後日逆取引を行うことを約束する。国債を手に入れたら、銀行はそれを「良質な担保」としてデリバティブ取引の相手方に差し入れて取引を実行することができ、かくしてわずかの元手で高い簿外利益を得ることができる。資産スワップの結果、二者間の取引がより多くの約束がかかわる三者間の取引になり、銀行とノンバンク投資家が参加する、より複雑な相互義務の網の目が生まれることになる。

こうした方法は、市場が平穏で、何の問題もなく担保を取り戻せるうちはうまく機能する。だが、二〇〇八年に経験したような流動性危機のときは、このような絡まりあった義務の緊密な網の目は、たちまち凍りつく。「良質な」担保の需要がたちどころに供給を上回り、当事者たちは現金を調達するためにあらゆる担保を大急ぎで投げ売り価格で処分しようとするからだ。良質な担保の差し押さえ競争の結果、間もなく流動性不足に起因するもう一つのパニックが始まって、市場に小さな地震を生じさせる。

資産スワップは、金融機関が低金利環境の中でより高い利回りを求めてリスクを増大させる多くの形の一つにすぎない。一九九七年から二〇一一年までの期間を対象にＩＭＦ（国際通貨基金）が行った信頼のおける調査では、ＦＲＢの低金利政策は、銀行によるリスクテイキングの拡大と一貫して結びついていることが明らかになった。[*11]また、低金利が長く続けば続くほど、銀行がとるリスクの額が大きくなることも明らかになった。ＦＲＢが二〇〇八年から維持してきたような例外的に低い金利が長期間続いたら、システミック・リスクを増大させる要因になると、この調査は結論づけている。金利をゼロにすることで、ＦＲＢはこうした利回りの追求と、それにともなうさまざまな手口の簿外取引や資産スワップを助長している。先のパニックの火を消す過程で、ＦＲＢはさらに大きな災厄の火種を生み出したのだ。

ＦＲＢの操作の最も憂慮すべき結果は、株式市場の暴落が二、三カ月にわたって続くかもしれないということだ。これは、著しく間違った予測にもとづくＦＲＢの政策から生じるおそれがある。実際、ＦＲＢの予測の正確さはずいぶん前から最悪だったのだ。

ＦＲＢが潜在成長力を過小評価したら、その場合、金利は低すぎる水準に据え置かれ、インフレとマイナスの実質金利という結果になる可能性が高い。そのような状態は資本形成を損ない、歴史的に最悪の株式投資リターンを生み出してきた。逆に、ＦＲＢが潜在成長力を過大評価したら、その場合は引き締めすぎの政策がとられ、経済は景気後退に突入するだろう。そうなると企業収益は損なわれ、株価は下落する。つまり、どちらの方向に間違った場合でも、予測の間違いは政策の誤りを生み、その誤りは株式市場の下落という結果をもたらすわけだ。めぐりめぐって株価に悪影響をおよぼすことがない唯一の状況は、ＦＲＢの予測がきわめて正確で、政策が正しい場合だが、残念ながらそれは最も可能性の低いシナリオだ。
株式に対する高い期待や銀行が相互につながっていること、それに隠れたレバレッジを考えると、株式市場の弱点はどんなものでも容易に市場の大暴落に発展するおそれがある。これは確実に起こるとは言えないが、ＦＲＢが生み出した現在の状況とこの機関の過去の予測の誤りから判断すると、起こる可能性が高い。[*12]

これまでの説明が示すように、ＦＲＢの市場操作は、政策金利の役割をはるかに超えた幅広い影響をもたらしている。ＦＲＢの政策は、貯蓄や投資や小企業を痛めつける。その結果生じる失業は、ＦＲＢがインフレを促進しようとやっきになっているにもかかわらず、デフレを促進する。この初期のデフレはドルを強くし、それによって金や他の商品のドル価格を低下させて、デフレを悪化させる。

逆に、為替相場メカニズムなどを通じてアメリカのインフレを促進しようとするＦＲＢの政策は、日本などアメリカの貿易相手国のデフレを悪化させる。これらの貿易相手国は、自国通貨を安くすることで反撃する。日本は今のところ、最も顕著な例だ。日本円は二〇一二年九月半ばから二〇一三年五月半ばまでの八カ月間に、米ドルに対して三三パーセント下落した。この円安は、エネルギー資源の輸入価格の上昇によって日本のインフレ率を押し上げることを意図したものだった。だが、それは輸出市場で日本のソニーやトヨタ自動車と競合する韓国のサムスンやヒュンダイの輸出に打撃を与えるという影響ももたらした。そのため韓国は、自国通貨を安くするために金利を引き下げたが、その利下げがまた他国に影響をおよぼすというように、利下げ、貨幣増刷、輸入されたインフレなど、世界の準備通貨に対するＦＲＢの操作によって誘発された連鎖反応は世界中に広がっている。その結果生まれるのは、効果的な政策ではない。グローバルな混乱なのだ。

ＦＲＢは自身の市場介入を、流動性が蒸発し、マネー・マーケット・ファンド（ＭＭＦ）に対する信頼が崩壊した二〇〇八年に陥ったような市場の機能不全を克服するためには必要として擁護している。もちろん、二〇〇八年の流動性危機そのものが、二〇〇二年に始まったＦＲＢの政策の失敗から生まれたものであることも事実である。ＦＲＢは自身の政策の意図した効果には注目しているが、意図せぬ影響にはほとんど関心がないようだ。

非対称の市場

ＦＲＢの考えでは、市場の不安を和らげるためのＦＲＢのプログラムの最も重要な要素は、「フォワード・ガイダンス」とも呼ばれるコミュニケーション政策だ。ＦＲＢはフォワード・ガイダンスを通じて、量的緩和の期間を延長するとか、一定の失業率目標やインフレ目標が達成されるまで継続すると約束することで、量的緩和の影響を増幅させようとしているのである。市場操作の付属物であるフォワード・ガイダンスをめぐる政策論争は、現代経済学では最も長く研究されている部類に入る知的探求分野の延長だ。不完全な情報や情報の非対称性——一方の当事者が他方より優れた情報を持っており、そのため双方の当事者が最適ではない行動をとる状況——に関する分野である。

この分野は、中古車市場を例にとって説明したジョージ・アカロフの一九七〇年の論文、「『レモン』の市場」[*13]で初めて取り上げられた。アカロフは、この論文を含む情報の非対称性の研究に対して二〇〇一年にノーベル経済学賞を授与された。この論文で、彼は次のように述べている。中古車の売り手は、その車がスムーズに走るか、それとも俗語で「レモン」と呼ばれる質の悪い中古車かを完全に知っている。買い手はそれを知らないので、買い手と売り手の間に情報の非対称性が生じる。不均衡な情報は行動をマイナスの方向に規定する。買い手は、すべての中古車がレモンだと思い込むかもしれない。そうでなければ売り手が手放すはずがないと思うのだ。この思い込みのせいで、買い手は払ってもよいと思う価格を引き下げる。質の良い中古車の売り手は、買い手が提示する必要以上に低い価格をはねつけ、売るのを拒否するかもしれない。極端な場合には、買い手が払ってもよいと思う価格と売り手が望む価格の隔たりが大きすぎて、中古車の市場は成立しないということもあるかもしれない。取引の両方の側がすべての事実を知っていれば、理論的には市場均衡価格が存在するのだが。

中古車は情報の非対称性という問題の一例にすぎず、この問題は金融取引を含む無数の財やサービスに当てはまる。興味深いことに、金は品質が均一なので、この問題に悩まされることはない。品質についてだます余地がないため、金の延べ棒に関しては「レモン」は存在しないのだ。

一九七〇年以降、アカロフの理論は経済学者にとって標準になり、多くの問題に適用されてきた。彼の分析が持つ意味合いは深い。コミュニケーションを改善して、情報の非対称性を縮小することができれば、市場はより効率的になり、価格発見機能をより円滑に果たして、消費者にとってのコストを削減してくれるのだ。

一九八〇年に、効率的市場における情報の役割を分析するという課題を、ベン・S・バーナンキという名の二六歳の経済学者が取り上げた。「不可逆性、不確実性、および景気循環投資」[*14]と題した論文で、バーナンキは投資の背後にある意思決定プロセスに注目し、将来の政策や事業環境に関する不確実性がこうした投資をどれくらい妨げているかという問いに取り組んだ。これは重要な問いだった。投資は消費、政府支出、純輸出とともに、GDP(国内総生産)の基本的な構成要素である。これら四つの構成要素のうち、投資は最も重要なものかもしれない。なぜなら、投資はそれが行われるときだけでなく、将来にわたっても生産性向上の成果によってGDPを押し上げるからだ。新規事業への投資は雇用を促進する触媒にもなり、その雇用は投資利益から支払われる賃金によって消費を促進することができる。投資を妨げるものは何であれ、経済全体の成長に有害な影響をおよぼすことになる。

投資の不足は、大恐慌が長引いた大きな原因だった。ミルトン・フリードマンやアンナ・シュワルツからベン・バーナンキまで、多くの学者が金融政策を大恐慌の主な原因としてきた。だが、一九二〇年代の比較的短かった不況に比べて、大恐慌がなぜあれほど長引いたのかについては、ごくわずかの研究しか行われてこなかった。チャールズ・キンドルバーガーは、大恐慌が長引いた原因を正しく見抜いて、原因は「体制《レジーム》の不確実性」にあったとした。この説では、公共政策がころころ変わるときはリターンを多少なりとも正確に計算するのは不可能なので、市場価格が投資家を呼び戻すに十分な水準に低下しても、投資家は引き続き投資を控えるかもしれないとされる。体制の不確実性という言葉は、消費者の選好の変化によって生じる、ビジネスにつきものの通常の不確実性や、事業計画を実行する際の効率のよしあしを超えたものを指している。表向きは状況を改善するためとされているが、たいてい事態を悪化させる介入主義的政府の政策によって生じる、さらなる不確実性を指しているのである。

バーナンキの論文が発表された一九八〇年という年は、過去一〇〇年間に三度見られた激しい「体制の不確実性」の時代――一九三〇年代、一九七〇年代、二〇一〇年代――の真ん中に位置している。

一九三〇年代には、この不確実性は価格統制、価格補助金、労働諸法の制定、金の接収など、フーバーとルーズベルトの介入主義的政策のころころ変わる不安定な性格によって生み出され、一部の政策プログラムを支持し、他の政策プログラムを無効とした最高裁判所の判決によって増幅された。活用されていない労働力の巨大なプールがあり、価格がどん底まで下がっていても、資本家たちは三〇年代には傍観者的姿勢をとり続けていた。[*15] 投資が活発化したのは、第二次世界大戦中の強制と、最終的には一九四六年の減税によって政策の不確実性という雲が取り除かれてからだった。アメリカ経済がようやく大恐慌から抜け出したのは、政府が介入をやめたときだったのだ。

一九七〇年代にも、アメリカ経済は激しい「体制の不確実性」の期間を経験した。この期間はニクソンの一九七一年の賃金・価格統制と金本位制の廃止から始まって、ジミー・カーターの一九八〇年の石油超過利得税まで、一〇年間続いた。

今日のアメリカ経済も、予算をめぐる攻防や医療保険規制、課税政策、環境規制によって生み出された体制の不確実性のせいで、同様の低迷に悩まされている。問題は、個々の政策選択が本質的によいか悪いかではない。ほとんどの投資家は、悪い政策については柔軟に対処できる。核となる問題は、どの政策が選ばれることになるかわからないため、投資家は資本をリスクにさらしてもよいと思えるほど明確にはリターンを計算できないということだ。

バーナンキは一九八〇年の論文で、フランク・H・ナイトが一九二一年に行った有名なリスクと不確実性の区別を概括することで分析を始めた。[*16] ナイトの用語を使うと、リスクは投資家がモデル化できる既知の確率のランダムな結果に当てはまり、不確実性は未知の確率のランダムな結果に当てはまる。投資家は一般にリスクに立ち向かうことはいとわないが、激しい不確実性に直面するとマヒ状態に陥るおそれがある。バーナンキの功績は、この問題を機会コストの問題として組み立てたことだった。投資家は確かに不確実性を恐れるだろうが、彼らは無為も恐れる可能性があり、無為のコストが未知のものに飛び込むコストを上回るかもしれない。逆に、無為のコストが新しい情報を待つ利益によって縮小される可能性もある。バーナンキは次のように述べている。「待つコストが……待つことによる予想利益を上回る場合には……投資することは割に合うだろう。待つことによる予想利益は、［新しい］情報が……投資家に自分の投資決定を後悔させることになる確率だ。……待つ動機は……否定的な情報が出てくるかもしれないという懸念である」[*17]

この一節は、彼がFRB議長を務めていた期間の金融政策に関連するバーナンキの行動のすべてを解釈する重要なカギである。二〇〇八年以後、バーナンキのFRBは投資家にゼロ金利を提示することで待つコストを高め、政策に関するフォワード・ガイダンスを提供することで前進するコストを縮小する。ただちに投資するほうが有利なように秤《はかり》を傾け、そうした投資にともなう雇用と所得を通じて経済が成長する手助けをする。バーナンキは、資本家たちを投資ゲームに押し戻す総合計画の策定者になるわけだ。次のように書いたとき、彼は手の内を見せていたのである。「……経済の……模範を均衡景気循環モデルに作り変えるのは難しくないだろう。このように、経済は……中央計画の策定者によって運営されていると考えるのが最も適切だ」[*18]

バーナンキの論理は、不確実性を縮小する主体が自身の行為によって不確実性を増大させることもあるとは想定していないため、大きな欠陥をはらんでいる。FRBが金利に関するフォワード・ガイダンスを提供するとき、投資家は、FRBが考えを変えることはないとどれくらい確信できるだろう。特定の条件が整ったら金利を引き上げるとFRBが告げるとき、投資家は、その条件が満たされる日が来るとどれくらい確信できるだろう。一つの不確実性を取り除こうとするとき、FRBはその仕事をやりとげる自身の能力に関する不確実性を新たに生み出すだけだ。未来の政策に関する不確実性が、フォワード・ガイダンスの信頼性に関する不確実性に取って代わられたわけだ。これは不確実性の二階微分かもしれないが、それでもやはり不確実性であり、市場の活動ではなく計画策定者の気まぐれに左右されることで、さらに大きな不確実性になっている。

二〇一三年八月のＦＲＢジャクソンホール会議で発表された、スタンフォード大学のロバート・ホールの重要な論文は、バーナンキの推論の非生産的な性質を明らかにしている。[*19] 新しい労働者を採用するという決定には、雇用主による、その労働者の将来の生産高の現在価値の計算が暗黙のうちに含まれていると、ホールの論文は主張する。現在価値の計算は、将来のリターンを現在の貨幣価値に変換するために使われる割引率に左右される。だが、ＦＲＢの政策がころころ変わることで生じる不確実性は、割引率を確定しにくくし、雇用主が採用を縮小したり遅らせたりする原因になる。景気を刺激するためのＦＲＢの取り組みは、実際には景気回復を遅らせているのである。

自由市場が重要なのは、イデオロギーからではなく効率性からだ。自由市場は不完全だが、それでも次善のものより優れているのである。アカロフは一つの時点における情報の非対称性のコストを明らかにし、一方バーナンキは、時間を経る中での情報の不確実性のコストを明らかにしている。これらの理論的コストについてはどちらも正しいが、政府の介入によって問題を解決しようとする場合の総コストはどちらも無視している。アカロフのほうは少なくともこの限界について謙虚だったが、バーナンキは彼のキャリアを通じて、中央計画の策定者の尊大さを示した。

アダム・スミスとフリードリヒ・ハイエクは、ＦＲＢの仕事は実行不可能であり、それをやろうとするのは危険だと警鐘を鳴らしたが、チャールズ・グッドハートはさらに大きな危険性を指摘している。中央計画の策定者でさえ、計画を実行するためには市場のシグナルを必要とする。毛糸の靴下はすべて緑色にせよと命令しているソビエト流の衣類担当人民委員は、緑がひどく人気のない色で、靴下はまったく売れないことを知ることに関心があるかもしれない。ＦＲＢも価格シグナル、とりわけインフレ、物価、株価、失業、住宅、その他多くの変数に関連した価格シグナルに頼っている。操作された市場から生まれた価格シグナルを使って市場を操作したらどうなるか？　これが、グッドハートの法則によって突きつけられている問いなのだ。

中央計画の策定者は自身の介入は正しいという信念を保留して、介入の効果について情報を集めなければならない。だが、その情報は自由市場の活動の結果ではないため、間違ったシグナルだ。これは再帰関数である。平易な言葉で言うと、中央計画の策定者には、そのシグナルをそのまま受け入れる以外に選択肢がないということだ。これはＦＲＢにとって、また自国経済を新たな不況から脱出させようとするすべての中央銀行にとって大きなジレンマだ。中央銀行が市場に介入すればするほど、本当の経済状況を把握しにくくなり、しかも介入の必要性は高まる。ナイトの不確実性の一つの形が別の形の不確実性に取って代わられる。真の市場が戻ってくるのを資本が待っている間に、体制の不確実性は広く行き渡るのだ。

『ベニスの商人』のサラーニオとは異なり、われわれはもう市場が告げることを信頼することができない。市場を操作している人々自身が、市場を信頼していないからだ。ＦＲＢのイエレン議長や他の理事たちは、自分たちの机上の手はアダム・スミスの見えざる手より強力だと思うようになっている。その結果、市場の効用の緩やかな死が始まっているのであり、それは実体経済の――そしてドルの――緩やかな死の前触れなのだ。

第四章　中国の新興金融閥

ほとんどの国が改革調整プロセスに失敗するのは……歪《ゆが》みから恩恵を受けてきた経済部門が、そうした歪みを除去しようとするあらゆる企てを阻止するだけの力を持っているからにほかならない。

マイケル・ペティス（北京大学）　二〇一二年一二月

中国の影の銀行部門は、システミックな金融リスクの潜在的発生源になっている。……これは基本的に、ポンジ・スキームの要素を含んでいる。

肖鋼（中国銀行会長）　二〇一二年一〇月

歴史の重荷

現代の欧米人の目には、中国は数年後には東アジアの盟主になり、資産と生産高で欧米を追い越す態勢にある一枚岩の大国のように見える。実際には、過去に何度もあったように中国は、容易に大混乱に陥るおそれのある壊れやすい構築物だ。これを誰よりもわかっているのが中国人自身であり、彼らは自国の未来がきわめて不確実であることをよく認識している。

中国文明は世界の歴史上、最も長く続いている文明であり、一二の主な王朝、何十もの小さな王朝、何百もの支配者や体制がその中で栄枯盛衰を繰り広げてきた。だが、中国は決して均質ではなく、無数の文化や民族が、通商とインフラによって結ばれた地域や都市、町や村の緊密かつ複雑なネットワークを構成しており、アステカからジンバブエまでの他の偉大な文明のような決定的断絶を免れてきた。

中国文明が長く続いている主な理由は、中央集権の時代の後に分裂の時代が来て、その後にまた中央集権の時代が来るというように、集権化と分裂を何千年も繰り返してきたことにある。この歴史は、一つの曲を演奏する間に何度も伸びたり縮んだりするアコーディオンの動きようだ。政治的に分裂しがちな特質は中国文明に、ローマやインカで起こったような中央の完全崩壊を防ぐために必要な頑健さを与えてきた。逆に、政治的集権化の能力は、何千もの地方の町や村が完全に分離して、異質でつながりのないモザイク型農耕社会になるのを防いできた。中国は栄枯盛衰を繰り返しはしたが、消滅したことは一度もないのである。

集権化、分裂、秩序の再登場という中国の歴史を知ることは、今日の中国を理解するために不可欠だ。欧米の金融アナリストは往々にして、市場データに過度の信頼を寄せ、文化力学を理解するための歴史的視点を十分持たずに中国にアプローチする。周時代の哲学者、老子は、『道徳経』で中国人の歴史意識を次のように表現した。「それ物芸芸《うんうん》たれども、おのおのその根に復帰す（ものは次々に生まれるが、みな最後は根っこに帰る）[*1]」。このような物の見方を理解することは、今日でもやはり重要だ。

中央集権の古代王朝には、紀元前一一〇〇年ごろからの周、紀元前二二一年からの秦、秦のすぐ後に登場し、紀元後二二〇年まで続いた漢がある。中国文明の中期に登場したのは、五八一年に開かれた隋王朝と、六一八年に隋を滅ぼした唐王朝だ。先の千年紀は、無秩序より政治的集権化のほうが前面に出た時代で、四つの偉大な中央集権王朝に支配された。一二七一年に開かれたフビライ・ハーンの有名な元王朝から始まり、一三六八年からの明、一六四四年からの清を経て、一九四九年からの共産党王朝へと続いたのだ。

分裂と争いの有名な時代としては、まず、紀元前三五〇年前後の戦国時代がある。この時代には、揚子江と黄河に挟まれた地域の支配権をめぐって一四の国が争った。六〇〇年後の紀元二二〇年には魏、呉、蜀の三国が鼎立《ていりつ》する新たな分裂の時代となり、晋による短期間の統一を経て、群雄割拠の五胡十六国時代に突入した。不安定さは六世紀を通して断続的に続き、北周、北斉、陳、後梁が争いを繰り広げたが、隋王朝の登場でふたたび統一の時代が始まった。最後の分裂の時代は九二三年ごろからで、中国の東部および中央部の支配権をめぐって八つの国が争った。

だが、争いは長い分裂の時代にだけ見られたわけではない。中央集権の時代にさえ動乱の時期があり、そうした動乱は鎮圧されるか、でなければ一つの王朝から別の王朝への無秩序な移行の始まりとなった。こうした動乱期のうち最も危険だったのは、おそらく一八五〇年から一八六四年までの太平天国の乱だっただろう。内戦に発展したこの反乱の発端は、今日では信じがたいような出来事だった。官吏をめざしていた洪秀全という若者が、一八三〇年代から四〇年代初めにかけて科挙に何度も失敗し、エリートの一員になるチャンスをつかめなかった。彼はのちに自分の失敗を夢のせいにし、夢の中で「お前はキリストの弟だ」と告げられたと主張した。友人や熱心な布教者の助けを得て、彼は中国を「悪魔」から解放する運動を始め、一八四〇年代を通じて信徒を増やして清朝に敵対する自治集団をつくり上げた。

一八五〇年には、洪秀全の地方宗教集団は団結した軍事組織として立ち現れ、清朝軍を相手に華々しい勝利をおさめるようになった。太平天国の建国が宣言され、南京が首都と定められた。中国南部の一億人以上の人々を支配するようになった太平天国は、一八六〇年八月には上海に進軍した。だが、上海への攻撃は、ヨーロッパ人の司令官の助言や指揮を受け、欧米の部隊や武器に助けられた清朝軍によって撃退された。一八六四年には反乱は鎮圧されていたが、犠牲は大きかった。この反乱による死者の数は、学者によって推定値が異なるものの、二〇〇〇万人から四〇〇〇万人とされている。

中央による統治が名ばかりとなっていた一九一六年から一九二八年までのいわゆる軍閥時代にも、同様に混乱した局面があった。この時代には、二七の軍閥が合従連衡を繰り返しながら権力を求めて争った。統一らしきものが達成されたのは、蔣介石と国民革命軍が一九二八年に対立する軍閥たちをついに打ち倒したときだった。だが、一九二七年に蔣介石によって容赦なく粛清されていた中国共産党は、南部の一部地域で生き残り、やがて長征、すなわち国民党軍との戦闘からの戦略的退却を開始して、最終的に中国北部の陝西省に避難した。

最も新しい分裂と政治的混乱の時期は、共産党王朝下で一九六六年から一九七六年まで続いた文化大革命だった。この混乱期には、毛沢東《マオツォトン》が紅衛兵と呼ばれる若者集団を動員して、政府、軍、学界などの制度的枠組みの中にいるブルジョア分子や修正主義分子とされる人々を見つけ出し、一掃した。何百万人もの人が殺されたり、拷問を受けたり、地位を剥奪《はくだつ》されたり、都市から農村に強制的に移住させられたりした。あるスローガンの表現を借りると、「旧世界を破壊し、新世界を建設」するために、史跡が略奪され、工芸品が叩き壊された。文化的・経済的破壊の炎がようやく鎮火されたのは、一九七六年に毛沢東が死去し、毛の死後短期間権力を握った過激な四人組が逮捕されたときだった。

これらの動乱期の歴史的記憶は、中国の指導者層の頭に深く刻み込まれている。チベット族などの異民族、ウィグル文化などの異文化、法輪功などの新宗教に対する厳しい弾圧は、これに起因している。

次の太平天国がいつ生まれるかわからない中で、共産党はその出現を恐れているのである。一九八九年の天安門広場での学生らの虐殺も、この不安感によるものだった。欧米諸国なら催涙ガスと逮捕で制御されたはずの抗議集会が、共産党幹部にとっては制御できなくなるほど広がるおそれのある運動だったのであり、したがって鎮圧のために殺傷力の高い武器を使うのは正しいことだったのだ。

共産主義革命の英雄の子孫で小君主（訳注　共産党幹部の子弟）のデイビッド・T・C・リーは、先ごろ上海で、現在の共産党指導部の最大の不安材料はアメリカの軍事力ではなく、移住労働者の危険な集結とツイッター（簡易投稿サイト）のモバイル・アプリだと述べた。中国には公式の許可を得ずに都市に住んでいる移住労働者が二億人以上おり、こうした労働者は共産党の命令で強制的に農村に戻されるおそれがある。[*2] 中国はインターネットを厳しく統制しているが、4G（第四世代移動通信システム）のモバイル・ブロードバンド回線でデータを送信できるモバイル・アプリはより監視しにくい。根無し草的労働者と統制されていないブロードバンドの組み合わせは、共産党幹部の目には、官吏になりそこねた男の激情に劣らず危険なものに映る。こうした不安定化のおそれがあるがゆえに、中国の指導者層にとって経済成長が最重要課題なのだ。成長は、新たに生まれる反対意見を抑え込んでくれるのだ。

一九七九年以前は、中国経済は「鉄の茶碗」の原則で運営されていた。指導者たちは高成長や雇用や機会は約束せず、代わりに十分な食料と基本的な生活必需品を約束していたのである。これらの約束を果たすためには——それ以上のものは提供できなかったが——集団農場と強制労働と中央計画で十分だった。安定が目標だったのであり、成長は付け足しだった。

一九七九年に鄧小平《ダンシャオピン》が鉄の茶碗を壊し、代わりに、食料や生活必需品を保証するのではなく、人々が自力でそれらを獲得する機会を提供する成長志向の経済政策を導入した。それは決して自由市場ではなかったし、共産党支配が緩められたわけでもなかった。それでも、幅広い輸出可能な工業製品で競争優位を築くために、国内の経営者と外国の買い手が安価な労働力と輸入されたノウハウの両方を利用できるようにするには十分だった。

その結果が、中国の奇跡だった。中国のＧＤＰ（国内総生産）は一九七九年の二六三〇億ドルから一九九〇年には四〇四〇億ドル、二〇〇〇年には一兆二〇〇〇億ドル、二〇一一年には七兆二〇〇〇億ドル強に増大した。わずか三〇年あまりで驚異的な二七倍増を記録したのである。中国のＧＤＰは、今ではアメリカの約半分の規模になっている。中国のこの高い成長率は、中国がＧＤＰでアメリカを追い越す、さほど遠くない未来のある時点について、無数の推定を生んできた。その時点が来たら、中国はふたたび第一級のグローバル大国――はるか昔の明朝時代に占めていた地位――としての役割を果たすようになるだろうと、多くの人が予測している。

推定が未来への優れた手引きになることはめったにないので、これらの予測は早計だったという結果になるかもしれない。低い基点からの経済成長のプロセスを詳しく検討してみると、このような成長は奇跡でも何でもないことがわかる。文化大革命の混乱がなく、代わりにシンガポールや日本のような合理的な政策が実行されていたら、高い経済成長は数十年早く起こっていたかもしれない。同じ分析的吟味から今日言えるのは、中国が近年の猛烈なペースでの成長を持続できるとは思えないということだ。

成長神話の衰退

経済成長のような動的プロセスは、生産要素の活用や消耗による突然の変化――よいほうへの変化であれ、悪いほうへの変化であれ――の影響を受けやすい。これはプリンストン大学教授ポール・クルーグマンの一九九四年の有名な論文「アジアの奇跡という虚構[*3]」で指摘されたことだ。この論文は、中国の成長の鈍化を予測したことで発表直後から広く批判されたが、今では未来を予見していたことが明らかになっている。

クルーグマンは、「どんな経済においても成長は労働力の増加と生産性の向上の結果である」という基本的な点から出発した。労働力が横ばいで生産性に変化がなければ、その経済の生産高は変わらず、成長はない。労働力拡大の主な推進力は人口動態と教育で、生産性向上の主な推進力は資本と技術である。これらの要素の投入がなければ、経済は拡大することができない。だが、これらの要素を大量に投入できる場合は、急成長が完全に手の届く範囲内にある。

一九八〇年には、中国は国内の労働力と外国資本の大量の流入を吸収する準備ができており、予想されたとおり、すばらしい結果を生んだ。このような移行には、基本的な読み書きから始まって、最終的には技術スキルや職業スキルの開発を含む訓練が必要だ。一九八〇年の時点で中国には五億人以上の農民がいたが、それは必ずしもそれらの農民が一夜にして工場労働者になれるということではなかった。移行には、住宅や交通インフラも必要だ。これには時間がかかるが、そのプロセスは一九八〇年には始まっていた。

一九八〇年代、九〇年代に労働者が都市に流入する中で、労働生産性を高めるために資本が動員された。この資本は外国の民間企業の投資、世界銀行などの多国籍機関、それに中国の国内貯蓄によってもたらされた。金融資本は、拡大しつつあった労働力を活用するために必要な工場や設備やインフラにまたたく間に変換された。

クルーグマンが指摘しているように、この労働力・資本投入モデルはもろ刃の剣である。労働力や資本が十分あるときは高成長を実現できるが、それらの供給が乏しいときはどうなるか？　クルーグマンは明白な結論――労働力と資本の投入が鈍化すると、成長も鈍化する――でこの問いに答えている。クルーグマンの分析は学者や政策決定者にはよく知られているが、ウォール街のアナリストやメディアにはさほど知られていない。はるか先まで高成長が続くと推定している人々は、投入できる生産要素の避けがたい減少を無視しているのである。

たとえば、五人の工場労働者が手動で財を組み立てて、ある産出水準を実現しているとする。その後、五人の農民が農村から出てきて既存の工場労働者に加わり、同じ手動組立方法を使って生産すると、同じ仕事をする労働者の数が二倍になるのだから、産出量は二倍になる。次に、その工場のオーナーが手動組み立てから自動組み立てに切り替えるために機械を導入し、労働者にその機械を使う訓練を施したとしよう。一台の機械で手動組み立ての二倍の財を生産できるとし、それぞれの労働者が一台ずつ機械を持つとすると、産出量はやはり二倍になる。この例では、まず労働力を二倍にすることで、次に作業を自動化することで、工場の産出量は四〇〇パーセント増大した。クルーグマンが説明しているように、これは「奇跡」ではない。労働力の増加と生産性向上の当たり前の作用である。

この作用には、確実に限界がある。いずれは農村からの新規労働者の流入が止まるだろうし、利用できる労働者がいる場合でも、資本の利用に関して物理的制約や金銭的制約があるかもしれない。すべての労働者に機械が行き渡ったあかつきには、それ以上機械を購入しても、一人の労働者が一度に一台しか機械を使えないのであれば、生産性は向上しない。経済の発展はこの例より複雑で、多くの他の要因が成長の道筋に影響をおよぼす。だが、「投入が減少すれば成長は鈍化する」という基本的なパラダイム（枠組み）からは逃れられないのだ。

中国は、今この時点に近づきつつある。これは成長が止まるということではなく、単に成長の速度が持続可能な水準に下がるということだ。中国がこのような状態に陥ったのは、一九七八年に導入されて最近まで施行されていた一人っ子政策のせいで、中絶が行われたり何百万人もの女の赤ちゃんが殺されたりしたためだ。三五年前に始まったこの人口増加率の低下が、今日の成人労働力の構成に影響をおよぼしているのである。この結果は、IMF（国際通貨基金）が先ごろ作成した報告書に次のようにまとめられている。

中国は、その経済的・社会的景観に大きな影響をおよぼすと思われる人口動態変化を目前にしている。生産年齢人口は数年以内に史上最大に達し、それから急激な減少が始まるだろう。この生産年齢人口の中核部分、すなわち二〇歳から三九歳までの人口はすでに減少し始めている。そのため、低コスト労働者の大量供給――中国の成長モデルの最大の推進力――は失われ、国内外に広範囲におよぶ影響をもたらす可能性がある。[*4]

重要な点として、労働力が横ばいになると、技術が成長の唯一の推進力になる。アメリカも出生率の低下により人口動態上の逆風に直面しているが、アメリカはまだ、移民の流入もあって年に一・五パーセントのペースで労働力を拡大できるし、優れた技術力によってそれよりさらに速いペースで成長する潜在力を持っている。それに対し中国は、既存の技術を盗むことには成功しているが、新しい技術を生み出すことに長《た》けているという証拠は示していない。中国では成長の二つのエンジン――労働力と技術――がどちらも止まり始めているのである。

それでも、公式統計は、中国が年率七パーセントを超えるペースで成長していることを示している。先進経済諸国が羨望の眼差《まなざ》しで眺めることしかできない高い成長率だ。こうしたきわめて高い成長率を、クルーグマンが二〇年近く前に予測した労働力や資本の投入量の減少と調和させるにはどうすればよいのだろう。この問いに答えるためには、生産要素の投入量だけでなく、成長の構成要素についても考える必要がある。経済学者の定義では、ＧＤＰは消費、投資、政府支出、純輸出で構成される。これらの構成要素のいずれか、もしくは全部の成長が経済の成長に貢献するわけだ。生産要素の投入量が横ばいになったとき、中国はどのようにしてこれらの構成要素を増大させるのか？　レバレッジ（リターンとリスクを増幅する投資手法）、借金、それにペテンによって増大させるのだ。

具体的な方法を理解するためには、中国のＧＤＰの構成をアメリカなど先進国のそれと比較してみるとよい。アメリカでは通常、消費がＧＤＰの七一パーセントを占めているが、中国では消費は三五パーセントで、アメリカの半分以下だ。逆に投資は、アメリカでは通常ＧＤＰの一三パーセントだが、中国ではＧＤＰの四八パーセントという途方もなく大きな割合を占めている。純輸出はアメリカでも中国でもＧＤＰの約四パーセントだが、プラスとマイナスの違いがある。中国はＧＤＰに四パーセント加える貿易黒字であり、それに対しアメリカはＧＤＰから四パーセント差し引く貿易赤字なのだ。簡単に言うと、アメリカ経済は消費によって牽引《けんいん》されており、中国経済は投資によって牽引されているのである。

投資は二重の見返りをもたらすので、経済を成長させる健全な方法だ。まず、投資が行われた時点でＧＤＰが拡大し、それからその投資が将来もたらす生産性の向上によってふたたびＧＤＰが拡大する。ただし、このような投資主導の拡大は自動的に実現するわけではない。投資が本当に生産性を向上させるか、それとも無駄になるか――いわゆる不良投資になるか――は、投資の質に大きく左右される。近年の証拠は、中国のインフラ投資には大量の無駄が含まれていることを示している。おまけに、この投資は返済不可能な借金によってまかなわれてきた。資本の無駄遣いと迫りくる不良債権化が重なって、中国経済は今にも破裂しそうなバブルになっているのである。

過剰なインフラ投資

中国の不良投資の最近の状況は、何度も繰り返されてきた中国文明の衰退の新たな章が始まったことを告げている。この新しい物語は、中国の利益のためではなく自分自身の利益のために行動する軍閥階級——本来の意味での軍閥ではなく金融閥——の台頭を中心に展開する。新しい金融閥は、贈賄《わいろ》や腐敗や強要によって目的を達成する。彼らは、中国の成長モデルといわゆる中国の奇跡に巣食う癌《がん》である。

一九四九年に共産党が中国の支配権を握ってからは、すべての企業が国家によって所有・運営されていた。このモデルは三〇年にわたって使われていたが、一九七九年に鄧小平の経済改革が始まった。それから三〇年あまりの間に、国有企業は次の三つの道のいずれかをたどった。閉鎖されて、もしくは効率向上のためにより大きな国有企業と合併させられて消滅するという道。民営化されて上場企業になるという道。そして、国有企業のまま残され、特定分野の「ナショナル・チャンピオン」に指定されて強大になるという道だ。

三つ目の道をたどったスーパー国有企業のうちとくに有名なのが、中国国家造船公社（CSSC）、中国石油公社（CNPC）、中国石油化工集団公司（SINOPEC）、中国テレコムだ。中国にはこのような巨大国有企業が一〇〇社以上あり、中央集権の国家行政機関の下に置かれている。二〇一〇年には、最も収益力の高い国有企業一〇社で五〇〇億ドル以上の純利益を生み出した。*5 スーパー国有企業は、中国の技術やイノベーションを前進させるための一六のメガプロジェクトに編成されている。これらのメガプロジェクトは、ブロードバンド無線、石油・ガス探査、大型航空機の製造などの部門をカバーしている[*6]。

国有企業がどの道をたどったかに関係なく、その道筋は腐敗と縁故主義に満ちていた。民営化される国有企業の経営者は、上場前に株式の配分を受けるとか、民営化後の企業の幹部に任命されるといった特別待遇を受けた。国有企業のまま残された企業の場合、腐敗の機会はさらに露骨だった。取締役や執行役員は政治任用者だったし、国有企業は外国企業や国内企業との競争から守られていた。国有企業は政府所有の銀行から低金利で資金を調達し、他の国有企業からはもちろん、政府機関からも財やサービスを受注していた。結果は、政府高官、共産党幹部の子弟、民間企業のオーナー経営者の緊密かつ複雑なネットワークであり、彼ら全員が中国の成長によって富裕になった。エリートたちは寄生階級になり、それがなければ健全で正常だったはずの成長プロセスを犠牲にして、自分の懐をたっぷり潤した。

寄生エリートの登場は、不良投資の蔓延《まんえん》と密接につながっている。IMFなどの公的機関が促しているように、中国経済は投資から消費へというリバランス（調整）を行う必要があるが、このようなリバランスは、エリートたちの自己利益と真っ向から衝突する。エリートたちにとっては、自分たちの鉄鋼、アルミ、その他の重工業企業を儲《もう》けさせ続けてくれるインフラ投資のほうが望ましい。サービス部門や個人消費の成長が弱いことを経済学者が嘆いている一方で、新しい金融閥はインフラ投資の利益に依存しているのである。この問題が認識されているという事実は、それがうまく処理されるということを意味するわけではない。アメリカを含むすべての社会でそうだが、いったんエリートの政治力が固定されたら、エリートの利益は国益に勝りうるのである。

インフラ・プロジェクトのいくつかの例は、無駄をよく示している。南京は、七〇〇万人近い人口を持つ中国有数の大都市だ。太平天国の首都だっただけでなく、いくつかの王朝でも中国の首都とされていた歴史的にきわめて重要な都市でもある。最も新しいところでは、一九一二年から一九四九年まで断続的に、孫文の、のちには蒋介石の中華民国の政府が置かれた場所でもあった。

南京は環境汚染や野放しの成長など、中国の他の都市と同じ問題を抱えている一方で、一九世紀後半にイギリスの影響下でつくられた公園や博物館や広い並木道がたくさんあり、総合すると他の都市よりはるかに快適だ。北京と上海を結ぶ高速鉄道の沿線にあり、どちらの都市からも容易に訪れることができる。今日の中国の最も重要な政治・経済・教育の中心地の一つである。

南京の旧市街地のすぐ南に江寧区があるが、ここは中国で現在進められているインフラ・プロジェクトの中でも有数の野心的なプロジェクトの現場になっている。江寧はまだ建設中の七つの新しい都市で構成され、これらの都市は高速道路ネットワークと地下鉄で結ばれることになっている。それぞれの都市に高層ビル群、高級ショッピング・モール、五ツ星ホテル、人工湖、ゴルフ場、娯楽センター、それに住宅・科学施設が建設される予定である。この都市圏全体の玄関口は、北は南京南鉄道駅、南は新たに建設される空港だ。ここを訪れた者は、このプロジェクトの規模、すでに完了している部分の質、プロジェクト全体の進捗《しんちょく》の速さに驚嘆せずにはいられない。先ごろ訪問した際、私が奇異に感じたのは、これらの見事な施設がすべて無人だったことだ。

江蘇省の役人やプロジェクトの管理者たちは、関心を持つ訪問者の新都市見学に喜んで付き添ってくれ、この都市の可能性を説明してくれる。ある研究所は中国の無線ブロードバンド技術の未来の拠点であると紹介される。別の高層ビルについては、中国の代替資産運用産業のための未来のインキュベーセンターだと熱く語られる。未完成のホテルについても、世界中から大物講演者が招聘《しょうへい》される世界クラスの会議の予約をすでに受け付けていると説明される。

その一方で、訪問者は、さらに多くのモールや高層ビルやホテルを建設するためにコンクリートと鉄筋で基礎工事が行われている何マイルもの干潟を眺めることになる。七つの新都市という構想は、それだけで気が遠くなるように思える。だが、中国には同様の信じがたい規模の都市圏を建設している都市がほかに何十もある。中国人は古代エジプトのラムセス二世と肩を並べる建設者として、世界中で評判を得ているのである。

南京南鉄道駅は無人ではないが、この建物もまた、インフラ開発に対する中国の欠陥のある取り組み方をよく示している。二〇〇九年には、二〇〇八年パニックの後アメリカを苦しめたグローバル需要の崩壊で、中国もやはりふらついていた。同国の政策対応は、インフラ投資を主体とする四兆元、すなわち約六〇〇〇億ドル相当の景気刺激プログラムだった。アメリカは同時期に八〇〇〇億ドルの景気刺激プログラムを開始した。だが、アメリカ経済の規模は中国経済の二倍以上であり、したがって中国の刺激策はアメリカに当てはめると一兆二〇〇〇億ドルに相当するものだった。このプログラムの開始から四年たった今、結果は北京・上海間高速鉄道や南京南鉄道駅のようなプロジェクトにはっきり表れている。

南京南鉄道駅は床面積約四五万五〇〇〇平方メートルで、一二八基のエスカレーターを備えている。屋根に取り付けたソーラー・パネルで七メガワット以上の電力を生み出している。発券・改札業務は高度に自動化されていて効率的だ。新しい列車は高速であるだけでなく、トップスピードの時速三〇五キロで走行しているときでさえ快適で静かである。重要な点として、この駅は二万人の労働者を使い、二年の歳月をかけて建設された。このようなインフラ建設の目的が、輸送の便益ではなく短期雇用を生み出すことだとすると、南京南鉄道駅はある程度の成功とみなされるかもしれない。長期的な問題は、上海から南京までの高速列車の乗車券が安すぎることだ。アメリカで同程度の距離を移動したら二〇〇ドルかかるのに対し、上海から南京までの乗車券は三〇ドル相当なのだ。中国がこの巨大鉄道駅を建設するために負った借金は、このようなきわめて格安の運賃では絶対に返済できない。

中国の高官たちは、過剰設備という批判に対して、長期にわたって使える質の高いインフラを建設しているのだと反論する。設備をフル活用するまでに五年ないし一〇年かかるとしても、この投資は確かな根拠にもとづいていたことがわかるはずだと主張する。だが、このような設備がそもそも使われるかどうか、今のところ不明なのだ。

インフラの純然たる規模を別にしても、経済の科学・技術部門を拡大するという中国の構想は、制度的・法的障害に直面している。江寧のハイテク無線ブロードバンド研究所はその好例だ。この研究施設は広々としたオフィスや会議室、それに大きな実験室を備えた頑丈な建物で構成されており、周囲には美しい庭園と効率的な交通手段がある。現地の役人は視察に訪れた人々に、一五〇〇人の科学者とサポート・スタッフが間もなくやって来ると断言するが、第一級の科学技術者は美しい敷地以上のものを必要とする。起業家的文化、最先端の研究を行っている大学に近接していること、単なる小切手以上のものを与えてくれるベンチャー・キャピタリストのメンタリングを受けられることなどだ。この研究所が、建物とともにこれらのX要因も供給できるかどうかは疑問である。長期にわたって建設することのもう一つの問題点は、利用されるのを待っている間に、老朽化や価値の下落がプロジェクトの進行より速く進むおそれがあることだ。

中国の政治指導者たちは、無駄なインフラ支出が中国経済に蔓延《まんえん》していることを認識している。だが、どの国の政治指導者にも言えることだが、彼らの対応は厳しく制約されている。プロジェクトは少なくとも短期的には間違いなく雇用を生み出しており、雇用の喪失を招く政策は、たとえそれが長期的にはより健全な結果をもたらすとしても、どんな政治家も実行したがらない。政治においては往々にしてすべてが短期的にとらえられ、長期的な結果は無視されるのだ。

その一方で、インフラ・プロジェクトは国有企業を経営している共産党幹部の子弟や縁故者にタナボタ式の利益をもたらす。インフラ・プロジェクトには鉄鋼、セメント、重機、ガラス、銅などが必要だ。建設ラッシュはこれらの資材や機械の生産者に利益をもたらすので、これらの業界はコストや便益に関係なく、つねに建設プロジェクトの増加を支持する。中国には、これらの業界を抑制したり、投資をより有益な分野に振り向けたりする市場規律は存在していない。代わりに、自分たちの利益が国益より優先されるべきだと主張するエリート寡占《かせん》集団が存在している。この経済エリートに対して、政治エリートはあまり強くは抵抗できない。これら二つのエリート層は、往々にしてつながっているからだ。『ブルームバーグ・ニュース』は、政治エリートと経済エリートの利益が、株式の持ち合い、家族の絆、フロント企業、架空株主などを通じて結びついていることを暴いてきた。*7 強欲なビジネスパーソンにノーと言うことと、息子や娘や友人の頼みを断ることとは完全に別物だ。何が何でもインフラを推進しようとする中国の機能不全のシステムは、社会に深く埋め込まれているのである。

中国は無謀なインフラ建設を今後も続けることができる。新しいプロジェクトの費用をまかない、古いプロジェクトの損失を隠すために利用できる借り入れ能力を、まだ使い切ってはいないからだ。だが、このような拡大には限界があり、中国の指導者たちはその限界に気づいている。

結局、それをつくっても彼らは来ないかもしれないのであり（訳注　映画『フィールド・オブ・ドリームズ』で主人公が聞く天の声、「それをつくれば彼は来る」をもじった表現）、その後にハードランディング（硬着陸）が続くことになるだろう。

影の銀行システム

この持続不可能なインフラ建設ブームの背後には、過剰建設の費用をまかなうために使われている、さらに不安定な銀行システムがある。ウォール街のアナリストたちは、中国の銀行システムは問題の兆候はほとんど示しておらず、健全なバランスシート（貸借対照表）を維持していると主張している。中国の外貨準備は三兆ドル強という莫大《ばくだい》な額で、必要な場合は銀行システムを救済するための資源を十分提供してくれる。問題は、中国の銀行は全体の一部にすぎないことだ。残りの部分は影の銀行システムで構成されており、この影の銀行システムは、中国の銀行の安定を脅かし、グローバルに波及する金融パニックを引き起こすのに十分な額の不良資産と隠れた負債を抱えている。だが、このシステムはきわめて不透明なので、中国の銀行規制当局でさえ、リスクがどれくらい大きく、どれくらい集中しているかを把握していない。そのため、パニックが発生してしまったら、それを止めるのはより一層難しいだろう。

中国の影の銀行システムには三つの部門があり、それぞれ地方政府債務、信託商品、理財（資産運用）商品（ＷＭＰ）を扱っている。中国の省や市の政府は、アメリカの州や市町村のように債券の発行という方法で借金することは許されていない（訳注　二〇一四年五月、一部の都市は債券の直接発行を認められた）。そのため、暗黙の保証、確定約定、買掛債務などの偶発債務を使って、財政状態を押し上げている。信託商品と理財商品は、欧米の仕組み金融（訳注　証券化などの仕組みを利用して資金調達を行う手法）の中国版だ。

中国の国民は高い貯蓄率を誇っているが、それは合理的な動機によるもので、何らかの不合理な特質や文化的特質のせいではない。合理的な動機の一つは、社会的セーフティネット（安全網）が整備されておらず、医療保険や障害保険や年金が十分ではないことだ。中国の人々は、歴史的に大家族と年長者への敬意に支えられて老後の生活を営んでいたが、一人っ子政策によってその社会の柱が破壊され、中国の高齢者は今では自力で生活しなければならなくなっている。高い貯蓄率は賢明な対策だ。

だが、欧米の貯蓄者と同様、中国の人々も高い利回りを強く望んでいる。銀行が提供する低い金利――アメリカでも行われている一種の金銭的抑圧――のせいで、中国の貯蓄者はより高い収益を生む投資に引き寄せられやすくなっている。資本規制のため外国の市場にはほとんど参加できないし、自国の株式市場はきわめて変動が激しく、しかも近年は低迷している。自国の債券市場はというと、まだ十分発達していない。そのため、中国の貯蓄者は二つの資産クラス――不動産と仕組み商品――に引き寄せられてきた。

中国の不動産市場、とりわけアパート・マンション市場のバブルはよく知られているが、必ずしもすべての中国人貯蓄者がその市場に参加できるわけではない。そのような人々のために、銀行システムは信託商品と理財商品を編み出している。理財商品は、投資家が少額単位で買えるファンドである。ファンドは売却代金を集めて、それを高利回りの資産に投資する。驚くには当たらないが、そうした資産は往々にして住宅ローン債権や不動産や社債で構成されている。理財商品という形で、中国は欧米の最もひどい金融商品の無規制版を生み出したのだ。理財商品は、二〇〇八年に欧米の資本市場を崩壊寸前にした債務担保証券（ＣＤＯ）やローン担保証券（ＣＬＯ）や不動産担保証券（ＭＢＳ）によく似ている。中国ではこれらの商品が、アメリカの無能な格付け機関やＳＥＣ（証券取引委員会）によって義務づけられている最低限の審査さえ行われずに販売されているのである。

理財商品は銀行によって発行されているが、関連する資産や負債は銀行のバランスシートには現れない。そのおかげで銀行は、実際には高リスク債権を積み上げているときでも、わが行は健全だと主張することができる。投資家は、理財商品が生み出す高利回りに引き寄せられる。理財商品は銀行によって発行、販売されているのだから、元本は預金保険と同じように銀行が保護してくれるにちがいないと思い込む。だが、高利回りも元本保護も幻想なのだ。

理財商品に投資された投資家の資金は、先ごろの金融引き締め措置《そち》の導入前に銀行が融資していた無駄なインフラや不動産のバブルに資金を供給するために使われている。これらのプロジェクトから得られるキャッシュフロー（現金収支）は、理財商品に投資した人々に対する債務を履行するには概して少なすぎる。理財商品の償還期限は往々にして短く、それに対しファンドが投資するプロジェクトは長期である。その結果生じる資産と負債の満期のずれは、理財商品が満期になったとき投資家がその再投資を拒否した場合には、パニックを引き起こすおそれがある。これは、二〇〇八年にアメリカでベアー・スターンズやリーマン・ブラザーズの破綻《はたん》を引き起こした力学とまったく同じである。

理財商品を発行している銀行は、不良資産と満期のずれという問題に、新しい理財商品を発行することで対処している。新しい理財商品から得た資金は、古い理財商品を満期日に償還できるよう、古い理財商品の不良資産を水増し価格で買うために使われる。これは、巨大な規模のポンジ・スキーム（訳注　高配当をうたって投資家から集めた資金を原資に、利益分配を繰り返す仕組み）だ。各種推定によると、二〇〇七年には七〇〇件しかなかった理財商品プログラムが、二〇一三年には二万件に増大していた。二〇一二年上半期の理財商品の販売に関するある報告書は、二兆ドル近い新規マネーが調達されたと推定している。*8

ポンジ・スキームは崩壊を免れないもので、影の銀行システムによってあおられた中国の不動産・インフラ・バブルも例外ではない。特定の借り換えスキームの失敗から、もしくは特定のプロジェクトに関連した汚職の発覚から、崩壊が始まることも考えられる。崩壊の厳密なきっかけは、重要ではない。なぜならそれは確実に起こり、いったん始まったら、政府による制御か救済がないかぎり必ず大惨事につながるからだ。崩壊が始まったら、投資家はたいてい列をなして自分の証券を償還してもらおうとする。発行銀行は列の先頭のほうにいる者には償還するだろう。だが、列は通常どんどん長くなるので、銀行は償還を途中で停止し、大多数の投資家の手には何の価値もない紙クズが残されるだろう。投資家は次に、銀行は元本を保証していたと主張するだろうが、銀行はそれを否定するだろう。銀行自体に対する取り付け騒ぎが始まり、規制当局は一部の銀行を閉鎖せざるをえなくなる。社会的混乱が生まれ、共産党の最悪の悪夢、太平天国の乱や天安門広場でのデモのような自然発生的な抗議運動の影が不気味に迫ってくるだろう。

中国には三兆ドルの外貨準備があるので、銀行に資本を注入し、このシナリオで生じる損失を埋め合わせるには十分だ。必要な場合は、危機に対処するために政府レベルで借金する能力もまだ残っており、おまけにＩＭＦの融資も利用することができる。つまるところ、不動産のポンジ・スキームが前述のシナリオのように展開したとしても、中国には異議申し立てを抑え込み、金融上の混乱をきちんと整理するだけの資力があるということだ。

だが、信頼に対する打撃は計り知れない。皮肉なことに、金融崩壊の後、貯蓄は減るどころか増えるだろう。個人は損失を埋め合わせるために、それまで以上に貯蓄する必要があるからだ。投資家は理財商品が流動性を失った影響を埋め合わせるために流動資産を売却するので、株価は落ち込むことになる。中国の消費者が成長の鈍い世界経済に救いの手を差し伸べてくれるのを世界が待ち望んでいるまさにそのとき、消費は崩壊するだろう。デフレが中国を襲い、中国の人々は自国通貨が貿易相手国、とりわけアメリカの通貨に対して強くなることをますます容認したがらなくなるだろう。信頼と成長に対する打撃は中国だけにとどまらず、世界中に波及するだろう。

エリートによる資本逃避

中国のエリートたちは、こうした脆弱《ぜいじゃく》性を認識し、混乱が訪れるのを予想している。中国の金融崩壊というこの予想は、世界の歴史上、まれに見る規模の資本逃避を生じさせている。中国のエリートや財閥は、さらには一般市民でさえ、逃避がまだ有効な間に逃げ出しているのである。

中国の法律では、市民が年間五万ドル以上の現金を国外に持ち出すことは禁じられている。だが、中国から現金を持ち出す方法は、合法的なものであれ違法なものであれ、資本逃避を手助けする連中がいくらでも編み出してくれる。ときには、海外行きの便に搭乗する前にスーツケースに現金を詰めるというような露骨な手段が使われることもある。『ウォールストリート・ジャーナル』は、二〇一二年の次のような出来事を報じている。

六月に、一人の中国人男性が約一七万七五〇〇ドルの現金を持ってバンクーバー空港に降り立った。

現金は大部分がアメリカとカナダの一〇〇ドル札で、一部は財布とポケットに詰められ、残りはスーツケースの内張りの下に隠されていた。……その現金を発見したカナダ国境サービス庁の職員によると、その男は住宅か車を買うために持ってきたカネだと説明した。彼は隠し持っていた現金を申告しなかったことに対する罰金を差し引かれたのち、残りの現金を持って空港を後にした。*9

別のエピソードを紹介すると、ビール会社を経営している中国人の億万長者が上海からシドニーに飛び、田園地帯まで一時間車を飛ばしてブドウ園を視察し、その物件を三〇〇〇万ドルで買うとその場で宣言して、来たときと同様、飛ぶように上海に帰っていった。その財閥がビールよりワインのほうが好きだったかどうかは不明だが、自分の資産の安全な避難場所を選ぶとなると、彼は中国よりオーストラリアを選んだのだ。

もっと複雑だが、同様に確実な他の方法もある。よく使われるのは、マカオのカジノの腐敗した経営者と手を組むという方法だ。マカオのカジノでは、大金を賭ける中国人ギャンブラーは自分の銀行口座を担保に借り入れ枠を設定することができる。ギャンブラーはそれから、豪華なVIPルームで行われるバカラなどの魅惑的なゲームで故意に巨額の負けをつくる。ギャンブルでつくった借金は、そのギャンブラーの中国の銀行口座から引き落とすという方法でただちに返済される。この送金は合法的な債務の返済とみなされるので、年間上限額の規定がある資本輸出には算入されない。「不運な」ギャンブラーはのちにそのカネを、マネーロンダリング（資金洗浄）・サービスの手数料を払ったうえで腐敗したカジノ経営者から回収するのである。

もっと多額の資金が、輸出入代金の誤請求という方法で海外に移されている。たとえば、中国の家具メーカーがパナマなどのタックスヘイブン（租税回避地）に架空の販売会社を設立する。家具一点の通常の輸出価格が二〇〇ドルだとすると、中国の家具メーカーはパナマの会社に一点につき一〇〇ドルしか請求しない過小請求書を送る。パナマの会社はそれらの家具を通常の販売チャネルに一点二〇〇ドルという通常の価格で販売する。過小請求による一点当たり一〇〇ドルの「利益」は、そのままパナマに蓄積される。何百万点もの家具が輸出されると、パナマに蓄積されたインチキの利益は何億ドルもの額になる。これは、請求のごまかしがなかったら中国に送られていたはずのカネだ。

エリートによる資本逃避は、中国におけるエリートと一般市民の所得格差という、はるかに大きな物語の一部にすぎない。都市部では、上位一パーセントの家計所得が、都市部のすべての家計の平均所得の二四倍にのぼっている。全国的には、上位一パーセントと平均的な家計の格差は三〇倍だ。この大きな格差は、公式データにもとづくものだ。隠れた所得や資本逃避を考慮に入れると、格差はさらに大きくなる。『ウォールストリート・ジャーナル』は次のように報じている。

格差に対処するためには、現状から利益を得ているエリートたちと対決し、官僚が自分の懐を肥やせるようにしている腐敗を抑え込む必要がある。中国の国民経済研究所副所長、王小璐とカリフォルニア大学デービス校の経済学教授、胡永泰は、彼らが「隠れた」所得と呼ぶもの――申告されていない所得で、汚職による所得が含まれることもある――を計算に入れると、中国の家計の最も豊かな一〇パーセントの所得は、最も貧しい一〇パーセントの六五倍になったと報告している。*10

クレアモント・マッケナ大学の中国専門家、裴敏欣によると、今日の中国の腐敗や縁故主義や所得格差はきわめてひどく、そのため社会状況は、フランス革命前夜のフランスの状況とよく似ている。[*11] 全般的な金融・社会・政治的不安定は著しく、中国共産党の継続的な支配に対する脅威になるほどだ。

中国の当局者たちは、インフラへの不良投資、資産バブル、過剰レバレッジ、腐敗、所得格差から生じるこれらの脅威を一貫して軽視している。これらがすべて重要な問題であることは認めながらも、現在、修正措置がとられているし、中国経済の総合的な規模とダイナミックな成長との関連で対処できると主張する。これらの脅威は存続を脅かすような危機の前兆ではなく、新しい中国が誕生するための産みの苦しみとみなされているのである。

過去三〇年間の先進国、新興国双方の市場の暴落とパニックの歴史を考えると、中国の指導者たちは金融大惨事を防ぐ自分たちの能力について楽観的すぎるかもしれない。火の粉がありさえすればすぐに大火災に発展しそうな危機的な状態の国において、純然たる規模と、国有企業、銀行、政府、および貯蓄者が互いにつながっていることが、複雑なシステムを生み出している。これらの個別の問題は全体との関連で対処できるという指導者層の言葉が正しいとしても、彼らはそれでも、経済全体が共産党でさえ簡単には解決できない不健全さを抱えているという事実に立ち向かわなければならない。

中国の指導者層にとってさらに大きな問題は、投資から消費へという経済のリバランスは、成長の大幅な鈍化を生じさせずには不可能だということだ。この成長の鈍化——実質的には、危惧されているハードランディング——には、共産党も世界全体も対処する用意ができていない。

リバランスという課題を理解するためには、中国のインフラ依存をもう一度検討する必要がある。中国の過剰投資の証拠は、巨大な鉄道駅や人影のない都市だけではない。ＩＭＦは中国の資本投資について、アジアの一四ヵ国を含む三六の途上国と比較する厳密な分析調査を行った。そして、中国の投資は他の国々よりはるかに高く、家計の所得や消費を犠牲にして行われてきたと結論づけて、「中国の投資は、現在、ファンダメンタルズ（基礎的条件）から妥当と思われるレベルよりGDPのおよそ一〇パーセント分、高いかもしれない」[*12]と指摘した。

過剰投資による機能不全の責任がどこにあるかも明白だ。IMFの調査は、国営銀行と国有企業、中国全土に見られる縁故融資や不良投資の腐敗したシステムを正面切って批判している。「国有企業はつねに関与している。……国有企業の暗黙の資本コストは人為的に低く抑えられているからだ。……中国の銀行システムは資本配分に関して、引き続き国有企業に好意的な姿勢をとっている」。国営銀行は、過剰設備やゴーストタウンの建設に資金を無駄遣いしている国有企業に、金利の低い資金を供給しているのである。

さらに気がかりなのは、このインフラ投資が無駄であるだけでなく、持続不可能でもあることだ。中国で投資される資金一ドル当たりの産出量は、一ドルより小さい。つまり、限界収益が減少に転じているのである。中国が今後もGDP成長率を維持しようとするなら、投資はいずれGDPの六〇パーセントを大きく上回るだろう。このトレンドは、消費と投資の単なるトレードオフではない。後々消費を増やせるようにするために、家計が消費を抑えて投資を支えるのは、典型的な開発モデルである。だが、中国の現在の投資プログラムは、その健全な投資モデルの機能不全版なのだ。中国の不良投資は経済にとってきわめて大きな損失であり、将来、消費の増大という見返りはもたらさない。中国は、このモデルで富を破壊しているのである。

この不良投資のコストは、家計が負担している。国有企業が借り入れに対して市場金利を下回る金利を払えばすむよう、銀行預金の金利が市場金利を下回る水準に抑えられているからだ。その結果は、家計から大企業への富の移転であり、ＩＭＦの推定では、その額はＧＤＰの四パーセント、年間三〇〇〇億ドル相当とされている。これが、中国の極端な所得格差の一因なのだ。かくして、中国経済はフィードバック・ループ（フィードバックの繰り返しで結果が増幅されること）に陥っている。エリートはさらなる投資を主張し、その投資は低い見返りしか生み出さない。その一方で、家計所得はエリートへの富の移転のせいで減少している。ＧＤＰが不良投資の額だけ引き下げられたら、中国の奇跡の経済成長はすでに崩壊状態にあることになる。

消費を妨げる理由

それにもかかわらず、崩壊は近づいている。北京大学のマイケル・ペティスは、ＩＭＦのインフラ調査にもとづいて興味深い計算を行った。彼はまず、中国の過剰投資の額をＧＤＰの一〇パーセントとするＩＭＦの推定に異議を唱えている。そして、適切な投資レベルを判断するためにＩＭＦがコントロール・グループとして使った国々は、自身が過剰投資している可能性があるので、中国の実際の不良投資はＧＤＰの一〇パーセントより大きいと指摘している。それでも、中国は投資をＧＤＰの一〇パーセント分減らす必要があるというＩＭＦの結論を受け入れて、次のように述べている。

投資をＧＤＰの五〇パーセントという現在のレベルから四〇パーセントに減らす時間を、中国に五年間与えるとしよう。これを実現するためには、中国の投資の伸び率はＧＤＰの伸び率よりはるかに低くなくてはいけない。どれくらい低くなくてはいけないか？　……この条件を満たすためには、投資の伸び率はＧＤＰ成長率より約四・五パーセント・ポイント以上低くなる必要がある。

つまり、中国のGDP成長率が七パーセントなら、中国の投資の伸び率は二・三パーセントでなければならず、GDP成長率が五パーセントなら、投資の伸び率は〇・四パーセントでなければならない。そして、中国のGDP成長率が三パーセントなら……投資は実際には一・五パーセント……縮小しなければならないのだ。

結論は明白なはずだ。……中国の途方もないペースの過剰投資を有意にリバランスするためには、投資の伸び率の大幅な縮小、場合によっては投資そのものの縮小が不可欠なのだ。[*13]

「中国は経済を投資から消費にリバランスする必要がある」という提言は、決して目新しいものではない。アメリカでも中国でも、政策決定者たちは何年も前からこれを議論してきた。その意味合いは、リバランシングを行ったら、中国の成長率が近年の年率七パーセントから鈍化するということだ。だが、この調整をスムーズに実現するにはもう遅すぎるかもしれない。中国の「リバランシングのとき」は、すでに過ぎ去ったのかもしれないのだ。

リバランシングには、家計所得の増大と貯蓄率の低下の両方が必要だ。これによって生まれる可処分所得は、財やサービスへの支出に充てることができる。所得増大に寄与する要因は、貯蓄者のための金利引き上げと労働者のための賃金引き上げだ。だが、金利の上昇と賃金の上昇は、裏を返せば企業利益が縮小するということであり、これは中国の財閥に悪影響をおよぼす。これらの財閥は、政治的圧力を使って賃金と金利を低い水準に維持しようとする。過去一〇年で、中国のGDPに占める賃金の割合は五〇パーセント強から四〇パーセントに低下した。それに対し、アメリカではこの割合は五五パーセントで、比較的安定している。消費の状況は、賃金の平均値が示唆する状況よりさらに悪い。中国の賃金は、消費性向が低い高給取りのほうに偏っているからだ。

　金融閥よりさらに強力なもう一つの要因も、消費支出を妨げている。成長に対するこの足かせは、人口動態によるものだ。若い労働者と高齢の退職者は、どちらも比較的消費性向が高い。老後に備えて最も高い貯蓄率を維持するのは中年層の労働者だ。中国の労働力は現在、その中堅層の割合がきわめて高いのだ。[*14] 実際には、中国は政策や財閥の強欲さは関係なく人口動態的理由から、少なくとも二〇三〇年までは高い貯蓄率から抜け出せないのである。

　こうした人口動態から考えると、中国が消費主導の成長モデルに移行する理想的な時期は、二〇〇二年から二〇〇五年の間だった。これはまさに、投資主導モデルの生産的段階が活力を失い始め、若年層が支出を増やしたがるようになった時期だった。貯蓄者のための金利引き上げ、輸入を促進するための人民元の為替《かわせ》レートの上昇、それに支出を増大させるための工場労働者の賃金引き上げという三点セットが実施されていたら、消費を活発化させ、資源を無駄な投資から引きはがすことができていたかもしれない。ところが実際には、財閥が金利と為替レートと賃金を最適水準以下に抑えることに成功した。人口動態による自然な消費押し上げ力は、それによって抑え込まれ、無駄にされたのだ。

　中国が今日政策を転換したとしても――その可能性はきわめて低いが――待ち受けているのは険しい坂道だろう。国民が、平均すると貯蓄を好む年代にいるからだ。どんな政策も、こうした人口動態的要因を短期間で変えることはできない。そのため、弱い消費による危機という流れは今のところ動かしがたい。

　ＧＤＰの構成要素を考慮に入れると、中国は多くの面で崩壊に近づいているように見受けられる。消費は、低賃金と人口動態的要因による高い貯蓄率のせいで低迷している。輸出は人民元の上昇と、米ドルや日本円を安くしようとする外的な動きのせいで伸び悩んでいる。投資は、不良投資と限界収益の減少という問題を抱えている。多額の投資によって経済が一時的に下支えされているという点で、これは不良債権という流砂の上に建つ幻だ。中国の巨額の投資の価値は、それによって生み出される建物と同じく空っぽなのだ。この機能不全から利益を得ている金融閥でさえ、資本逃避という形で、沈みゆく船からネズミのように逃げ出しているのである。

中国がこれらの難問に対処するためには、金利と賃金を引き上げて家計所得を増大させればよいのだが、国民のためになるこれらの政策は多くの国有企業を倒産させることになるため、財閥たちは断固反対するだろう。他の唯一の有効な解決策は、起業のエネルギーと創造力をかき立てるための大規模な民営化だ。だが、この解決策は金融閥だけでなく、共産党そのものからも反対されるだろう。民営化反対は、金融閥の自己利益と共産党幹部の生存本能が一致する点なのだ。

中国が前進するためには、四パーセントの成長が望みうる最善の形かもしれない。金融閥が好き勝手に行動したら、結果ははるかに悪くなるだろう。不良投資のための継続的な補助金や賃金の抑圧は、不良債権と所得格差という双子の危機を悪化させ、悪くすると金融パニックを引き起こして、社会的混乱や、さらには革命にさえつながるかもしれない。中国の外貨準備は金融パニックの炎を消し去るには十分ではないかもしれない。なぜなら、ほとんどがドル建てで、FRBがインフレによってドルを減価させようとしているからだ。中国の外貨準備はFRBによって空洞化されつつあり、同時に中国の経済は金融閥によって空洞化されつつある。中国の奇跡の経済成長が轟音《ごうおん》を立てて終わるのか、それともひそやかに終わるのかは定かではないが、それでも終わることは確実だ。

自らの歴史を無視した文明は、中国文明が初めてではない。集権化は複雑さを生み、複雑なシステムの本質は緊密に結びついた互恵的適応の網の目だ。どの部分で起こった失敗であれ、小さな失敗がまたたく間に全体に広がり、しかも燃え広がるのを防ぐ防火帯も高い山もない。共産党は中央集権を強さの源泉とみなしているが、それは迫りくる崩壊を見えなくさせるので、最も致命的な形の弱さである。

中国は、一方の手で貯蓄を略奪し、もう一方の手で略奪した富を海外に送る新興金融閥の餌食になっている。中国の成長物語は終わってはいないものの、衰退に向かっている。おまけに、その影響は中国だけにとどまらず、世界中に波及する。これは、アメリカや日本やヨーロッパの成長がすでに停滞もしくは衰退している時点で起こることになる。一九三〇年代のように、不況は世界中に広がり、隠れる場所はなくなるだろう。

第五章　新しいドイツ帝国

しかし、みなさんに伝えたいことがもう一つあります。……ECB（欧州中央銀行）は、ユーロを守るために必要なことは何でもする用意があります。そして、それは間違いなく十分な措置《そち》になるでしょう。

マリオ・ドラギ（欧州中央銀行総裁）　二〇一二年七月

危機がなければ、ヨーロッパは動かない。

ヴォルフガング・ショイブレ（ドイツ財務大臣）　二〇一二年一二月

シャルルマーニュの通貨改革

欧州連合（EU）とユーロの解体を無分別に予測している人々は、欧州単一通貨は一二〇〇年前に始まったプロジェクトの集大成だということを理解したほうがよいだろう。歴史が繰り返すさまを長期的にながめてみると、ユーロがなぜ世界最強の通貨なのかがよくわかる。今日、ユーロは出番を待っているのであり、これはドルの覇権を脅かすもう一つの脅威である。

ヨーロッパは以前にも統一されていたことがある。地理的な意味でヨーロッパ全土ではなかったが、ヨーロッパと呼ばれる地域の中の単なる都市や国とは明らかに異なる、ヨーロッパという政治体を構成するだけの地理的範囲が統一されていたのである。シャルルマーニュ（カール大帝）の帝国と二一世紀のヨーロッパとの類似点は、今日ヨーロッパの力学を理解するのに手こずっている人々、とりわけアメリカのそうした人々にとって印象的で、大いに参考になるだろう。

多くの人がヨーロッパ内部の対立や国民感情や文化の違いに注目しているが、少数の指導者たちは、市民の支持を受けて、第二次世界大戦の荒廃の中で始まった欧州統合という事業を引き続き推し進めている。「多様性の中の統合」がEUの公式スローガンであり、「統合」という言葉は、七〇年目に突入しようとしているこの政治プロジェクトに批判や疑念を持つ人々が最も見落としがちなテーマである。市場は強力だが、政治はさらに強力であり、この事実はロンドンやニューヨークや東京のトレーディング・フロアで徐々に明白になりつつある。EUとその通貨、ユーロは、数々の欠陥や危機にもかかわらず、持ちこたえるように設定されているのである。

八世紀末から九世紀初めにかけてローマ皇帝を号したシャルルマーニュは、四七六年の西ローマ帝国滅亡後、西ヨーロッパに久しぶりに誕生した皇帝だった。ローマ帝国は、本国のローマから現在のスペインやフランスの属州、さらにはイギリスの属州にまで拡大していたが、真のヨーロッパ帝国ではなく地中海帝国だった。シャルルマーニュは旧ローマ帝国の属州とイタリアのほか、現在のドイツ、オランダ、チェコ共和国の一部も領土に組み入れて、現代の西ヨーロッパと似通った地理的範囲の統一政治体を築いた初の皇帝だった。彼は教皇からも平信徒からも「パテル・エウロパエ」、すなわちヨーロッパの父と呼ばれている。

シャルルマーニュは、単なる王や征服者を超えた存在だった。芸術はもちろん知識や学問も重んじ、ヨークの聖アルクィンなど、中世初期の最高の頭脳を集めた宮廷をアーヘンに築いた。シャルルマーニュの伝記作家で同時代人のアインハルトは、アルクィンを「どの地に行ってもそこで一番博識な男」[*1]と評していた。教育、芸術、建築におけるシャルルマーニュと彼の宮廷の業績は、歴史家たちが「カロリング朝ルネサンス」と呼ぶ、長い暗黒時代を終わらせた光の爆発を生み出した。重要な点として、シャルルマーニュは統治や通信や商業を容易にするために、彼の帝国全体を均一化する重要性を理解していた。彼はヨーロッパ各地で進化していた無数の書体に代えてカロリング小字体を普及させ、自分が征服した多様な文化を結束力のある王国にまとめるために、行政改革や軍事改革を行った。

シャルルマーニュは均一化を進める政策を、安定のために必要なレベルを超えて推し進めはしなかった。教育や宗教に関する彼のより大きな目的に多様性が役立つ場合は、多様性を支持した。たとえば、神父たちがロマンス語やドイツ語など、それぞれの土地の言葉を使うという、のちにカトリック教会によって破棄された慣行（一九六五年に第二バチカン公会議で遅ればせながら復活が決まった）を奨励した。これらの点で、彼は敵の文化や制度を破壊する代わりに、征服された敵からの封臣の誓いを受け入れた。彼は今日の欧州連合が「補完性原理」と呼んでいる政策、すなわち一律の規制は、より大きな利益のために効率化が必要な分野だけで適用されるべきであり、それ以外の分野では各地の習慣や慣行が優先されるべきだという考えを採用していたのである。

シャルルマーニュの通貨改革は、欧州中央銀行（ECB）にはなじみ深い政策のように思えるはずだ。シャルルマーニュ以前のヨーロッパの本位貨幣は、三一二年にコンスタンティヌス一世が制定したビザンティン（東ローマ）帝国のソリドゥス金貨から派生したスー金貨だった。金は古代から上ナイルやアナトリア近辺からローマ帝国に供給されていた。ところが、七世紀にイスラム勢力が台頭し、そのうえ西欧勢力がイタリアで相次いでビザンティン帝国に敗れたことで、東西の交易ルートが断ち切られた。その結果、西欧のシャルルマーニュの帝国は金不足に陥り、金融逼迫《ひっぱく》状態となった。彼は銀本位制に切り替えることで、一種の量的緩和を実施した。西欧では銀のほうが金よりはるかに大量に入手できたからだ。シャルルマーニュは単一通貨「リーブル」も導入した。リーブルは重さと貨幣の単位とされ、貨幣一リーブルは銀一リーブル（一ポンド）と等価とされた。帝国の硬貨は「ドゥニエ」とされ、これは一スーの二〇分の一の価値を持つと定められた。他の改革とともに貨幣供給量の拡大と貨幣制度の統一が行われたことで、シャルルマーニュのフランク帝国では交易・通商が盛んになった。

シャルルマーニュの帝国は八一四年の彼の死後、七四年間しか続かなかった。帝国は、当初は三分割されてシャルルマーニュの三人の息子に与えられることになっていたが、息子たちの早世、正統性のない継承者、兄弟間の戦争、外交上の失敗といった要因があいまって徐々に衰退し、八八七年に最終的に崩壊した。それでも、現代のフランスとドイツの政治的基盤は築かれていた。フランク帝国の遺産は生き続け、九六二年の神聖ローマ帝国の樹立とオットー一世の皇帝戴冠によって新しい形をとった。その帝国、第一帝国は、一八〇六年にナポレオンによって解体されるまで八〇〇年以上続いた。シャルルマーニュと彼の王国は、ローマ帝国の政治的統一をよみがえらせ、芸術や科学を発展させることで、古代ローマと現代ヨーロッパの最も重要な架け橋になったのだ。

神聖ローマ帝国のさまざまな制度にもかかわらず、シャルルマーニュ後の一〇〇〇年間は、断続的な民族的・宗教的虐殺を背景にした、略奪と戦争と征服の年代記とおおむねみなすことができる。九〇〇年から一一〇〇年までの二〇〇年間は、バイキングやその子孫のノルマン人による襲撃と侵略にたびたびみまわれた時代だった。一一〇〇年から一三〇〇年までは、外国での十字軍の戦いとヨーロッパでの決闘を特徴とする期間だった。一四世紀にはペスト（黒死病）の大流行があり、ヨーロッパの人口の三分の一から半分が死亡した。一五四五年の対抗宗教改革から始まった時代は、とくに血塗られていた。プロテスタントとカトリックの教義上の対立が一五六二年～一五九八年のフランス宗教戦争（ユグノー戦争）に発展し、その後、一六一八年～一六四八年の三〇年戦争で頂点に達した。これはヨーロッパ全土を巻き込んだ近代初期の全面戦争で、軍隊だけでなく民間人や非軍事的標的も破壊された。

この時代の途方もない苦しみや非人道性は、一五七二年のサンセール包囲に関する次の記述にとらえられている。食料が尽きたサンセールの住民たちは、ロバ、ラバ、馬、猫、犬を次々に食べた。それから革製品や羊皮紙の文書を食べた。ラウロ・マルティネスは、あの時代の作家、ジャン・ドゥ・レリの記録を引用しながら、その次に何が起こったかを記している。

最後の段階は人肉食いだった。……レリは……それから次のように記している。サンセールの人々は「都市壁内で行われたこの驚くべき……犯罪を目の当たりにした。というのも、七月二一日に、シモン・ポタールという名のブドウ栽培農民とその妻ユジーヌ、それに彼らと一緒に暮らしていた老女が……彼らの三歳ぐらいの娘の頭、脳みそ、肝臓、はらわたを食べたことがわかり、確認がとられたからだ」[*2]

これらの大量殺戮《さつりく》の後に続いたのは、一六六七年から一七一四年の間に断続的に行われたルイ一四世の戦争だった。太陽王ルイ一四世はこれらの戦争で、かつてシャルルマーニュが支配していた領土をふたたびフランスに統合するために、明白な征服政策を推し進めた。

ヨーロッパの大虐殺の物語は、その後も七年戦争（一七五四年～六三年）、ナポレオン戦争（一八〇三年～一五年）、普仏戦争（一八七〇年～七一年）、第一次世界大戦、第二次世界大戦、そしてホロコースト（ユダヤ人大虐殺）と続いた。一九四六年には、ヨーロッパは精神的にも物質的にも疲弊し、ナショナリズム、排外主義、宗教対立、反ユダヤ主義の苦い果実を嫌悪と恐怖とともに振り返っていた。

フランスはこれらの戦争のすべてにかかわっていたし、フランスとドイツの対立は、直近の三つの戦争の中核をなしていた。これら三つの戦争は一八七〇年、一九一四年、一九三九年と、七〇年という時間枠の中で発生しており、一人の人間の生涯の間に起こったことになる。第二次世界大戦後、イギリスが帝国の崩壊に直面し、米ソの共同統治が鉄のカーテンと冷戦という形になり下がる中で、大陸ヨーロッパの政治家やエコノミストや知識人は、フランスとドイツの戦争を二度と起こさないためにはどうすればよいかという重要な問いに取り組んだ。

ユーロ・プロジェクト

統一されたヨーロッパ連邦に向けての第一歩は、一九四八年のハーグ会議で踏み出された。この会議では、左右両陣営から参加した著名な知識人や専門家や政治家が、ヨーロッパの政治・経済統合の可能性について幅広い議論を行った。ウィンストン・チャーチル、コンラート・アデナウアー、フランソワ・ミッテランも参加していた。この会議に続いて、一九四九年に、西欧諸国の連帯の促進とその使命を実行するための専門家の養成に取り組むエリート大学院大学、欧州大学院大学が設立された。ハーグ会議も欧州大学院大学も、実現の陰にはポール＝アンリ・スパーク、ロベール・シューマン、ジャン・モネ、アルチーデ・デ・ガスペリといった政治家たちの努力があった。

これらの指導者たちの重要な明察は、経済統合は政治統合につながり、それによって戦争を不可能とまではいかなくても時代遅れにするということだった。

経済統合に向けての最初の具体的な歩みは、一九五二年に発足した欧州石炭鉄鋼共同体（ECSC）だった。加盟国はフランス、西ドイツ、イタリア、ベルギー、ルクセンブルク、オランダの六カ国で、当時のヨーロッパで最大の産業だった石炭と鉄鋼の共通市場を生み出すことを意図したものだった。一九五七年には、ヨーロッパの原子力産業の発展に取り組む欧州原子力共同体（ユーラトム）と、ローマ条約によって設立され、石炭と鉄鋼だけでなく、あらゆる財・サービスの共同市場の創設に取り組む欧州経済共同体（EEC）がこれに加わった。

一九六七年には、ECSCとユーラトムとEECが、統合条約によって欧州諸共同体（EC）の名の下に統合された。EUの創設を定めた一九九二年のマーストリヒト条約は、この欧州諸共同体を、警察・刑事司法協力、EUの対外方針として策定された共通外交・安全保障政策（CFSP）とともに、EUの「三つの柱」の一つとした。最後にリスボン条約にもとづいて、二〇〇九年に三つの柱が欧州連合という単一の法的主体に統合され、全般的な目標や指針を示す欧州理事会議長が任命された。

この経済・政治統合と並行して、通貨統合という等しく野心的な事業が進められた。通貨統合の中心に位置するのは、一九九二年のマーストリヒト条約で構想され、一九九八年にアムステルダム条約に従って正式に設立されたECBだ。ECBはユーロ圏加盟一八カ国が使用する単一通貨、ユーロを発行し、ユーロ圏内の物価の安定の維持という単一の使命の下、金融政策を実施している。また、他の通貨に対するユーロの価値に影響をおよぼすために、必要に応じて外国為替《かわせ》市場で取引を行っている。さらに、ユーロ圏一八カ国の中央銀行の外貨準備を管理し、TARGET2と呼ばれるそれらの中央銀行間の決済プラットフォームを運営している。

今のところ、ＥＵの最も具体的で目に見えるシンボルはユーロである。ユーロはヨーロッパの何億人もの人々によって日常的に保持されたり、交換されたり、獲得されたり、貯蓄されたりしており、世界中の何百万人もの人々による何兆ユーロ分もの商取引の基盤になっている。ＥＣＢは二〇一四年末に、フランクフルト東部の造園された一画に建つ一八三メートル近い高さの新本店ビルに移転した。このビルは、ＥＣＢとユーロの永続性と重要性を象徴する記念碑だ。

多くの市場アナリスト、とりわけアメリカ人アナリストは、効率的市場仮説と標準的な金融モデルのレンズを通して――だが、きわめて不十分な歴史意識しか持たずに――ヨーロッパとユーロを理解しようとする。ヨーロッパの構造的問題は確かに存在しており、アナリストたちがそれを指摘するのは正しい。だが、ノーベル賞受賞者のポール・クルーグマンやジョセフ・スティグリッツらが提案している場当たり的な解決策――スペインやギリシャのような国はユーロ圏から離脱して元の通貨に戻り、輸出競争力を高めるために切り下げを行うべきだ――は、これらの国がそもそもどのような経緯でユーロにたどり着いたのかを無視している。

イタリア人やギリシャ人は、過去に何度も経験した通貨切り下げが、銀行や情報に通じたエリートのために貯蓄者や小企業から収奪する国家に認可された盗みだったことを嫌というほど知っている。切り下げによる盗みは、ヨーロッパの人々が単一欧州プロジェクトで根絶しようとしている略奪や戦争による盗みと実質的に同じである。競争力を高めるためには切り下げよりはるかによい方法があると、ヨーロッパの人々は思っている。この考えが根強いことは、あらゆる民主的選挙や国民投票で最終的にはユーロ支持派が勝利してきたことや、世論調査でもユーロを支持する意見のほうが多いという事実によって裏づけられている。

均一性というシャルルマーニュの賢明な政策は、各地の習慣の継続性とともに、今日、EUの補完性原理の中に生きている。EUのスローガンである「多様性の中の統一」は、シャルルマーニュのスローガンであってもおかしくはなかったのだ。

ワシントン・コンセンサスから北京コンセンサスへ

ユーロ・プロジェクトはより広い基盤を持つ国際通貨制度の一部だが、その国際通貨制度自体が大きな圧力にさらされて、何度も改革されてきた。第二次世界大戦以降、この制度は三つの異なる相を経験してきた。ブレトンウッズ体制、ワシントン・コンセンサス、北京コンセンサスだ。これら三つの用語はどれもみな、国際金融における共通の行動規範、いわゆる「ゲームのルール」を簡潔に表現したものだ。

ワシントン・コンセンサスは、一九七〇年代末のブレトンウッズ体制崩壊後に登場した。一九八〇年から八三年の間に国際通貨制度が救われたのは、ポール・ボルカーが金利を引き下げ、ロナルド・レーガンが減税を行って、健全なドル政策を推し進めたからだった。利上げと減税、それに規制緩和によって、アメリカは世界中から貯蓄を引き寄せるようになり、それによってドルは救われた。一九八五年には、ドルはきわめて強くなっていたので、ドル安に誘導するためにニューヨークのプラザ・ホテルで国際会議が開かれた。その後一九八七年に、パリのルーブル宮殿でふたたび国際通貨会議が開かれ、為替レートを現行水準で安定させることで合意された。プラザ合意とルーブル合意はブレトンウッズ体制崩壊後の新しいドル本位制を強固にしたが、この国際通貨制度はまだ一時しのぎのもので、首尾一貫した原則を探し求めていた。

一九八九年に、新しいドル本位制の欠けていた原則が、経済学者のジョン・ウィリアムソンによって提供された。ウィリアムソンは「政策改革という言葉でワシントンが意味していること」と題した画期的な論文で、新しいドル本位制の世界で他の国々はどのように行動するのが望ましいかという「ワシントン・コンセンサス」を明らかにしたのである。彼は冒頭のパラグラフで自分の意図を明確にした。

債務危機にどのように対処するべきかという発言は、どんな発言であれ……債務者に「財政状態を改善する」「政策改革を実行する」、もしくは「厳しい融資条件に従う」ことによって、提案されている契約の債務者側の義務を果たすよう要求していないかぎり、完全とは言えない。この論文で提起されるのは、これらの語句が何を意味しているか、とりわけワシントンで……何を意味していると一般に解釈されるか、という問いだ。

この論文で言うワシントンとは、議会という政治的ワシントンと、国際金融機関、アメリカ政府の経済諸機関、連邦準備制度理事会、およびシンクタンクからなる行政的・官僚的ワシントンの両方を指している。[*3]

ドルの世界覇権についてワシントンDCから発せられる言葉で、これ以上露骨なものは想像しがたい。アメリカ以外の国にも、アメリカに牛耳られている機関以外の機関にもまったく言及されていないことは、一九八九年の、またそれ以降の国際金融の状態をはっきり物語っている。

ウィリアムソンは次に、債務者が「財政状態を改善する」という言葉でワシントンが何を意味しているかを説明した。ワシントン・コンセンサスを構成する一〇項目の政策を書き記したのだ。それは財政規律、無駄な補助金の廃止、税率の引き下げ、プラスの実質金利、直接投資の受け入れ、規制緩和、所有権の保護など、常識的な政策だった。これらの政策が自由市場資本主義に有利に働き、グローバル市場におけるアメリカの銀行や企業の拡大を促進したことは明らかだった。

二〇〇〇年代初めには、新興市場国の台頭によって、ワシントン・コンセンサスは激しい批判を浴びるようになっていた。これらの国はドル覇権を、新興市場国を犠牲にしてアメリカに利益をもたらす体制とみなしていたのである。この見方は、一九九七年〜九八年のアジア金融危機に対するIMF（国際通貨基金）の対応のせいで一気に浮上した。IMFが押しつけた緊縮政策は、ジャカルタやソウルで暴動や流血の惨事を引き起こしたのだ。

やがてワシントン自身が財政規律を守れなくなり、加えて一九九九年以降、アジアの経済成長が加速したことで、ワシントン・コンセンサスに代わる経済発展モデルとして北京コンセンサスが登場した。北京コンセンサスには互いに矛盾する複数のバージョンがあり、ウィリアムソンがワシントン・コンセンサスに与えたような知的整合性が欠けている。「北京コンセンサス」という言葉が広く使われるようになったのは、ジャーナリストのジョシュア・クーパー・ラモの二〇〇四年の画期的な論文『北京コンセンサス』のおかげである。ラモの分析は独創的で刺激的ではあるが、北京コンセンサスの定義は定まっていないことを率直に認めている。「北京コンセンサスは……きわめて柔軟であるため、ドクトリンとはみなしがたい」[*4]

北京コンセンサスというシチューに投入された無数の経済的要素にもかかわらず、ラモの分析の最も重要な成果は、この新しい経済パラダイム（枠組み）は経済学だけに関係があるのではなく、基本的に地政学的なものだという認識だった。至るところに顔を出すジョン・ウィリアムソンが、二〇一二年に北京コンセンサスの五つの柱を漸進的改革、イノベーション、輸出主導の成長、国家資本主義、独裁主義と定義することで、ラモの分析を発展させた。*5

　中国の側から見ると、北京コンセンサスは一七世紀のイギリス、オランダの重商主義とアレクサンダー・ハミルトンの一八世紀アメリカ学派の開発政策を融合させた風変わりなモデルである。中国共産党の解釈では、それは国内産業の保護、輸出牽引《けんいん》型の成長、大量の外貨準備の蓄積で構成される。

　北京コンセンサスは、政策専門家たちがそれを定義したとたんに、内部の矛盾ともとの重商主義モデルからの逸脱のせいで崩壊し始めた。中国はハミルトンが勧めたように未発達の産業を支えるために保護主義を使ったが、国内での競争を支持するハミルトンの考えには従わなかった。ハミルトンは新しい産業に基盤を固める時間を与えるためには保護主義を使ったが、それらの産業を強くして、最終的に国際貿易で十分戦えるようにするためには、競争を利用した。それに対し、中国のエリートたちは中国の「ナショナル・チャンピオン」を甘やかした。その結果、ほとんどの企業が国の補助金なしにはグローバル市場で競争できなくなっている。二〇一二年には、北京コンセンサスの欠陥と限界がはっきり見えるようになったが、この政策は依然として広く実行されていた。

ベルリン・コンセンサス

　二〇一二年には、二〇〇八年のグローバル金融危機と二〇一〇年〜一一年のヨーロッパ政府債務危機の荒廃から、新しいベルリン・コンセンサスが姿を現した。ベルリン・コンセンサスは、世界のあらゆる国に適用できる経済成長モデルという格好はとっていない。むしろ、ヨーロッパと、ＥＵおよびユーロ圏の発展途中の諸制度だけに適用されるものだ。とくに、成功しているドイツ・モデルを欧州委員会と欧州中央銀行を介してヨーロッパの周縁国に押しつけることを意味している。ドイツのアンゲラ・メルケル首相は自身の取り組みを「モア・ヨーロッパ（さらなるヨーロッパ統合）」というスローガンで言い表しているが、このプロジェクトは「モア・ジャーマニー（さらなるドイツ化）」をめざすものだと言うほうが正確だろう。ベルリン・コンセンサスは周縁諸国にドイツ・モデルを受け入れさせ、補完させるための構造調整が行われないかぎり、本格的に実施することはできない。

ドイツで構想され、ユーロ圏に適用されているベルリン・コンセンサスは、次の七つの柱で構成されている。

・イノベーションと技術による輸出の促進
・低い法人税率
・低いインフレ（物価上昇）率
・生産インフラへの投資
・協調的な労使関係
・グローバル競争力のある単位労働コストと労働移動性
・好意的なビジネス環境

七つの柱のそれぞれが、具体的な目的を推進し、持続可能な成長を生み出すための政策を暗示しており、それらの政策はある程度の金融協調を前提としている。ベルリン・コンセンサスの中核には、借金と消費ではなく貯蓄と貿易が成長への最善の道だという認識がある。

ベルリン・コンセンサスの要素を一つずつ見ていくと、まず、活気ある輸出部門のカギとしてイノベーションと技術が重視されている。SAP、シーメンス、フォルクスワーゲン、ダイムラーなどのドイツ企業はこの価値観を体現している。世界知的所有権機関（WIPO）は、二〇一二年に国際商標登録の出願件数が多かった国トップ一〇のうち、六カ国がEU加盟国だったと報告している。[*6] WIPO特許協力協定にもとづく二〇一一年の特許出願件数一八万二一一二件のうち、二七・五パーセントがEU加盟国から、二六・八パーセントがアメリカから、九・〇パーセントが中国からの出願だった。大学教育、基礎研究、知的財産におけるEUの実績は、今ではアメリカと肩を並べており、中国をはるかにしのいでいるのである。

知的財産が経済成長を促進するのは、企業がそれを活用して付加価値製品を生み出せる場合にかぎられる。企業がイノベーションによって生産性を高められるかどうかを左右する大きな要因は、法人税の税率だ。法定税率は、控除、税額控除、減価償却などを考慮すると実際に支払われる税率より高い場合があるので、不完全な判断基準ではあるが、それでも分析のよい出発点ではある。ヨーロッパはこの面でも際立って有利である。ヨーロッパの法人税率は平均二〇・六七パーセント、それに対しアメリカは地方所得税と国税を合わせると四〇パーセント、中国は二五パーセントである。[*7] EU内の企業は圧倒的多数が国ベースで課税されている。つまり、税金は所在地国に対して、その国で得た利益だけにもとづいて支払われているのであり、これは国内の利益だけでなく外国で得た利益にも課税されるアメリカの全世界課税制度に比べて有利である。

EUもアメリカも近年は低いインフレ率を維持してきたが、ヨーロッパは貨幣の増刷や利回り曲線の操作をアメリカほど大々的に行わずにこれに成功してきた。これは貨幣の流通速度の変化による将来のインフレの可能性が低いということだ。それに対し中国は、人民元のドル・ペッグ（連動）を維持するためにFRBが増刷するドルを吸収する必要があるので、インフレという問題に持続的に悩まされてきた。三大経済圏の中では、近年の実績の点でも将来の見通しの点でも、インフレについてはEUが一番の優等生だ。

インフラ投資に対するEUの取り組みは、アメリカや中国より良質で生産的な投資につながってきた。ヨーロッパの大型インフラ・プロジェクトは、一般に国境を越えた協働をともなうので、アメリカや中国の場合より経済合理性が高く、政治的圧力にさらされにくい。顕著な例は、二〇一七年開通予定のゴッタルド基底トンネルだ。標高約三〇〇〇メートルを超えるスイス・アルプスを縦貫する全長約五五キロメートルのトンネルで、完成したあかつきには世界最長のトンネルになる。貿易・商業のために輸送インフラを整備する活動の世界史的偉業として、パナマ運河やスエズ運河に匹敵すると、正しくもみなされてきた。ゴッタルド基底トンネルは端から端までスイスに位置しているが、ヨーロッパ全土を結ぶ高速鉄道輸送ネットワークのきわめて重要なリンクである。

乗客にとっては、このトンネルはミラノからチューリッヒまでの所要時間を現在の三時間四〇分から一時間短縮してくれる。貨物輸送については、このトンネルのおかげでゴッタルド峠経由の年間輸送能力が二五〇パーセント拡大し、現在の二〇〇〇万トンから五〇〇〇万トンになると予測されている。*8 ゴッタルド基底トンネルは、EUのトランスヨーロッパ高速鉄道ネットワーク（TEN-R）によって統合される何十もの高速鉄道路線に接続されることになる。この例を含めて、ヨーロッパの同様のインフラ・プロジェクトの多くが、中国のゴーストタウンや、ソーラー・パネル・メーカーのソリンドラや電気自動車メーカーのフィスカー――どちらも破産法の適用を申請した――への低利融資など、アメリカの無駄な投資に比べると、長期的な見返りの点で優っている。

ドイツの大企業に見られる「共同決定」と呼ばれる労使協調モデルは、第二次世界大戦後から実施されてきた。一九七六年に大幅に拡大されて、従業員五〇〇人以上のすべての企業に労働者代表を取締役会に加えることが義務づけられた。共同決定は労働組合に取って代わるものではなく、団体交渉やストライキといった散発的で概して破壊的なプロセスに加えて、企業の意思決定に労働者が日常的かつ継続的に参加できるようにすることによって、労働組合を補完するものだ。このモデルはドイツ特有のものので、他のEU加盟国が具体的に模倣するということはないかもしれない。ヨーロッパにとって重要なのは、モデルそのものではなく、企業の生産性と競争力を高めるという点でこのモデルが示した手本である。ドイツのモデルは、労働者がほとんど権利を持っていない中国のモデルや、労使関係が協調どころか敵対的なアメリカのモデルより好ましい。

ベルリン・コンセンサスの柱のうち、EU全体で、とりわけ周縁諸国で実現するのが最も難しいのは、単位労働コストの引き下げを含む効率的な労働力という柱である。ここで必要な政策は、ユーロを切り下げたり、ギリシャやスペインなどの国がユーロを捨てて元の通貨に戻ったりすることによる外的調整ではなく、ユーロでの名目賃金を引き下げることによる内的調整だ。ケインズ主義者は、賃金は「粘着性」があり、通常の需給要因には反応しないと主張してきた。ポール・クルーグマンは、ケインズ主義者の一般的見解を次のように述べている。

では、本当に労働力の大幅な過剰供給があるとしたら、われわれは賃金の急落を目にしているはず

> ではないか?
> だが、答えはノーだ。賃金（および多くの物価）は、そのようには振る舞わない。なぜそのように振る舞わないのかは興味深い問いだが……名目賃金の実際の引き下げが大きな圧力の下でまれにしか起こらないのは……とにかく事実である。
> したがって、賃金の引き下げが有効だと考える根拠はないのである。*9

ケインズ主義の理論の多くがそうだが、この分析は、せいぜいよく言って、閉じた市場の組織化率の高い労働者という特殊な事例に当てはまるだけだ。比較的開かれた市場の非組合労働者には当てはまらないのである。ヨーロッパに関しては、クルーグマンは最も重要な点を見落としている。賃金の粘着性を重視する見方は、関与する労働者がすでに職を持っている、もしくは持っていたことを前提としている。スペイン、イタリア、ギリシャ、ポルトガル、フランスなどでは、十分な教育を受けた何百万人もの若者が一度も職につけないでいる。この労働力プールは、いくら賃金を得るべきかについて固定的な期待はまったく持っていない。上の世代の労働者なら拒否していたような賃金であっても、まともな労働条件と訓練が与えられ、昇進の可能性がある仕事なら、どんな仕事でも魅力的だと思うだろう。

ベルリン・コンセンサスの効率的な労働力という柱の二つ目の要素は、労働移動性だ。ロバート・マンデルは早くも一九六一年に、「最適通貨圏の理論」と題した重要な論文で、単一通貨圏にとっての労働移動性の重要性を力説した。

> 多くの地域と単一通貨からなる通貨圏では、インフレのペースは中央当局が赤字地域の失業を……

どれくらい容認する意志があるかによって決まる。中央銀行が国際調整の負担は黒字国が負うべきだと考えている場合には、黒字国では赤字国の失業が解消されるまで……インフレが進むので……失業は避けられる。単一通貨圏は……加盟国の失業とインフレの両方を防ぐことはできないのだ。*10

この論文はユーロ発足の四〇年近く前に書かれたものだが、ユーロ圏にとっての含意は的を射ている。交易条件が周縁諸国に不利になり、ドイツに有利になったら、周縁諸国で失業が増えるか、ドイツでインフレが発生するか、その両方が起こるかのいずれかになるだろう。ドイツはＥＣＢを間接的に支配しており、これまでのところインフレを容認することを拒んでいるので、周縁諸国での失業の増大は避けられない。

だが、マンデルは、このジレンマに対する解決策は資本と労働力の国境を越えた移動であるということも指摘した。資本がドイツからスペインに移動して豊富な労働力を利用できれば、もしくは労働力がスペインからドイツに移動して工場や設備という形の豊富な資本を利用できれば、失業問題はインフレを生じさせずに解決することができる。ＥＵ指令やユーロの導入は、資本の移動性を高める方向への大きな前進だった。ところが、労働力の移動性に関しては、加盟国間の文化的・言語的相違も一因となって、ヨーロッパは他の先進国より後れている。*11 この問題は広く認識されているし、ＥＵ域内の労働移動性を高めるためにさまざまな措置《そち》がとられているので、成長の見込みは多くの観察者が思っているよりも大きいはずだ。

いよいよベルリン・コンセンサスの最後の要素――好意的なビジネス環境――の分析に移ろう。経済学者が体制の不確実性と呼ぶものは、長期にわたるだらだらした不況と短期的な激しい落ち込みを分かつ主な要因だ。金融政策や財政政策の不確実性は、一九二九年〜一九四〇年の大恐慌のときにアメリカで見られたように、また、二〇〇七年に始まった不況でふたたび経験されているように、経済に悪影響を与えることがある。だが、企業が資本を投下する意欲と、そうした投資に関連して新規雇用を生み出す意欲を持っていなければ、どのような政策をとろうと景気を好転させることはできない。金融部門発の不況のパニック局面が終わったら、資本の投下を阻む最大の障害は、課税、医療保険、規制、その他の事業コストなどに関連した政策環境の不確実性だ。アメリカもEUも、体制の不確実性に悩まされている。ベルリン・コンセンサスは物価の安定、健全な通貨、財政責任、それに重要な規制事項に関するEU全域の統一性を提供することによって、不確実性をできるかぎり除去するように設計されている。

同様に、好意的なビジネス環境は、現地の起業家や企業幹部からだけでなく海外からも資本を引き寄せる磁石になる。これはベルリン・コンセンサスにもとづくEUの成長の新しい推進力——中国資本——を指し示す。北京コンセンサスが崩壊し、中国資本が新しい落ち着き先を求める中で、中国の投資家たちは次第にヨーロッパに目を向けるようになっている。中国の指導者たちは、自分たちが米ドル建て資産に過剰に投資してきたことを理解しており、それらの資産を短期間で処分することはできないことも知っている。だが、次の一手として、新たに蓄積する準備金はユーロ建て資産を含む多様な対象に投資することができる。中国は二〇一一年に破綻《はたん》しかけていたユーロ圏を支える措置をなかなかとろうとしなかったが、今やEUが安定したので、ユーロをドル建て資産に代わる魅力的な投資対象とみなしている。『ワシントン・ポスト』は二〇一三年に、この現象について次のように報じた。

中国の企業や起業家は、海外投資の拡大に向かう中で、次第にヨーロッパに引き寄せられるようになっている。中国からヨーロッパへの直接投資はここ二年で急増し、アメリカへの投資額をしのぐようになっている。中国企業は過去二年間にEUに二〇〇億ドル以上投資し、それに対しアメリカへの投資額は一一〇億ドルだった。[*12]

『ウォールストリート・ジャーナル』は二〇一三年七月に、中国の外貨準備を管理している国家外為管理局（SAFE）は、「欧州金融安定基金が発行する債券にいち早く投資し、……以後、この救済基金に繰り返し投資してきた」[*13]と報じた。安定した通貨は投資家の為替リスクを軽減してくれるので、健全なユーロは中国資本にとって重要な投資対象だ。実際、中国からの資本流入はユーロに支えを提供したのであり、健全な通貨と資本移動の正のフィードバック・ループ（訳注　フィードバックの繰り返しで結果が増幅されること）が成立しているのである。

ユーロ圏への投資を拡大しているのは、中国だけではない。アメリカのマネー・マーケット・ファンド（MMF）もユーロ圏に積極的に投資してきた。二〇一一年にパニック状態の中で資金を引き揚げた後、アメリカのMMF大手一〇社は、二〇一二年夏から二〇一三年初めの間にユーロ圏への投資をほぼ倍増させた。[*14]

七つの柱を基盤とし、ドイツの経済支配に対する怒りを緩和するためにベルリンとブリュッセルから同程度の監督を受けながら、ベルリン・コンセンサスはヨーロッパに根づきつつある。このコンセンサスはドイツの技術、周縁諸国の若年労働者、中国の資本という見事なトロイカに牽引され、低いインフレ率、健全な通貨、プラスの実質金利という将来を見据えた三点セットから持久力を得ている。新たに登場したこのコンセンサスは、「経済的奇跡」と言われた第二次世界大戦後のドイツの復興をヨーロッパ全土で再現する潜在力を持っているのである。

ドイツのアンゲラ・メルケル首相は、一九五〇年代のドイツの復興期に生まれ、共産主義の東ドイツで育ち、一九九〇年代のドイツ再統一を直接体験している。このような気が遠くなるような開発課題に立ち向かううえで、彼女のような経験を持っている政治指導者はほとんどいない。彼女は今、これらのスキルを最大の開発課題——ヨーロッパの周縁諸国を成長させ、それと同時にユーロを守るという課題——に注いでいるのである。

強いユーロ

ヨーロッパに統合とユーロの両方を守る意志があるとしても、その方法ははたしてあるのだろうか。ベルリン・コンセンサスの最優先の政治目標にもかかわらず、二〇〇八年金融危機以降の展開は、相次ぐ危機に対処するヨーロッパの能力について、多くの筋にかなりの疑念を抱かせた。詳しく検討すると、これらの疑念は見当違いであること、そして、ユーロ・プロジェクトには懐疑派が思っているよりはるかに長く持ちこたえる力があることが明らかになる。

二〇〇九年一一月二七日にドバイの政府系ファンド、ドバイ・ワールドの破綻が表面化したことで世界的な政府債務危機が発生して以降、外国為替市場と債券市場はたびたび混乱状態に陥ってきた。破綻に先立つ数カ月の間にドバイを訪れた人なら誰でも、無人のオフィスビルや売り物の高級マンションが何マイルも続いている景観に、不動産バブルが膨らみつつあるのを見て取ることができた。ドバイは豊かな隣国アブダビから石油の富を提供してもらえるので、何とか切り抜けるだろうと投資家たちは思っていたのだが、そうはならなかった。ドバイ・ワールドの破綻は他国に波及し、ヨーロッパ、とりわけギリシャに深刻な影響をおよぼした。

二〇一〇年初めには、ギリシャの国家会計の重大な不正が明らかになっていた。この不正は、ゴールドマン・サックスを始めとするウォール街の銀行が提供した簿外スワップ（交換）取引によって可能になったものだった。大規模な構造改革と外部から支援の両方がないかぎり、ギリシャは債務を返済できないことが明白になった。この政府債務危機は世界全体に波及し、間もなくアイルランドとポルトガルをデフォルト（債務不履行）の瀬戸際に追いやり、両国よりはるかに大規模な経済を持つスペインとイタリアの国家財政について深刻な不安を生じさせた。

国家財政に関する不安は、最も大きな影響を受けるそれらの国の銀行にすぐに波及して、負のフィードバック・ループが生まれた。銀行は国債を保有しているので、国債の値下がりは銀行の資本を損なうことになる。銀行が救済を必要としたら、政府の規制機関は資金を提供しなければならなくなる。だが、これはさらに多くの国債を発行して、政府の信用力をさらに損なうということであり、それは銀行のバランスシート（貸借対照表）にさらに打撃を与えて、政府と銀行の信用力を同時に破壊する死のスパイラルを生み出す。信用力が損なわれていない外部の資金源からの新規資本だけが、このサイクルを断ち切ることができるのだ。

危機とその波及が三年間にわたって断続的に続いたのち、ドイツを後ろ盾にしたＩＭＦ、ＥＣＢ、ＥＵの三者による支援という形で、ようやく解決策が編み出された。ＩＭＦは中国やカナダなど、国際収支が健全な諸国から借金することで資金を調達した。ＥＵはドイツを中心とする加盟国からの拠出によって資金を用意した。そして、ＥＣＢは必要に応じて貨幣を増刷することで救済資金をつくり出した。これら三つの機関は中央銀行家の新しいモットー、「必要なことは何でもする」に従って行動した。二〇一二年の終わりには、ヨーロッパ政府債務・銀行危機はほとんど封じ込められていた。もっとも、銀行のバランスシートの再建と必要な構造調整が完了するには、まだ何年もかかるだろうが。

多くのアナリストや投資家、とりわけアメリカのそうした人々には意外なことだったが、この混乱にもかかわらずユーロはしっかり持ちこたえた。二〇〇八年七月に一ユーロ＝一・六〇ドルというピークに達し、政府債務危機の間も一ユーロ＝一・二〇ドルから一・六〇ドルの相場圏にとどまっていた。混乱の間中、ユーロの対ドル相場は一貫して、一九九九年の発足時の相場より高かったのだ。

世界の外貨準備に占めるユーロの割合も、発足時から大幅に拡大している。IMFは諸国の外貨準備高の通貨別の構成を示す時系列データを保持している。一九九九年第一・四半期のデータは、ユーロが世界の外貨準備高の一八・一パーセントを占めていたことを示している。[*15] 危機から三年後の二〇一二年末には、ユーロの割合は世界の外貨準備高の二三・九パーセントに上昇していた。

このような客観的なデータは、ユーロ懐疑論者の悲観的な予測とは相いれない。ユーロ崩壊を予言していた人々が、二〇一三年初めにはユーロ圏の分裂というテーマについてほとんど発言しなくなった理由はここにある。懐疑論者はいくつもの分析ミスを犯していたのであり、それは二〇一二年初めの混乱のピークのときでさえ、容易に見つけることができた。最初の分析ミスは、クロス為替レートのゼロサム的性質に関係があった。

アメリカは二〇一〇年から、エネルギー資源、電子機器、繊維製品、その他の工業製品の輸入価格の上昇という形で外国からインフレを輸入するために、ドル安政策をとり始めた。ドル安政策は、政府関係者の数々の発言ではっきり表明された。[*16] たとえば、オバマ大統領は二〇一〇年の一般教書演説で国家輸出構想を打ち出したし、ベン・バーナンキFRB議長は二〇一二年一〇月一四日の東京講演で、「通貨の対ドル・レート上昇を容認しなければインフレになるぞ」と、貿易相手国に脅しをかけた。アメリカはドル安を望んでいたのだから、ドルに対して強いユーロを望んでいた。実際、アメリカはユーロを強くするために強力な政策ツールを使っていた。この明白な点がなぜアメリカの多くのアナリストに見落とされたのかは謎だが、永遠に弱いユーロは、アメリカの政策とは一貫して相いれなかったのだ。

二つ目の分析ミスは、債務、銀行、通貨の同時危機をつくり出そうとする傾向に関係があった。アナリストたちはデフォルトしそうなギリシャ国債とスペインの脆弱《ぜいじゃく》な銀行を目にして、ユーロも弱くなるにちがいないと簡単に結論づけた。これは皮相な見方である。経済学的に見ると、弱い国債と弱い銀行と強い通貨という組み合わせに何ら矛盾はない。

リーマン・ブラザーズはその好例だ。リーマンは二〇〇八年に何十億ドルもの社債の償還を履行できなかった。このデフォルトはリーマンの社債の終焉《しゅうえん》を意味したが、ドルの終焉を意味するものではなかった。債券の発行通貨は、債券そのものとは異なる力学で動くからだ。通貨の強さは、その通貨で発行されている特定の債券の運命よりも、中央銀行の政策やグローバルな資本の動きに関係がある。ヨーロッパの銀行や国債と単一通貨を同じ圧力にさらされているとみなしたアナリストたちは、根本的な間違いを犯した。ギリシャの国債やアイルランドの銀行の運命に関係なく、ユーロはうまくやっていくことができたのだ。

分析の三つ目の弱点は、為替レートの決定では資本の流れが貿易の流れより重要であることを認識しそこなった点だ。ヨーロッパの輸出競争力の欠如、とりわけアイルランド、ポルトガル、スペイン、イタリア、ギリシャ、キプロスといったユーロ圏周縁国の競争力の欠如が重視されすぎた。輸出競争力は成長に関しては重要だが、為替レートの決定においては決定要因ではない。ＥＣＢとの中央銀行間スワップという形でのFRBからユーロへの資本移動、さらに外貨準備の分散化や直接投資という形での中国からユーロへの資本移動は、ユーロを支える堅固な床板になった。世界の二大経済国、アメリカと中国がユーロの下落を望まないかぎり、ユーロは下落しないのだ。

四つ目の弱点は、ユーロ圏周縁国にグローバル競争力を持たせるために必要な構造調整の一環として、単位労働コストを下げる必要性に関係がある。ユーロ懐疑論者は間違ったケインズ経済学の遺産と賃金の粘着性——専門用語では名目賃金の下方硬直性——という神話にまどわされている。ケインズ主義者はインフレ、すなわち貯蓄者からの盗みを正当化するために賃金の粘着性という説を使う。この説によると、賃金はインフレ時には上昇するが、デフレのときは簡単には下がらず、それまでの名目賃金水準にとどまる傾向がある。

その結果、賃金は下方調整することができず、雇用主は労働者を解雇し、失業率が上昇し、総需要が縮小する。それから、流動性の罠《わな》が発生し、このサイクルは自己強化するためデフレが悪化して、実質債務の増大、倒産の増加、不況という結果になる。インフレの場合は、雇用主は労働者の名目賃金を引き上げられるので、物価上昇のせいで実質賃金が上がらなくても、望ましい政策とみなされる。労働者は名目的には賃上げを獲得するが、実質的には賃金は下方調整する。これは貨幣錯覚の一種で、中央銀行が労働者をだましているわけだが、理論上は実質単位労働コストを引き下げる働きをする。ヨーロッパに当てはめると、ケインズ主義者の考えは、必要なインフレを実現する最も手っ取り早い方法は、参加国がユーロを離脱し、それぞれの元の通貨に戻って、その通貨を切り下げることだ、となる。これが、「ユーロは崩壊するにちがいない。参加国は自国経済を成長させるためにユーロから離脱するだろう」という多くの予測の理論的根拠だったのだ。

二一世紀の経済では、前提から始まって、この理論のすべての面が欠陥のある説になる。賃金の粘着性は、労働力が生産性を向上させるための最も重要な投入要素であり、労働力の代わりになるものは存在せず、組合の力が強く、海外へのアウトソーシング（業務委託）という手段は使えず、失業率はかなり低いという限られた状況で生まれる特殊な現象だ。今日では、これらの要因がすべて逆になっている。

資本が最も重要な投入要素であり、ロボットやアウトソーシングが手軽に利用でき、民間部門の組合運動は弱い。そのため、名目賃金の引き下げを受け入れることで職を失わずにすむなら、労働者はそれを受け入れるだろう。このような形の単位労働コストの引き下げは賃金引き下げによる内的調整と呼ばれ、通貨の下落やインフレによる外的調整と区別される。外的調整は、ケインズが賃金の粘着性という考えを初めて打ち出した一九三〇年代のイギリスでは機能したかもしれない。だが、二一世紀のグローバル化した状況では、内的調整のほうが、問題に直接対処するし、ユーロ圏の解体という外生的なコストを発生させないので、はるかに優れた方法だ。その好例を紹介すると、二〇一三年七月二日、ギリシャ統計局はギリシャの民間部門の給与が二〇一二年第一・四半期から平均二二・三パーセント低下したと報告した。[*17] これは、ケインズやクルーグマンの古臭い賃金の粘着性理論に対する明白な反証だ。

経済が縮小し、賃金が低下してもユーロを守ることが望ましいという気持ちは、学術理論の主張にもかかわらず、ユーロ圏周縁国の普通の市民の間で広く共有されている。二〇一三年にマーカス・ウォーカーとアレッサンドラ・ガッローニが『ウォールストリート・ジャーナル』のためにこのテーマについて幅広い取材を行い、次のことを明らかにした。

ヨーロッパの南部周縁地域全域で、人々は元の通貨に戻るのを嫌がっている。そのような措置がインフレを再燃させ、腐敗に対する抑止機能を除去し、ヨーロッパの中枢に仲間入りするという国民的野望を頓挫《とんざ》させるのを恐れているからだ。このような不安のほうが、米英の多くの経済学者にユーロの崩壊を予測させてきた暗い成長見通しより勝っているのである。

ユーロを離脱することが自国経済のためになると答えたのは、イタリア人の二〇パーセントにすぎなかった。……スペイン、ポルトガル、ギリシャ、アイルランドでも、圧倒的多数がユーロ離脱を拒否していることが、最近の調査で明らかになっている。

ピュー・リサーチ・センターの調査によると、「現在ユーロを使っているヨーロッパ人は、それを捨てて元の通貨に戻ることはまったく望んでいない」。スペインとポルトガルでは、七〇パーセント以上の人がユーロにとどまりたいと思っていることが、最近の調査で明らかになった。[*18]

ユーロ懐疑論者の分析の五つ目の弱点は、ユーロがこれまでも、そして現在も、経済プロジェクトというより政治プロジェクトであること、そして、ユーロを守るという政治的意志が不確かだったことは一度もないことを理解しなかった点だ。ユーロについての真の理解は、フランスの第一級の知識人、ギ・ソルマンによって簡潔にまとめられている。

ヨーロッパは経済的理由からではなく、ヨーロッパの国々の間に平和をもたらすために構築された。それは政治的野望である。われわれの世代の唯一の政治プロジェクトである。われわれはこのプロジェクトを守るために、そのコストを負担するつもりだ。[*19]

要するに、ユーロは強力であり、さらに強力になりつつあるということだ。

EUの明るい未来

ユーロ懐疑論者の分析の弱点を概観してきたが、この概観は彼らのユーロ批判に対する反論になっているだけでなく、ユーロの根本的な強みと将来の方向性も明らかにしている。これらの強みは、競争の激しいグローバル経済の中でいかにして繁栄するかという、より大きな新しい世界観の不可欠の要素である。

最も心強いレポートは、その経済を最も非難された国、ギリシャに関するものだ。二〇一二年六月から二〇一三年二月の間に、一億七五〇〇万ドル以上の新規マネーがギリシャの株式市場に投入され、『ウォールストリート・ジャーナル』によると、「不動産関連株からエネルギー関連株まで、ギリシャのあらゆる株式に買い手がついている」[20]。二〇一三年四月には、IMF、ECB、EUのトロイカは、政府支出を削減し、均衡予算をめざすギリシャの努力の進展を踏まえて、ギリシャに対する追加救済支援の実行を承認した。

二〇一三年五月四日、格付け会社フィッチはギリシャの信用格付けを引き上げ、『ニューヨーク・タイムズ』はギリシャ経済に関する論評で次のように記した。「主として賃金コストの大幅な引き下げによって競争力を高める動きも、ようやく実を結びつつある。これは国内総生産の一七パーセントを占める観光業で最も顕著で、観光業の売り上げは今年九パーセントから一〇パーセント増大すると予想されている」[21]。ギリシャは、国有資産の民営化からも恩恵を得ようとしている。約六平方キロメートルの旧アテネ空港跡地は多目的開発のために六〇億ユーロの投資を引き寄せると予想されており、それによって二万件以上の高賃金の雇用が創出されることになるだろう。[*22]

ギリシャの最近の話をもう一つ紹介しよう。それは経済学者が求めているけれどめったに見つけられない、制御された実験も同然の出来事だ。二〇一〇年以前は、ギリシャ最大の港、ピレウス港の港湾施設は政府が所有していた。二〇一〇年に政府は港湾施設の半分を五億ユーロで中国の海運会社コスコに売却し、残りの半分は国有のままにした。二〇一二年に中国が管理している施設とギリシャが管理している施設の運営を比較したところ、著しい違いが明らかになった。

この港のコスコの部分では、過去一年で貨物取扱量が二倍以上に増え、コンテナが一〇五万個になった。そして、利幅は今なおきわめて薄いが……それは主としてコスコがこの港に多額の投資をしているためだ。……ギリシャが運営している側は……コスコが来る前の三年間に一連の消耗させるストライキを経験していた。……港のギリシャ側では、組合の規定でガントリー・クレーン一台を九人で操作しなければならないとされていた。コスコは四人のクルーで操作している。[*23]

この比較は、ギリシャの労働者やギリシャのインフラには、本質的に競争力が劣る点はないことをはっきり示している。ギリシャに必要なのは、より柔軟な労働規則とより低い単位労働コスト、それに新規資本だけだ。中国資本は解決策の明白な一部であり、コスコのような中国の投資家は、建設的なビジネス環境が得られると確信できれば、喜んで資本を投入する。

スペインの進展も同様に心強い。スペインの単位労働コストはすでにドイツより七パーセント以上低くなっており、さらに低下すると予想されている。二〇一二年二月、スペインのマリアーノ・ラホイ首相は、景気後退期の労働者の解雇、解雇手当の引き下げ、二〇〇八年以前の不動産ブームの間に締結された労働協約の再交渉を雇用主に認めることで、労働力の柔軟性を高める法律を施行した。その結果、製造業、とりわけ自動車産業におけるスペインの競争力は大幅に向上した。

そのプラスの効果はただちに現れた。ルノーがスペイン北部の都市パレンシアでの生産を拡大する計画を発表し、フォード・モーターとプジョーも、スペインの自社工場での生産を拡大すると発表した。二〇一二年一〇月には、フォルクスワーゲンがバルセロナ近郊の同社工場に八億ユーロの投資を行うと発表した。大手自動車メーカーはスペイン全土の部品メーカーや下請け企業のネットワークと結びついているので、これらの投資・生産拡大計画はすべて、プラスの波及効果をおよぼすだろう。[*24]

スペインにおいて賃金低下の結果、雇用と生産が拡大したことは、ケインズとクルーグマンの賃金の粘着性理論に対する反証であり、この現象はギリシャからアイルランドに至るまで、幅広い地域で起こっている。これは痛みをともなう困難な調整だが、この移行は持続可能であり、これによってヨーロッパはグローバル競争力のある製造拠点として、また資本を引き寄せる地域として好位置を占め続けることができる。

『エコノミスト』は、他の多くのメディアと同様、不利な人口動態をヨーロッパのより力強い成長を阻む大きな障害としてきた。[*25] ヨーロッパは（ロシア、日本、中国などの主要経済国と同じく）急速に高齢化している社会である。生産年齢人口の動態は向こう二〇年にわたり、閉じた社会の中で固定している。これは経済的成果の大きな決定要因になりうるが、この見方は閉じた社会にさえ見られる種類の柔軟性を無視している。

生産年齢人口は、労働力人口と同じではない。ヨーロッパの多くの国の現状のように失業率が高いときは、働き口があると想定すると、人口増加率をはるかに上回るペースで新規参入者が労働力に加わることができる。今日のヨーロッパでは、十分な教育を受けた失業者のプールがきわめて大きいので、人口動態は生産的労働力という要素の投入量に短期的には制約を課さない。すでに述べたように、労働移動性の向上も、ユーロ圏の不況地域の失業者がより活発に生産が行われている地域に移動して必要な労働力を提供できるようにすることで、生産的労働力の拡大を促進することができる。東欧やトルコからの移民は、中国の内陸部が沿岸部の工場に何十年も労働力を供給してきたように、西欧に十分な労働力を供給することができる。要するに、未利用の労働力、労働移動、移民があるかぎり、人口動態はヨーロッパの成長にとって制約にはならないのだ。

ユーロの未来、またより大きく言ってEUの未来を確たるものにするためには、内的な経済調整だけでは足りないかもしれない。メルケルの「モア・ヨーロッパ」という言葉に示されているように、EUの諸制度を拡大することも必要だろう。EUは片翼だけの飛行機のようなもので、飛ばないことを選ぶこともできれば、もう一つの翼をつくることもできる。金融緩和や多国間救済パッケージなど、二〇一〇年、二〇一一年に当面の危機に対処するためにとった措置は、崩壊を防ぐには十分だったが、ユーロとECBの設計の根本的な矛盾を修正するには十分ではなかった。単一通貨は、通貨同盟加盟国間の労働や資本の移動性の向上に加えて、財政政策や銀行規制の統一もともなわなければ機能不全に陥ることが実証されたのだ。

明るい材料は、これらの欠陥がヨーロッパの政治・金融リーダーたちに十分理解されており、速いペースで修正されつつあることだ。二〇一三年一月一日には、EUのいわゆる新財政協定（「経済通貨同盟における安定、協調、統治に関する条約」）が、その日までに批准した一六カ国——すべての周縁国が含まれている――を対象に発効した。この協定は署名国に、債務の対GDP比が六〇パーセント以下のときは、財政赤字をGDPの三パーセント未満に抑えることを義務づける拘束力のある条項を含んでいる。債務の対GDP比が六〇パーセントを超える場合は、財政赤字はGDPの〇・五パーセント未満でなければならない。この協定には、債務の対GDP比が六〇パーセントを超えている署名国に、その比率が六〇パーセントを切るまで、超過分を毎年五パーセントずつ削減することを義務づける、いわゆる債務ブレーキ条項も盛り込まれている。この協定の規定は当面は加盟国レベルで実施されるが、この協定には、加盟国は本協定の規定を二〇一八年一月一日までにEU全体の法的枠組みに組み入れるものとすると明記されている。

銀行パニックを緩和するためのEU全体の銀行預金保険プログラムが現在、検討されており、ユーロ参加国が個別に発行している国債を、ユーロ圏全体の信用力に裏づけられた真のユーロ債（ユーロ圏共通債）で置き換えるという提案も同じく検討されている。これらの面でも具体的な措置がとられるかもしれないが、まずは財政抑制と他の市場改革について一層の前進が必要だ。

銀行同盟の設立という糸と救済基金の強化という糸は、縒《よ》り合わされ始めている。ユーロ圏諸国の財務省高官で構成されるユーロ・ワーキング・グループは、二〇一三年六月に、経営難に陥った銀行に直接支援を提供するために六〇〇億ユーロの救済基金を設立すると発表した。*26

これらの財政・銀行改革に加えて、EUもしくはユーロ圏、もしくはその両方に新メンバーが加入することで、EUの未来はさらに明るくなる。二〇一三年七月には、ラトビアが欧州委員会とECBから、ユーロを同国の通貨として採用することを承認された。クロアチアは二〇一三年七月一日に正式にEU加盟国となり、同国の中央銀行総裁ボリス・ブイチッチは、クロアチアはユーロの本格的な採用にできるだけ早く移行したいと述べた。EU加盟のための交渉や手続きが進行中だが、まだ完了していない加盟候補国として、モンテネグロ、セルビア、マケドニア、トルコがいる。EU加盟のための要件をまだ満たしていないが、満たすために努力している潜在的加盟候補国は、アルバニア、ボスニア・ヘルツェゴビナ、コソボである。将来的には、スコットランドやウクライナが加盟を申請すると予想しても、あながち無謀とは言えないだろう。

EUは世界最大の経済圏であり、その合計GDPはアメリカのGDPより大きく、中国や日本のGDPの二倍以上である。この先一〇年で、EUは間違いなく、小アジアからグリーンランドまで、北極海からサハラ砂漠まで広がる世界の経済スーパーパワーに発展するだろう。

この広大な経済・人口圏の中心は、ドイツが占めるだろう。ドイツはこの地域全体を政治的に支配することはできないものの、域内最大の経済大国になり、ECBとユーロを間接的に支配することで、通商、金融、貿易を支配するだろう。ユーロ圏共通債は、アメリカ国債の市場より大規模な投資可能資産の厚みのある流動性の高いプールを提供するだろう。必要な場合は、ユーロは参加国の合計金保有量──一万トンを超えており、アメリカ財務省の金保有量を約二五パーセント上回っている──によって裏づけることができる。大規模で流動性の高い債券市場、健全な通貨、膨大な金保有量というこの組み合わせは、ユーロが二〇二五年までにドルに代わって世界の主要準備通貨になることを可能にするかもしれない。この見通しは、二〇〇九年以降、米ドル覇権からの離脱を模索してきたロシアや中国を元気づけるだろう。ドイツはユーロのこうした進化のカギでもある。通貨価値の維持にこだわり、通貨を安くせずに輸出大国になる方法の模範を示してきたからだ。

EUとユーロとECBを介したドイツの新しい帝国は、シャルルマーニュの治世以降では、ドイツの社会的・政治的・経済的影響力の最大の表出になるだろう。それはドルを犠牲にして実現されるにしても、ドイツの高い生産性と民主的価値観ゆえに、その変化は多くの点で建設的なものになるだろう。ヨーロッパの多様な歴史的・文化的景観は、よりよい経済的枠組みの中で守られるだろう。ドイツのリーダーシップと先見性によって、ＥＵのモットーである「多様性の中の統一」が、本当の意味で実現されるのだ。

第六章　BELLs、BRICS、その他の新興市場国

われわれはBRICS（ブラジル、ロシア、インド、中国、南アフリカ）を……幅広い重要課題に関する本格的な調整メカニズムに徐々に発展させていくことをめざす。……グローバル経済の形が変わりつつある中で、われわれは新しいモデルを模索することに全力を注ぐ。

BRICS共同宣言　二〇一三年三月

バルト諸国の市民は、自国の指導者たちがクルーグマンの意見に一度も耳を傾けなかったことに感謝してもよい。

アンダース・アスランド　二〇一二年一二月

BRICSの成功

EU（欧州連合）、アメリカ、中国、日本は、世界経済の六五パーセントを構成する世界の「ギャング・オブ・フォー（四人組）」だ。IMF（国際通貨基金）が継続的に観察している残りの一五七カ国が、世界の総生産（GDP［国内総生産］合計）の残り三五パーセントを占めている。これら一五七カ国の中に、

ブラジル、ロシア、インド、カナダ、オーストラリア、メキシコ、韓国、インドネシア、トルコ、サウジアラビアからなる「ギャング・オブ・テン（二〇人組）」がおり、それぞれ世界の総生産の一～三パーセントを生み出している。最も小規模な一四七カ国のGDPは、それぞれ世界の総生産の一パーセント未満である。諸国間の富の集中は、各国内のそれと同じくひどく偏っている。GDPが最も低い八〇パーセントの国々は、どの国をとっても、仮に明日消滅したとしても、世界の経済成長にほとんど影響をおよぼさないだろう。

ウォール街のアナリストたちが新興市場やフロンティア市場やさらに変わった地域への投資に関する命題を売り込んでいる時代には、次の重要な事実を忘れてはならない。実際には、これらの国の資本市場はほとんどが小規模で、資本の流入を吸収する能力が限られており、適量以上の資本を吸収しようとすると過熱する可能性が高いということだ。それでも、中国がハードランディング（硬着陸）に向かい、アメリカが低迷から抜け出せず、日本が二〇年以上も不況に耐え、ヨーロッパが苦しみながら構造調整を進めている中で、ギャング・オブ・テンの投資先としての魅力や、その後に続くポルトガル、台湾、南アフリカ、コロンビア、タイといった国々の魅力は否定しがたい。

まず、BRICSについて考えてみよう。アナリストは売り込みのためだけでなく便宜のためにも、比較的小規模な国々をグループ化して、構成国の名前の頭文字からなる名称をつける。BRICSはそうしたグループの草分けで、ブラジル、ロシア、インド、中国、それに遅れて入った南アフリカで構成されている。BRICSの構成国にはそれぞれ固有の魅力と問題があり、共通点はあまりない。ロシア経済は、莫大《ばくだい》な利益をかすめ取り、ゲームを維持するために必要なぎりぎりの額しか再投資しない財閥と政治家によって運営されている天然資源採掘業ととらえるべきだ。中国は実質的な成長を生み出してきたが、無駄や汚染や腐敗も生み出してきており、自国が技術を盗める投資を除いて外国からのあらゆる投資に敵対的な持続不可能なモデルを築いている。インドは成長を実現してきたし、前途も有望だが、世界屈指の非効率的な統治がイノベーションを阻んでいるため、潜在能力を十分生かすところまではとうてい至っていない。BRICSの中ではブラジルと南アフリカが、成長が持続可能で、腐敗が蔓延《まんえん》し切ってはおらず、起業家精神が生き続ける余地があるという意味で「実体のある」経済に最も近い。

それでも、BRICSという呼称が成功したことは否定できない。当初の呼び名、BRICは、二〇〇一年にゴールドマン・サックスのジム・オニールらが、このグループの世界の総GDPに占めるシェアと、G7（主要七カ国）などの確立された経済大国グループより高い成長率を浮き彫りにするために生み出した。[*1] だが、オニールの分析は、経済的意図よりも政治的意図を持つものだった。規模と成長に関する基本的事実を超えて、オニールはG7の国際統治モデルを見直して、ヨーロッパの役割を縮小し、新興経済国の役割を拡大することで、G5（主要五カ国）＋BRIC諸国でG9（主要九カ国）という新しい方式を生み出すよう呼びかけたのだ。

オニールは彼のG9案で、公民権や法の統治などの基本原則を含む社会の発展の差異を「他の構成国は、必ずしもすべての構成国が『同じ』である必要はないことを認める必要がある」[*2]という言葉で言いつくろった。また、BRIC諸国が経済モデルとして一様ではないことを認めて、「検討中の四カ国は、経済的・社会的・政治的に大きく異なっている」と記した。

オニールの活動が当初の政治的意見表明から投資命題に変化した理由については、「有望な話で顧客を魅了するセールス担当者をウォール街が好むからだ」という説明が最も妥当だろう。だが、これを理由にオニールを非難するのは難しい。彼は確かに政治的意図を持っていたのであり、それは成功したのである。二〇〇八年には、G7は事実上、過去の遺物になっており、BRICSを含むG20（主要二〇カ国）が国際通貨制度の事実上の議決機関になっていた。ポスト冷戦時代のグローバル化した世界では「経済イコール政治」になっていることを、オニールは正しく見抜いたのだ。GDPは世界のリーダー・グループの一員かどうかを判定する基準として、市民社会を含む従来の基準をしのぐようになった。BRICSという概念は投資命題である以上に政治的勧告だったのであり、世界はそれに耳を貸したのだ。

BRICSの成功は、頭文字を使った同種の呼称をたくさん生み出した。この命名レースに最近参入したものとして、ブルガリア、エストニア、ラトビア、リトアニアで構成されるBELLs、EUの周縁国であるギリシャ、アイルランド、イタリア、ポルトガル、スペインで構成されるGIIPSがある。GIIPSは、ともにユーロを使っており、困難な内的経済調整を進めている、ユーロ圏内のサブ集団ととらえるのが最も妥当だろう。GIIPSの中では、世界経済の五パーセント近くを構成する本当の経済大国であるスペイン、イタリアの両国と、GDPの合計額が世界のGDPの一パーセントに満たないポルトガル、アイルランド、ギリシャの三カ国を区別するべきだ。全体的に見て、BELLsとGIIPSはそれぞれ共通の経済的要素をBRICSよりたくさん持っており、これら二つの名称の提案者たちは、オニールとゴールドマン・サックスの明らかに政治的な視点に対して、はっきりと経済的視点に立っている。

BELLsとGIIPS

BELLsは構成国の合計GDPが世界のGDP総額の〇・二パーセントしか占めていないので、経済的には無視してもかまわないほど小さい。だが、このグループの地政学的重要性は途方もなく大きい。

これらの国はEUの東の境界を構成しており、ロシアとトルコという昔からの東方の大国とヨーロッパとの緩衝地帯になる最前線の国だからだ。BRICSとは異なり、BELLsを構成する国々には多くの共通点がある。EU加盟国であることに加えて、四カ国とも自国通貨の価値をユーロに連動させていた。そのためBELLsは、ユーロ圏周縁国と同じ内的調整を強いられてきた。経済調整の問題に対処する手っ取り早い方法として、通貨を切り下げることはできないからだ。

国民経済については科学的実験ができないと、経済学者たちは残念がる。多くの変数がコントロールできないし、プロセスを再現することもできないからだ。だが、似通った条件の下で異なる政策が実施されている場合には、説得力のある結果を生み出せるだけの変数がコントロールされた状態になっていることがある。BELLsがかかわっているこうした疑似実験が、このところ二件、進展している。一つはBELLsをGIIPSと比較するもので、もう一つはBELLsの各国をグループ内の他の国々と比較するものだ。

実験は一般に、すべての参加者の間でいくつかの変数をコントロールし、コントロールされていない要因の差異を測定することによって行われる。この実世界実験における一つ目のコントロール変数は、BELLsもGIIPSも自国通貨を切り下げなかったことだ。BELLs諸国は自国通貨のユーロへのペッグ（連動）を維持し、切り下げは行わなかった。それどころか、エストニアは反ユーロ感情が最高潮に達していた二〇一一年一月一日にユーロに参加したし、ラトビアも二〇一四年一月一日にユーロに参加した。

二つ目のコントロール変数は、BELLsもGIIPSも二〇〇八年から二〇〇九年にかけて深刻な経済崩壊を経験したことだ。BELLsのすべての構成国がこの二年間でGDPの約二〇パーセントの減少にみまわれ、失業率は二〇パーセントに達した。同じ期間のGIIPSのGDP減少幅は、BELLsより若干小さかったにすぎない。三つ目のコントロール変数は、BELLsもGIIPSも外国からの直接投資の枯渇と資本市場へのアクセスの喪失にみまわれ、さまざまな形の公的援助で資本不足を補わねばならなかったことだ。要するに、BELLsもGIIPSも二〇〇八年と二〇〇九年にGDPの減少、失業の増大、外国からの投資の突然の停止を経験したのである。また、専門家の悲痛な訴えにもかかわらず、これらの国の政府は通貨切り下げを一度も真剣には検討しなかった。

これらのよく似た初期条件から、異なる政策が推進された。GIIPSは最初のうちはいわゆる景気刺激策を続け、政府支出はわずかに削減しただけだった。ギリシャなどは二〇一〇年から二〇一一年の間に逆に公務員の数を増やしたほどだった。GIIPS諸国では、財政問題に対処するためにとられた主な方法は増税だった。単位労働コストの引き下げという内的調整プロセスは二〇一〇年にようやく始まったのであり、真剣な財政・労働市場改革は二〇一三年に開始された。したがって、やるべきことがまだたくさん残っている。

それに対しBELLsは、財政を健全化するためにただちに思い切った措置《そち》をとった。その結果、早くも二〇一〇年にはふたたび力強い成長が始まり、今ではEUで最も急速な成長を見せている。回復は劇的だった。ラトビア経済は二〇〇八年〜〇九年に二四パーセント縮小したが、その後二〇一一年〜一二年に一〇パーセントを超える成長を記録した。エストニアは二〇〇八年〜〇九年に二〇パーセント縮小したが、二〇一一年には七・九パーセントという力強いペースで成長した。リトアニア経済は他のBELLs諸国ほど危機の影響を受けず、それどころか二〇〇八年に二・八パーセントの成長を遂げた。リトアニアの成長率は二〇〇九年には確かにマイナスに転じたが、すぐに回復して二〇一一年には五・

九パーセントに上昇した。BELLsのバルト諸国で見られた、崩壊の後の力強い成長というこのパターンは典型的なV字回復で、これは盛んに論じられてはいるが、近年はめったに見られない。アメリカなどの政府が崩壊を食い止めるために貨幣増刷という手段を使うので、その後の成長はだらだらした弱々しいものになるのである。

EU周縁国と比較したバルト諸国の成長のこの急回復は、どのように説明すればよいだろう。ワシントンDCのピーターソン国際経済研究所の研究員で東欧・ロシア経済の専門家、アンダース・アスランドは、このテーマについて幅広く論じてきた。彼は二〇〇九年から二〇一二年にかけてのバルト諸国の成功と南欧の失敗を、特異的要因によるものとしている。*3 深刻な経済収縮に直面した国は、危機を認めて、それを政治的強みに転換しなければならないと、彼は主張する。政治指導者が経済政策の選択肢を国民にはっきり説明すれば、厳しい政策に対して支持が得られるだろうが、アメリカや南欧のように政治指導者が問題の深刻さを認めない場合には、切迫感が感じられず、時がたつにつれて国民は必要な犠牲を払いたがらなくなるだろう。アスランドはさらに、経済危機に直面した国は新しい考えを持つ新しい指導者を選ぶべきだと主張している。古い指導者層と結びついている既得権益者は失敗した政策にしがみつく可能性が高く、それに対し新しい指導者は、財政再建のために必要な政府支出の削減を推し進めることができる。

アスランドはさらに、緊急経済対策は国民に明確に伝え、前倒しで実施し、増税より支出削減に重点を置くべきだと主張している。国民は自分が理解している政策は支持するが、政治家が状況の深刻さをはっきり伝えず、回復のプロセスを長引かせたら、支出削減の必要性を疑問視するようになる。「明確な犯人は助けになる」とも、彼は述べている。ラトビアの場合、二〇〇六年には三大財閥が経済を支配しており、国会の議席の五一パーセントはこれら三大財閥が支配する政党によって占められていた。改革派の政治家たちが財閥の腐敗を糾弾する運動を展開し、二〇一一年には財閥系の国会議員は一三パーセントに減少していた。アメリカの場合も、すぐに指摘できる犯人として腐敗した銀行家がいたが、アメリカは彼らに危機前の行きすぎの責任を取らせるのではなく、彼らを救済する道を選んだ。

最後に最も重要な点を挙げると、改革のプロセスは公平でなくてはならないし、社会契約の形をとらなければならないと、アスランドは力説している。社会のすべての部門が——政府部門も非政府部門も、組織化されている部門もされていない部門も——経済に活力を取り戻すために犠牲を払わねばならないのだ。ラトビアに関しては、アスランドは次のように述べている。「政府は上級公務員の共働きを禁止し……政府高官の給与の削減幅を、大臣については三五パーセントとするなど、平公務員の削減幅より大きくした」[*4]。この点でも、バルト諸国のプロセスは、危機以降政府支出が増大しているアメリカなどのプロセスと著しい対照をなしている。アメリカでは、公務員労組と公務員の給与や諸手当は概して保護されており、調整の負担は組織化されていない民間部門が負わされてきた。アスランドは、これらの提言がバルト諸国ではおおむね実行され、南欧周縁国では無視されたと指摘し、その結果、バルト諸国は今では力強く成長しており、一方、ヨーロッパの南部周縁諸国は不確実な見通しのまま景気後退から抜け出せずにいるのだと結論づけている。

ＢＥＬＬｓが成長と競争力の回復に短期間で成功したことは、このプロセスに六年以上かかっていて、持続可能な財政の実現にはまだ道のりが遠いＧＩＩＰＳと著しい対照をなしている。バルト諸国からのレポートは、これらの国の経済についてすこぶる楽天的だ。ＣＮＢＣのポール・エイムズは、二〇一二年にエストニアについて次のように記した。「中世の姿をとどめている首都タリンの北欧風デザインの店やおしゃれな新しいレストランには客が押し寄せており、先進ハイテク企業は必要な人材を確保できないとこぼしている」。[*5] ＢＥＬＬｓはまた、人的資本と比較的教育程度の高い労働力をうまく活用してきた。とりわけエストニアは、タリン近郊の働きやすい施設に四〇〇〇人以上の社員を擁している同国で最も成功している企業、スカイプを中心とするハイテク拠点になっている。[*6]

『ニューヨーク・タイムズ』は、二〇一三年にラトビアに関する記事を掲載した。この記事は、かつては景気循環につきものだったが、今では欧米諸国の政府が長期的な成長を犠牲にして防ぐことが多い急激な落ち込みと力強い回復という軌道を、正確にとらえていた。

二〇〇八年にバルト地域のこの小国で借金に支えられた好景気が不況に転じたとき、小さな建築会社を営んでいたディジス・クルミンスは従業員を解雇し……それから事業をたたんだ。賃金や雇用、それに学校や病院への国の助成金を削減する厳しい緊縮努力の下でラトビアの窮状が深まるのを、彼は不安な気持ちで見つめていた。

だが、クルミンス氏はこうした削減に対する抗議デモを行うのではなく……トラクターを買って、燃料を必要とする発電所に材木を運搬する仕事を始めた。その後、ラトビアの経済が急降下から脱し始めると、彼は建築業に戻り、今日ではかつてより五人多い一五人の従業員を雇用している。[*7]

バルト諸国で行われたような政府支出の大幅削減には概して反対の立場をとってきたＩＭＦでさえ、クリスティーヌ・ラガルド専務理事が二〇一三年にリガで行った演説で、バルト諸国の成功を認めた。

課題はまだ残っているとはいえ、みなさんは危機を乗り越えました。力強い成長を取り戻し、失業率を低下させました。……財政赤字を削減し、政府債務の比率をEUで有数の低水準に維持してきました。賃金と価格を引き下げることで世界市場における競争力を高めました。優れたマクロ経済政策によって信頼を取り戻し、金利を低下させました。われわれは今日、みなさんが達成されたことを称《たた》えるためにここに来たのです。*8

自国通貨をユーロに連動させること、またエストニアとラトビアの事例のように実際にユーロに切り替えることは、BELLsの回復と成長の物語で助けになることが実証された。通貨をユーロに連動させて最終的にユーロを採用すれば、貿易相手国や投資家や貸し手にとって為替《かわせ》レートの不確実性が取り除かれる。経済的確実性を提供することのメリットは、先ごろのブルームバーグの記事で説明されている。

今日、エストニアの経済はこの通貨ブロックで最も急成長しており、消費者や企業が支払う金利は低下し、フィンランド――ユーロ参加国でエストニアの主な貿易相手国――とのビジネス関係はこれまで以上に緊密で……

「最も重要だったのは」、同国の通貨、クルーンの「切り下げがあるかもしれないという憶測に完全に終止符を打ったことだ」。エストニア最大の金融機関で、ストックホルムを本拠とするスウェドバンクの傘下にあるスウェドバンクASの最高経営責任者、プリート・ペレンスはそう指摘する。……すべてのバルト諸国がそのうちに通貨を切り下げるかもしれないという懸念は、投資家の信頼を長い間、損なっていた。エストニアの銀行は同国がユーロに切り替える前からユーロでの融資を始めていたので、切り下げが行われていたら壊滅的な事態になっていただろう。ユーロ建てのローンを切り下げられたクルーンで返済するとなると、企業や消費者の負担は耐えがたいものになっていたはずだ[*9]。

リトアニアとブルガリアは、実験の中の実験という形になっている。この二カ国は財政強化をラトビアやエストニアほど精力的には進めてこなかったからで、その結果、両国ほど力強い回復は示していない。だが、総じて言うと、BELLsは財政強化や他の改革をGIIPSよりはるかに徹底的に行ってきており、持続可能な債務残高・財政赤字レベル、貿易黒字、およびその見返りとしての信用格付けの引き上げを実現しつつある。

完全にコントロールされた実験ではないにしても、BELLsとGIIPSの政策選択の比較は強力なケーススタディだ。比較の結果は、財政規律の重視は成功し、ケインズ流の刺激策は失敗することを示している。この結果は驚くに当たらない。過去数十年のケインズ主義者たちの実績は惨憺《さんたん》たるものだったし、彼らの主張には実証的裏づけがないからだ。だが、BELLsの実例は、机上の仮説ではなく実証的な経済的証拠を求める客観的な観察者たちの間で、何十年も語り継がれることになるだろう。

BELLsとGIIPSの事例は、（前者が行った）財政強化の便益と（後者に見られた）遅延と否認のコストの両方をよく示している。最も重要な教訓は、通貨の切り下げは回復の前提条件ではなく、むしろ回復の妨げになるということだ。強い安定した通貨は、投資を引き寄せる磁石であり、貿易の拡大を促進する触媒なのだ。危機後の急成長を実現するために不可欠の要素は、説明責任、透明性、財政強化、それに犠牲の公平な配分だ。二〇〇八年から二〇一四年までのBELLsの経験は、今後も調整を続けなければならないヨーロッパの南部周縁国にとって強力な教訓になるはずだ。

BRICSの未来構想

BELLsが新しい境地を開いて財政強化の便益を実証していた間、より強力なBRICSは世間一般の通念をぐらつかせ、世界の主要準備通貨としての米ドルの未来に疑問を投げかけてきた。

BRICSの指導者たちが二〇〇六年九月にニューヨーク市で財務相会議を開いたとき、彼らはオニールの当初の案に沿って、つまり団結した経済ブロックというより政治勢力として発展するあらゆる兆候を示していた。この会議は二〇〇九年六月にロシア、エカテリンブルクで開かれた正式な首脳会議へと発展し、閣僚・首脳レベルでの会議が継続的に開催されてきた。二〇一〇年には、当初のBRICグループ、すなわちブラジル、ロシア、インド、中国が南アフリカを仲間に加え、頭文字の名称はBRICSに改められた。二〇一一年四月、南アフリカは中国の海南省三亜市でのBRICS首脳会議に、初めて正式メンバーとして参加した。

オニールは、南アフリカをBRICに入れるという考えをまともにとりあってはこなかった。[*10] 南アフリカは経済や人口の規模が小さく、おまけに失業問題もあるので、途上国の中の一流国には仲間入りできないと考えていたのである。これは経済的には正しい。だが、皮肉なことに南アフリカの加入は、BRICプロジェクトは経済的というより政治的なものだというオニールの当初の主張が正しいことを示している。他のBRICS諸国は東欧、アジア、南米に位置している。西に対抗する東と南の団結の中で、アフリカ大陸は明らかな空白部分だった。アフリカ最大の経済国である南アフリカは、相対的に小さい規模にもかかわらず、高度なインフラと教育程度の高い労働者でその空白を埋めたのだ。

ＢＲＩＣＳの全体としての経済的重要性は、否定しようがない。構成国は世界の人口の四〇パーセント以上、世界のＧＤＰ総額の二〇パーセント、世界の外貨準備総額の四〇パーセントを占めている。ＢＲＩＣＳは先進経済諸国が集まったＧ７への対抗勢力として、また、より大きなＧ20の中の強力な中核グループとして浮上してきた。だが、構成国の経済を自由貿易圏とかＥＵ式の通貨同盟とかに統合する措置は、限定的な二国間ベースの措置を除いて、まったくとってこなかった。ＢＲＩＣＳの影響力は、主としてグローバル統治と国際通貨制度の未来に関する議論に声を一つにして参加することで発揮されてきた。

ＢＲＩＣＳの指導者たちは、五つの重要な問題――ＩＭＦの議決権、国連の議決権、多国間援助、開発援助、世界の外貨準備の構成――について、大胆な新しい見方を主張し始めている。彼らの宣言は、ブレトンウッズとサンフランシスコで成立し、ＩＭＦ、世界銀行、国際連合の設立につながった第二次世界大戦後の合意を見直すこと、もしくはくつがえすことを要求するものにほかならない。ＢＲＩＣＳは、これらの機関がＢＲＩＣＳの優先事項をもっと採用するように改革されないかぎり、地域ベースでこれらの機関の役割を果たす独自の機関を設立する具体的な措置をとると主張している。そのような機関が進化したら、彼らがそうした機関に代替させようとしている機関の役割は、必然的に縮小するだろう。これらの提案が既存の機関の真の改革を促進するための当て馬なのか、それとも宣言した方向に進む具体的な計画があるのかは定かではない。おそらくどちらも本当に意図していることなのだろう。いずれにしても、ＢＲＩＣＳは国際通貨制度と国際統治の現状を受け入れることを拒んでいるわけだ。

具体的には、ＢＲＩＣＳは国連安全保障理事会の常任理事国の数を増やして、ブラジルとインドを入れるよう要求してきた。ロシアと中国はすでに常任理事国であるから、これが実現すれば常任理事国のイス七つのうち四つ、すなわち過半数をＢＲＩＣＳが占めることになる。このシナリオではアメリカの拒否権は廃止されないが、ブラジルかインドの拒否権が加わったら、安保理の正式な表決に先立つ舞台裏での交渉で、ＢＲＩＣＳの影響力が大幅に高まるだろう。ブラジルとインドが加わることで、持ち回り制の安保理議長の座をＢＲＩＣＳが占める機会が増えることになる。安保理の議長国は、議題を設定したり、審議プロセスを左右したりできるのだ。

ＢＲＩＣＳ、とりわけ中国は、ＩＭＦの議決権配分の見直しも要求してきた。人口や外貨準備高やＧＤＰが適切な基準だとすれば、その場合、ＩＭＦの現在の議決権配分は西ヨーロッパに有利でＢＲＩＣＳに不利なように偏っている。ＩＭＦの幹部たちはこれを認識しており、クリスティーヌ・ラガルド専務理事は、とりわけ中国に関して議決権（ＩＭＦ用語で「ボイス」と呼ばれる）の配分の見直しを支持する発言をしてきた。難題は、ベルギー、オランダなどの国々に、中国に有利になるボイスの縮小を受け入れさせることにある。このプロセスは、何年も前から延々と続いている。ＢＲＩＣＳは議決権改革の前進を、切実に必要とされているＩＭＦの融資制度への拠出を約束する条件にすることで、抜け目なく立ち回ってきた。このゲームにおけるＢＲＩＣＳの切り札は、ＩＭＦがＢＲＩＣＳ諸国の議決権を拡大しない場合には、ＩＭＦに代わる多国間融資機関を発足させることだ。

ＩＭＦと世界銀行に代わる機関の青写真が打ち出されたことが、二〇一三年三月に南アフリカのダーバンで開かれたＢＲＩＣＳ首脳会議の主な成果だった。この首脳会議の終わりに発表された共同声明には、次の文言が盛り込まれていた。

われわれはわれわれの財務大臣に、インフラ整備のために資源を結集することを目的とする新開発銀行の設立の実現可能性と存続可能性を検討するよう指示し、……新開発銀行の設立が実現可能かつ存続可能であることに満足している。われわれは、新開発銀行を設立することで合意した。

われわれはわれわれの財務大臣および中央銀行総裁に、BRICS諸国間の予防的外貨準備取り決め（CRA）の創設による金融セーフティネットの構築について検討するという任務を課した。……われわれは、当初の規模が一〇〇〇億米ドルのCRAの設立は実現可能だと考えている。……

われわれは国際金融機関を、加盟国をより正確に代表し、BRICSの重要性の増大を反映するように改革することを要求する。……われわれは、IMFの改革のペースが遅いことを依然として憂慮している。[*11]

BRICS首脳会議は、世界の主要準備通貨としての米ドルの役割と、それをSDR（特別引き出し権）と交代させる可能性についても明確に意見を表明した。

われわれは国際通貨制度を改革・改良して、安定と確実性を与えてくれる、支持基盤の広い国際準備通貨制度を構築することを支持する。また、現行の国際通貨制度におけるSDRの役割について、SDRの通貨バスケット（組み合わせ）の構成を含めて議論することを歓迎する。[*12]

最後の点として、経済的というより政治的企てであるBRICSの立場を明確にするために、ダーバン・サミットはシリアの危機、パレスチナ国家、イスラエルの入植、イランの核兵器開発、アフガニスタンの戦争、コンゴの政情不安など、純然たる地政学的問題にかなりの時間を費やした。

G20首脳会議と並行して開かれた二〇一三年九月五日のサンクトペテルブルクでのBRICS首脳会議でも、BRICSは新しい多国間融資制度を創設するという誓約を再確認した。また、この新しい基金への拠出は、中国が四一パーセント、ロシア、ブラジル、インドがそれぞれ一八パーセント、南アフリカが五パーセントとすることで合意した。

同盟国に対するアメリカのスパイ活動を離反者のエドワード・スノーデンが暴露した事件の意外な影響として、ブラジルは二〇一三年九月、ブラジルのフォルタレーザとロシアのウラジオストクを結び、南アフリカのケープタウン、インドのチェンナイ、中国の汕頭に延びる全長二万マイルの海底光ファイバー・ケーブル・ネットワークを二〇一五年に完成させる計画を発表した。このシステムは、アメリカの監視を受けないBRICSのインターネットのようなものだ。[*13] アメリカは海底ケーブルの盗聴で長年卓越した能力を示してきたので、この新しいシステムの実際の安全性は疑わしいかもしれない。それでも、このシステムの独自技術はBRICS銀行間決済システムの構築に容易に応用でき、そのような決済システムが登場したら、ドル決済に代わるものとしてBRICSの保証する決済方法の利用が促進されるだろう。

BRICSの周りには、定期的に開かれるBRICS首脳会議に加えて、BRICSシンクタンク・カウンシル、BRICSビジネス・カウンシル、事実上のBRICS事務局など、多くの補助機関や影の機関が生まれている。BRICSは、ニューヨークでの国連総会と並行して開かれるBRICS外相会議を通じて外交政策も調整している。これらの活動は、新しい国際ファシリテーター層である「BRICSシェルパ」とその「サブシェルパ」を生み出してきた。これらのBRICS機関は、IMFや国連やG20によって行われる他の多国間会議で強力な中核グループを構成している。

一部のBRICS諸国、とりわけ中国でこのところ成長率が鈍化しているとはいえ、BRICSは今日、強力な経済・政治勢力とみなさなければならない。領土、人口、GDP、天然資源、財政基盤の点で、BRICSのグローバルな足跡はとうてい無視することはできない。今後はBRICSの未来構想と欧米の時代遅れの諸機関が徐々に合体していくことが予想される。今やBRICSは、それらを結びつける政策とプロセスを見つけているからだ。

この合体には多くの面があるが、それらは一つのテーマに凝縮することができる。ドルの国際的役割の縮小と、アメリカとその最も緊密な同盟国の、主要な会議や地政学的論争の結果を左右する力の衰退というテーマである。BRICSはオニールの短い調査論文から生まれたグループかもしれないが、このグループは、すでに独り歩きしているのである。

上海協力機構

新興市場国の共通点に気づくのはウォール街のアナリストだけではないようで、近年は他の地域グループも台頭している。地理的な近さや利害の共通性によって結束したこれらのグループは、欧米の主要経済国の戦後合意に異を唱え始めている。上海協力機構（SCO）と湾岸協力会議（GCC）を代表格とするこれらのグループも、主要準備通貨としての米ドルの役割を縮小したいと思っている。これらのグループの政治課題には、世界中に登場している自由貿易圏や共通市場だけでなく、戦略・軍事・天然資源構想や新しい国際通貨構想も含まれている。これらのグループは、どれくらい巧みにそれぞれの構想を推し進め、内部の対立を乗り越えるかによって違いが出るにしても、国際通貨制度を現在の形から改革もしくは進化させるうえで重要な役割を果たすことができる。

上海協力機構は、その前身となった上海ファイブの拡大版として二〇〇一年七月に設立された。SCOの加盟国は、上海ファイブを構成していた諸国――ロシア、中国、カザフスタン、キルギス、タジキスタン――と、新たに加わったウズベキスタンである。しかしながら、SCOはインド、イラン、パキスタンなどをオブザーバーとして受け入れているほか、旧ソ連の共和国や東南アジア諸国連合（ASEAN）加盟国を招待国としてたびたび会議に参加させている。

SCOは、コーカサスやチベットや台湾の分離独立の動きを抑え込む必要性など、加盟国に固有の安全保障上の課題から生まれた。チェチェンや中国西部でアルカイダなどのテロリスト集団を打ち倒すことも、すべての加盟国にとって利益になることだった。だが、SCOはまたたく間にNATO（北大西洋条約機構）に対するアジアの対抗勢力へと発展した。ロシアは東欧でのNATOとの対立について中国の支持を得たし、中国は東アジアでのアメリカとの対立についてロシアの支持を得た。このような状況において、SCOが二〇〇五年にアメリカのオブザーバー申請を拒否したのは当然だった。*14

合同軍事演習や、エネルギー・電気通信・水関連の数々の大規模インフラ・プロジェクトでの協力に加えて、SCOは銀行・多国間金融でも、国際通貨制度の未来にかかわる構想を打ち出してきた。SCO首相会議は、二〇〇五年一〇月二六日のSCOモスクワ・サミットで、加盟国の中央銀行間の経済協力、合同インフラ融資、および加盟国への開発融資を専門に行う機関の設立を促進するために、SCO銀行間コンソーシアムを設立することで合意した。

二〇〇八年一〇月にカザフスタンのアスタナで開かれたSCO首相会議では、中国の温家宝《ウエンチアパオ》首相とロシアのウラジーミル・プーチン首相が、イランのSCO正式加盟の申請を支持した。*15 イランのパルヴィス・ダブディ副大統領はその会議で、「上海協力機構は、国際銀行制度から独立した新しい銀行制度を設計するのにふさわしい場である」[16]と述べた。二〇〇九年六月のSCO首脳会議は、ロシアのエカテリンブルクでBRICS首脳会議と並行して開かれた。中国の胡錦濤《フーチンタオ》主席とロシアのドミトリー・メドベージェフ大統領は、この機会を利用して、グローバル金融システムと国際金融機関の改革とIMFにおける途上国の代表権の拡大を要求する中露共同宣言に署名した。[17]

イランの新大統領ハサン・ロウハーニーは、二〇一三年九月一三日にキルギスの首都ビシュケクで開かれたSCO首脳会議で国際舞台にデビューした。この会議では、イランのウラン濃縮活動に干渉すべきではないという同国の主張に、ロシア、中国、および他のSCO加盟国から強い支持が表明された。

純然たる軍事・外交領域ではなく、国際経済の領域で地政学的展開がますます目立つようになっている。そのため、SCOが安全保障同盟から通貨圏に発展することは予想されてしかるべきだ。これはアメリカとEUの経済制裁でイランへの送金が禁じられているにもかかわらず、ロシアと中国の銀行がイランのハードカレンシー（国際通貨）取引を手助けするという形で、すでにひそかに起こっている。

国際通貨制度の諸問題についてBRICSとSCOの考えが一つにまとまることは、従来の欧米エリートにとって最も憂慮すべき展開だろう。この動きを牽引《けんいん》しているのは、両グループの最も有力なメンバーである二カ国、ロシアと中国だ。BRICSとSCOは軍事・戦略事項では考えが異なるかもしれないが、IMFの議決権については同じ考えを持っている。また、どちらもドルの支配的役割に反感を抱くようになっている。

湾岸協力会議

地理的に近い国々が団結したもう一つの戦略的同盟、湾岸協力会議（GCC）は、米ドルの役割を縮小させることになる単一通貨圏を本当に形成する可能性がある。

　ＧＣＣは一九八一年五月二五日に、バーレーン、クウェート、オマーン、カタール、サウジアラビア、アラブ首長国連邦の六カ国によって設立された。以後、新たに加盟した国は一つもないが、モロッコとヨルダンは現在加盟を検討している。

　イラクとイランはすべてのＧＣＣ加盟国と同じくペルシャ湾に面しているにもかかわらず、ＧＣＣはどちらの国とももつながりを持っていない。その理由は明らかだ。イラクは一九九〇年にＧＣＣ加盟国のクウェートに侵攻して、ＧＣＣとの関係を破壊した。イランは民族的にも宗教的にも湾岸アラブ諸国とは異なるし、サウジアラビアの不倶戴天《ふぐたいてん》の敵でもあるから、加盟候補国にはなりえない。だが、ヨルダンとモロッコの加盟はうなずける。現在のＧＣＣ加盟国はすべてアラブの君主国だ。ヨルダンはアラブ人の君主国だし、モロッコはアラビア語を話す君主国で、アラブ連盟の一員だ。ＧＣＣは比較的リベラルな経済・貿易政策をとっているが、それでも残存しているアラビアの王たちの事実上のクラブなのだ。

　ＧＣＣはＥＵと似通った道筋を歩んできており、二〇〇八年に共通市場を創設し、今では単一通貨に向かって進んでいる。国際通貨制度にとってのＧＣＣの重要性は、戦略的・経済的協力の他の面――これらの面はほとんどが国際的にというより地域的に重要――よりも、その単一通貨構想にある。ＧＣＣの単一通貨は、ユーロと同じく、実現までに一〇年以上の歳月がかかるだろう。解決する必要がある重要な問題は、加盟国の財政・金融政策の収斂《しゅうれん》基準、新設される中央銀行の権限などだ。短期的に最も厄介なのは、中央銀行の本部をどこに置くか、中央銀行理事会のメンバー構成やガバナンス（統治）をどうするか等の問題をめぐって駆け引きが渦巻くことだ。

　ＧＣＣ加盟国は、すでに通貨同盟に近いもので結ばれている。加盟国の通貨はそれぞれ米ドルにペッグされており、したがって互いに対してペッグされているからだ。だが、それぞれの加盟国が独立した中央銀行を持っている。この仕組みは、一九七九年から一九九九年まで存続し、ユーロの前身となった欧州為替相場メカニズム（ERM）によく似ている。ただし、ERMでは加盟国が定められた為替平価から逸脱することが何度もあったので、GCCのほうがERMより成功している。

現在のGCCの仕組みから単一通貨に切り替えることは、簡単なプロセスのように見える。だが、ユーロ圏の先ごろの困難は、GCC諸国を躊躇《ちゅうちょ》させ、通貨統合のプロセスを妨げてきた。最大の障害は、別々の財政政策をとりながら単一の金融政策を実施しなければならないことだ。この問題は、ヨーロッパ政府債務危機の主な原因の一つになった。ギリシャやスペインなどは、ユーロという強い通貨で発行された国債、つまり投資家からの借金という形で資金を調達する持続不可能な財政政策をとっていた。投資家たちは、ユーロ建ての政府債務にはすべてのユーロ圏諸国の暗黙の保証があると思い込んでいたのだが、それは間違いだった。GCCの構想を含めて、どんな通貨同盟構想にとっても最重要の問題は、中央銀行と金融政策が単一であるとき、どのようにして加盟国に財政規律を守らせるか、である。必要なのは、相対的に強い加盟国の財政規律へのギリシャ流のただ乗りを防ぐことだ。

GCCは、二〇〇九年のドバイ・ワールドの破綻《はたん》ですでにこのただ乗りの問題を経験している。ドバイはアブダビなど、他の六つの首長国とともにアラブ首長国連邦（UAE）を構成している。七つの首長国は、アブダビに置かれている中央銀行が発行している単一通貨、ディルハムを使っている。

投資持ち株会社ドバイ・ワールドは、二〇〇六年にドバイの首長、ムハンマド・ビン・ラーシド・アール・マクトゥームによって設立された。ドバイ・ワールドは「わが社の債券は政府保証付きではない」と主張していたのだが、投資家には、同社の債券はUAE構成国の国債も同然に見えた。ドバイ・

ワールドは二〇〇六年から二〇〇九年の間に、オフィスビル、マンション、交通システムなどのインフラ・プロジェクトの資金を調達するために、約六〇〇億ドルの債券を販売した。これらの建造物の多くが、今日に至るまでまったく、もしくはほとんど利用されていない。

二〇〇九年一一月二七日、ドバイ・ワールドは突然、債権者に「スタンドスティル（債務返済の一時停止）」を要請すると発表し、すべての債務の返済繰り延べを求めた。ヨーロッパの何か特定の出来事ではなく、この債務不履行こそが、またたく間にヨーロッパを巻き込み、二〇一〇年から二〇一二年まで続いた政府債務危機の触媒になったのだ。EUと欧州中央銀行が介入してギリシャ、ポルトガル、アイルランド、スペインを救済したのと同様、最終的にはアブダビとUAE中央銀行が介入してドバイ・ワールドを救済した。UAEとヨーロッパから得られる教訓は、サウジアラビア、カタールなどの豊かなGCC加盟国にきちんと理解されている。単一通貨プロジェクトが前進する前に、財政赤字の限度を定めた強制力のあるGCC財政協定を結ぶことがおそらく必要だろう。

GCC単一通貨にのしかかっているもう一つの大きな課題は、米ドルに対する当初の為替平価をいくらにするかという問題だ。為替平価が低すぎるとインフレ（物価上昇）を招き、高すぎるとデフレ（物価下落）を招く。このジレンマは、イギリスが第一次世界大戦のために一九一四年に金本位制を停止し、その後一九二五年に復帰したとき直面したものと同じである。イギリスはそのとき、金に対するポンドの平価を高く設定しすぎたために失敗した。これが、激しいデフレを招いて大恐慌の一因になったのだ。

国家もしくは国家グループが通貨を米ドルにペッグするとき、それらの国は自国の金融政策を事実上FRBにアウトソース（外部委託）していることになる。FRBが金融緩和策をとっていて、自国通貨を米ドルにペッグしている国に貿易黒字や資本流入という形で大量のドルが流れ込んだら、その国はペッグを維持するために自国通貨を増刷して流入してくるドルを買い入れなくてはいけない。これは事実上、FRBの金融緩和策が為替相場メカニズムを通じて輸出されるということだ。自国通貨を米ドルにペッグしている国は、アメリカと同じく金融緩和策をとらざるをえないからだ。その国の経済がアメリカ経済より強い場合には、この金融緩和策は、中国やGCCで二〇〇八年以降起こっているようにインフレを生み出す。最も簡単な解決策は、ペッグ制を放棄して、自国通貨の対ドル・レートが上昇できるようにすることだ。このようなドルの減価こそ、FRBが金融緩和策でめざしていることなのだ。

もう一つの解決策は、ドル以外の通貨に価値が連動する単一通貨を持つことだ。金融専門家たちは、ドルに代わるペッグ先通貨としていくつかの候補を提案してきた。[18] まず思いつく候補は、IMFの特別引き出し権、すなわちSDRである。SDR自体の価値は、米ドルを含んでいるが、ユーロ、英ポンド、日本円にも大きな比重が置かれている通貨バスケットにもとづいて決定される。重要な点として、IMFは貿易パターンや比較優位の変化、それに自国通貨がバスケットに含まれている国々の相対的な経済実績をよりよく反映するために、SDRバスケットの構成を定期的に変えることができ、新しい通貨を追加することもできる。SDRにペッグすれば、未来のGCC単一通貨をGCCの貿易相手国の経済とより緊密に結びつけて、GCCの金融政策に対するFRBの影響を低下させることができるだろう。

GCC加盟国の経済は、収入や成長を原油輸出に大きく依存している。GCC通貨がドルにペッグされたら、原油のドル価格が変動するとGCC諸国の経済実績も変動することになる。したがって、SDRのバスケット方式の論理的な延長線上にある解決策は、原油のドル価格をSDRバスケットに含めることだ。[19] そうすれば、GCC通貨の交換価値は原油のドル価格に連動して変化する。FRBがドル安政策をとり、その結果生じたインフレによって原油のドル価格が上昇したら、GCC通貨は自動的に上昇してGCC諸国のインフレを緩和するだろう。これによって、GCC通貨はFRBのドル安政策に連動しながら、その影響を免れることもできる。

ペッグ問題に対するより魅力的な解決策——しかも国際通貨制度の未来にとって大きな意味合いを持つ解決策——は、もっと大胆なものだ。石油と天然ガスの輸出価格をGCC通貨建てにし、それによってGCC通貨が他の通貨に対して変動できるようにするのである。これは原油価格の表示通貨としてのドルの崩壊の始まりを本当に告げる可能性があり、GCC通貨に対するグローバルな需要をただちに生み出すだろう。

原油価格の表示手段としてのドルを捨てる方向に向かうこの流れは、二〇一三年末にホワイトハウスがイランを中東の地域覇権国として認める動きを見せたことで劇的に加速した。アメリカは一九四五年から暗黙のうちに、そして一九七四年からはあからさまに、サウジアラビアの安全を保証してきた。その代わりにサウジは、エネルギー輸出の唯一の決済手段としてのドルを支持し、兵器やインフラをアメリカから購入してきた。二〇一三年末にオバマ大統領がイランと暫定協定を結び、イランの核開発を暗黙のうちに容認したことで、この七〇年近い関係は先行きがきわめて不透明になった。

アメリカとイランの和解が生まれたのは、サウジアラビアとアメリカの関係がすでにひどくこじれた後のことだった。「アラブの春」の暴動の際、オバマ大統領が二〇一一年にサウジの同盟国であるエジプトのホスニ・ムバラクを見捨てたこと、およびシリアの内戦でサウジとつながっている反政府勢力をオバマ大統領が支援しなかったことが、関係悪化の原因だった。サウジはその後何十億ドルも使ってエジプトの軍事支配を復活させ、オバマ大統領が支持していた同国のムスリム同胞団に壊滅的な打撃を与えた。より新しい展開としては、サウジはアメリカに対する不快感を公然と示し、兵器はロシアから、核技術はパキスタンから、安全保障面の支援はイスラエルから得る方向に決然と動いた。その結果生まれるサウジとロシアとエジプトの連携は、ドルを支える柱をもう一本取り除き、ドル覇権から脱した国際通貨制度を望む姿勢をすでに打ち出しているロシアとサウジアラビアの利益を一致させる。

GCC通貨が単なる貿易決済通貨ではなく真のグローバル準備通貨になるためには、GCCの金融市場とインフラのさらなる整備が必要だろう。しかし、サウジアラビアがアメリカとの安全保障関係を見直していることは、ユーロの拡大や、金を蓄積してドル支配から脱しようとしているBRICSやSCOの動きとあいまって、ドルの国際準備通貨としての役割の急速な縮小を予兆しているのかもしれない。

米英日の金融実験

通貨に関する多国間主義と国際通貨制度に対する不満の増大を概観してきたが、この動きから距離を置いている国が二つある。イギリスと日本だ。イギリスはNATOとEUの加盟国であり、日本はアメリカの長年の重要な同盟国だ。

どちらの国も、通貨同盟に参加するとか、国際金融機関におけるアメリカの支配に声高に反対するといった行動はとっていない。日本もイギリスも独自の通貨と独自の中央銀行を保持しており、それぞれ東京、ロンドンという金融センターを擁している。日本円と英ポンドは、どちらも準備通貨としてIMFに正式に認められており、日本もイギリスも、その称号を支えるために必要な大規模で活発な債券市場を備えている。

だが、日本とイギリスは金準備が少なく、金保有量の対GDP比でアメリカやロシアと肩を並べるために必要な量の約二五パーセントしか保有していない。両国の金保有量の対GDP比は中国より低く、その中国自体、金準備の不足という問題を抱えている。アメリカとユーロ圏とロシアは、危機の際にそれぞれの通貨に対する信認を維持できるだけの金を保有している。それに対し、日本とイギリスは、不換紙幣への依存の典型的な例だ。両国とも、印刷機はあるが金保有量は不十分で、通貨上の同盟国はおらず、プランBは持っていないという危険な状況に置かれているのである。

日本とイギリスは、前FRB議長ベン・バーナンキが二つの講演――二〇一二年一〇月一四日の東京での講演と二〇一三年三月二五日のロンドンでの講演――で説明した、FRBによって調整されているグローバルな通貨実験の一翼を担っている。バーナンキは二〇一二年の東京講演で、アメリカは量的緩和による金融緩和策を当分の間、継続すると述べた。[20] したがって、貿易相手国には二つの選択肢があった。一つは自国通貨をドルにペッグすることで、これはインフレ――まさにGCCが経験していたこと――を招く。もう一つは、バーナンキによれば自国通貨の上昇を容認すること――彼のドル安政策の下で望まれている結果――で、この場合は輸出が打撃を受ける。これはインフレか輸出の減少かという「ホブソンの選択」（訳注　選択の余地がないこと）だと文句を言う貿易相手国のために、バーナンキは、FRBが緩和策をとらなければ、結果は貿易相手国にとってさらに厳しいものになると説明した。アメリカ経済の崩壊は、世界貿易にはもちろん世界の需要にも打撃を与え、先進国市場と新興国市場を世界不況へと追いやるだろうと主張したのである。

バーナンキの理屈に反して、彼のドル安政策は近隣窮乏化の通貨安競争――一九三〇年代のように貿易戦争につながりかねない通貨戦争――を引き起こすおそれがあった。バーナンキは二〇一三年のロンドンでの講演で、この懸念に対処した。一九三〇年代の通貨切り下げ競争の一つの問題は、切り下げが同時にではなく次々に行われたことにあったと、彼は主張した。一九三〇年代に通貨を切り下げた国は、それぞれ成長と輸出市場でのシェアの拡大という成果を得たかもしれないが、それは切り下げを行わなかった国を犠牲にして実現されたものだった。切り下げから期待された成長は、高いコストをともなったので次善最適だった。バーナンキの解決策は、アメリカ、日本、イギリス、それにECBが次々にではなく同時に緩和策をとることだった。理論的には、この方法は貿易相手国に一時的なコストを押しつけずに主要経済において刺激を生み出すことができると、彼は主張した。

今日、ほとんどの先進工業国は……大不況からゆっくり回復しているところです。インフレはおおむね抑え込まれていますので、これらの国の中央銀行は成長を支えるために緩和的な金融政策を実施しています。これらの政策は、通貨安競争になるのでしょうか？　その逆です。大多数の先進工業国で緩和的な金融政策がとられているため、これらの国の間で為替レートの……大幅かつ持続的な変化があるとは思えません。先進経済国における金融緩和の重要な便益は、為替レートの変動によって生み出されるわけではありません。それぞれの国または地域の国内総需要を支えることから生まれるのです。そのうえ、それぞれの経済のより力強い成長は貿易相手国にプラスの波及効果を与えますから、これらの政策は「近隣窮乏化」策ではなく、むしろプラスサムの「近隣富裕化」策なのです。[*21]

バーナンキの「近隣富裕化」という表現は、中国、韓国、ブラジル、タイなど、新興市場の近隣を無視したものだった。バーナンキの「刺激」が先進国で効果を上げるためには、これらの国の通貨が上昇すること（およびこれらの国の輸出が減少すること）が必要なのだ。つまり、日本の輸出は恩恵を受けるかもしれないが、それは韓国などの輸出の減少という犠牲をともなうおそれがあるわけだ。これはグローバルな通貨戦争ではないかもしれないが、それでもアメリカ、イギリス、日本を、他のG20諸国と対立させる戦争だった。

日本とイギリスには、FRBが勧めている貨幣増刷とその結果生じる通貨安を支持する理由がもう一つあった。貨幣増刷は輸出を促進するためだけでなく、輸入価格を押し上げるためにも行われていたのである。輸入価格の上昇は、インフレを起こしてデフレを帳消しにしてくれる。デフレはアメリカとイギリスにとっては脅威であり、日本では長年居座っているものだった。日本の場合には、インフレは何よりもエネルギー資源の輸入価格の上昇によって起こり、アメリカとイギリスの場合は、衣料や電子機器や一部の原材料および食料の価格上昇によって起こる。

アメリカとイギリスは、どちらも政府債務の対GDP比が約一〇〇パーセントに達しており、今なお上昇している。一方、日本の政府債務の対GDP比は二二〇パーセントを超えている。これらの比率は歴史的に見ても高い。投資家にとっては、これらの比率の絶対的なレベルよりトレンドのほうが重要で、そのトレンドは悪化している。政府債務の対GDP比を低下軌道に乗せるように政策を調整できないかぎり、三カ国とも政府債務危機に向かって進んでいることになる。

政府債務の対GDP比は、実質値ではなく名目値で計算される。名目債務は所得の名目成長分で返済する必要がある。名目成長率は、実質成長率にインフレ率を足したものだ。実質的な成長は弱々しいので、名目成長率が上昇して債務の対GDP比を低下させるという希望を持つためには、中央銀行はインフレを起こさなければならない。政策金利が事実上ゼロになっていて、これ以上の引き下げは不可能というときは、通貨安によってインフレを輸入することを目的の一つとする量的緩和が、中央銀行の好む手法である。

イングランド銀行（BOE）は、二〇〇九年三月から四度にわたって量的緩和（QE）を実施してきた。第二弾以降は、それぞれ二〇一一年一〇月、二〇一二年二月、二〇一二年七月に開始された。資産買い入れの拡大は今のところストップしているが、金利をゼロに近い水準に維持する政策は続いている。実質的な成長という副産物を期待してはいるが、実質ではなく名目的な成長をめざしているということを、イングランド銀行は爽快なほど率直に認めている。量的緩和を実行するための債券買い入れについて、同行の公式説明は次のように述べている。「買い入れの目的は、これまでも、また現在も、名目需要を押し上げるために経済に直接貨幣を注入することだ。このような従来とは異なる方法を使って金融政策を実施するのではあるが、目的は変わっていない。『消費者物価指数の二パーセント上昇』というインフレ・ターゲットを達成することだ[*22]」

日本の状況は違う。日本は一九八〇年代の株式・不動産バブルが崩壊した一九八九年一二月から、長い不況と言える状態にある。一九九〇年代を通じて主として財政刺激策によって景気を浮揚させようとしていたが、九〇年代の終わりに不況の一段と厄介な局面が始まった。日本の名目GDPは一九九七年にピークに達し、その後二〇一一年までに一二パーセント近く減少した。日本の消費者物価指数は一九九八年にピークに達し、以後、徐々に低下してきており、消費者物価指数がプラスになった四半期はごくわずかである。名目GDPが縮小している経済でも、インフレがデフレに変われば実質的な成長を生み出せるということは、直感で理解できるとは言えないにしても、自明の理だ。だが、この種の実質的な成長は、政府が債務や赤字を減らしたり税収を増やしたりする助けにはならない。それらの効用は、名目的な成長にもとづくものだからだ。

量的緩和、インフレ、実質GDP目標値に関する日本銀行の姿勢は、イングランド銀行よりあいまいだ。二〇〇一年以前の日銀の金融緩和は散発的で、日銀内部においてさえ論議を呼んでいた。二〇〇一年三月に控えめな量的緩和プログラムが開始されたが、規模が小さすぎてあまり効果は上げなかった。二〇〇一年から二〇一一年までの日本の量的緩和の影響に関するＩＭＦの詳細な調査は、「経済活動に対する影響は……限定的だった[*23]」と断定した。

二〇一二年一二月一六日の総選挙で自由民主党が地滑り的勝利をおさめ、同党総裁の安倍晋三《あべしんぞう》が総理大臣に選ばれたことで、日本の政治と金融政策は一気に変わった。この選挙の結果、安倍の政党は衆議院で圧倒的多数を占め、参議院が拒否権を発動しても、それをくつがえせるようになった。安倍は貨幣増刷という基本方針を明確に掲げ、「日銀がそれをやらないのなら日銀法の改正に踏み切る」と脅しをかけた。「金融政策が選挙の主な争点になることは、きわめてまれだ[*24]」と安倍は語った。「われわれはデフレ脱却の必要性を訴えて選挙を戦い、われわれの主張は強い支持を得た。日本銀行がこの結果を受け入れて、適切な決定を下すことを期待する」

だが、日銀は過去二〇年にわたり金融緩和に消極的だったので、安倍の首相選出をもってしてもなお、日銀が本当にけた外れの措置をとると市場に完全に納得させることはできなかった。二〇一三年三月二〇日、安倍が選んだ候補者、黒田東彦《くろだはるひこ》が日銀総裁に就任した。黒田は数日足らずで日銀の政策委員会を説得して、世界がかつて目にしたことがないほど大規模な量的緩和プログラムの実施を決定させた。日銀は、増刷した貨幣を使って二〇一三年～一四年の二年間に一兆四〇〇〇億ドル分の日本国債を買い入れることを約束した[*25]。また、買い入れた国債の満期構成を、ＦＲＢの「オペレーション・ツイスト」（訳注　中長期国債の買いオペレーションと短期国債の売りオペレーションを同時に実施する公開市場操作）と同程度に長くする計画を発表した。日本経済の規模を考えると、日本の貨幣増刷プログラムは、二〇一二年に発表されたFRBの量的緩和第三弾（QE3）の二倍以上に相当する。イングランド銀行と同じく日本銀行も、実質GDPとまではいかなくても名目GDPを増大させるためにインフレ率を高めるという目標をはっきり表明した。「日本銀行は消費者物価指数の対前年度変化率に関して、二パーセントという目標を……できるかぎり早期に達成する」*26

二〇一四年には、FRBと日本銀行とイングランド銀行が金融ポーカーゲームをしていて、賭けに夢中になっているかのように見えていた。三つの中央銀行はいずれも、名目GDPを増大させるために、貨幣増刷とゼロに近い金利を使ってインフレを生み出そうとしていた。名目GDPが実質GDPに変わるかどうかは要点ではなかった。実際、二〇〇九年以降の実質的な成長は、三カ国すべてで不況特有の道を歩んでいた。インフレと名目GDPが、三カ国の金融政策の明確かつ最重要の目標だったのだ。

米ドル、英ポンド、日本円は、合計すると世界の外貨準備の七〇パーセント、SDRバスケットの六五パーセントを構成している。FRBが国際通貨制度の要石《キーストーン》だとすると、日本銀行とイングランド銀行はそれに隣接する迫石《アーチストーン》である。だが現在、前例のない規模の金融実験を行っている三つの中央銀行のすべてが、きわめて不確実な結果に向き合っている。これらの中央銀行が打ち出している目標は、実質的な成長ではなく、債務を返済するためのインフレと名目的な成長なのだ。

BRICS、SCO、GCC、その他の新興市場国の債権者や準備通貨保有者は、不満をあらわにするとともに、自分たちの国のインフレ、輸出喪失、富の減少と引き換えにこのようなただ乗りを許す国際通貨制度を廃止しようという決意をますます強めながら、この貨幣増刷ショーを注視している。国際通貨制度が自身の重みで崩壊するか、それとも米英日の中央銀行が行っているこの世紀の犯罪のせいで損失をこうむった新興市場国によって打ち倒されるかは、現時点ではまだわからない。

第III部

貨幣と富

MONEY AND WEALTH

第七章　債務と赤字とドル

フォワード・ガイダンスは……金融政策は資金を取り上げるのではなく、宴が深夜まで続くことを可能にして、みんなが楽しく過ごせるようにすると約束するべきだ。

チャールズ・I・プロッサー（フィラデルフィア連邦準備銀行総裁）　二〇一三年二月一二日

名目所得……ターゲットを採用することを革新的とみなすのは、金融政策の設計に関する過去数十年の議論をよく知らない人々だけだ。それを機能させる方法は、まだ誰も設計していない。……むしろ、ターゲットはインフレ（物価上昇）率の上昇をめざす、みえすいた方法と受け止められるだろう。

チャールズ・グッドハート　二〇一三年三月一八日

貨幣とは何か

ドルとは何か？　この問いに簡単な答えはない。ほとんどの人が、ドルは貨幣であると答えるだろう。人々が稼いだり、使ったり、貯《た》めたりするものであると。この答えは、もう一つの問いを浮かび上がらせる。貨幣とは何か、という問いだ。専門家は、交換手段、価値貯蔵手段、計算単位という三つの要素からなる貨幣の定義を挙げてみせる。定義のうち、計算単位の部分は役に立ちはするが、些末《さまつ》とも言える。ビンの栓も計算単位として使えるし、ひもの結び目もそうだ。計算単位は、知覚価値を足したり引いたりする手段にすぎない。交換手段も間接的に価値を意味している。計算単位は、財のそれぞれの当事者が、財またはサービスと交換される単位に価値を認識していなければならないからだ。交換ち、二つが暗黙のうちに価値を意味しているわけだ。したがって、一般的な定義は、その全体を残る一つの要素、価値貯蔵手段にまとめることができる。

では、貨幣が価値だとすると、価値とは何か？　この時点で、分析は哲学的かつ道徳的になる。価値は個人によって保有されるが、文化やコミュニティの中で共有されることもある。価値は（倫理のように）主観的なものである場合もあれば、（宗教のように）絶対的なものである場合もある。競争している集団や隣接している集団が大きく異なる価値を奉じている場合には、価値は衝突することがある。

価値の意味はこのように幅広いにもかかわらず、二つの概念が際立っている。一つは計量という概念、すなわち価値の有無や程度を計量する方法があるという考えだ。もう一つは信頼という概念、すなわち特定の価値を特定の個人または集団が生み出したものとみなすとき、われわれはその個人または集団が一貫してその価値を生み出すものと信頼するという考えだ。信頼は、一貫性のある行動を互恵的行為や利他的行為という形で具体化する。

本質的には、ドルは貨幣であり、貨幣は価値であり、価値は一貫して守られる信頼である。われわれが世界のどこかでコカ・コーラを買うとき、その場所がどこであっても、われわれはその製品が本来の調合どおりに作られており、水で薄められたりはしていないと信頼している。この点で、コカ・コーラは期待を裏切らない。これが一貫して守られる信頼であり、コカ・コーラに価値があるということなのだ。

コカ・コーラを一本買うとき、顧客は売り手に一ドル渡す。これは単なる物々交換ではなく、価値の交換だ。ドルの価値はどこから生まれるのだろう？　一貫して守られる信頼の例として、ドルはどれくらい説得力を持つのだろう？

その問いに答えるためには、もっと深く分析する必要がある。ドルそのものは、その形態が紙であれデジタルであれ、表象である。ドルは何を表象しているのか？　信頼は誰に対するものなのか？　信頼が求められるときは、ロナルド・レーガンが使った格言、「信頼せよ、されど検証せよ」が参考になる。ドルを発行しているのは、民間銀行に所有されているアメリカ連邦準備制度理事会（FRB）である。FRBはわれわれの信頼を求めるが、その信頼が守られているかどうかを検証するにはどうすればよいのだろう？

法治社会では、信頼を検証する通常の手段は書面による契約だ。契約の授業をとった法学部の一年生が最初に教えられるのは、「書面にせよ」ということだ。契約当事者の考えや期待が書き記され、双方の当事者によって確認される。両当事者が合意したら、契約書にサインされ、以後は契約書が信頼を具体化したものとなる。時には、契約書の文言の意味や条件の履行について紛争が生じることがある。諸国はこうした紛争を解決するために、裁判所を設けている。憲法にもとづく契約書、裁判所、判決というこのシステムこそが、法治社会という言葉の意味するものなのだ。

FRBは、このシステムのどこに位置しているのだろう？　あるレベルで見れば、FRBは書面による契約というモデルに従っている。ドル紙幣に印刷されている細かい字を読んでみよう。それが書面による貨幣契約だ。この契約の当事者は、「連邦準備制度」と国民を代表する「アメリカ合衆国」であると明記されている。

一ドル契約は、ＦＲＢの一二の連邦準備銀行のそれぞれによって結ばれる。ダラス連邦準備銀行によって結ばれるものもあれば、フィラデルフィア連邦準備銀行によって結ばれるものもあり、シカゴやアトランタやカンザスシティの連邦準備銀行によって結ばれるものもある。二〇ドルなど、より高い額面の契約は、連邦準備制度によって結ばれる。これらの契約はすべて、国民の代わりに代理人、すなわちアメリカ合衆国財務長官によってサインされる。

ドル契約書の最も重要な条項は、それぞれの紙幣の表最上部にある。それは「連邦準備券」という語句だ。紙幣は負債、すなわち一種の債務である。実際、ＦＲＢは発行した紙幣をバランスシート（貸借対照表）に負債として計上する。バランスシートでは左側に資産を、右側に負債を、そして資産から負債を引いた資本を右下に記載する。ＦＲＢによって発行された紙幣はバランスシートの右側、すなわち債務を記載する箇所に負債として記載されるのだ。

連邦準備券は、利子もつかなければ償還期限もない特異な形の債務である。契約論を使ってドルを別の言葉で言い表すとしたら、「ドルはＦＲＢによって発行される無期限、無利子の契約証書である」となる。どんな借り手も無期限、無利子の債務ほどよい債務はないと断言するだろう。まったく返済する必要がないし、まったくコストがかからないからだ。それでも、それは債務なのだ。

債務としてのドル

したがって、ドルは貨幣、貨幣は価値、価値は信頼、信頼は契約、契約は債務である。数学の推移律を使うと、ドルは「ＦＲＢが契約という形で国民に負っている債務」ということになる。この見方は貨、幣契約説（コントラクティズム）と呼べるだろう。[*1] この理論を理解するには、貨幣という言葉を目にするたびにそれを債務に置き換えてみるのが一つの方法だ。そうすれば、世界の見え方が一変する。世界は債務に満ちているのである。

契約というレンズを通すという、貨幣に対するこのアプローチは、多くの金融政策理論のとらえ方だ。これらの理論のうち最も重要なのは、二〇世紀にアーヴィング・フィッシャーやミルトン・フリードマンが唱えた貨幣数量説、すなわちマネタリズムである。[*2] フリードマンが唱えたもともとの理論はもうはやらなくなっているとはいえ、マネタリズムはFRBが貨幣創造の指針として好んで使っている理論の一つである。

もう一つのとらえ方は、裏づけのない紙の貨幣が価値を持つのは、国家が税金としてそうした貨幣を要求するからだとする貨幣国定説だ。[*3] 国家は税を徴収するために強制的手段をとり、その結果国民を死に至らしめることがある。そのため、国民は貨幣を得るために働き、貨幣を価値あるものとみなす。貨幣は国家を満足させることができるからだ。貨幣と国家のこの関係は、紙の貨幣が国家権力という媒介物のおかげで内在価値を上回る付帯価値を持つことを意味している。このような貨幣はチャータル・マネー（国定貨幣）として知られており、貨幣国定説はチャータリズムとも呼ばれている。ジョン・メイナード・ケインズは一九二〇年代に、金本位制の廃止を唱える主張でチャータリズムを採用した。[*4] 貨幣を国家権力の一部とする説の最近の信奉者には、債券ファンド大手PIMCO（パシフィック・インベストメント・マネジメント）の元常務、ポール・マッカリーや、現代貨幣論の旗手でミズーリ大学経済学部准教授のステファニー・ケルトンがいる。[*5]

貨幣論レースの新規参入者が、信用数量説だ。[*6] リチャード・ダンカンが唱えているこの理論は、貨幣数量説の変異型だ。今では信用創造がきわめて活発に幅広く行われるようになっているので、貨幣という概念は信用という概念に包含されており、信用創造こそが貨幣研究や金融政策の焦点とされるべきだと、ダンカンは主張している。彼は、政府データの見事な分析を信用拡大に関する研究に持ち込んでいる。彼の理論は貨幣信用説（クレディティズム）と呼べるだろう。もっとも、実のところは一九世紀のイギリス銀行学派の貨幣論の二一世紀版なのではあるが。*7

　貨幣数量説、貨幣国定説、貨幣信用説のすべてに共通している点が一つある。フィアット・マネー（不換紙幣）の有効性を信じていることだ。フィアットという言葉は、「行うべし」という意味のラテン語だ。貨幣に使われる場合、フィアットは特定の形の貨幣が通貨の役目を果たし、法定貨幣として扱われることを国家が命じていることを意味する。三つの理論はすべて、国家によって与えられる付帯価値を持っているかぎり、貨幣は内在価値を持っている必要はないという考えで一致している。不換紙幣に異議を唱える人々が不換紙幣には「何も裏づけがない」と主張するとき、これら三つの説の支持者たちは、「だからどうだって言うんだ」と反論する。彼らの考えでは、貨幣は国家が価値があると定めているから価値があるのであり、貨幣に価値を与えるためにはそれ以外のことは必要ないのである。

　理論というものは、実世界の現象と一致し、観察者が実世界の出来事を理解し、予測する助けになる範囲内でのみ役に立つ。国家権力は気まぐれな使われ方をするので、国家権力に依拠する貨幣論は細い葦のようなもので、寄りかかるには頼りなさすぎる。その意味で、これら三つの貨幣論は不確かな理論と言えるかもしれない。

　出発点に戻ると、貨幣契約説は貨幣の内在価値に焦点を当てている。貨幣は紙かもしれないが、その紙には文字が印刷されており、その文字は適法な契約だ。国民は国家の命令とは関係なく、自分独自の理由でその契約を価値あるものとみなすかもしれない。フィアット、すなわち国家の命令ではなく、契約の履行に価値を見出《みいだ》すかもしれないのだ。この理論はドルについてだけでなく、ドル契約が現在守られているか、また将来守られるかについても理解する助けになる。

債務としてのドルには利子も償還期限もないが、それでもドルはFRBと財務省、すなわち契約の両記名当事者の履行義務を含んでいる。この履行は経済に現れる。経済が好調なら、ドルは価値があり、契約の履行具合は満足できる、もしくは評価できると言える。経済が機能不全に陥っていたら、履行具合は契約上の不履行と言えるほどお粗末とみなされるかもしれない。

金本位制は、貨幣契約を強制的に履行させる方法だ。金本位制の支持者たちは、紙幣には何の内在価値もなく、内在価値は金、場合によっては銀という形の具体的な貴金属によってのみ付与することができると主張する。硬貨もしくは延べ棒だけを交換手段とするべきだと――これはきわめて非現実的な状況だ――主張する少数の人を別にすれば、この見方は金本位制における金の役割を誤解している。すべての金本位制が、実物の金と金を表象する紙――これらの紙が紙幣と呼ばれようと、株式と呼ばれようと、領収書と呼ばれようと――との関係を含んでいる。いったんこの関係が受け入れられたら、その時点でわれわれは、ただちに契約の世界に戻るのだ。

この見方にもとづくと、金は貨幣契約の満足できる履行を保証するために差し入れられる担保である。国家が貨幣を大量に発行しすぎたら、その場合、国民は貨幣契約の不履行と判断して自分の持っている紙幣を市場交換レートで金と引き換えてもかまわない。事実上、担保を差し押さえるわけだ。

金本位制の支持者たちは、紙幣と金の交換レートは固定され、維持されるべきだと主張する。この考えには一理あるが、固定交換レートは貨幣契約制度における金の役割に不可欠のものではない。国民が金をいつでも自由に売買できることだけが、必要な要素なのだ。国民は、紙幣で金を買うことで誰でも私的な金本位制に移行することができ、それに対し、金を買わない国民は、紙幣契約に当面、安心感を持っていると表明していることになる。

したがって、金の貨幣価格は、FRBと財務省の契約履行具合に対する評価値なのだ。履行が満足できるものなら、国民は紙幣取引に安心感を持っているので、金の価格は安定しているはずだ。履行がお粗末なら、国民は貨幣（債務）契約を解除し、公開市場で金を買うことで担保を差し押さえるので、金の価格は急騰する。どんな債務者もそうだが、FRBも債権者である国民が自身の担保権に気づかないことを望んでおり、国民が担保の金を一斉に請求することはないはずだと確信している。この確信は、貨幣契約の性質や金の性質、それに国民が持つ、契約不履行に対して担保を差し押さえる権利についての国民の高い現状満足度にもとづいている。

不換紙幣を支持する経済学者やFRBが、金を言い表すのに「野蛮な遺物」とか「伝統」といった語句を使い、現代の通貨制度では金には何の役割もないと主張するのは、一つにはこれが理由である。FRBの見方は、住宅ローンで土地や建物には何の役割もないと言っているに等しく、ばかげている。貨幣は金を担保とする債務証書であり、担保権は金を直接購入することで行使できるのだ。

FRBは投資家がこのような乗り換えをしないことを望んでいるが、これをやった投資家がウォーレン・バフェットだ。彼の場合は金ではなく実物資産に乗り換えたのだが、彼のこの行動は多くを物語っている。

二〇〇八年パニックによる下げ相場の底からほどない二〇〇九年一一月、バフェットはバーリントン・ノーザン・サンタフェ（BNSF）鉄道の株式を一〇〇パーセント取得したと発表した。彼は、この買収を「国への賭け*8」と表現した。

そうかもしれない。鉄道は究極の実物資産である。鉄道は通行権、隣接地の鉱業権、線路、ポイント、信号、操車場、車両など、一群の実物資産で構成されている。鉄道は小麦、鉄鋼、鉱石、畜牛など、他の実物資産を輸送することでカネを稼ぐ。鉄道は実物資産を運ぶ実物資産なのだ。

株式を一〇〇パーセント取得することで、バフェットは事実上、BNSF鉄道を株式公開企業から非公開企業に変えた。これは金融パニックで証券取引所が閉鎖されたとしても、バフェットの持ち株には何の影響もないということだ。彼は流動性を求めているわけではないからだ。自分の持ち株が突然、流動性を失ったら、他の人々はショックを受けるかもしれないが、バフェットはただ静観しているだろう。

バフェットの買収は、紙幣から実物資産に移行し、しかもそれらの資産を証券取引所閉鎖の影響を受けないようにする行為ととらえれば、最もわかりやすい。それは「国への賭け」かもしれないが、インフレや金融パニックから資産を守るヘッジでもある。鉄道をまるごと買収することなどできない小規模な投資家は、金を買うことで同じ賭けをすることができる。バフェットは金を評価していないことで有名だが、彼は実物資産投資の帝王であり、超富裕層に関して言うと、彼らの言葉より彼らが取得するものに注目したほうがよい。紙幣は金を担保とする契約であり、金は最高の実物資産なのだ。

債務と赤字の関係

アメリカの通貨制度における政府関連の債務者は、FRBだけではない。実際、FRBは決して最大の債務者ではない。アメリカ財務省は国債、すなわち短期財務省証券、中期財務省証券、長期財務省証券という形で、一七兆ドル以上の債務を負っている。それに対し、FRBが発行している貨幣としての債務は約四兆ドルだ。

連邦準備券とは異なり、財務省証券は貨幣とはみなされていない。だが、最も流動性の高い証券は、企業のバランスシートでは「現金同等物」と呼ばれることが多い。連邦準備券と財務省証券のもう一つの違いは、財務省証券には償還期限があり、利息が支払われることだ。連邦準備券は発行できる量に制限はなく、未返済の状態を無期限に続けることができるが、財務省証券は、投資家が毎日五〇〇〇億ドル以上の財務省証券を取引している債券市場の規律にしばられる。

市場の規律には、財務省の債務負担が持続可能か否かに関する投資家の絶え間ない評価も含まれる。投資家は、財務省がその未払い債務を合意した条件どおりに返済できるか否かを検討する。答えが「できる」なら、市場はさらに多くの財務省証券を喜んで妥当な金利で受け入れる。答えが「できない」なら、市場は財務省証券を投げ売りし、金利は急上昇する。資金不足や返済意欲の不足による不確実性が極端に高い場合には、独立戦争後のアメリカで起こったように、またそれ以前や以後に他国で何度も起こったように、国債はほとんど無価値になる。

国債の分析は、答えが「できる」でも「できない」でもなく、「できるかもしれないし、できないかもしれない」の場合に最も難しい。国債市場が信認とパニックの間を揺れ動き、債務不履行が現実味のある可能性のように思われるのは、こうしたティッピング・ポイント（臨界点）にいるときだ。ヨーロッパの国債市場は二〇一一年末にこの地点に近づき、欧州中央銀行（ＥＣＢ）のマリオ・ドラギ総裁が「必要なことは何でもやる」という有名な宣言を行った二〇一二年九月まで、崩壊の瀬戸際で揺れていた。ドラギの言葉は、ＥＣＢが国債の代わりに、国債保有者を安心させられる量のＥＣＢの貨幣債務を投入するという意味だった。この保証は功を奏し、ヨーロッパ国債市場は危機から抜け出した。

近年は、FRBが増刷した貨幣を使って買い入れる国債が、財務省の純新規債務の高い割合を占めている。FRBは、国債買い入れは金融状況を緩和するための政策ツールであり、国債の貨幣化を意図したものではないと主張している。また、財務省は、われわれは世界で最も優秀な債務者であり、アメリカ政府の資金需要を難なく満たすことができると主張している。それでも、はた目には、FRBが貨幣を減価させることによって国債を貨幣化しているように見える。FRBは、無利子の連邦準備券を利子つきの財務省証券と交換し、それから獲得した利子を財務省に戻すという、大規模な信用詐欺を行っているのである。債券市場にとって、また投資家全般にとっての課題は、どれだけの量の財務省証券の発行が持続可能であり、崩壊が始まるのを防ぐためには、連邦準備券と財務省証券の交換はどの程度まで許容可能なのかを判定することだ。

政府債務と財政赤字の関係は、従来の議論で認められているよりも複雑だ。政府債務や財政赤字に関する議論は、「政府債務は経済にとってよいか悪いか」とか、「アメリカの財政赤字は大きすぎるか、それとも対処できる範囲内か」というように、二者択一的になることが多い。保守派のティーパーティー（茶会派）は、赤字支出は本質的に悪であり、均衡予算はそれ自体として望ましく、アメリカはギリシャになる道をすでにかなり下っているという見方をしている。クルーグマンのようなリベラルは、債務はある種の望ましいプログラムの費用をまかなうために必要であり、債務の対GDP（国内総生産）比に関しては、アメリカは過去にもこの水準に達したことがあるという見解をとっている。第二次世界大戦直後には、アメリカの債務の対GDP比は、今日とほぼ同じ一〇〇パーセントだった。アメリカは一九五〇年代、六〇年代に徐々にその比率を低下させたのであり、リベラルは若干の増税でふたたび低下させることができると主張している。

どちらの見方にももっともな点があるが、どちらに対しても強力な反論もある。政策上の問題は、議論がこのように組み立てられると、解決策ではなく弁論術に役立つ間違った二分法が生まれることだ。債務は本質的に悪いものでもなければよいものでもない。債務の効用は、借り手がそのカネで何をするかによって決まる。債務水準は、機械的に高すぎるとか低すぎるとか判定されるものではない。債権者にとって重要なのは、債務水準のトレンドが持続可能性のほうに向かっていることなのだ。

債務は、赤字を埋め合わせるために使われ、しかも追加の借金をする以外に返済の当てがない場合には、破壊的なものになりうる。コストを上回る便益を生み出し、やがては採算がとれるようになるプロジェクトのために使われる場合は、生産的なものになりうる。債務の対GDP比が相対的に低くても、上昇し続けている場合はやはり厄介だ。債務の対GDP比が相対的に高くても、徐々に低下している場合は懸念材料にはならない。

政府支出の三条件

債務や赤字に関する論争をこのようにとらえると、さらなる問題が生じてくる。債務が望ましい目的のために使われているか、また、債務の対GDP比のトレンドが正しい方向に進んでいるかを判定するための適切な指針は何か、という問いだ。幸いなことに、どちらの問いに対しても、保守派の主張にもリベラルの主張にも逃げ込まずに、イデオロギーにしばられない正確な答えを打ち出すことができる。

政府支出をまかなうために使われる借金は、次の三つの条件が満たされる場合に許容できる。❶その支出によってもたらされる便益がコストより大きい。❷その支出は民間部門が単独ではできないプロジェクトに投入される。❸全体的な債務水準が持続可能である。これらの判定基準はそれぞれ独立して適用されなければならず、三つすべてが満たされなくてはいけない。政府支出が純益を生み出すことを論証できたとしても、民間部門がその仕事をもっとうまくやれる場合は、その支出は正しいとは言えない。政府支出が純コストを生み出す場合には、それは社会の富の備蓄を損なうので、戦争などの存在にかかわる危機のとき以外は決して正当化できない。

コストと便益がしっかり定義されておらず、しかも意思決定の過程でイデオロギーが分析にとって代わるときは、問題が生じる。二つの事例が、これをよく示している。インターネットと二〇〇九年のオバマの景気刺激策だ。

政府支出を支持する人々は、インターネットの初期の開発は政府の資金によって行われたと指摘する。実際、大学の大型コンピューター間の堅牢《けんろう》な通信システム、ARPANET（アーパネット）は、冷戦時代に研究協力を促進するために政府の資金で開発された。だが、ARPANETを今日のインターネットに発展させる努力は、民間部門によってワールド・ワイド・ウェブ（WWW）やウェブ・ブラウザーの開発、それに他の多くのイノベーションという形で進められた。この歴史は、政府支出によって民間部門のイノベーションが活性化されるとき、政府支出はきわめて大きな利益をもたらしうることを示している。ARPANETは、今日の基準ではかなり控えめな計画だった。そして、成功を収めた。政府はARPANETをいつまでも独占したりはせず、そのプロトコル（通信規約）を民間の開発者が利用できるようにして脇に退いた。インターネットは、政府が民間部門に仕事を任せた例なのだ。

破壊的な政府支出の例は、二〇〇九年のオバマの景気刺激策だ。予想便益は、いわゆるケインズの乗数効果に関する間違った想定にもとづいて算出されていた。そのうえ、支出の大部分が、政府や学校管理部門の組合員の雇用――その多くが余剰で、非生産的で、富を破壊するもの――を守るための地方政府への人件費補助に使われた。残りの多くは、ソーラー・パネル、ウィンド・タービン、電気自動車などの非効率的で拡大不可能な技術に投入された。この支出は乗数効果なる架空の効果を生み出さなかっただけでなく、名目支出と同程度の名目的な成長さえ生み出さなかった。*9 オバマの景気刺激策は、コスト・便益基準を満たさない政府支出の好例だ。

許容できる政府支出の三つの基準をすべて満たす政府プログラムの例は、州間高速道路システムだ。一九五六年、アイゼンハワー大統領は今日の貨幣価値に換算すると約四五〇〇億ドルの建設費がかかる州間高速道路システムを推進し、議会はそれを承認した。このシステムの便益は四五〇〇億ドルを大幅に上回り、今日に至るまで発生し続けている。この高速道路網と似通ったものを民間部門が生み出せたと主張するのは難しい。民間部門に任せていたら、でき上がったのは、せいぜいよくて多くの地域が取り残されたままの有料道路の寄せ集めだっただろう。政府だけが全米規模のプロジェクトを完成させることができたのであり、債務の対GDP比も当時は安定していた。したがって、州間高速道路システムは、債務を正当化する効率的な政府支出の三つの判定基準を満たしているのである。

今日、長期金利はほぼ史上最低レベルで推移しており、アメリカは一五〇〇億ドルの資金を二・五パーセントの金利で七年間借りようと思えば、簡単に借りることができる。政府はそのカネで、たとえば州間高速道路システムの隣に新しい天然ガス・パイプラインを建設し、既存の給油施設に天然ガス供給所を設置することができる。この州間パイプラインを主要ポイントで大規模な天然ガス幹線パイプラインに接続し、その後で、すべての州間輸送に一〇年以内にディーゼルから天然ガスに切り替えることを義務づけてはどうだろう。

このパイプラインと燃料供給所のネットワークが構築されれば、その後はシェブロン、エクソンモービル、フォードなどの民間企業が、天然ガスを動力源とする交通システムのイノベーションと拡大を引き継ぐことになる。ARPANET開発後に見られたような、官から民への移管である。天然ガスを動力源とする輸送への移行は、天然ガス自動車の成長を促進するだろう。さらに、天然ガスの需要増大は、天然ガスの探査と生産を、アメリカが卓越しているその関連技術とともに促進するだろう。

州間高速道路システムの場合と同じく、天然ガスを動力源とする州間交通システムは大きな変革をもたらすだろう。景気を浮揚させる効果が——幻の乗数効果からではなく正真正銘の生産的支出から——ただちに生まれるだろう。実際のパイプラインの建設で何十万人分もの雇用が創出され、ガソリン自動車から天然ガス自動車への切り替えで、さらに雇用が生まれるだろう。外国の石油への依存は終わり、アメリカの貿易赤字は消え失せて、成長が促進されるだろう。天然ガスはディーゼルやガソリンより燃焼する際の二酸化炭素排出量が少ないので、環境面の便益は明白だ。

これは実現するだろうか？ そうは思えない。共和党は成長より債務削減に関心を向けており、民主党はイデオロギー的に、天然ガスを含むすべての炭素系エネルギーに反対している。政界の大立者たちは、このような型破りの解決策には反対することで意見が一致しているようだ。しかしながら、支出をまかなうための政府の借金は、プラスのリターン、民間部門にはできない事業、持続可能な債務水準という三つの判定基準を満たすならば許容できるということは、依然として事実である。三つ目の基準は今日、最も厄介な問題になっている。

債務の持続可能性

検討しなければならない問いは、もう一つある。「債務水準は持続可能か」という問いだ。それは、さらに別の問いにつながる。政策決定者は、自分たちが債務の対GDP比を望ましい方向に動かしているかどうかをどうすれば見きわめられるのか？　財政赤字を持続可能にし、債務を返済可能にするうえで、FRBはどのような役割を果たすのか？

FRBの金融政策と政府債務や財政赤字との関係は、貨幣としての債務契約にとって重大なリスクをたくさんはらんでいる。根源的なレベルでは、FRBは財務省が発行する債券を、ドルに対する信認が崩れる地点までは、どれだけの量でも実際に貨幣化することができる。政策上の課題は、FRBの貨幣増刷能力に課すルールもしくは制限の問題だ。裁量的金融政策にとって、何が指針になるのだろう？

歴史的に見て、金本位制は自由裁量を制限し、金融政策が軌道から外れたときにそれを知らせる一つの方法だった。古典的金本位制の下では、貿易相手国への金の流出は、金融政策が緩すぎることを、したがって引き締めが必要であることを示していた。引き締めは景気を後退させる効果を持ち、単位労働コストを低下させ、輸出競争力を高めて、実物の金の流入をふたたびスタートさせる。このプロセスはサーモスタット（温度自動調節器）と同じく自動制御だった。古典的金本位制は問題がないわけではなかったが、次善のシステムより優れていたのである。

ここ二〇年ほどは、テイラー・ルール――このルールを提唱した経済学者、ジョン・B・テイラーにちなんで名づけられた――が、FRBの金融政策の実際的な指針になってきた。このルールには再帰的機能という長所があり、そのため最近の出来事から得られたデータが次の政策決定に生かされ、ネットワーク研究者たちの言う経路依存型の結果を生み出す。テイラー・ルールは一九八〇年代初めにポール・ボルカーとロナルド・レーガンによって築かれた健全なドル本位制という、より大きな流れの中の一つのツールだった。健全なドル政策は一九八〇年代を通して、また九〇年代に入ってからも、共和党政権でも民主党政権でも推進された。ジェームズ・ベーカーとロバート・ルービンという、まったくタイプの異なる財務長官が、この政策を推し進めたのだ。ドルは金と完全に同等ではないにしても、少なくとも物価指数によって測定されるその購買力を維持していたし、少なくとも通貨の基準点を求める他の国々にとって、アンカーの役目を果たしていた。

今ではあらゆる基準点が消え去っている。金本位制もなければ、ドル本位制もなく、テイラー・ルールもない。残っているのは、金融ジャーナリストのジェームズ・グラントが「博士号本位制」と呼ぶもの、すなわち、少数のエリート大学から授与された博士号を持つネオ・ケインジアンやネオ・マネタリストの理論家たちによる政策運営だけだ。

持続可能な財政赤字を定義するために理論指向の政策決定者が用いるルールは、エリート経済学者の間で議論され、さまざまな講演や論文や公の場での発言で明らかにされる。赤字支出の環境で最も重要なツールの一つが、「基礎的赤字の持続可能性」（PDS）というフレームワークである。数式で表現できるこの分析フレームワークは、政府債務や財政赤字が持続可能かどうかや、逆に財政赤字のトレンドがいつ信認の喪失を招いて、借り入れコストを急速に増大させるかを明らかにする。PDSは、アメリカがギリシャになりつつあるかどうかを判定するツールなのだ。

このフレームワークは何十年も使われてきたが、金融政策の鋭い分析で知られる経済学者のジョン・メイキンは、その使い方を現在の文脈で具体的に示した。メイキンは二〇一二年に、PDSフレームワークを指針として使って、アメリカの債務ならびに財政赤字とGDPの関係を分析したのである。*10

PDSの主な要素は、借り入れコスト（B）、実質成長率（R）、インフレ率（I）、税収（T）、支出（S）であり、全部合わせてBRITSと呼ばれている。実質成長率にインフレ率を加えたもの（R＋

I）が、アメリカ経済の中で生産された財・サービスの総価値で、名目国内総生産（NGDP）とも呼ばれている。税収から支出を引いたもの（T－S）が、基礎的赤字と呼ばれる。基礎的赤字は国の支出が税収を上回った額だ。基礎的赤字を計算する際の支出には、国債の金利は含まれない。これは決して、金利負担が重要ではないからではない。金利負担はきわめて重要だ。実際、PDSフレームワークの目的はひとえに、アメリカが金利を、そして最終的には債務をどの程度支払えるかを明らかにすることなのだ。基礎的赤字の計算から金利が除外されるのは、他の要素があいまって金利を支払える状態を生み出すかどうかを判断するためだ。PDSでは債務の金利はB、すなわち借り入れコストとして考慮に入れられているのである。

　わかりやすく言うと、アメリカの財政赤字は、GDPから金利負担を引いた額が基礎的赤字より大きければ、持続可能ということになる。これはつまり、アメリカ経済が金利を支払っており、しかも債務元本の返済に充てられる「余分」をいくらか生産しているということだ。だが、国内総生産から金利負担を引いた額が基礎的赤字より小さければ、その場合は、いずれは財政赤字が経済を押しつぶし、アメリカは債務危機に、場合によっては金融崩壊にさえ向かうことになる。

　ある時点までは、重要なのは政府債務や財政赤字の水準ではなく、それらの対GDP比のトレンドだ。トレンドが低下に向かっていれば、状況は管理でき、国債市場はそのコースを歩み続ける時間を与えてくれる。持続可能性とは赤字が消えなくてはいけないということではなく、赤字は増大してもかまわないのである。名目GDPは赤字に金利を加えた額より速く増大するので、重要なのはGDPに対する総債務残高の比率が小さくなることなのだ。

　名目GDPを個人の所得、基礎的赤字をクレジットカードの請求額ととらえてみよう。借り入れコストはクレジットカードの金利である。クレジットカードの金利を支払い、残ったおカネを元本の返済に充てられるだけのペースで個人所得が増大していれば、これは管理できる状況だ。しかしながら、個人所得が増大しておらず、既存の債務の金利を支払った後に新規の債務が積み重なっている場合には、破産は時間の問題にすぎない。

PDSフレームワークは、クレジットカードの例を経済学者が堅苦しく言い表したものだ。国民所得で債務の金利を支払うことができ、その後に総債務残高の対GDP比を低下させられるだけの額が残る場合には、状況は安定しているはずだ。これは赤字が有益だという意味ではなく、単に対処できるという意味だ。だが、金利を支払った後に債務の対GDP比を下げられるだけの国民所得が残らず、しかもこの状態が持続する場合には、アメリカはやがて破産することになる。

持続可能性は、数式で表すと次のようになる。

$$(R+I)-B>|T-S|$$

なら、アメリカの財政赤字は持続可能である。逆に、

$$(R+I)-B<|T-S|$$

なら、アメリカの財政赤字は持続可能ではない。

PDS／BRITSフレームワークとクレジットカードの例は、アメリカの主な経済論争の最近の展開や立場や論法をまとめて表現したものだ。民主党議員と共和党議員が税金、支出、赤字、債務上限、それに理解しにくいグランド・バーゲン（大取引）をめぐって論争するとき、これらの政治家たちは、実はBRITSの相対的な規模をめぐって言い争っているのである。

PDSはそれだけでは、とるべき措置《そち》や理想的な政策は何かを明らかにしてはくれない。特定の政策を選んだ場合の結果を理解できるようにしてくれるだけだ。PDSは、さまざまな政策セットについて思考実験を行うためのツールであり、財政的解決策と金融的解決策をつなぐ架け橋の役目を果たす。PDSは、これらの政策選択肢のすべてがどのように作用し合うかを理解するためのカギなのだ。

たとえば、債務の持続可能性を高める一つの方法は増税だ。税収が増えれば、基礎的赤字は小さくなり、したがってGDPは変わらなくてもアメリカは持続可能な状態に近づく。また、税収は変わらないが支出が削減されたという場合にも、基礎的赤字は縮小し、持続可能性に向かう動きを生み出す。支出削減と増税が同時に実施された場合も、同じくよい結果が生まれる。持続可能性に近づくもう一つの方法は、実質成長率を高めることだ。実質成長率が上昇すれば、金利を払った後、債務の対GDP比を低下させるために使えるカネがより多く残ることになる。

FRBがPDSの諸要素に影響をおよぼすという方法もある。FRBは、たとえば金融規制を使って借り入れコストを抑制することができる。借り入れコストの低下は、金利を払った後に残るGDPの額を増やすという点で、実質成長率の上昇と同じ影響をもたらす。重要な点として、FRBはインフレを起こすことができ、インフレは実質的な成長がない場合でも名目成長率を上昇させる。「名目成長率－借り入れコスト」は、PDSの数式の左側だ。インフレは金利支払い後に残る額を増やし、これもやはり債務の対GDP比を低下させる働きをする。

PDSフレームワークのこれらの政策選択肢は、どれもみなBRITSの一つの要素が変化し、他の要素は変化しないと想定しているが、現実の世界はもっと複雑だ。BRITSの一つの要素の変化が別の要素の変化を引き起こし、その結果、最初の変化の望ましい影響が増幅されたり、打ち消されたりすることがある。民主党と共和党は増税と支出削減についてだけでなく、これらの政策選択肢が他のBRITSにおよぼす影響についても意見が対立している。民主党は、成長を損なわずに増税することは可能だと考えており、共和党はそれは不可能だと考えている。民主党は、インフレは不況時には有益だと考えており、共和党はインフレは借り入れコストを増大させ、状況を悪化させると考えている。

こうした意見の相違の結果が、政治の停滞と政策の機能不全である。二〇一一年八月の債務上限をめぐる混迷に始まって、二〇一三年一月の「財政の崖」問題、それから二〇一三年後半と二〇一四年初めの予算執行停止と債務上限問題をめぐる対決という一連の長い論争の間、政治の停滞は続いてきた。

PDSはトレンドを数値化するために使うことはできるが、トレンドが正確にどの水準で持続不可能になるかを予測することはできない。それは、国債市場の仕事である。国債市場は、金利やインフレや財政赤字の未来の動向に賭けて、毎日、資金をリスクにさらしている投資家によって動かされている。この市場は政治の停滞を長期にわたって許容し、政策決定者に猶予を与えるかもしれない。だが、最終的に厳しい審判を下すこともありうる。PDSによる判定で、アメリカが持続不可能なコースを歩んでおり、その下降の歩みが加速していて終わりが見えないという結果が出た場合には、市場は突然、金利を急上昇させるかもしれない。金利の急上昇はPDSをさらに持続不可能にし、それは金利をさらに上昇させる。悪化する一方のPDSの結果と上昇する一方の金利の間にフィードバック・ループ（訳注フィードバックの繰り返しで結果が増幅されること）が生み出される。やがてシステムが崩壊して、明白なデフォルト（債務不履行）かハイパーインフレ（物価暴騰）という事態に陥ることが考えられる。

FRBの金融抑圧

今日、FRBは厳しい数字、不安を抱く市場、機能不全の政治といううんざりするような三点セットに直面している。アメリカ経済は病人のようなもので、政治家は患者のベッドのそばで次の一手をめぐって口論している心配げな親類たちだ。PDSフレームワークは患者の容体が悪化しているかどうかを知らせる体温計で、国債市場は患者を墓地に運ぶのを待っている葬儀屋だ。このメロドラマ風のシーンに、ドクターFRBが登場する。ドクターは患者を治すために必要な薬は持っていないかもしれないが、増刷された貨幣は経済にとってモルヒネのようなものだ。患者を殺してしまうほどの量が投与されないかぎり、痛みを和らげることができる。

アメリカ国民との債務契約の当事者として、また世界中に対する債権者として、FRBは連邦準備券の保有者たちから寄せられている信頼に応えていないとみなされてはならない。国際通貨制度の視点からは、国債に対する信認の崩壊よりさらに悪いシナリオは、ドルそのものに対する信認の崩壊だけだ。政府債務と財政赤字とドルは、世界の金融システムをしっかり固定する結び目をつくっている三本のひもだ。国債を支えるためにドルを際限なく発行することで、FRBはその結び目をほどいて、ドルに対する信認で成り立っているゲームを台無しにする危険を冒している。FRBの成功と失敗の差は、紙一重なのだ。

厳密な言葉で言うと、財政は標準的なベン図で二つの大きな円が重なる部分とみなすことができる。

一つの円はFRBによってコントロールされている金融政策の世界、もう一つの円は税収と支出で構成される財政政策で、これは議会とホワイトハウスによってコントロールされている。ベン図の場合と同じく、これら二つの円には重なり合う部分がある。その部分がインフレだ。FRBが十分なインフレを生み出すことができれば、債務の実質価値は消え去り、増税なしでも支出を続けることができる。重要なのは、借り入れコストを増大させずにインフレ率を高めることだ。借り入れコストが増大すれば、債務が増えるからだ。PDSフレームワークは、どうすればこれを実現できるかを教えてくれる。

これを理解するためには、見本数値を使ったPDSによって示される状況を検討することが助けになる。FRBにとって理想的なのは、実質成長率四パーセント、インフレ率一パーセント、（対GDP比で表した）借り入れコスト二パーセント、（同じく対GDP比で表した）基礎的赤字二パーセントという状況だ。これらの数字をPDSフレームワークに入れると、結果は次のようになる。

(4＋1)－2＞2　すなわち　3＞2

つまり「実質成長率＋インフレ率－金利負担」が基礎的赤字より大きいわけで、これは債務の対GDP比が低下していることだ。これが高い実質成長率と低いインフレ率という、債務が持続可能な状態だ。

残念ながら、この例はFRBが今日市場で直面している状況ではない。借り入れコストはGDPの一・五パーセントと低く、先ほどの例に比べると好ましい。だが、先ほどの例より持続可能性にとって悪い要素もある。実質成長率が二・五パーセント弱で、基礎的赤字が約四パーセントなのだ（インフレ率は、先ほどの例と同じく約一パーセントである)。これらの実際の数字をPDSフレームワークに入れると、結果は次のようになる。

(2.5+1)−1.5<4　すなわち　2<4

この例では、「実質成長率+インフレ率−金利負担」が基礎的赤字より小さい。これは債務の対GDP比が増大しているということであり、持続不可能な状態だ。このモデルでもやはり、重要なのは水準ではなく、BRITSとそれらの相互作用の結果に表れるトレンドだ。たびたび引用されるカーマン・ラインハートとケネス・ロゴスの論文に反して、危機を引き起こすのは債務の対GDP比の絶対的な水準ではない。持続不可能な状態に向かうトレンドなのだ。[*11]

PDSの長所は、計算が簡単なことだ。2<4という数式から始まるということは、持続可能性を実現するためには2の上昇か4の低下、もしくはその両方が必要ということだ。今日のアメリカの実質成長率は、政策の不確実性も一因となって二・五パーセントで足踏みしている。アメリカの基礎的赤字は、二〇一三年の増税と予算執行停止のおかげで三パーセントに低下するかもしれないが、それがなければ税収と支出のこう着状態は確実に続くと思われる。計算は簡単だが、結果は厳しい。実質成長率が二・五パーセント、基礎的赤字が三パーセントで、借り入れコストが変わらないとしたら、その場合、持続可能性を実現する唯一の方法は、インフレ率を借り入れコストを上回る水準にFRBが押し上げることだ。もちろん、インフレは借り入れコストを増大させる傾向があり、これはBRITS内でのフィードバック・ループの好例だ。

たとえば、ＦＲＢが借り入れコストを二パーセントに制限し、インフレ率を三パーセントに上げることができたとする。これらの新しい数字を入れると、ＰＤＳフレームワークは次のようになる。

(2.5＋3)－2＞3　すなわち　3.5＞3

この結果は持続可能性の条件を満たしており、国債市場はパニックにはならず、辛抱強さを見せて、アメリカに実質成長率を高めたり、基礎的赤字を縮小したり、その両方を行ったりする時間をもっと与えてくれるはずだ。

ＰＤＳとＢＲＩＴＳによって、とげとげしい対立や政治の機能不全、それにテレビ中継される怒鳴り合いの論争を解きほぐすことが可能になる。政策による解決が必須である。実質成長率の上昇がない場合には、政治家が赤字を減らすか、ＦＲＢがインフレを生み出すかのどちらかが必要だ。債務危機を防ぐ方法はほかにないのである。

赤字を削減するための政治的成功は、これまでのところささやかで不十分であり、実質成長率の上昇は期待を裏切り続けている。したがって、債務危機を防ぐ役目は、金融政策によってインフレ率を上昇させるという形でＦＲＢが担わざるをえない。インフレは少額貯蓄者に不公正さを押しつけるが、それでもＰＤＳフレームワークにおける優れた解決策だ。

貯蓄者には選択肢がほとんどないかもしれないが、国債の買い手にはたくさんある。カギになるのは、国債の買い手がインフレによる資本の価値低下を容認するかどうかである。インフレ率が名目金利より高いというこの状態は、実質金利をマイナスにする。たとえば、名目金利が二パーセントでインフレ率が三パーセントだとすると、実質金利はマイナス一パーセントになる。普通の市場では、国債の買い手はインフレを相殺するために金利の上昇を要求するが、これは普通の市場ではない。国債市場は実質金利の上昇を望むだろうが、FRBはそれを許さないだろう。FRBは、金融抑圧によってマイナスの実質金利を押しつけるのだ。

金融抑圧については、カーメン・ラインハートとM・ベレン・スブランシアが二〇一一年の論文「政府債務の清算」[*12]で、鋭く解き明かしている。金融抑圧のカギは、法律や政策を駆使して、金利がインフレ率を上回るのを防ぐことだ。この戦略はさまざまな方法で実行できる。一九五〇年代、六〇年代には、銀行が貯蓄預金に記載金利を上回る金利をつけることを違法とする銀行規制によって行われた。その一方で、FRBが銀行預金の金利を若干上回る率の緩やかなインフレを生み出し、そのため銀行預金の価値は低下した。これはきわめて巧妙に行われたので、預金者はほとんど気づかなかった。そのうえ、マネー・マーケット・ファンドや401(k)が登場する前だったので、預金者にはほとんど選択肢がなかった。一九二九年の株式市場の暴落はまだ多くの人の記憶に残っていて、ほとんどの投資家が株式投資を投機的すぎるとみなしていた。銀行に預けておくことが、富を保存する主な方法だった。FRBがそのカネをあまりにも短期間で、もしくはあまりにも露骨に盗み取らないかぎり、システムは安定していたのである。

実質金利がわずかにマイナスの状態が長期にわたって続いたことは、債務の対GDP比に奇跡を起こす働きもした。金融抑圧のこの黄金時代に、国家債務はGDPの一〇〇パーセント以上という一九四五年の水準から、一九七〇年代初めには三〇パーセント弱に低下したのである。

一九六〇年代末には、金融抑圧は終了しており、インフレが無視できないほど激しくなっていた。銀行預金という従来の手段を使っていた人々からの富のかすめ取りは、痛みをもたらすようになっていた。メリルリンチは、一九七〇年代に国債より利回りが高いマネー・マーケット・ファンドを創設することでこれに対応し、他の銀行もすぐにそれに続いた。フィデリティのような投資信託運用会社が、株式の保有を容易にした。投資家は金融抑圧から抜け出し、銀行を置き去りにして、リスク資産というニュー・フロンティアに向かったのだ。

貨幣錯覚

FRBが今日直面している問題は、一九五〇年代のような銀行預金の金利規制や選択肢のない預金者という助けがない中で金利を抑えるために、金融抑圧をどのように実行すればよいかということだ。FRBの目標は一九五〇年代と同じ——インフレ率の上昇と金利の抑制——だが、戦術は進化している。インフレ率は貨幣の増刷によって押し上げられ、金利抑制は国債の買い入れによって実現される。FRBにとって都合のよいことに、貨幣増刷と国債買い入れは同じコインの両面だ。FRBは、増刷した貨幣で国債を買い入れているのだから。

このようなオペレーションは、量的緩和（QE）と呼ばれている。数次にわたって実施された量的緩和プログラムは二〇〇八年に開始され、二〇一二年末までに二兆ドル以上の新規貨幣が発行された。二〇一四年初めには、年間一兆ドル以上のペースで増刷が行われていた。

超過準備として銀行にとどまっている貨幣は、インフレを生み出しはしない。物価が上昇するのは、消費者や企業が増刷された貨幣を借りて使う場合だけだ。FRBの視点からは、消費者の行動を操作し、借り入れや支出を促すことは、きわめて重要な政策要素である。FRBはアメとムチの両方を使って消費者を操作することを選んできた。ムチは消費者を脅して物価が上がる前に支出しようという気にさせるためのインフレショック、アメは借金して株式や住宅などのリスク資産を買うよう仕向けるためのマイナス実質金利である。FRBは、自身の債券買い入れ能力と、必要な場合は商業銀行のそうした能力を使って名目金利を抑制することで、マイナス実質金利を実現するだろう。

アメとムチを効果的にするためには、少なくとも三パーセントのインフレが必要だ。その水準になれば、実質金利がマイナスになり、消費者は不安を感じてカネを使い始めるはずだ。貸し付けや支出を促進するこれらの強力な誘因は、名目GDPを少なくとも歴史的傾向にもっと近いペースで増大させることを目的としている。この成長がやがて自律的になることを、そして、FRBがその後政策を反転させて、加速的な成長プロセスを通じて名目GDPを実質GDPに変えられることをFRBは期待している。FRBはゼロ金利政策と量的緩和政策を使って、インフレ率の上昇とマイナス実質金利という目標を達成しようとしているのである。

銀行はFRBが提供するゼロ金利で短期資金を借りて、より高い金利でより長期の貸し付けを行うことで利益を上げることができる。だが、銀行が住宅ローンや社債などの長期資産を抱えている間に短期金利が急上昇したら、この種の貸し付けは損失を生み出すおそれがある。この問題に対するFRBの解決策が、フォワード・ガイダンスだ。FRBは事実上、短期金利の上昇については今後も長きにわたって心配する必要はないと銀行に教えているのである。

FRBは二〇〇九年三月、短期金利は「長期にわたって」ゼロで推移するだろうという告知を出した。二〇一一年八月には「長期にわたって」という言葉が削られ、金利が上昇に転じるのは早くて「二〇一三年半ば」であると、具体的な時期が示された。二〇一二年一月には、この時期が「二〇一四年後半」に先送りされた。そして、二〇一二年九月には、金利が上昇するのは早くて「二〇一五年半ば」からだと発表された。

こうした保証でさえ、銀行や投資家にとっては十分ではなかった。FRBは利上げの時期を、先送りしたときと同じく簡単に前倒しするかもしれないという懸念がぬぐえなかったのだ。FRBが考えを変えるとしたら、どのような基準にもとづいてそうするのかは定かではなく、そのためフォワード・ガイダンスの効果は弱められた。フォワード・ガイダンスをたびたび変わる時期を教えるものから、もっと観測しやすい数値目標を示すものに変えるべきか否かをめぐって、FRB内部で激しい論争が展開された。

この論争は、コロンビア大学のマイケル・ウッドフォードが二〇一二年八月末のFRBジャクソンホール会議で発表した論文で、歴史的かつ分析的に詳しく説明されていた。ウッドフォードの主張は決して単純ではないが、せんじ詰めれば一語にまとめられる。コミットメント（約束）である。彼の主張の核心は、フォワード・ガイダンスは、中央銀行が将来それを否定することはないということが明確に伝わるように表現されれば、今日の行動を変えるうえで、はるかに効果的になるということだった。

フォワード・ガイダンスが必要な……理由は……中央銀行の側のコミットメントを容易にするためだ。……実際には、このようなコミットメントを達成可能で信用できるものにする最も論理的な方法は、政策決定者がのちに決定を下すに当たって、そのコミットメントの存在を完全に無視したら厄介な事態になるくらい明確に、そのコミットメントを公然と述べることだ。*13

FRBの考え方に関するウッドフォードの優れた論文の影響はすぐに現れた。ジャクソンホール会議からわずか三カ月後の二〇一二年一二月一二日、FRBはフォワード・ガイダンスに目標期日を使う慣行を捨てて、代わりに厳密な数値目標を使うことにした。FRBのいつもの言い回しで、新しい目標は次のように説明された。

> とくに、当委員会は〇から〇・二五パーセントというフェデラル・ファンド金利の目標幅を維持することを決定した。そして、少なくとも失業率が依然として六・五パーセントを上回り、この先一、二年のインフレ率が当委員会の長期目標である二パーセントを〇・五パーセンテージ・ポイントしか上回らないと予想され、長期的なインフレ期待が引き続きしっかり固定されている間は、フェデラル・ファンド金利のこの例外的に低い目標幅が適切であると、現在のところ予測している。[*14]

FRBは今や公然と数値目標を採用し、それらの目標が達成されるまでは、場合によってはもっと長くゼロ金利を維持すると約束しているのである。

FRBのコミットメントの注目すべき特徴は、次の三つである。一つは失業率六・五パーセント、インフレ率二・五パーセントという数値目標は利上げのしきい値であって、引き金ではないことだ。FRBは、「それらの目標が達成されたときに金利を引き上げる」とは言わなかった。「それらの目標が達成されるまでは金利を引き上げない」と言ったのだ。これによって、失業率が六パーセントに下がったり、インフレ率が三パーセントに上がったりした場合でも、金融緩和を続ける余地がたっぷりあることになる。二つ目は、「二つの目標がどちらか一方ではなく二つとも達成されるまで、利上げは行わない」と言ったことだ。これはつまり、インフレ率が三パーセント以上になっても、失業率が七パーセントなら緩和策を続けられるということだ。三つ目として、FRBのインフレ目標値は実際のインフレ率ではなく予想インフレ率にもとづいている。これはすなわち、実際のインフレ率が四パーセントでも、FRBの主観的な予想インフレ率が二・五パーセント未満なら緩和策を続けられるということだ。

この新方針は、FRBの見事な策略だ。表面的には明確な目標値を示すというウッドフォードの提言を受け入れた格好になっているが、実際には目標値はあいまいで、ごまかしがきくのである。失業率がまだ七パーセントでも、インフレ率が三パーセントになったらFRBは急ブレーキを踏むのかどうか、誰にもわからない。貨幣増刷の終了からどれくらいの時間がたったら利上げが行われるのか、誰にもわからない。それでも、FRBの新方針は、アメとムチ方式による三パーセントという隠れたインフレ目標値と矛盾しない。失業率の目標がまだ達成されていなければ、インフレ率が三パーセントを超えても、FRBはそれを正当化できる。予想インフレ率が三パーセントより低ければ、実際のインフレ率が三パーセントを超えていても、FRBはやはりそれを正当化できる。数値目標は利上げのしきい値であって引き金ではないのだから、どのような状況になってもFRBは目標値より高いインフレ率を正当化できるのだ。新方針は、インフレ率の上昇に実質的な制限はまったく課さないのである。

PDS・BRITSフレームワークとFRBの新方針は、学術理論や公式発表の陰に隠れているインフレの姿を示唆している。借り入れコストの低下とインフレ率の上昇が、FRBが財政赤字の持続可能性を高められる唯一の方法だ。金融抑圧は借り入れコストを低下させ、量的緩和は、それが継続されるという発表を市場が信じるならば、インフレ率を上昇させることができる。二〇一二年一二月に発表されたＦＲＢの方針は、ウッドフォードの提言をあいまいにしたものだ。ＦＲＢは数値目標を設定したふりをしながら、ＦＲＢが必要と判断するインフレ目標値に到達するために必要な自由を保持し続けているのだが、それにはある種の手品が必要だ。

ＦＲＢが行っている貯蓄者からのかすめ取りには、名前がある。経済学者はそれを、貨幣錯覚と呼んでいるのである。要は、貨幣増刷はそれだけでは実質的な成長を生み出すことはできないが、名目価格と名目ＧＤＰを押し上げることによって成長しているという錯覚を生み出すことができるということだ。錯覚は、一九七〇年代末にそうなったようにいずれは打ち砕かれるが、インフレが遅れて現れて認識利益をかすめ取るまで、一〇年以上続くことがある。

インフレ率の上昇と名目ＧＤＰの増大というＦＲＢの目標は明確ではあるが、ＦＲＢはこれらの目標を達成できないだろうし、達成しようとすることでアメリカにとって悲惨な結果をもたらすことさえあるだろう。そう考えるにはもっともな理由がある。フォワード・ガイダンスがＦＲＢの使っている時間枠の中で効果をあげるか否かについては、当のＦＲＢの職員が保留を表明している。[*15] 著名な経済学者、チャールズ・グッドハートは、名目ＧＤＰターゲティング（目標値設定）は、「インフレ率の上昇をめざすみえすいた方法」であり、「それを機能させる方法はまだ誰も設計していない」[*16]と述べている。

名目ＧＤＰターゲティングの欠陥とそこに組み込まれるインフレ率に対する最も説得力のある批判は、当のＦＲＢの内部から出されている。二〇一三年二月、ＦＲＢのジェレミー・スタイン理事は、ＦＲＢの金融緩和政策に対して詳細にわたる批判を展開し、この政策の最大の欠点を遠回しに指摘した。[*17] その欠点とは、創造された貨幣が流れ込むチャネルは回転率の上昇だけではなく、資産バブルや金融工学などのチャネルもある、ということだ。

スタインの主張は、低金利環境はより高い利回りを求める動きを誘発し、この動きはさまざまな形をとりうるということだ。最も明白な形は、株式や住宅などのリスク資産の価格の上昇だ。これは、直接観察することができる。さほど明白ではない形としては、金融機関がスプレッド（金利差）をとるために短期で借り入れて、レバレッジ・ベースで長期で貸し付けるという、資産と負債のミスマッチがある。

さらにわかりにくいのが担保スワップ（交換）で、これはシティバンクなどの金融機関がジャンク債と引き換えに国債をオーバーナイト（翌日）・ベースで借り受け、その国債を高リターンの簿外デリバティブ（金融派生商品）取引の担保として使うという方法だ。このような取引は、短期資産の提供者が突然、その資産の返却を望み、シティバンクなどがそのために他の資産を投げ売り価格で処分せざるをえなくなった場合には、これらの金融機関に対する取り付け騒ぎにつながる。カウンターパーティ・リスク（訳注　デリバティブ取引等の金融取引における取引相手の信用リスク）の目に見えない網の目はシステミック・リスク（訳注　特定の金融機関や市場の機能不全が、市場全体に波及する危険性）を増大させ、システムを二〇〇八年パニックの、より大規模な再現に近づけることになる。

スタインが描き出したシナリオが現実になったら、FRBの努力はまたたく間に台無しにされるだろう。二〇〇八年パニックからこれほど間もない時期に過度のレバレッジとリスクテイキングから市場パニックが発生したら、二〇〇〇年代初めの、借金して消費する生活に消費者を戻そうとするFRBの努力は打ち砕かれるだろう。

スタインの論文は、金融機関に隠れたリスクが積み上がるのを防ぐために、FRBは量的緩和をすぐにでも終了しなければならないという主張として受け止められてきた。だが、別の解釈がある。銀行がリスクの高い金融工学を自ら縮小しなければ、FRBは規制を強化して銀行に強制的にそうさせるかもしれないと、スタイン自身が述べている。ＦＲＢは貸し倒れ引当金、配当政策、ストレス・テスト（健全性審査）、買収、自己資本比率などの分野で、銀行に対して生殺与奪の権利を握っている。銀行の経営者がこれらの分野でＦＲＢに楯突《たてつ》くのは、無謀というものだ。スタインの論文は、規制によって古いタイプの金融抑圧に部分的に戻ることを勧めているのである。

ＦＲＢの操作は、自身を安全網なしで綱渡りをしているような状態に追い込んでいる。ＦＲＢはただ単に前進し続けるために、全精力を使って組織一丸となって努力しなければならない。ほんの少し足を滑らせたり予期せぬ突風が吹いたりするだけで、この企ては破滅的な終わりを迎えるかもしれないのだ。ＦＲＢは（そうしていることを認めずに）インフレを促進しなければならないし、（バブルの破裂を引き起こさずに）資産価格を上昇させなければならない。自身の政策が有効かどうかもいつ終わるのかもわからないまま、自信を醸し出さなければならない。要するに、ＦＲＢは債務契約の当事者としての役割と政府債務の唯一の救い手としての役割の間で、板挟みになっているのである。これらの役割のどちらか一つだけで成功することは考えにくい。両方で成功するか、両方で失敗するかのどちらかになるだろう。

第八章　ＩＭＦ

最適通貨圏は世界である。

ロバート・Ａ・マンデル（ノーベル経済学賞受賞者）

総裁のご提案はまだ読んでいません……ですが、私の理解するところでは……それはＩＭＦ（国際通貨基金）の特別引き出し権の利用拡大を目的とする提案であり……えー……ですから……えー……われわれは実際のところ喜んで耳を傾けます。

ティモシー・ガイトナー（アメリカ財務長官）

二〇〇九年三月二五日（中国政府の提案に関する記者の質問に答えて）

ＩＭＦはそのツールキットを改良し、あらためて目的を持たせ、補充してきました。

クリスティーヌ・ラガルド（ＩＭＦ専務理事）二〇一三年九月一九日

朱民のクラスター・パラダイム

朱民博士に会えば、グローバル金融の未来がわかる。彼は大勢の中でひときわ目立つ存在で、彼の約一九三センチメートルの体格は、投資家たちにポール・ボルカーやウォルター・リストンなど、知力だけでなく身体的存在感でも周囲の人々を威圧した二〇世紀後半の最も強力な銀行家を連想させる。[*1]朱民は二〇世紀ではなく二一世紀に生きており、今日の世界に見られる相対立する力――東対西、金対紙、国家対市場――を彼ほど強く体現している人は、ほとんどいないと思われる。

朱民はIMFの最上級ポストに数えられる副専務理事の座にあり、専務理事のクリスティーヌ・ラガルドに直接指示を仰いでいる。IMFは第二次世界大戦が終わりに近づく中で、大恐慌後の国際通貨制度の枠組みを築いた一九四四年のブレトンウッズ会議で設立された主要機関の一つである。設立以来ずっと、グローバル金融の大きな謎と言える存在だった。

IMFは、自身の活動や目的をかなり公にしている。それなのに、この機関は専門家にさえほとんど理解されていない。それは一つには、IMFが果たしている特異な役割とそれを履行する際に使うきわめて専門的な用語のせいだ。IMFで働くためには、ワシントンDCの高等国際関係大学院（SAIS）のような機関で専門的な大学教育を受けていることが、一般的な資格要件になる。公開性と不透明さのこの組み合わせは、拍子抜けするほどだ。IMFは透明に不透明なのだ。

IMFの使命は、ブレトンウッズ会議から数十年の間に何度も変化してきた。一九五〇年代、六〇年代には、IMFは為替《かわせ》レートを固定した金本位制の番人であり、国際収支の困難に陥った国々につなぎ融資を行う機関だった。一九七〇年代には、金本位制から変動相場制への移行を促進する場であり、物価抑制を手助けするためにアメリカの要求に従って大量の金を売却した。一九八〇年代、九〇年代には、患者の家に往診に行く医師のようになり、新興経済諸国への役に立たないアドバイスという形で怪しい薬を投与した。この役割は突然終わったが、それは一九九七年〜九八年のグローバル金融危機に対するIMFのまずい対応がジャカルタやソウルの街頭での流血の惨事につながり、多数の死者が出たためだった。

二〇〇〇年代初めはIMFの責務が不明確な漂流の時代で、専門家たちは、この機関はもう用済みになったと語っていた。IMFは二〇〇八年にG20（主要二〇ヵ国）の事実上の事務局兼実働部隊として再浮上し、その年の金融パニックに対する政策対応を調整した。今日、IMFは「世界全体の最後の貸し手」という新しい役割に精力を傾けている。IMFは、世界の中央銀行になっているのである。

IMF副専務理事という朱民の地位は、IMF、世界銀行、国際決済銀行という国際通貨制度を支える三つの多国間機関で中国人が占めた地位としては過去最高だ。彼のキャリアは、簡単に言うと金融面での中国の台頭を象徴している。彼は中国有数の名門大学である上海の復旦《ふくたん》大学を一九八二年に卒業した。アメリカで経済学の博士号を取り、その後世界銀行と中国銀行の国際部門で職歴を積んだ。二〇〇九年には、中国の中央銀行の副総裁に就任した。二〇一〇年五月、当時のIMF専務理事、ドミニク・ストロスカーンによって専務理事特別顧問に任命され、ついに二〇一一年、ストロスカーンの後任のクリスティーヌ・ラガルドによりIMF副専務理事に選任された。

朱は悠然とした物腰と優れたユーモア感覚の持ち主だが、思い入れの強い政策について畳みかけるように質問されると、突然、学生に講義しているかのように声高になることがある。彼の若干訛《なま》りのある英語は見事だが、ソフトな語り口は時として聞き取りにくい。彼の経歴はユニークだ。彼は、中国共産党の支配下にある中央銀行の最上層のポストと、表向きは自由市場と自由な資本取引の擁護者である

ＩＭＦの最上層のポストで活動してきたのである。

朱はＩＭＦの公務や大学での講義のために、また世界経済フォーラム（通称ダボス会議）などの権威ある国際会議に出席するために、ひっきりなしに移動している。民間の銀行家や政府の役人たちは、ワシントンＤＣのＩＭＦ本部で、あるいはＧ20サミットの際に、嬉々《きき》として彼のアドバイスを求める。その一方で、共産党中央政治局の面々も、彼の定期的な北京出張の際、同様に彼のアドバイスを求める。東洋から西洋まで、共産主義から資本主義まで、朱民は今日の世界金融の相対立する二つの陣営をまたにかけているのである。

国際通貨制度の隠れた真実を朱ほどよく知っている人間は、諸国の中央銀行総裁やほかならぬラガルド専務理事を含めて一人もいない。グローバル経済やグローバル金融に関する彼の考えがとくに重要なのは、そのためだ。国家資本主義の世界と自由市場の世界にまたがる彼の立場を反映して、彼は断固たるグローバリストだ。彼は世界を、南北とか東西といった従来のカテゴリーによってではなく、経済的要因やサプライチェーン（供給網）のつながりや歴史的絆にもとづく国のクラスター（集合）としてとらえている。これらのクラスターは交差したり、オーバーラップしたりしている。

たとえば、オーストリアはドイツやイタリアを含むヨーロッパの製造業クラスターに属しているが、同時に、ハンガリーやスロベニアなど、かつてのオーストリア＝ハンガリー帝国内の諸民族からなる中欧グループにも属している。オーストリアはそのグループのリーダーとして、下請け契約やサプライチェーンや銀行融資といった結びつきを通じて、オーストリア＝ハンガリー・グループにヨーロッパ製造業クラスターにつながる経路を与え、「ゲートキーパー（門番）」の役目を果たしている。これらのつながりは、たとえばスロベニアの自動車部品メーカーがイタリアのフィアットに製品を売る助けになるかもしれない。スロベニアとイタリアのつながりは、門番であるオーストリアを経由するわけだ。クラスター、オーバーラップ、ゲートキーパーというこのパラダイム（枠組み）は、予想外の一致を生み出す。朱は南米諸国を中国・西半球サプライチェーン・クラスターに含めているが、これはラテンアメリカ経済の優れた研究者、リオルダン・ロエットも主張していることだ。[*2] 朱の見解は、アメリカの経済的覇権がおよぶ範囲はパナマ運河までで、南米の大部分は今では中国の勢力圏と正しくとらえられている、というものだ。

朱のクラスター・パラダイムはIMFの加盟一八八カ国のサーベイランス（政策監視）に関係があるので、学術的に興味深いだけでなく、IMFの政策に直接、影響をおよぼすようにもなっている。このパラダイムは、IMFが国の政策の「波及」効果と呼んでいるものの調査の土台を与えてくれる。IMFが波及と言うとき、それは銀行のリスク・マネージャーの言う伝染――金融パニックにおいて、人々がやみくもに流動性を求める中で、カウンターパーティ債務や担保差し入れの緊密な網の目を通じて、暴落が一つの市場から別の市場へと急速かつ無制御に伝播《でんぱ》すること――と同じである。波及は諸国の経済が緊密につながっているときはクラスターの内部で生じ、ゲートキーパーが苦境にあるときはクラスターとクラスターの間で生じる。朱民は、IMFが複雑性にもとづいて実際に役立つリスク管理モデルを開発する手助けをしている。そのモデルは、個々の中央銀行や民間金融機関が使っているモデルよりはるかに高度なものになるはずだ。

ケインズをアップデートする

朱は伝統的ケインズ主義者に対して、彼らの政策行動モデルが、個人や企業の対応とともにどれほど時代遅れであるかを論証しようとしている。行動・対応という二つの要素からなるこのモデルは、政策決定者と経済主体の間に金融仲介者を入れるように修正しなければならない。この違いは次のように表示される。

伝統的ケインズ主義モデル
財政・金融政策↓個人・企業の対応

新しいIMFモデル
財政・金融政策↓金融仲介者↓個人・企業の対応

個々の経済主体に対する政策伝播の点で、かつての金融機関が予測可能な受動的プレーヤーだったのに対し、今日の金融仲介者はより能動的で、政策決定者の願望を著しく弱めたり、増幅したりする。民間銀行は証券化やデリバティブ（金融派生商品）や他の形のレバレッジ（リターンとリスクを増幅させる投資手法）を使って、金融緩和の影響を大幅に拡大するかもしれないし、与信基準を厳しくしたり米国債のような安全資産に移行したりして影響を軽減することもできる。銀行は、波及効果の主な伝播チャネルでもある。ケインズ主義の分析が役に立たないのは、一つには銀行の役割を関数に十分組み入れていないからだと、朱は主張している。

クラスタリング、波及、金融伝播は、国際通貨制度に関するIMF調査の基盤を支える三つの理論的柱である。このような新しい概念は、実務上の効果を持つようになる何十年も前から、大学の経済学部でじわじわと広がっていることがある。

ＩＭＦは、職員の圧倒的多数が博士号を持っているにもかかわらず大学ではない。融資とそのコンディショナリティー（付帯条件）に関する政策決定を通じて、体制を保護もしくは非難できる強力な機関である。朱のパラダイムからは、ＩＭＦの構想が垣間見える。クラスタリングは、経済的結びつきのほうが主権より重要であることを示唆している。波及効果は、リスクを封じ込めるためにはトップダウンの制御が必要だということを物語っている。金融伝播は、その制御を実行するに当たっては銀行が重要な結節点であることを示している。要するに、ＩＭＦはグローバル・ベースで金融を制御し、リスクを封じ込め、経済発展を調整しようとしているのである。

このグローバルな使命を果たすためには、この上なく有能で、政治的に強力なプレーヤーの支援が必要だ。ＩＭＦの執行部は、グローバル経済のきわめてバランスのよい縮図である。朱民とクリスティーヌ・ラガルド専務理事に加えて、アメリカのデビッド・リプトン、日本の篠原尚之《しのはらなおゆき》、エジプトのネマト・シャフィクで構成されているのである。構成メンバーの多様性は、単なる多国間主義の実践を超えている。ラガルドはヨーロッパの利益を代表し、朱民は中国の、リプトンはアメリカの、篠原は日本の、そしてシャフィクは途上国の利益を代表している。ＩＭＦのトップ五は会議のテーブルにつくとき、事実上、世界を代弁するのである。

アメリカはＩＭＦのすべての重要な活動に関して拒否権を持っているので、デビッド・リプトンの発言権が最も強く、クリスティーヌ・ラガルドのそれより強い。これは、リプトンがチームプレーをしないということではない。アメリカとＩＭＦは多くの問題について――ドルがいずれグローバル準備通貨の地位を奪われるという問題についても――意見が一致している。リプトンが拒否権を持っているということは、アメリカがどのような見返りを要求するかによって変化の起こる速度が決まることを意味しているのである。

リプトンはロバート・ルービンの多くの弟子の一人だが、ルービンの弟子にはほかにティモシー・ガイトナー、ジャック・ルー、マイケル・フロマン、ラリー・サマーズ、ゲーリー・ゲンスラーらがいる。これらの男たちは、アメリカの国際経済戦略を何年もの間支配してきた。ロバート・ルービンはクリントンのホワイトハウスで国家経済会議議長として数年間活動したのち、一九九五年から一九九九年まで財務長官を務めた。政権入りする前は、ゴールドマン・サックスの共同会長の座にあった。また、一九九九年から二〇〇九年までシティグループの会長室で働き、二〇〇七年に金融市場の崩壊が始まったときには、短期間ながらシティグループの会長を務めた。リプトン、フロマン、ガイトナー、サマーズ、ゲンスラーの五人は一九九〇年代後半に財務省で、またルーはホワイトハウスで、ルービンの部下として働いた。リプトンとルーとフロマンはのちにルービンの後を追ってシティグループに入り、サマーズはのちにシティグループのコンサルタントを務めた。

この人当たりのよい官僚チームは、一九九〇年代に中位のポジションで鍛えられたのち、ルービンの影響力ネットワークとグローバル金融の事実上のゴッドファーザーとしての役割を守るために、二〇〇〇年代にホワイトハウス、財務省、IMFなどに周到に配置され、昇進の階段を引き上げられていった。[*3] ガイトナーは前財務長官で、元ニューヨーク連銀総裁。ルーは現在、財務長官の座にある。フロマンは二〇〇九年から二〇一三年までホワイトハウスの国家経済会議と国家安全保障会議で影の実力者として名を馳《は》せ、その後アメリカ合衆国通商代表に就任した。ラリー・サマーズは元財務長官で、オバマ政権の国家経済会議議長を務めた。フロマンはホワイトハウス時代にG20サミットで「シェルパ」を務め、大統領が中国の胡錦濤《フーチンタオ》主席など、世界のリーダーたちと重要な政策論争を解決しようとしていたとき、大統領の耳に何かを囁《ささや》く姿がときおり見受けられた。ゲンスラーは二〇〇九年から二〇一三年まで、国債や金の先物取引を規制する機関、商品先物取引委員会の委員長の座にあった。

ルービン・グループのメンバーは、公的機関や民間企業で示した無能ぶりでも、彼らが後に残した金融システムの荒廃の程度でも、けた外れだった。ルービンと彼の部下で後任者のラリー・サマーズは、金融システムに対する影響という点で二〇世紀の最も有害な二件の法律改定を推進した。銀行がヘッジファンドのような活動をすることを可能にした一九九九年のグラス・スティーガル法の廃止と、銀行による隠れたレバレッジ(負債)の積み上げに道を開いた二〇〇〇年のデリバティブ取引規制の廃止である。ガイトナーは二〇〇三年から二〇〇八年までニューヨーク連銀総裁を務めていたが、その間、自分の直接的な監督下にあった銀行業界の危険で不健全な慣行に注意を払わなかった。これが、二〇〇七年のサブプライムローン(低所得者向け住宅融資)の崩壊と二〇〇八年のパニックにつながったのだ。

フロマン、リプトン、ルーの三人は、ルービンとともにシティグループで働き、同行のリスク管理の悲惨な失敗を助長した。かつては輝かしい実績を誇っていたシティグループは、二〇〇八年に破綻《はたん》してアメリカ政府に買収され、同行だけで五万人以上の雇用が失われた。ゲンスラーは二〇〇二年のサーベンス・オクスリー法の成立に一役買ったが、この法律は以後、資本形成と雇用創出を抑える大きな要因になってきた。また、二〇一二年に債券・金ブローカーのMFグローバルが破綻したとき、ゲンスラーは同社を監督する立場の政府機関、商品先物取引委員会の委員長を務めていた。最近はもっと分別を見せるようになり、より厳しいデリバティブ規制を求めている。

ルービン一派の政策によって失われた富と人々がこうむった苦難は計り知れないほど大きく、おまけにその経済的影響は弱まることなく続いている。今日、ルービンは非営利団体、外交問題評議会の共同会長として、今なおグローバルな問題に口を出している。ルービンのとくに優秀な弟子、デビッド・リプトンは、グループの中では最も知名度が低いが、国際金融システムが進化の重要な岐路にある現在、IMFの執行部で強力な立場を占めている。

ルービンの影響力の網の目は、陰謀集団ではない。本物の陰謀集団は裏切りや露見やヘマなどのリスクが絶えずつきまとうので、たいていの場合、メンバーは二、三人に抑える。ルービン一派のような大人数のグループは陰謀集団という批判をかえって歓迎するが、それはこうした批判は簡単に反駁《はんばく》でき、したがって集団内部の者たちが目立たないようにひっそりと仕事に戻れるからだ。ルービンの網の目は、むしろ、エリートの思考の優越性を信じ、自分たちは世界の最善の利益になるように行動できると信じている、志を同じくする人々の漠然としたネットワークである。彼らはヒトラーやスターリンや毛沢東《マオツォトン》のように露骨で暴力的な方法によってではなく、IMFのような機関の周縁部で、聞こえのいいプログラム名と親切そうな使命記述書の陰から、世界に対する支配力を行使する。実際、危機の際に融資を差し控えることで体制を転覆させるIMFの力は、スターリンのKGB（国家保安委員会）や毛沢東の紅衛兵の力に劣らず現実のものだ。

IMFの執行部はどの中央銀行の幹部よりも鋭い目を持っており、国際通貨制度は深刻な機能不全に陥っているとみなしている。二〇〇八年以降の大量の貨幣増刷のせいで新たな崩壊がいつ起こってもおかしくない状態にあり、しかも金融機関や国家の破綻だけでなく、米ドルそのものに対する信認の喪失もそのきっかけになる可能性がある。IMFの組織としての記憶には、一九七八年一〇月のドル暴落が深く刻み込まれている。この暴落は、一九七九年八月に開始されたFRB議長ポール・ボルカーの強いドル政策と、一九七九年から一九八一年にかけて段階的に行われたＩＭＦの世界通貨、すなわち特別引き出し権（ＳＤＲ）の発行によってようやく反転させることができた。ドルはその後数十年にわたって強さを維持したが、アメリカが政策運営を誤ったらドルに対する信認がどれほど脆《もろ》くなるかを、ＩＭＦは思い知らされたのだ。

朱民は前回のドル暴落時には大学生だったが、こうしたリスクも理解している。ドルがふたたび暴落したら、アメリカを除けば米ドル建て債券の最大の保有者である中国は失うものが群を抜いて大きいということを、彼はよく心得ている。世界は正真正銘の不況、一九三〇年代以来最悪の不況に陥っていると朱は思っており、その原因を彼らしく単刀直入に指摘する。[*4] 先進国経済の問題は景気循環によるものではなく、構造的なものである、と。

現在の経済問題が循環的なものか構造的なものかについて、経済学者の意見は割れている。循環的な低迷は一時的なもので、従来型のケインズ主義的刺激策によって改善できるとみなされる。それに対し、構造的な低迷は根が深く、主な要素――労働力コスト、労働力の移動性、課税、規制、その他の政策――が調整されないかぎり、いつまでも続く。ＦＲＢ（アメリカ連邦準備制度理事会）と議会は、自国のＧＤＰ（国内総生産）ギャップ、すなわち潜在成長率と実際の成長率の差が景気循環による一時的なものであるかのように行動してきた。この見方は、公共政策について厳しい決定を下す必要性を除去してくれるので、ほとんどの政策決定者や政治家にとって都合がよい。

朱は、目先のことしか考えないこの姿勢を鋭く批判する。「中央銀行家は、問題は主として臨床的要因によるもので、部分的に構造的要因がからんでいると主張したがる」[*5]と、彼は指摘した。「私は彼らに、問題は主として構造的要因によるもので、部分的に臨床的要因がからんでいると反論する。だが本当は、それは構造的問題なのだ」。言外の意味は、構造的問題には金融的解決策ではなく構造的解決策が必要だということだ。

ＩＭＦは現在、山ほどの矛盾に直面している。ホセ・ビニャルスを筆頭に、ＩＭＦのエコノミストたちは、銀行の過度のリスクテイキングに繰り返し警告を発してきたが、ＩＭＦには加盟国の銀行に対する規制権限はない。[*6] 世界全体の成長が弱いときは景気刺激型の政策を求める声が生まれるが、構造的要因が成長を阻んでいる場合には刺激策は成功しない。どんな刺激策であれ、刺激策をとるためには政府支出を増やす必要があるが、政府支出の増大は、政府債務危機が深刻な時期に政府債務を増大させるということだ。クリスティーヌ・ラガルドは、短期的な刺激策を長期的な財政再建とセットにするよう訴えている。だが、市場は政治家の長期的なコミットメント（約束）を信用しない。ギリシャのような崩壊の瀬戸際にある国でさえ、公務員の諸手当を削減する意欲は乏しい。提唱されている解決策はすべて、政治的に実行不可能か、経済的に疑問の余地がある。

朱民の新しいパラダイムは、この苦境から抜け出す道を指し示している。彼のクラスター分析は、国単位の政策ではなくグローバルな政策が必要であることを示しており、彼の波及分析は、危機を封じ込めるためには、より直接的でグローバルな銀行規制が必要であることを示している。政府債務危機の脅威は、次の流動性危機に備えて、流動性を提供する新しい仕組み、中央銀行より大量の流動性を提供できる仕組みが緊急に必要であることを示している。この論法は、一つの世界から地球全体のための単一銀行、単一通貨へと簡単に拡大できる。クリスティーヌ・ラガルドのカリスマ的リーダーシップと朱民の新しいパラダイム、それにデビッド・リプトンの陰の力という組み合わせは、ＩＭＦをこれまでで最も大きな役割を担える位置に押し上げている。

ＩＭＦの役割

ＦＲＢが中央銀行であることは長年にわたり明白だが、一九〇七年パニック後の設立準備中、すなわち一九〇九年から一九一三年までは、推進者たちは提案中の機関が中央銀行であることを隠すためにあらゆる努力をした。この努力を最もよく表しているのが、連邦準備制度という名称そのものだ。ＦＲＢは、イングランド銀行や日本銀行のようにアメリカ合衆国銀行とは呼ばれていない。また、欧州中央銀行（ＥＣＢ）のように「中央銀行」という重要な語句を名前に盛り込んではいない。

このわかりにくさは意図的なものだ。アメリカ人はそれまでに二度、中央銀行を拒否していた。最初の中央銀行、一七九一年に議会によって認可された合衆国銀行は、二〇年の認可が切れた後、一八一一年に閉鎖された。やはり中央銀行として認可された第二合衆国銀行は一八一七年から一八三六年まで存在したが、その認可は支持者と反対者の激しい論争が続く中で期限切れになった。大いなる繁栄と発明の時代だった一八三六年から一九一三年まで、アメリカには中央銀行は存在していなかった。ロードアイランド選出の上院議員、ネルソン・オルドリッチを中心とするＦＲＢの生みの親たちは、この歴史と中央銀行に対するアメリカ人の強い不信感をよく知っていたので、あいまいな名称を採用することで、自分たちの意図を慎重に隠したのだ。

同様に、国際通貨基金も、名称に「中央銀行」という語句が含まれていないにもかかわらず、事実上の世界の中央銀行ととらえるのが適切だ。中央銀行かどうかを判定する基準は、名称ではなく目的だ。中央銀行には主な役割が三つある。負債を利用すること、融資を行うこと、貨幣を創造することだ。これらの機能を履行する能力のおかげで、中央銀行は危機の際に最後の貸し手になることができる。二〇〇八年以降、ＩＭＦは三つの機能のすべてを、急速に拡大する形で果たしてきた。

中央銀行と普通の銀行の重要な違いは、中央銀行は個人や企業といった一般の顧客のためではなく、他の銀行のためにこれらの機能を履行することだ。ＩＭＦの運営指針とされている一二三ページの文書、ＩＭＦ協定には、「各加盟国は……自国の……中央銀行……その他これらに類似する財政機関を通じてのみ基金と取引するものとし、基金はこれらの機関とのみ、またはこれらの機関を通じてのみ取引するものとする」[*7]という条項が盛り込まれている。したがって、その協定によれば、ＩＭＦは世界の中央銀行として機能することになっているわけだ。これは名称によって、また自分たちは困窮している国に公平な専門的援助を与える国際官僚にすぎないというＩＭＦ職員の見せかけの姿勢によって、用心深く隠されている事実である。

中央銀行型の融資を行うというＩＭＦの役割は、この機関の三つの機能のうち最もわかりやすいものだ。これは一九四〇年代後半の業務開始時からＩＭＦの使命であり続けてきたし、今日もなお、高らかにうたわれている使命である。この機能は、ほとんどの主要通貨がドルに対する為替レートを固定しており、諸国が資本取引を規制していた時代に拡大した。貿易赤字や資本逃避のせいで国際収支の問題が生じたとき、諸国は通貨切り下げという手っ取り早い解決策を用いることはできなかった。ただし、その問題が構造的、持続的なものであることをＩＭＦに論証できれば話は別で、その場合は、ＩＭＦは切り下げを認めることがあった。だが、通常はＩＭＦがつなぎ融資を行って、赤字国が輸出競争力を高めるために必要な政策変更を行えるよう、しばらくの間――通常三～五年間――流動性を提供していた。

ＩＭＦは各国経済に対して、一時的に借金して支出する必要があるが、将来の給与から返済する予定の個人に対してクレジットカードが果たすような役割を果たしていたのである。

ＩＭＦが融資と引き換えに義務づける構造調整には、労働市場の改革、インフレ（物価上昇）率を低下させるための財政規律、単位労働コストの引き下げなどがあり、これらはすべて、世界市場におけるその国の競争力を高めることを目的としている。調整が成功したら、やがて赤字が黒字に変わって、ＩＭＦの融資が返済される。だが実際には、この理屈どおりにいくことはめったになく、貿易赤字と財政赤字とインフレが持続したため、切り下げを許可された加盟国もある。切り下げは競争力を高める一方で、魅力的な対ドル為替レートが続くものと思ってその国に投資した投資家に多額の損失を負わせることになる。一方、ＩＭＦは別の道を選ぶこともできる。加盟国が切り下げを回避し、それによってＪＰモルガン・チェースやゴールドマン・サックス、それにこれらの銀行の得意客などの投資家を守るのを助けるために融資することもできるのだ。

今日、ＩＭＦのウェブサイトでは、イエメン、コソボ、ジャマイカなどに対する融資が経済開発におけるＩＭＦの建設的役割の例として宣伝されている。[*8] だが、これらの融資は聞こえがいいだけで、その額はＩＭＦが最も力を入れているユーロを支えるための融資オペレーションに比べると微々たるものだ。二〇一三年五月の時点で、ＩＭＦの融資と融資コミットメントの総額の四五パーセントが、ユーロ救済の一環としてわずか四カ国――アイルランド、ポルトガル、ギリシャ、キプロス――に与えられていた。また、融資と融資コミットメントの四六パーセントが、別のわずか二カ国に与えられていた。アメリカにとってその安定が不可欠なメキシコと、ＮＡＴＯ（北大西洋条約機構）とＥＵ（欧州連合）にとってその安定が不可欠なポーランドである。アジア、アフリカ、南米の最も困窮している諸国には、ＩＭＦの融資総額の一〇パーセント足らずしか与えられていなかった。ＩＭＦのウェブサイトをぶらりと訪れた人たちは、民族衣装を着た黒い肌の女性がほほえんでいる画像にだまされてはいけない。ＩＭＦは豊かな諸国のクラブの役目を果たしているのであり、それらの国々の経済的利益を支えるために融資しているのである。

ＩＭＦの中央銀行型融資という機能が透明だとすると、この機関の預金受け入れ機能はより不透明だ。ＩＭＦは、個人が訪れて窓口で当座預金や貯蓄預金の口座に預金できるリテール商業銀行のような役割は果たさない。その代わりに、融資の原資を「クォータ（出資割当額）」と「借入取極」によって調達する、きわめて高度な資産負債管理プログラムを運営している。クォータは銀行の資本のようなもので、借入取極は普通の銀行が融資の原資に充てるために使う社債や預金のようなものだ。ＩＭＦの金融活動は、ほとんどが緊急融資・借り入れ制度として簿外で行われる。この点でＩＭＦは、簿外の偶発債務が帳簿上のそれより大きいＪＰモルガン・チェースのような現代の商業銀行に似ている。

ＩＭＦの本当の財務状況を知るためには、帳簿だけでなく脚注を始めとする他の資料にも目を通す必要がある。ＩＭＦの財務報告書は自身の通貨、ＳＤＲで表示されているが、ＳＤＲは簡単にドルに換算できる。ＩＭＦはＳＤＲとドルの換算レートを毎日、算出・発表している。*9 二〇一三年五月の時点で、ＩＭＦは六〇〇〇億ドル近い未利用の借り入れ余力を持っていた。これを既存の資源と合わせると、ＩＭＦには七五〇〇億ドルの貸し出し余力があったことになる。クォータを自己資本とみなすならば、これは、大手銀行と比べるときわめて控えめな比率である。ほとんどの大手銀行で負債比率は二〇対一弱に達しており、隠れた簿外債務を考慮に入れると、この比率はさらに高くなる。この借り入れ・貸し出し余力がフルに活用されたとしても、ＩＭＦの負債比率は約三対一にすぎない。

ＩＭＦの負債の興味深い点は、今日、大きな負債を抱えていることではなく、そもそも負債が存在することだ。ＩＭＦは何十年もの間、ほとんど負債なしで活動していた。加盟国のクォータから前倒し拠出が行われていたのである。加盟国がクォータをプールに拠出し、個々の加盟国が必要に応じてそのプールから一時的な救済資金を引き出せるようにするためだった。加盟国による借り入れの総額がプールの総額を超えないかぎり、システムは安定しており、負債は不要だった。だが、これはもう実情ではない。二〇〇八年パニックの後、企業や個人が負債圧縮を進める中で、中央政府と中央銀行とＩＭＦは、グローバル金融システムを維持するために負債を使ってきた。実質的に、公的債務が民間債務に取って代わったのだ。

　全体的な債務負担は軽減されていない。それどころか、世界の債務問題が上の機関に回されるにつれて増大してきた。ＩＭＦは、問題をこれ以上上には回せない最上階の機関である。これまでのところ、ＩＭＦは民間の負債圧縮を埋め合わせるための公的な借り入れプロセスを手助けすることに成功してきた。公的債務はＦＲＢや日本銀行など、主として諸国の中央銀行のレベルで発生してきたが、それらの中央銀行の負債が実務的・政治的限界に達する中で、ＩＭＦは最後の貸し手に対する最後の貸し手として浮上してくるだろう。次のグローバルな流動性危機では、世界で唯一、ＩＭＦだけがクリーンなバランスシート（貸借対照表）を維持しているだろう。諸国の中央銀行のバランスシートは、デュレーション（訳注　投資された資金の平均回収期間）の長い資産を抱えて過剰負債になっているからだ。

　ＩＭＦの貸し出し・借り入れ能力を拡大する最大の機会は、二〇〇九年四月二日に訪れた。二〇〇八年に始まった株価暴落がどん底に近い状態にあり、金融市場に不安が蔓延《まんえん》していたときだ。[*10] それはイギリスのゴードン・ブラウン首相がホストを務め、アメリカのオバマ大統領、フランスのサルコジ大統領、ドイツのメルケル首相、中国の胡錦濤主席、および世界の他のリーダーたちが出席したロンドンでのＧ20サミットだった。このサミットで、ＩＭＦの貸し出し能力を七五〇〇億ドルに拡充するという合意が成立したのである。ＩＭＦは資金を貸し出すとき、それと同額の資金を先に加盟国から取得しなければならない。したがって、貸し出し能力を拡充するということは、借り入れ能力を拡充し、負債を増大させるということだった。ＩＭＦは一年かけて必要な拠出コミットメントの大部分を取り付けたが、数々の政治的理由から、まだ全額のコミットメントは得られていない。

最も多額の拠出を約束したのは、それぞれ一〇〇〇億ドルを約束したＥＵと日本で、次は五〇〇億ドルの中国だった。その他の大口コミットメントは、ＢＲＩＣの残り三カ国――ロシア、インド、ブラジル――と先進国のカナダ、スイス、韓国によるもので、それぞれ一〇〇億ドルの拠出を約束した。

アメリカによる救済

ＩＭＦの新しい借り入れ枠に対する、最も激しい論争を巻き起こしたコミットメントは、アメリカによるものだった。Ｇ20サミットからわずか数日後の二〇〇九年四月一六日、オバマ大統領はＩＭＦの新しい借り入れ枠への一〇〇〇億ドルのコミットメントについて、支持を要請する書簡を議会指導部に送った。ルービンの弟子、マイク・フロマンの助言を受けて、大統領はサミットで一〇〇〇億ドルの拠出を口頭で約束していたが、実際の拠出を行うためには法律の制定が必要だった。オバマはこの書簡で、この新規拠出は中国のＩＭＦ議決権を拡大することとＩＭＦに金を売却させることを意図した包括的な合意案だと説明していた。また、「ＩＭＦによって創出される準備資産、特別引き出し権（ＳＤＲ）の一度かぎりの特別配分」を提唱し、「それによって世界の流動性が拡大される」と述べていた。この書簡は、ＩＭＦに世界通貨を創造する能力があることを、爽快なほど率直に認めていたのである。

中国は、ＩＭＦ議決権の配分が拡大されることを望んでいた。また、ひそかに金の取得を進めていたので、金の価格が急騰しないよう、より多くの金が市場に放出されることを望んでいた。アメリカは、IMFが世界通貨を増刷することを望んでいた。IMFは、救済を実行するためにアメリカと中国からハードカレンシー（国際通貨）を得ることを望んでいた。誰もが得をするこの合意案は、サミットの場でマイク・フロマンや他のシェルパたちによって慎重に作成され、ガイトナー、オバマ、それにG20諸国のリーダーたちによって署名されていた。

もう少し詳しく見ると、オバマの議会への書簡にはもう一つ、ごまかしが含まれていた。IMFに対するこの新規のコミットメントは、負債を利用する銀行としてのIMFの役割の拡大と符合する形で、クォータとしてではなく融資として行われていた。大統領はIMFに対する融資は支出ではなく、したがってアメリカの財政赤字には影響を与えないと説明して、議会を安心させようとした。大統領の書簡にはこう記されていた。「それは、アメリカがIMFにドルを送金するとき……アメリカは引き換えに……IMFの流動性のある利子つき債券を受け取るからです。この債券は……金を含むIMFの強い財務体質によって裏づけられています[*11]」。この説明は、一〇〇パーセント本当だ。IMFは本当に強い財務体質を持っているし、IMFの金備蓄はアメリカ、ドイツに次ぐ世界第三位の量だ。FRBの高官たちが通貨制度における金の役割を公然と軽視している中で、大統領が議会への要請で信認を高めるものとして金を持ち出す必要性を感じたのはおかしなことだった。学者や中央銀行家による金の軽視にもかかわらず、金はグローバル金融の基盤という地位を完全に失ったことは一度もないのである。

さらに深く検討すると、IMFへの融資提案書の奇妙な特徴が明らかになる。アメリカがIMFに一〇〇〇億ドルの現金を与えたら、アメリカは引き換えに、IMFから利子つき債券を受け取ることになる。だが、この債券はドル建てではなくSDR建てになるはずだ。SDRはドルとは別の世界通貨であるから、その価値はドルに対して変動する。ＳＤＲの交換価値は、ドルに加えて日本円、ユーロ、英ポンドを含む通貨バスケット（組み合わせ）にもとづいて計算される。これはつまり、ＩＭＦの債券が満期になったとき、アメリカに返済される額は融資した一〇〇〇億ドルではなく、ＳＤＲに対するドルの価値の変動によって別の額になるということだ。ドルがＳＤＲバスケット内の他の通貨に対して強くなれば、バスケット内の非ドル通貨の価値が下がるので、アメリカに返済される額は融資した一〇〇〇億ドルより少なくなる。だが、ドルがＳＤＲバスケット内の他の通貨に対して弱くなれば、バスケット内の非ドル通貨の価値が上がるので、アメリカに返済される額は一〇〇〇億ドルより多くなる。ドルの価値が下がった場合にのみ、アメリカは一〇〇〇億ドルを全額取り戻せるのだから、アメリカ財務省は、融資する際にドルが弱くなるほうに賭けていることになる。ドルが弱くなるほうへのこの一〇〇〇億ドルの賭けは、大統領の書簡では触れられていなかったし、議会でも当時はほとんど気づかれなかった。たまたま二〇一二年の大統領選挙の前に、これが政治的時限爆弾であることが明らかになり、アメリカとＩＭＦを悩ませることとなった。

　大統領の書簡は、融資コミットメントの目的についても議会の判断を誤らせた。融資した資金はＩＭＦによって、「主として途上国および新興市場国」に対する援助のために使われると、書簡は数カ所で述べていた。実際には、ＩＭＦの新しい借り入れ枠は、主としてユーロ圏の加盟国――アイルランド、ポルトガル、ギリシャ、キプロス――を救済するために使われ、新興市場国への融資にはほとんど使われなかった。誤解を与える言い回しは、「アメリカ人は七〇歳を過ぎても生活のために働いているのに、五〇歳で引退して終身年金をもらうギリシャの官僚を救済するためにアメリカの納税者のカネが使われることになる」という議会からの批判をかわすためだった。

これらのごまかしやドルの価値が下がるほうへの財務省の賭けは、自動車メーカーの救済や景気刺激パッケージの狂騒の中で気づかれないままとなった。下院民主党のバーニー・フランクと上院共和党のリチャード・ルーガーのリーダーシップの下、IMFの借り入れに対するアメリカのコミットメントは、戦費法案にまぎれて二〇〇九年六月一六日に議会を通過した。IMFは、この法律制定をほめちぎり、それを「意義深い前進」[*12]と表現した当時の専務理事ドミニク・ストロスカーンのコメントを載せたプレス・リリースを発表した。

この法律によってアメリカの一〇〇〇億ドルのコミットメントが確定したが、IMFはその資金をただちに借り入れはしなかった。コミットメントは、マスターカードなどの未使用の与信枠のようなものだ。IMFは好きなときにマスターカードを機械に通して、借り入れ通知を発行するだけでアメリカから一〇〇〇億ドル引き出せることになっていたのである。

二〇一〇年一一月、IMFの救済に資金を提供するオバマの計画は、中間選挙の結果、下院で共和党が過半数を占めたことで中止に追い込まれた。共和党の勝利の原動力になったのは、ウォール街のゴールドマン・サックスやJPモルガン・チェースが救済されたことに対するティーパーティー（茶会派）の怒りだった。バーニー・フランクは下院金融サービス委員長の座を失い、共和党の新指導部はIMFに対するアメリカのコミットメントの意味合いを検討し始めた。

二〇一一年初めには、ヨーロッパの政府債務危機が危機的な状態に立ち至っており、アメリカの資金が、IMFによって引き出された場合にはギリシャやポルトガルの引退した官僚たちを救済するために使われるという事実をごまかすのは不可能になっていた。保守系の新聞・雑誌は、「IMFのヨーロッパでの救済になぜアメリカが資金を出すのか？」[*13]という類の特集を組んだ。二〇一一年一一月二八日、バーニー・フランクは引退を発表した。同じ二〇一一年に、ジム・デミント上院議員（共和党、サウスカロライナ州選出）が、IMFに対するアメリカのコミットメントを無効にする法案を提出した。デミントの法案は、上院で五五対四五で否決された。これは、共和党議員の中にも反対票を投じた者がいたということであり、その筆頭がリチャード・ルーガー（ロードアイランド州選出）だった。ティーパーティーは、リチャード・マードックを応援することで反撃に出た。二〇一二年五月八日、マードックは共和党予備選でルーガーを破り、三六年間上院議員を務めたルーガーを引退に追いやった。アメリカ議会のIMF支持者たちは、一人、また一人と引退したり引退させられたりした。フランクとルーガーが議会を去ったことについて、IMFのラガルドはフランス式に肩をすくめて、こう言った。「私たちは彼らを恋しく思うようになるでしょう」[*14]

二〇一三年末には、IMFへの融資をめぐるホワイトハウスと議会の対立はさらに激しくなっていた。ロンドンG20サミットの後、IMFはさらに前進して、借り入れ能力を当初のコミットメントからさらに拡大し、アメリカの融資コミットメントの一部を債務からクォータの増額に切り替えていた。事実上、アメリカの資金の一部を一時的な融資から恒久的な出資に変えたのだ。二〇一〇年のG20サミットでこうした変更が行われたことで――中国の議決権の拡大というロンドン・サミットのコミットメントは継続された――二〇〇九年のバーニー・フランク法で与えられた承認を超える議会の承認が必要になった。何百人もの卓越した国際経済学者や、二〇〇八年に財務長官としてゴールドマン・サックスの救済に尽力したハンク・ポールソンなど、著名な元政府高官が、承認を与えるよう議会に公然と呼びかけた。ところがオバマ大統領は、アメリカの納税者のカネがヨーロッパ救済のために使われるという問題を選挙の争点にしないよう、二〇一二年と二〇一三年の予算案には、この新たな要請を盛り込まなかった。[*15]

この時点で、このプロセスに関するクリスティーヌ・ラガルドの堪忍袋の緒が切れ始めた。二〇一二年一月二八日、ダボスでの世界経済フォーラムで、彼女はルイ・ヴィトンのハンドバッグを空中に掲げて「私は少しばかりのおカネを実際に集めるために、この小さなバッグを持ってここに来ました」[*16]と言った。二〇一三年六月二九日付け『ワシントン・ポスト』に掲載されたインタビューでは、彼女はさらに辛辣《しんらつ》だった。「私たちはIMFの資源を大幅に増やすことに成功してきました……アメリカがその動きに貢献も支持も与えてくれなかったという事実にもかかわらず、です。……みんながこのプロセスを完了させたいと思っているはずです。現実を直視しましょう。このプロセスは、ずいぶん前から進められてきたものです」[*17]

IMFにとって幸いなことに、論議を呼んだアメリカのコミットメントは短期的には必要ではなかった。二〇一二年末には、ヨーロッパの政府債務危機は安定化しており、アメリカと中国では、IMFの予想より低いペースだったものの、成長が続いた。だが、二〇〇九年から二〇一三年にかけてのドバイ、ギリシャ、キプロス、および他の国々の債務危機の後は、どこかで状況が不安定化し、新たな救済パッケージの費用をまかなうためにアメリカのコミットメントが必要になるのは時間の問題にすぎないと思われた。

負債を利用する貸し手、つまり事実上の銀行としてのIMFの役割は、今では制度化されている。IMFはクォータにもとづくつなぎ融資の貸し手から、FRBのような負債を利用する最後の貸し手へと進化してきた。IMFの借り入れ・貸し出し能力は、一般国民には理解されていないとしても経済の専門家にはよく理解されている。だが、IMFの最大の力――貨幣を創造する能力――については、専門家でさえほとんどがよく知らないか、混乱しているかのどちらかだ。実際、IMFの世界通貨の名称、

ＳＤＲは、理解させることより混乱させることを意図したもののように思える。ＩＭＦの印刷機は、次のグローバル流動性危機で必要になったらすぐに使える状態で待機している。それは、ドルの崩壊を生じさせるうえで重要なツールになるだろう。

富をかすめ取るＳＤＲ

ジョン・メイナード・ケインズはかつて、「インフレが富を破壊するプロセスを理解できる人間は一〇〇万人に一人もいない」とつぶやいた。特別引き出し権、すなわちＳＤＲを理解できる人間は、おそらく一〇〇〇万人に一人もいないだろう。だが、ＳＤＲはきわめて優れたインフレの先行役になりうるものだ。ＳＤＲは不透明で、誰も説明責任を負う必要がないため、グローバル金融エリートがインフレという手段を使って政府債務問題を解決することを可能にし、それはまた、個々の政府が政治責任を否認することを可能にする。

ＳＤＲの富をかすめ取る性質は、その名称から始まっている。連邦準備制度や国際通貨基金と同じく、この名称は真の目的を隠すために選ばれたものだ。ＦＲＢやＩＭＦがいつわりの名前を持つ中央銀行であるように、ＳＤＲはいつわりの名前を持つ世界通貨なのだ。

金融論の学者の中には、カリフォルニア大学バークレー校のバリー・アイケングリーンのように、ＳＤＲに貨幣という用語を使うことに反対している者がいる[*18]。彼らはＳＤＲを、加盟国の間で準備資産を移転するために使われる単なる会計手段とみなしている。だが、ＩＭＦ自身の財務報告書がこの見方を否定している。ＩＭＦの年次報告書には、次のような告白が含まれているのである。

ＳＤＲは既存の準備資産を補完する手段としてＩＭＦが配分することができる……準備資産としてのＳＤＲの価値は、それを保持したり受け取ったりすることに対する参加国のコミットメントから生じる……ＳＤＲは多くの国際機関や地域機関によって計算単位としても使用される。……参加国およびＳＤＲの規定保有機関は、相互間の……取引でＳＤＲを使用したり受け取ったりすることができる。[*19]

貨幣は三つの基本的特質——価値貯蔵手段、計算単位、交換手段——を持つと、一般に定義されているので、この告白は「ＳＤＲは貨幣である」という主張の決め手になる。ＳＤＲは価値を備えており、計算単位であり、加盟国ならびに規定保有機関の間の取引で交換手段として使用できるとＩＭＦ自身が述べており、三要素からなる貨幣の定義が完全に満たされていることになる。

ＳＤＲの流通量は、ドルやユーロといった国の通貨や地域通貨に比べるとごくわずかである。ＳＤＲの使用はＩＭＦ加盟国と特定の公的機関に限定されており、ＩＭＦのＳＤＲ部門によってコントロールされている。また、ＳＤＲは紙幣の形で発行されることはおそらくないだろうし、世界各地の市民によって日常ベースで使われることもないだろう。だが、このように用途が限られていても、ＳＤＲがエリートにコントロールされている世界通貨であるという事実が、それで変わるわけではない。それどころか、限られた用途はＳＤＲを市民の目に見えないものにすることで、世界通貨としての役割を強めることになる。

ＳＤＲはＩＭＦ加盟国に対して大量に発行でき、将来は国際収支の決済や石油の価格づけ、それにエクソンモービル、トヨタ自動車、ロイヤル・ダッチ・シェルといった世界最大手の企業の財務諸表など、世界の最も重要な取引の一部にも使えるようになるだろう。ＳＤＲの大量発行によってインフレが生じたとしても、それは市民にはすぐには感じ取れないだろう。インフレはやがて給油所や食料品店で支払うドルや円やユーロに現れるだろうが、諸国の中央銀行は自身の責任をやすやすと否定して、IMFを非難することができる。IMFはどんな選挙プロセスにも説明責任を負っておらず、いつまでも居座り続けられる超国家的機関なので、誰も責任を問われることはない。

SDRの歴史は、その予想される未来に劣らず興味深い。SDRは、一九四四年に合意された最初のブレトンウッズ金融アーキテクチャーには含まれていなかった。一九六九年に始まって一九八一年まで段階的に続いたドル危機に対する緊急対策として創設されたのだ。

ブレトンウッズ体制の最初の二〇年、すなわち一九四五年から一九六五年までは、国際金融の専門家たちは、いわゆるドル不足について心配していた。当時、ドルは最も有力なグローバル準備通貨であり、国際貿易に欠かせないものだった。ヨーロッパと日本の産業基盤は第二次世界大戦中に壊滅的な打撃を受けていた。ヨーロッパにも日本にも人的資本はあったが、製造業を復活させるために必要な機械や原材料を買うためのドルも金《きん》もなかった。

ドル不足は、一つにはマーシャル・プラン（欧州復興支援計画）の援助と朝鮮戦争の支出によって緩和されたが、最大の緩和要因になったのは、高品質で低価格の輸入品に対するアメリカの消費者の新たな購買意欲だった。アメリカのベビーブーム世代は、一九六〇年代にティーンエイジャーだったので、東芝のトランジスター・ラジオを持ち、フォルクスワーゲン・ビートルを走らせてビーチに行ったことを思い出すかもしれない。一九六五年には、ドイツや日本など、競争力のある輸出国は、当時の二大準備資産だったドルと金をどんどん獲得するようになっていた。他の国々にドルを供給して世界貿易を促進するためには、自国がかなりの貿易赤字を出す必要があることを、アメリカは理解していた。

国際通貨制度は、間もなく自身の成功のあおりを受けた。ドル不足がドル過剰に取って代わられ、貿易相手国はアメリカの持続的な貿易赤字とインフレの危険性に不安を感じるようになった。この状況は、一九六〇年代初めにベルギーの経済学者、ロバート・トリフィンが初めて指摘したことから、「トリフィンのジレンマ」と呼ばれている。ある国がグローバル準備通貨を発行しているとき、その国は貿易相手国にその通貨を供給するために持続的に貿易赤字を出さなければならないが、赤字が長く続きすぎると、やがてその通貨に対する信認が失われることになると、グリフィンは指摘したのである。

逆説的だが、ドル不足とドル過剰はどちらも、別の準備資産が必要だという考えを生み出す。ドル不足の場合は、流動性を提供するために新しい資産が求められる。ドル過剰の場合は、準備資産の新しい投資先を提供し、信認を回復するために新しい資産が求められる。いずれにしても、ＩＭＦはドルとは別の準備資産について長年考えてきた。

一九六〇年代末には、リンドン・ジョンソン大統領の「大砲もバターも」政策によるアメリカの貿易赤字、財政赤字、インフレの三点セットのせいで、ドルに対する信認が崩壊しつつあった。アメリカの貿易相手国、とりわけフランスとスイスは、ドルを売って金を取得し始めた。フォートノックス（訳注　ケンタッキー州フォートノックスにあるアメリカの金保管施設のこと）に対する本格的な取り付け騒ぎが始まり、アメリカの金備蓄は驚異的なペースで減少していった。これがドルと金の交換を停止するという、一九七一年八月一五日のニクソン大統領の決定につながったのだ。

国際通貨制度の番人であるＩＭＦは、ドルに対する信認の崩壊と明らかな金不足に直面した。英ポンドはすでに一九六七年に切り下げられており、それ自体が信認の危機にあった。ドイツ・マルクは魅力があるとみなされていたが、ドイツの資本市場は小さすぎて十分な量のグローバル準備資産を提供することはできなかった。ドルは弱く、金は乏しく、代わりになる資産は見当たらなかった。世界の流動性が蒸発して、一九三〇年代のように世界貿易の崩壊と不況を引き起こすのではないかと、IMFは危惧した。この緊迫した状況の中で、IMFは一九六九年、新しいグローバル準備資産、SDRを無から生み出すことを決定したのである。

世界通貨の本命

SDRは、最初から世界不換通貨だった。国際通貨制度に関する第一級の学者で、かつて財務省、ホワイトハウス、国務省で要職についていたケネス・W・ダムは、IMFの歴史に関する信頼のおける著書で、次のように説明している。

> SDRは、ある決定的な点でそれまでのほぼすべての案と異なっていた。それまでは、基金によって創造される新しい国際準備資産は、他の資産によって「裏づけられて」いることが不可欠だと考えられていた。……それに対しSDRは、（いわば）完全なでっちあげだ。単にクォータに比例して参加国に配分されただけで、そのためSDRを「天からの贈り物」と言い表す人もいた。それ以後、SDRは何の裏づけもないまま存在し、譲渡された。……簡単にたとえると、SDRは国の政府によって創造されるが、金などの裏づけ資産に兌換《だかん》できない「不換」通貨のようなものなのだ。*[20]

SDRは最初は純金〇・八八八六七一グラムと同等の価値があるとされたが、このIMF金本位制は、アメリカがドルの金本位制を放棄してから間もなく、一九七三年に放棄された。一九七三年以降、SD

Rの価値は準備通貨のバスケットを基準にして算定されてきた。ダムが指摘しているように、これはSDRがハードカレンシーによって裏づけられているということではなく、取引や会計処理におけるSDRの価値がそのようなやり方で算定されるということにすぎない。今日、バスケットにはドル、ユーロ、円、英ポンドがそれぞれ特定の比重で組み込まれている。

SDRは創造以来、四度にわたりIMF加盟国に対して発行されてきた。最初の発行額は九三億SDRで、一九七〇年から七二年にかけて段階的に配分された。二度目の発行額は一二一億SDRで、一九七九年から一九八一年にかけて、やはり段階的に配分された。一九八一年から二〇〇九年までの三〇年近い期間は、SDRの発行は行われなかった。ポール・ボルカーとロナルド・レーガンによってつくり出されたドル覇権の時代だったのであり、これはジョージ・ブッシュ、ビル・クリントン、ジョージ・W・ブッシュという歴代大統領の下、民主党政権でも共和両政権でも維持された。その後二〇〇九年に、金融危機後の深刻な不況の中で、IMFは一六一二億SDRを八月二八日に、二一五億SDRを九月九日に発行した。SDRの創造以来の累積発行額は二〇四一億SDRで、SDRとドルの現在の交換レートで換算すると、三〇〇〇億ドル余りになる。

この歴史を振り返ると、SDRの発行時期は、ドルに対する信認崩壊の時期に密接に対応していることが明確になる。ドルの強さもしくは弱さの最も信頼できる指数は、FRBが算出、発表している物価調整後の対広域通貨ドル・インデックスだ。[*21] FRBのドル・インデックスは、一九七三年に算出が始まり、同年の購買力平価を基準（一〇〇・〇〇）として表示される。一九七〇年から七二年にかけての最初のSDR発行はこの指数が登場する前だったが、当時ドルの価値が金に対して二〇パーセント下落したことに関連した発行だった。

一九七九年から八一年の二度目のSDR発行は、一九七七年三月には九四・二七八〇だったFRBドル・インデックスが一九七八年一〇月に八四・一三二六に低下した——一九カ月で一一パーセントの下落——直後に行われた。発行後、ドルは勢いを取り戻し、ドル・インデックスは一九八二年三月には一〇三・二一五九をつけた。これが、ドル覇権の時代の始まりだった。

三度目と四度目のSDR発行は、二〇〇八年四月にドル・インデックスが八四・一七三〇と、一九七八年の危機のときの水準に近いところまで下落してからほどない二〇〇九年八月に開始された。インデックスの最安値とSDR発行の間に約一年のずれがあるのは、IMFが新規発行に対する幅広い同意を得るためにはそれだけの時間がかかるということだ。

一九八〇年代のドル覇権の時代の発行とは異なり、二〇〇九年の大量発行は、ドルの強さの回復という結果はもたらさなかった。それどころか、二〇一一年七月にはドル・インデックスは八〇・五一七八という史上最安値をつけ、それから間もない九月五日には、金が一八九五ドルという史上最高値をつけた。一九八二年と比べた二〇一一年の違いは、FRBと財務省が、ポール・ボルカーの強いドル政策とは対照的に、弱いドル政策を推し進めていたことだ。それでも、二〇〇九年のSDR発行は、その目的を果たし、二〇〇八年パニック後のグローバル金融市場をふたたび流動性であふれさせた。マリオ・ドラギECB総裁の「必要なことは何でもする」という宣言ののち、ヨーロッパの政府債務危機は安定化に向かい、二〇一二年末には市場は安定を取り戻した。二〇一二年には世界の流動性は回復し、SDRはふたたび棚にしまわれて、次のグローバル流動性危機を待つこととなった。

SDRは緊急時の流動性創造に役立つツールではあるが、これまでのところ、ドルが世界の主要準備通貨という地位を保持し続けている。準備通貨の役割を果たすためには、貨幣であることだけでは足りない。投資可能資産のプール、何よりも厚みと流動性のある債券市場が必要なのだ。どんな通貨であっても、貿易相手国がそれを交換手段として受け入れれば、国際貿易で使うことができる。だが、一つの貿易相手国が巨額の貿易通貨残高を積み上げた場合は、問題が生じる。その国は市場平均並みのリターンを生み、なおかつ価値を保存する流動性資産にその残高を投資する必要がある。残高が大きい場合――たとえば中国の三兆ドルの外貨準備――投資可能な資産のプールは相応に大きくなくてはいけない。現時点では、米ドル建ての国債市場が、中国、韓国、台湾などの貿易黒字国から流入する投資を吸収できるだけの規模と多様性を持つ世界でただ一つの市場である。ＳＤＲの市場は、それに比べると顕微鏡でしか見えないほど小さいのだ。

それでも、ＩＭＦはＳＤＲをドルに代わる準備通貨にするという野望を隠そうとはしていない。これは、二〇一一年一月に発表されたＩＭＦの研究報告書、ＳＤＲを主要グローバル準備資産の地位に押し上げるための多層的かつ多段階の計画を盛り込んだ報告書で明らかにされている。[*22] この報告書は、ＳＤＲの流動性を高め、ゴールドマン・サックスやシティグループなど、民間部門の潜在的市場参加者にとってより魅力的なものにするために、ＳＤＲの供給量を増やすことを提言している。また、重要な点として、フォルクスワーゲンやＩＢＭなどがＳＤＲ建ての社債を当たり前のように売り出す必要性を認めている。さらに、政府系ファンドに、外貨準備を多様化するためにＳＤＲ建て債券を積極的に買い入れるよう勧めている。加えて、ＳＤＲ建て債券の市場が米国債市場のインフラを模倣して、現在、米国債の取引を支えるために使われている仕組みとかなり似通ったヘッジング・資金調達・決済・清算メカニズムを構築することが望ましいとしている。

ＩＭＦの青写真は、ＳＤＲ建て債券市場の創出だけでなく、ＳＤＲバスケットの構成を変更し、米ドルの比重を下げて人民元など、他の通貨の比重を高めることも提案している。[23] これは中国自身が人民元建ての債券市場の創出や資本取引の自由化に踏み切るずっと前から、人民元の準備通貨としての役割をひそかに強化しようとする動きである。ＳＤＲの市場が流動性を持つようになり、人民元がＳＤＲバスケットに入れられれば、銀行のディーラーたちは人民元と他の通貨の間で裁定取引を行う方法を見つけ出し、それによって人民元の用途と魅力を拡大するだろう。未来のＳＤＲ債券市場に関して、ＩＭＦの報告書は「それをめざす政治的意欲があれば、これらの債券はグローバル通貨の萌芽《ほうが》になることができる」[24]と、率直な結論を述べている。ＩＭＦがＳＤＲを流動性補完手段とする見方から一歩踏み出して、ＳＤＲを世界通貨の本命として打ち出したのはこれが初めてなので、この結論はきわめて意義深い。

実際、ＩＭＦがＳＤＲを配布する相手はＩＭＦ加盟国だけではない。ＩＭＦ協定第一七条は、ＳＤＲを「非加盟国……および他の公的機関」[25]に対して発行することを認めている。他の公的機関には、国連やスイスのバーゼルにある国際決済銀行（ＢＩＳ）も含まれている。ＢＩＳは第二次世界大戦中、アメリカ人のトーマス・マッキトリックが総裁を務めていた間にナチスによる金の交換を手助けしたことで悪名高く、一般に中央銀行のための中央銀行として知られている。[26] ＩＭＦは今日ＢＩＳが行っている金市場の操作に資金を提供するために、ＢＩＳに対してＳＤＲを発行することができる。第一七条の権限にもとづいて、国連に対してもＳＤＲを発行することができ、国連はそれを人口抑制策や気候変動対策に使うことができる。

ＳＤＲの役割の拡大はさらに進展していくだろうが、それには何年もかかるかもしれない。ＳＤＲはドルに代わる主要準備通貨になる用意はできていないものの、その方向にゆっくり進んでいる。それでも、金融危機において流動性の源泉として迅速に対応するというＳＤＲの役割は、うまく果たされている。二〇〇九年のSDRの発行は、将来の流動性危機におけるはるかに大量の発行に備えた「試運転」とみなすことができる。

IMF加盟国に与えられたSDRは、必ずしもただちに役立つわけではない。その加盟国はドルやユーロで債務を返済する必要があるかもしれないからだ。だが、SDRはそれを受け取ってもよいと思う他の加盟国との間で、ドルと交換することができる。IMFは、こうした交換を手助けするSDR部門を設けている。たとえば、オーストリアがスイス・フラン建ての債務を抱えており、SDRの配分を受けたとすると、オーストリアは中国との間でSDRをドルと交換する話をまとめることができる。オーストリアはそのドルを売ってスイス・フランを手に入れ、それを使って債務を履行することができる。中国は自国の準備資産をドル一辺倒から脱却させ多様化する方法として、ドルと引き換えにSDRを喜んで受け取るだろう。中国は実際に交換を行って、二〇一二年四月三〇日までに公式配分額を一二億四〇〇〇万ドル相当上回るSDRを取得していた。[*27] IMF副専務理事の朱民がSDRについて「それはでっちあげの貨幣だが、本物の貨幣になれる類いのでっちあげ貨幣だ[*28]」と言ったとき、彼はSDRの流動性としての役割を、謎めかした言葉で簡潔に説明していたのである。

SDR発行の目的に関しては、IMFは透明性を維持している。IMFを誕生させたブレトンウッズ体制全体が、一九三〇年代の大恐慌とデフレ（物価下落）に対する対応だったのだ。IMF協定は、この課題を明確に説明している。

特別引き出し権の配分……に関するすべての決定を行うに当たり、基金は既存の準備資産を補充することについて長期的かつ全体的な必要が生じたときに……デフレーション……を回避するような方法で、その必要に応ずるように努めなければならない。[*29]

デフレは反転させにくく、課税不可能で、債務の実質価値を増大させることで政府債務を返済不可能にするので、あらゆる中央銀行の敵である。デフレ回避という自身の使命をはっきり認めることによって、ＩＭＦは自身の活動を他の中央銀行の目的と整合させているのである。

多様性のある執行部、負債のあるバランスシート、それにＳＤＲによって、ＩＭＦは一つの世界、一つの銀行、一つの通貨という自身の構想を実現し、世界の中央銀行という、自身の意図する役割を果たす態勢を整えている。次にグローバルな流動性危機が発生したら、それは国際通貨制度の安定を根幹から揺るがすだろう。それはまた、ＩＭＦの構想の実現を促進する触媒の役目も果たすかもしれない。ＳＤＲは、ドルの王位を継承するにふさわしい通貨なのだ。

第九章　貨幣化する金

金と銀は、これまでも、またこれからも文明諸国の普遍的通貨であるただ二つの物質だ。この二つを一般的な交換手段に最適の物質にした周知の特性は、いちいち挙げるまでもない。金と銀は……太古の時代から……使われていた。それに、言語、宗教、習慣はもちろん、疑問を受け入れる余地のあるほぼすべての論題について考えが異なる諸民族が、四〇〇〇年近い間、ある一点で一致してきたことを、また、金と銀が今日まで途切れることなく商業・文明世界の普遍的通貨であり続けてきたことを考えると、金と銀はそうした価値の不変性という点でも、他のいかなる物質よりも優れているとみなされてきたと推論しても差し支えないだろう。

アルバート・ギャラティン（在任期間最長の財務長官［一八〇一年～一八一四年］）一八三一年

金本位制が実施されることになったら、金の価格を固定しなければならないし、その価格を絶対に守り続けなければならない。……金本位制を、古臭い金本位制を今日厳密な形で採用するためには、外国人が持っているすべてのドルを金と交換する必要があり、何ともはや、金……の価格は途方もない額になる必要があるだろう。

ポール・ボルカー（元FRB［アメリカ連邦準備制度理事会］議長）二〇一二年一〇月一五日

貨幣とは金《きん》であり、他の何物でもない。

J・P・モルガン　一九一二年

金とは何か

金に関する思慮深い議論は、金そのものと同じくきわめて少ない。このテーマは感情をともないすぎるので、理性的な会話の余地はあまりないように思われる。一方では、国際通貨制度における金の役割を否定する人々が、この話題をバカにし、片隅に追いやろうとする中で、経済分析だけでなく人身攻撃という手段も使うかもしれない。有名な経済学者が二〇一三年に書いたあるコラムでは、真剣な吟味に耐えられないありふれた主張が反対論として並べられていた一方で、金投資家を形容するのに「偏執症」「恐怖にもとづいた」「極右グループ」「狂信者」などの言葉が使われていた。*1

他方では、多くのいわゆる金本位制推進論者が、同じく歯に衣《きぬ》着せぬ批判を展開している。フォートノックスの金保管庫は空っぽだと、彼らは主張する。金はとうの昔にJPモルガン・チェースのような金取り扱い銀行に移されており、代わりにタングステンを詰めた模造品が入れられているのだと。この不正は、金投資家から先見の明による利益を奪い、金に通貨の世界でその正当な地位を占めさせないようにするための、何十年にもわたる大規模な価格抑制スキームの一環だと主張されている。

裁量的金融政策と並行して金を使うことについては、もちろんもっともな懸念があるし、金市場への政府の介入を示す証拠もある。この問題は事実と空想をきちんと分けて検討するべきだと、どちらの側も主張している。通貨制度における金の本当の役割を理解するためには、感情ではなく歴史に依拠することが必要だ。非難や憶測ではなく、実証可能なデータと合理的な推論にもとづく分析が必要なのだ。金というテーマについて正確な見方をすれば、真実は金否定論者と金支持者のどちらの主張よりもおもしろいことがわかるはずだ。

イングランド銀行の指定金取り扱い業者で、ロンドンの伝説的銀行、N・M・ロスチャイルド&サンズの総帥だったネイサン・ロスチャイルド卿は、こう述べたと言われている。「金の価値を本当に理解している人間を、私は二人しか知らない。パリ銀行の地下保管庫の無名の事務員とイングランド銀行の取締役の一人だ。残念ながら、この二人の意見は一致しない」[*2]。この言葉は、根拠の確かな見方が少ないことと、金に関する議論には不透明さがつきものであることをよくとらえている。

最も基本的なレベルでは、金は原子番号79の元素であり、地殻中もしくは地殻表面の金鉱石の中にごく少量存在しており、時には金塊という形で発見されることもある。金が元素であることは重要だ。それは、純金はいつでもどこでも同じ等級・品質であることを意味するからだ。原油、トウモロコシ、小麦など、多くのコモディティ(商品)が、純度の違いによってさまざまな等級に分類され、その違いは価格に反映される。だが、合金や未精製品はさておいて、純金はどこでも同じなのだ。

金はその純度、均一性、希少性、可鍛性ゆえに、この上なくすばらしい貨幣である。金は少なくとも四〇〇〇年、おそらくはもっと長きにわたって貨幣として使われてきた。創世記は、父祖アブラハムについて「きわめて多くの家畜や金銀を持っていた」と記している。クロイソス王は、紀元前六世紀にリディア、すなわち現在のトルコ西部で、世界初の金貨を鋳造させた。合衆国憲法の施行からわずか三年後に制定された一七九二年合衆国硬貨法は、新たに設立された造幣局に、イーグル、ハーフ・イーグル、クォーター・イーグルと呼ばれる純金の硬貨を鋳造する権限を与えた。金にこうした長い歴史があることは、金が今日、貨幣として使われるべきだということを意味するわけではない。それが意味するのは、誰であれ、金を貨幣として認めない者は、自分には聖書と古代人と建国の父たちの英知を合わせたよりも大きな英知があると思っているにちがいないということだ。

金について理解するためには、金は何ではないかを知ることが助けになる。

金はデリバティブ（金融派生商品）ではない。ニューヨーク証券取引所で扱われている金の上場投資信託（ＥＴＦ）は、金ではない。ＣＭＥグループのＣＯＭＥＸ（ニューヨーク商品取引所）で取引されている金の先物契約は、金ではない。ロンドン地金市場協会会員の銀行によってオファーされる先渡し契約は、金ではない。これらを始めとする多くの金融商品が、金の価格リスクをヘッジする契約であり、実物の金と関連づけられたシステムの一部だが、それは契約であって金ではない。

金をもとにした契約は、金自体に内在するわけではないリスクをたくさんはらんでいる。まず、取引の相手方が債務不履行に陥るかもしれない。パニック、戦争、テロ攻撃、嵐、その他の天災のせいで、金の先物取引が行われる取引所が閉鎖されるかもしれない。最近の例としては、二〇一二年のハリケーン・サンディと世界貿易センターへの九・一一テロ攻撃が、ニューヨーク証券取引所の閉鎖につながった。一九八〇年にハント兄弟が銀市場を独占しようとしていたときにＣＯＭＥＸで行われたように、取引所のルールが突然変更される可能性もある。銀行が不可抗力を主張して契約を打ち切り、金ではなく現金で清算しようとするかもしれない。さらに、政府が行政命令を使って未履行契約を無効にしようとするかもしれない。電源異常やインターネット・バックボーンの崩壊によって、上場先物契約の売却や清算が不可能になるかもしれない。取引証拠金率が変更されたせいで強制清算が相次ぎ、それがパニック売りに発展するかもしれない。これらの出来事はいずれも、実物の金の保有者には影響をおよぼさない。

　実物の金が、担保権も留置権もついていない状態で銀行システムの外に保管され、完全に所有されていることが、真の貨幣としての金の唯一の形である。他のあらゆる形が、金に対する条件つき請求権にすぎないからだ。

　金はコモディティではない。なぜなら、金は消費されたり他の何かに変換されたりしないからだ。金は金でしかないのである。金は商品取引所で取引され、多くの市場参加者からコモディティとみなされているが、明らかに違う。アダム・スミスからカール・マルクスまでのさまざまな経済学者が、コモディティを大まかに言って、さまざまなニーズやウォンツを満たすために生産される非差別化財と定義した。原油、小麦、トウモロコシ、アルミニウム、銅、その他無数の本当のコモディティが、この定義を満たしている。コモディティは食料やエネルギーとして消費されたり、消費需要がある他の財の原材料として使われたりする。それに対し金は、産業利用はほとんどなく、いかなる種類の食料でもエネルギーでもない。金が人類のほぼすべてから欲しがられるのは確かだが、それは価値の貯蔵という機能を持つ貨幣として欲しがられるのであって、他の目的のためではない。会計上、消費品目とされる宝飾品でさえ、実際は消費品目ではない。金の宝飾品は装飾品の形をした資産であり、身に着けられる貨幣なのだ。

　金は投資商品ではない。投資とは、貨幣をリスクとリターンの両方をともなう投資商品に変換することだ。金のような真の貨幣には、リスクがないのでリターンもない。この理屈を理解する最も簡単な方法は、財布から一ドル札を取り出して眺めてみることだ。ドル紙幣はリターンを生み出しはしない。リターンを得るためには、貨幣を投資商品に変えてリスクをとらなければならない。ドル紙幣を銀行に持っていって預金する投資家はリターンを手にすることができるが、それは貨幣に対するリターンではなく、銀行預金に対するリターンである。銀行預金のリスクはきわめて低いかもしれないが、ゼロではない。定期預金の場合は満期リスクがあるし、銀行が倒産した場合は信用リスクがある。銀行倒産によるリスクは預金保険によって軽減されるかもしれないが、保険基金が支払い不能になる可能性もないとは言えない。

銀行預金のリスクは過去のものだと思っている人は、二〇一三年三月のキプロスの一件を考えてみるべきだ。高率の課税によって預金を国庫に入れる計画が否決された後、一部の銀行預金が強制的に銀行の株式に変換されたのだ。支払い不能に陥った銀行を救済するために預金を自己資本に変換したこの措《そ》置《ち》は、将来の銀行危機に対処するうえでの手本として、ヨーロッパとアメリカで好意的に受け止められた。

リスクをとることでリターンを得る方法は、無数にある。株式、債券、不動産、ヘッジファンド、その他さまざまなタイプのプール型投資ビークル（訳注　資産の証券化などに際して、資産と投資家とを結ぶ機能を担う組織体）は、すべてリスクとリターンの両方を含む投資対象だ。経済学の一部の分野、とりわけオプション価格決定理論は、短期国債は「無リスクの」投資商品であるという間違った想定の上に築かれている。実際には、アメリカの信用格付けが先ごろトリプルAから引き下げられたこと、それに債務上限引き上げ法案をめぐって議会の機能不全が続いていること、アメリカの債務の対GDP（国内総生産）比が上昇していることはすべて、「無リスク」という見方が神話であることを示している。

金は、これらの投資商品に内在するリスクを何一つ含んでいない。金が一定の期間熟成して金になる未来の満期日などないのだから、満期リスクはない。金は最初から金なのだ。金にはカウンターパーティ・リスク（訳注　デリバティブ取引等の金融取引における取引相手の信用リスク）もない。金は保有者にとって資産だが、他の誰かの負債ではないからだ。手形を発行するように金を「発行する」者はいない。金はとにかく金なのだ。いったん金を所有したら、清算や決済に付随するリスクはない。銀行が倒産しても、取引所が閉鎖されても、戦争が勃発《ぼっぱつ》しても、これらの出来事は金の本来価値にはまったく影響を与えない。だから、金は真の無リスク資産なのだ。

金の役割について混乱が生じるのは、金が通常、投資商品とみなされ、金融メディアでそのように報じられるからだ。金融記者が視聴者に、金がその日「上昇した」とか「下落した」といった情報を伝えない日は一日たりともない。金の一オンス当たりのドル価格という点では、こうした情報は正しい。だが、変動しているのは金だろうか、それともドルだろうか？　金が三・三パーセント上昇して一オンス一五〇〇ドルから一五五〇ドルになったと報じられた日に、金を不変のものとして、ドルの価値が金一オンスの一五〇〇分の一から一五五〇分の一に下落したと報じるとしたら、それも等しく正確だろう。つまり、一ドルで買える金の量が減ったわけで、したがってドルが下落したのである。このことは価値基準財、すなわち貨幣の標準的定義の一部である計算単位という機能を浮き彫りにする。金が価値基準財であるとすれば、その場合、金ではなくドルや他の通貨を価値変動資産とみなすほうが正確だ。

この価値基準の問題は、複数の通貨がかかわる次の例で説明することもできる。ある取引日に金のドル価格が一オンス一五〇〇ドルから〇・三パーセント下落して一四九五ドルになり、同じ日に円の対ドル為替《かわせ》レートが一ドル一〇〇円から一〇一円になったとする。ドルを円に換算すると、金の円価格は一五万円（一五〇〇ドル×一〇〇）から一五万九九五円（一四九五ドル×一〇一）になって、〇・六パーセント上昇したことになる。同じ取引日に、金はドルでは〇・三パーセント下落し、円では〇・六パーセント上昇したのである。さて、金は上がったのか、下がったのか？　ドルを世界でただ一つの貨幣とみなすならば、その場合は、金は下落したことになる。だが、金を価値基準財、すなわち本位貨幣とみなすならば、その場合は、金は不変であり、ドルが金に対して上昇し、円が金に対して下落したのだと言うほうが正確だ。このようにまとめて述べることで、「金は上がったのか下がったのか」という矛盾は解消される。金は上昇も下落もしていない。金ではなく、通貨が変動したのである。このことは金の価値が本来的で、グローバル通貨の価値の単なる関数ではないことも示している。価値が変動し、本来価値を持っていないのは通貨なのだ。

　金がデリバティブでも、コモディティでも、投資商品でもないとしたら、では金は何なのか？　伝説的銀行家Ｊ・Ｐ・モルガンは、それを最高にうまく言い表した。「貨幣とは金であり、他の何物でもない」[*3]

　Ｊ・Ｐ・モルガンにとって――また他のあらゆる人にとって――貨幣とは四〇〇〇年にわたり金のことだったが、少なくともＩＭＦ（国際通貨基金）によれば、一九七四年に突然そうではなくなった。ニクソン大統領が外国の中央銀行による米ドルの金兌換《だかん》を停止したのは一九七一年だったが、ＩＭＦ改革委員会がアメリカの要請を受けて金の非貨幣化と国際通貨制度の仕組み内でのＳＤＲ（特別引き出し権）の地位向上を正式に勧告したのは、一九七四年になってからだった。[*4]　一九七五年から一九八〇年まで、アメリカは金の貨幣としての役割を縮小するために精力的に動き、自国の公的備蓄から大量の金をオークションにかけた。一九七九年になってもまだ、価格を抑制して金の重要性を低下させるために、四一二トンの金を市場に放出した。[5] こうした努力は最終的には失敗した。金の市場価格は、一九八〇年一月に短期間ながら一オンス八〇〇ドルにはね上がったのだ。それ以降、アメリカは大量の公的金の売却は行っていない。

三つの神話の嘘

一九七〇年代後半にアメリカとIMFが金を貨幣性資産の地位から引きずりおろしたということは、主要大学の経済学課程では、ほぼ二世代にわたり金について真剣に研究されてはこなかったということだ。一部の歴史の授業で金について教えているかもしれないし、独学で金の専門家になった人も大勢いるが、一九五二年以降に生まれた経済学者はほぼ間違いなく、貨幣としての金の使い方について正式な教育は受けていない。その結果、真剣な分析の代わりに金に関する神話が肥大化してきたのである。

一つ目の神話は、世界の貿易・金融需要を十分支えられるだけの金はこの世にないのだから、金は現代の通貨制度の基盤にはなれないというものだ。この神話は見え見えの嘘《うそ》だが、実によく引き合いに出されるので、その欺瞞《ぎまん》は反論する価値がある。

今日、世界の金の総供給量は、地中に埋蔵されているものを除いて約一六万三〇〇〇トンだ。[6] うち、諸国の中央銀行や財務省、それにIMFなどの公的機関によって保有されている量は、三万一八六八・八トンだ。金の価格が一オンス一五〇〇ドルだとすると、世界の公的金には一兆七〇〇〇億ドルの市場価値があることになる。この価値は世界の貿易・金融大国の貨幣総供給量よりはるかに小さい。たとえば、FRBによって提供されている基準、M1（現金、要求払い預金）を使うと、アメリカの貨幣供給量だけで、二〇一三年六月末の時点で二兆五〇〇〇億ドルだった。同じ時期のより広いM2（現金、預金、譲渡性預金）の供給量は、一〇兆六〇〇〇億ドルだった。これを欧州中央銀行、日本銀行、中国人民銀行の貨幣供給量と合わせると、四大経済圏の貨幣供給量はM1が二〇兆ドル、M2が四八兆ドルになる。*7 世界全体の貨幣供給量が四八兆ドルの紙幣ではなく一兆七〇〇〇億ドルの金に制限されたら、結果は悲惨なデフレ（物価下落）となり、深刻な不況につながるだろう。

このシナリオでは、問題は金の量ではなく価格である。適正な価格にすれば、金はたっぷりある。金が一オンス一万七五〇〇ドルなら、公的金の供給量はユーロ圏、日本、中国、アメリカのM1供給量を合計した値とほぼ等しくなる。私がこう言うのは、金の価格を予想したり金本位制に備えたりするためではなく、ただ単にマネーサプライ（通貨供給量）の目標値に対して適切な価格設定がなされているかぎり、金の量は決して金本位制の障害にならないことを示すためだ。

二つ目の神話は、金は一九三〇年代の大恐慌を引き起こし、その長さと深刻さの一因になったのだから、通貨制度で使うことはできないというものだ。この神話は半分本当だが、その半分の真実の中に多くの混乱がある。通常、一九二九年から一九四〇年までとされている大恐慌の前に、「金為替本位制」の採用という出来事があった。この制度は一九二二年から一九二五年の間に段階的に導入され、大きな困難をともないながら一九三九年まで続いた。金為替本位制は一九二二年のジェノバ会議で原則的に合意されたが、実施に向けた具体的な措置は、個々の参加国がそれから数年かけて考えるものとされた。

名称からわかるように、金為替本位制は一八七〇年から一九一四年まで存在していた純正の金本位制ではなかった。金と外国為替――主として米ドル、英ポンド、フランス・フラン――の両方を準備資産とすることができ、あらゆる国際収支の決済に使用できるハイブリッド型の制度だった。第一次世界大戦後、市民が一九一四年以前のように金貨を持ち歩く姿は、ほとんどの主要経済国で見られなくなった。

理論上は、国の外貨準備は保有者が発行国に請求すれば金に兌換できたし、市民も自由に金を保有することができた。だが、国際的な兌換はめったに行われないことになっていたし、市民による実物の金の保有は、日常的な取引には概して不向きなラージバー（五〇〇グラム以上の金地金）に限られていた。狙いは、金本位制を構築する一方で、市中に出回る金をできるだけ少量に抑えることだった。ニューヨーク連邦準備銀行、イングランド銀行、フランス銀行の保管庫にある金は原則的にそこにとどめ置かれ、一方で、市民は金貨の代わりに紙幣を使うことに慣れ、中央銀行は金塊を要求する代わりに貿易相手国の紙幣を受け入れるようになった。金為替本位制は、せいぜいよくて純正の金本位制の見劣りするコピーであり、悪くすると壮大な詐欺だった。

最も重要な点として、諸国は自国通貨と金との交換レートを定め、新しい制度が進化してもそのレートを守り続けなければならなかった。一九一四年から一九一八年までの第一次世界大戦中に、紙幣供給量が一挙に拡大していたことを考慮して、ほとんどの参加国が自国通貨の価値を戦前のレートよりはるかに低く設定した。事実上、自国通貨を金に対して切り下げて、かつてより低い新しい交換レートで金本位制に復帰したのである。のちに「金ブロック」と呼ばれるようになったフランス、ベルギー、イタリアなどの参加国は、この方針を選んだ。アメリカはというと、ヨーロッパ列強より参戦が遅かったので、経済に対する戦争の影響は比較的小さくてすんだ。そのうえ、戦争中に大量の金が流入してきており、そのおかげで一オンス二〇・六七ドルという戦前の交換レートを難なく維持することができた。金ブロックは切り下げを行い、アメリカは不況ではないとなると、金為替本位制がこの先成功するかどうかは、英ポンドの交換レートをいくらに設定するかにかかっていた。

イギリスは大蔵大臣、ウィンストン・チャーチルの指揮の下、一オンス四・八六ポンドという戦前のレートで金本位制に復帰することにした。*8 チャーチルのこの決断は、イングランド銀行券の額面価値を維持する義務があると感じていたからでもあったが、世界金融の信頼できる健全なマネー・センターというロンドンの地位を守らねばならないという現実的な理由からでもあった。イングランド銀行が戦費調達のために大量の紙幣を発行していたことを考えると、この交換レートはポンドの価値を大幅に過大評価したもので、イングランド銀行はかつての平価に戻るために貨幣供給量を劇的に縮小せざるをえなかった。一オンス七・五〇ポンドという交換レートなら、もっと現実的だったはずで、イギリスは国際貿易で競争力のある地位に立てていただろう。実際には、ポンドが過大評価されたことでイギリスの貿易は打撃を受け、交易条件を調整するためにイギリスの労働者にデフレを生む賃金カットが押しつけられた。ギリシャやスペインが今日強いられている構造調整とよく似た過程をたどったわけだ。その結果、イギリス経済は一九二六年には不況に陥っていた。大恐慌のきっかけになったとされている一九二九年のアメリカの株価大暴落の三年も前のことだ。

ポンドの過大評価と不利な交易条件のせいで、イギリスの金がアメリカとフランスに流出し始めた。これに対するアメリカの適切な対応は、FRBがコントロールする金融政策を緩和し、自国のインフレ率を上昇させることだったはずだ。アメリカがそうしていたら、交易条件はイギリスに有利な方向に変化し、イギリス経済は活力を取り戻していただろう。ところが、FRBは逆に金融引き締め策をとり、それが一九二九年の市場暴落の一因となり、大恐慌へとつながったのだ。一九三一年には過大評価されたポンドに対する圧力は耐えがたいほど厳しくなっていたので、イギリスは一九二五年の平価を破棄してポンドを切り下げた。これによって、世界の主要通貨で最も過大評価されているのはドルになったが、その状態は一九三三年に修正された。二年前のポンド切り下げの影響を帳消しにするために、アメリカも一オンス二〇・六七ドルから一オンス三五・〇〇ドルに切り下げて、ドルを安くしたのである。

一九二二年から一九三三年までの一連の出来事は、大恐慌を引き起こしたのは金ではなく中央銀行の裁量的政策だったことを示している。金為替本位制は、金の自由市場価格を考慮しなかったため、致命的な欠陥をはらんでいた。イングランド銀行は、一九二五年にポンドを過大評価した。FRBは、一九二七年に不当にも金融引き締め策をとった。これらの問題は金そのものではなく、中央銀行によって操作され、歪《ゆが》められた金の価格に関係がある。金為替本位制は確かに大恐慌の一因になったが、それはこの制度が純正の金本位制ではなかったからだ。金為替本位制は中央銀行、とりわけイギリスとアメリカの中央銀行の裁量的金融政策によって操作され、間違った運営をされた、まずい設計のハイブリッドだった。大恐慌は、金の使用に反対する根拠にはならない。それは、中央銀行の無能さと市場を無視することの危険性について注意を促す出来事なのだ。

三つ目の神話は、金は市場パニックを引き起こしたというものだ。そこから、金を使わず、中央銀行が金融政策によって周期的なパニックを取り除くほうが、現代の経済は安定すると主張される。これは経済学者、ポール・クルーグマンのお気に入りの神話の一つであり、彼は金に反対し、インフレを支持する著作の中で、この主張をうんざりするほどしつこく唱えている。[*9]

実際には、パニックは金本位制の下でも発生するし、金本位制以外の制度の下でも発生する。クルーグマンは、古典的金本位制の時代と金為替本位制の時代に起こったパニックを並べてみせるのが好きだ。一八七三年、一八八四年、一八九〇年、一八九三年、一九〇七年の市場パニックもしくは市場崩壊、それに大恐慌だ。このリストに異存はない。だが、パニックは金本位制が廃止されてからも起こっている。たとえば、ダウ・ジョーンズ工業株価平均が一日で二二パーセント以上下落した一九八七年の株式市場の暴落、一九九四年のメキシコ・ペソの暴落、一九九七年から九八年にかけてのアジア、ロシア、さらにはロング・ターム・キャピタル・マネジメント（LTCM）の危機による市場パニック、二〇〇〇年のIT株暴落、二〇〇七年の住宅市場の崩壊、二〇〇八年のリーマン・ブラザーズやAIG（アメリカン・インターナショナル・グループ）の破綻《はたん》による金融パニックなどがある。

パニックは、金によって防げるものでも引き起こされるものでもない。パニックは過剰な信用拡大と過剰な信認の後に、突然、信認が失われ、流動性の激しい奪い合いが起こることで発生する。パニックの特徴は、資産価値の急速な低下、債権者による追加証拠金の請求、現金を調達するために行われる資産の投げ売り、それに資産の売却が評価額をさらに低下させ、さらに追加証拠金が請求され、さらに資産が売却されるという正のフィードバック・ループ（訳注　フィードバックの繰り返しで結果が増幅されること）である。このプロセスは、倒産、支払い能力のある主体による救済、政府の介入、もしくはこの三つの同時発生によって、いずれは収束する。パニックは人間の性質が生み出すもので、恐怖と強欲の間で揺れ動く投資家心理の振り子が恐怖に戻るのだ。パニックは決してなくならない。要は、パニックは金とはほとんど、もしくはまったく関係がないということだ。

実際には、金本位制は過去にうまく機能したし、今日も完全に実現可能である。とはいえ、どんな形のものであれ金本位制を構築するとなると、設計という気が遠くなるような問題が生まれてくる。金本位制を設計することは、デジタル・プロセッサーを設計することと同様、能力が試される作業である。よい設計と悪い設計があるからだ。真剣に検討する価値がある専門的な問題と、その価値がない見せかけの問題をきちんと見分けることが必要だ。世界には十分な金があり、足りないように見えるのは価格のせいにすぎない。金が大恐慌を引き起こしたわけではなく、中央銀行の政策ミスが引き起こしたのだ。

パニックは金が生み出すものではなく、人間の性質と過剰な信用拡大の結果である。これらの点を明確にすることが、金賛成論と反対論の本物の論争へと向かう道だろう。

金の争奪戦

学者や専門家が本位貨幣としての金の長所について議論しているのに対し、中央銀行は議論の段階を通り越している。中央銀行にとって、この議論はもう終わっている。金は貨幣なのだ。今日、中央銀行は一九七〇年代初め以来のペースで金を準備資産として確保しつつあり、この金争奪戦はあらゆる通貨、とりわけ米ドルの未来の役割にとって大きな意味を持っている。

データを見れば一目瞭然で、細かく説明するまでもない。[*10] 中央銀行やIMFを始めとする他の公的機関は、二〇〇二年から二〇〇九年までは毎年金を売り越していた。もっとも売却量はその期間に大幅に低下し、二〇〇二年の五〇〇トン強から二〇〇九年には五〇トン足らずになったのではあるが。二〇一〇年からは中央銀行は買い越しに転じ、購入量は二〇一〇年の一〇〇トン足らずから二〇一二年には五〇〇トン強へと、大幅に増加した。二〇〇二年から二〇一二年までの一〇年間で、売り越しから買い越しへの振れ幅は年間一〇〇〇トンを超えた。これは、世界全体の年間産出量の三分の一以上である。金は、鉱山から中央銀行の金庫に直接移動するようにますますなっているのである。

表1は、一部の国の二〇〇四年第一・四半期から二〇一三年第一・四半期までの金準備の増加量をトンで表示したものだ。

中央銀行によるこれらの大量取得は、すべてアジア、ラテンアメリカ、東欧で起こっている。同じ期間、つまり二〇〇四年から二〇一三年の間に、欧米の中央銀行は金を売り越したが、こうした売却は二

表1　一部諸国の金準備

国名	2004年第一・四半期（トン）	2013年第一・四半期（トン）	増減率（%）
アルゼンチン	28.61	61.74	+216
ベラルーシ	12.44	49.29	+396
中国	599.98	1,054.09	+176
インド	357.75	557.75	+156
カザフスタン	54.70	122.89	+225
韓国	14.05	104.44	+743
ラオス	3.64	8.88	+244
メキシコ	6.80	124.24	+2,043
ロシア	389.79	981.62	+252
タイ	80.87	152.41	+188
トルコ	116.10	408.86	+352
ウクライナ	19.60	36.08	+184
計	1,684.33	3,662.29	+217

〇〇九年に突然、終了した。それ以降、新興経済諸国は鉱山生産や廃棄物リサイクルから、もしくは二〇〇九年末と二〇一〇年初めのＩＭＦによる四〇〇トン強の売却を含む公開市場での売却から、金を取得しなければならなくなっている。すべての国・地域の中央銀行を計算に入れると、ＩＭＦの保有分を除く公的金準備は、二〇〇九年第四・四半期から二〇一三年第一・四半期の間に一四八一トン増大した。五・四パーセントの増大だ。中央銀行は重要な金の買い手になっており、金は西から東へ動いている。

これらの統計値はすべて、中国という興味深い事例を考慮に入れると変わる可能性がある。中国は一九八〇年から二〇〇一年末まで二〇年以上にわたり、金準備高を三九五トンと発表していた。発表される金準備高はその後、突然五〇〇トンに増大し、それから一年は変化なしだった。二〇〇二年末にふたたび増大して六〇〇トンになり、それから六年以上変わらなかった。二〇〇九年四月についに一〇五四トンに増大し、二〇一四年初めの現在まで五年近く変わっていない。

公式には、中国は二〇〇一年に一〇五トン、二〇〇二年に一〇〇トン、二〇〇九年に四五四トンという金保有量の急増を報告したわけだ。これほど大規模な増加は、二つの中央銀行間で、もしくはIMFとの間で事前の取り決めがなされていないかぎり、一度の取引で達成するのはきわめて難しい。どこかの国の中央銀行かIMFが、そうした事前取り決めによって中国に金を売却したという発表はなされていないし、諸国の中央銀行やIMFの公表されている金保有量も、中国のこうした増大に対応する時期に突然の減少を示してはいない。[*11] そこから必然的に出てくる結論は、中国は、実際には長い時間をかけて少量ずつ金を蓄積しており、その変化を一括して不定期ベースで発表しているということだ。

ひそかに少しずつ金を取得していくこの作戦は、完全に理にかなっている。実物の金は、容易に売り買いできるという意味で市場性があるが、実際の取引高はきわめて少なく、価格が変動しやすい。何の市場であれ、取引高の少ない市場での大口の買い手は、市場への影響を防ぐために自分の意図を隠そうとする。銀行のディーラーたちが大口で融通のきかない買い注文を予想して、買い手に不利な方向に価格を動かすからだ。

中国は、秘密代理人を使ったり鉱山から直接買ったりすることで、自国の金購入計画の影響を最小限に抑えている。代理人のネットワークは世界中に広がっているが、彼らの主な所在地はクイーンズ・ロード・セントラルの香港上海銀行（HSBC）香港本店ビルとオーストラリア・ニュージーランド（ANZ）銀行上海支店である。[*12] これらの代理人はブローカーやロンドンの金取り扱い銀行に、一回当たり数トンという業務用のロットで金の買い注文を出す。本当の買い手の正体は明かされない。代金の支払いは、中国の政府系ファンドの一つで、PIMCO（パシフィック・インベストメント・マネジメント）の債券トレーダーだった朱長虹が運用している国家外為管理局によって行われる。購入された金は、空輸されて上海の保管庫に収められる。代理人はきわめて強い自制心と忍耐力をもって購入活動を行い、概してCOMEXの相場の「押し目」（訳注　上昇基調の相場が一時的に下落すること）を狙って買う。名人級の市場知識を示した例として、中国は二〇一三年四月から七月までの押し目期に一オンス一二〇〇ドルという上半期最安値に近い価格で、オーストラリアのパース鉱山や他の売り手から金六〇〇トンを直接購入した。[*13] これらの大規模な秘密活動と、より日常的な商業ベースでの購入によって、中国は二〇一二年と二〇一三年に年間約一〇〇〇トンの金を輸入したと推定されている。[*14]

中国が金鉱石を直接購入している先は主として国内の鉱山だが、購入先は急速に拡大しており、今ではアフリカ南部やオーストラリア西部の新たに買収した鉱山も含まれている。わずか十数年前の二〇〇一年には、中国が所有する鉱山からの金産出量は年間二〇〇トン足らずだった。産出量は二〇〇一年から二〇〇五年まで徐々に増大し、二〇〇六年に大幅に増大した。その結果、二〇〇七年には中国は南アフリカを抜いて世界最大の金産出国となり、以来その地位を維持している。二〇一三年には中国の金の産出量は年間四〇〇トンを超えるようになっていたが、これは世界全体の産出量の約一四パーセントである。[*15] 中国が管理している国内外の鉱山で産出される金鉱石は、中国、オーストラリア、南アフリカ、スイスの精製所に送られ、そこで純金に精製されて一キロの延べ棒に成型され、上海の保管庫に送られる。これらのチャネルを通ることで、中国の金はロンドンの市場を迂回《うかい》しており、それによって市場への影響を最小限に抑えるとともに、中国の金備蓄の正確な量を国家機密にしているのである。

国内金鉱山からの産出量に海外からの輸入量を加えると、中国国内の公的金および私的金の保有量は、二〇〇九年に行われた前回の中央銀行金準備高公式発表から約四五〇〇トン増えたことになる。その増加分のうち正確にどれだけの量が次の発表時に公的金準備に追加され、どれだけの量が宝飾品、延べ棒、金貨などに対する国内消費需要に回されるかは、中国政府の外にいる観察者が見きわめるのは不可能だ。中国の国民が富の保全のために、また資本逃避の便利な手段として、金を熱心に買い求めることはよく知られている。金は中国全土の何千もの銀行の支店やブティック型証券会社でさまざまな形で販売されているのである。

信頼できるデータがないので大まかに推定すると、二〇〇九年以降に増加した金の半分が国内消費に回され、残りの半分、すなわち二二五〇トンが公的金準備にひそかに追加されたと思われる。この推定が正しければ、二〇一四年初めの中国の公的金準備は発表されている一〇五四トンではなく、三三〇〇トンに近いことになる。鉱山生産と輸入が現在のペースで維持され、取得された金の半分が公的準備に回されるとすると、中国は二〇一四年のうちに公的金準備にさらに七〇〇トン追加することになり、二〇一五年初めには、中国の金準備は四〇〇〇トンに達しているだろう。中国が前回、公的金準備の増加を公式に発表したときは、二〇〇二年末から二〇〇九年初めまで六年以上間隔を空けた。そのペースが繰り返されるとしたら、次の金準備高改訂は二〇一五年になると思われる。

既知の産出量と既知の輸入量にもとづくこれらの推定値でさえ、中国の金輸入の一部はまったく公表されていないという事実によって修正されなければならない。世界最大手の保安物流会社の一つ、G4Sの上級マネージャーが先ごろ金関連産業の幹部に語ったところによると、彼は人民解放軍の戦車と装甲輸送車の列を率いて、中央アジアの山岳路を抜けて陸路で中国に金を運んだことがあるという。この金は通常のチャネルを通じて輸入される、民間投資家が好む一キロの延べ棒ではなく、中央銀行が好む四〇〇オンスの「グッド・デリバリー」バー（ロンドン金市場受渡適合品）だった。このような暴露話からわかるのは、中国の公的金準備のどんな推定値も、高すぎる可能性より低すぎる可能性のほうが高いということだ。

中国が二〇一五年に、公的準備資産の一部として四〇〇〇トンの金を保有していると発表したら、「金は貨幣性資産ではない」という欧米の識者やエコノミストの意見は信憑《しんぴょう》性を失うだろう。四〇〇〇トンの金となると、中国は世界の金保有者ランキングでフランス、イタリア、ドイツ、IMFを抑えて、アメリカに次ぐ第二位の地位を占めることになる。

中国がひそかに金を取得していることは、ロシアのはるかに透明性の高い金準備積み増しプログラムと著しい対照をなしている。ロシアの金準備は二〇〇四年初めから二〇一三年末までの九年間に、約三九〇トンから一〇〇〇トン強へと、二五〇パーセント増加した。中国とは異なり、この増加はほぼ一〇〇パーセント国内の鉱山生産によって達成され、輸入に助けられたものではなかった。ロシアは世界第四位の金生産国で、年間約二〇〇トンの金を生産している。[*16] ロシアの金準備の増加は、月に約五トンずつ着実に増やしていった結果でもあり、ロシア中央銀行のウェブサイトで定期的に発表されていた。輸入やロンドン金市場に頼らなくても金保有量を積み増しできるので、ロシアは中国より透明な形でこのプログラムを実行できる。ロンドン金市場による価格操作やフロントランニング（訳注　顧客から注文を受けた金融商品取引業者が顧客の注文より先に自分の注文を出し、顧客より有利な価格で自分の注文を約定させること）の被害をさほど受けずにすむからだ。ロシアの金取得プログラムはまだ継続中で、同国の公的金保有量は二〇一四年に一一〇〇トンを超えるはずだ。一一〇〇トンというとアメリカの金準備の八分の一以上だが、ロシア経済の規模もアメリカ経済の約八分の一だ。経済規模に対する割合では、ロシアの金準備はアメリカを追い越しているのである。

実物の金に対する強い需要が世界中に見られるのに、COMEXで取引される金先物の価格は二〇一一年八月の金価格のピーク以降、弱含みで推移しているというパラドックス（逆説）に、多くのアナリストが困惑してきた。実物の金の購入は、中央銀行だけでなく個人によっても行われており、それは中央銀行が好む四〇〇オンスの「グッド・デリバリー」バーより一キロ・バーの需要のほうが大きいことに表れている。スイスの精製所はこの需要に応えるために、残業を続けてラージバーをスモールバー（五〇〇グラム未満の金地金）に作り変えてきた。この一見パラドックスに見える現象は、簡単に説明できる。金であれパンであれ、財の価格が何らかの形の介入によってその本来価値より低く抑えられている場合、人間は通常、売り場が空になるまで買いあさるという行動反応を示すものだ。

金回収計画

中国とロシアの中央銀行の金取得プログラムに代表される金の争奪戦は、一部の国の中央銀行が外国の保管施設に預けている金を早急に自国に返還させようとしていることにも表れている。

アメリカの金を別にすれば、世界の公的金の半分近くが保有国の国内ではなく、ニューヨーク連邦準備銀行とロンドンのイングランド銀行の保管庫に保管されている。ニューヨーク連銀の保管庫には約六四〇〇トン、イングランド銀行の保管庫には約四五〇〇トンの金が収められている。[*17] ニューヨーク連銀にある金のほとんどがアメリカのものではないし、イングランド銀行にある金のうち、イギリスが所有しているのは三〇〇トン足らずにすぎない。アメリカの金は、大部分がケンタッキー州フォートノックスとニューヨーク州ウエストポイントのアメリカ陸軍の施設に保管されており、ごく少量がコロラド州デンバーの造幣局に保管されている。ニューヨーク連銀とイングランド銀行は、ドイツ、日本、オランダ、ＩＭＦなどの大量保有者や世界中の多くの少量保有者の公的金を、合計約一万六〇〇〇トン預かっているわけだ。両行に保管されている第三者の金は、世界の公的金の三三パーセントに上る。

公的金がこのようにニューヨークとロンドンに集中しているのは、何よりも、一八七〇年から一九七一年まで断続的に存在していたさまざまな金本位制の下での慣習が残っているせいだ。国際収支の決済に金が使われていた時代には、世界各地に金を輸送するよりも、ニューヨークやロンドンなどの金融センターに金を保管しておき、必要に応じて法的所有権を移し替えるほうが簡単だった。今日、国際収支の決済は金ではなくたいていドルかユーロで行われているので、金は金融センターに置いておくべきだという理屈はもう通用しなくなっている。

金の集中的な保管は、冷戦（一九四六年〜九一年）の名残でもある。ドイツにとって、自国の金をニューヨークに預けておくほうが、ベルリンを包囲していたソ連の機甲師団によって没収されるリスクを冒すよりも安全とみなされていたのである。現在では、金融崩壊という事態になったときにドイツの金がアメリカに没収されるリスクのほうが、ロシアの侵攻によって没収されるリスクより大幅に高くなっている。ドイツのような国にとって、自国の金をニューヨークやロンドンに預けておくべきやむを得ない理由はもうなくなっており、むしろ預けておくことには大きなリスクがある。アメリカやイギリスが危機の中で自国の紙幣を守るために外国の金を没収する必要があると突然判断したら、その金の所有権は、本来の所有者からアメリカやイギリスに移されるだろう。

状況がこのように変化したことと新しいリスクが生まれてきたことを踏まえて、金保有国は自国の金を回収する運動を始めている。最初の有名な回収はベネズエラが行ったもので、同国は二〇一一年八月、イングランド銀行に九九トンの金をロンドンからカラカスに返還するよう要求した。最初の金の輸送は二〇一一年一一月に行われ、金が到着すると、ウゴ・チャベス大統領はそれを装甲車に積んでカラカスの市中をパレードし、市民から喝さいを浴びた。

より大規模で、より重要な金回収計画は、二〇一三年にドイツによって打ち出された。ドイツは三三九一トンの公的金を保有しており、今のところアメリカに次いで世界第二位の金保有国だ。二〇一二年末の時点で、ドイツの金は一〇一五トンがフランクフルトに、一五二六トンがニューヨークに、四四一トンがロンドンに、そして三七四トンがパリに保管されていた。二〇一三年一月一六日、ドイツの中央銀行であるドイツ連邦銀行は、パリのすべての金とニューヨークの金のうち三〇〇トンをフランクフルトに返還させる八カ年計画を発表した。[*18] ロンドンの金はそのまま残されるので、二〇二〇年一二月の回収計画終了時には、ドイツの金の五〇パーセントがフランクフルトに、三七パーセントがニューヨークに、一三パーセントがロンドンに保管されていることになる。

評論家たちは、ニューヨークからフランクフルトへの三〇〇トンの移送が完了に八年かかるという事実にすぐに飛びついて、ニューヨーク連銀がドイツの金を手元に持っていないか、でなければ別の理由でその要求によって財務的に困惑している明白な証拠とした。だが、ドイツ連邦銀行は金が早々と返還されることを望んではいない。ニューヨークに置いておくほうが、市場操作のためにより効率的に利用できるので望ましいと思っている。ドイツ連邦銀行はそもそも返還を要求したくなかったのだが、二〇一三年九月の連邦議会選挙を控えていたアンゲラ・メルケルの政治的支持者たちから、そうするよう圧力をかけられたのだ。ドイツの金の物理的安全は、ドイツ連邦議会で政治的争点になっていたのである。ドイツ連邦銀行が発表した計画は、ドイツの金の大部分をニューヨークに残しながら、政治的争点を取り除く方策にすぎなかった。二〇二〇年にこの計画が完了した後も、ドイツはまだ一二二六トンの金をニューヨークに置いていることになる。これは、アメリカ、イタリア、フランスを除く世界のどの国の金準備高よりも多い。ドイツ連邦銀行にとって金をニューヨークに置いておくほうが、金市場を操作するための中央銀行の活動の一環として、ゴールド・スワップ（交換）やゴールド・リースという形で活用できるので便利である。それでも、かなりの量の金が——自国の金を回収するグローバルな動きの一環として——フランクフルトに移送されつつある。

ドイツの中央銀行に自国の金の一部を回収させた大衆迎合的な政治圧力は、スイスでも高まっている。中国やロシアなどの中央銀行が熱心に金を購入していたのに対し、スイスは最も大量に売却した国の一つだった。二〇〇〇年初めには、スイスの金準備は二五九〇トンを超えていた。金の価格が急上昇する中で、その量は徐々に減少し、二〇〇八年末には八年前から六〇パーセント減のわずか一〇四〇トンになっていた。スイスの金準備は以後、この水準にとどまっており、一方、金の価格は二〇〇八年の水準から大幅に上昇した。

スイスの連邦議会では、価格が上昇していたときだったにもかかわらず、この大量売却に対して厳しい反応が示された。二〇一一年九月二〇日、スイス人民党のルツィ・スタムを中心とする四人の議員が、スイスのすべての金を国内に保管することを定めるとともに、スイス国立銀行からスイスの金を売却する権限をはぎ取る法案を提出した。この法案は、スイス国立銀行に総資産の少なくとも二〇パーセントを金で保有することも義務づけている。二〇一三年七月の時点では、金はスイスの準備資産の八・九パーセントにすぎなかったので、この条項は事実上、スイスに金の取得を義務づけることになるだろう。二〇一三年三月二〇日、この法案の提出者たちは、この法案を国民投票にかける——スイスの民主主義の重要な特徴——ために必要な一〇万人の署名を集めたと発表した。金に関する国民投票の正確な日程は未定だが、二〇一五年までには実施されると予想されている（訳注　国民投票は二〇一四年一一月末に実施され、この法案は反対多数で否決された）。

二〇〇三年に、当時のスイス財務相、キャスパー・ビリジャーは、議会でスイスの金はどこにあるのかと質問されて、次のような悪名高い答弁を行った。「知りません……知る必要はありませんし、知りたくもありません」[*19]。グローバル金融のエリートたちに広く見られるこうした傲慢《ごうまん》さは、一般市民にとってますます許容しがたくなっている。市民は自分たちの金準備が、中央銀行やＩＭＦやＢＩＳ（国際決済銀行）のような閉鎖的集団の閉じた扉の奥で活動している官僚たちのせいで失われていることに気づいている。スイスが金を持ち続けていたら、その価値は現在いくらになっているかを考えると、スイスの官僚たちの行為は国民に三五〇億ドル以上の損失を負わせたことになる。

ベネズエラ、ドイツ、スイスは金を回収する動きの最も有名な例かもしれないが、この問題を持ち出しているのはこれらの国だけではない。二〇一三年にアゼルバイジャンの政府系ファンドである大手エネルギー輸出企業が、自社の金をロンドンのＪＰモルガン・チェースからバクーのアゼルバイジャン中央銀行に移送するよう要求した。金の返還という問題は、二〇一三年にメキシコでも公の場で持ち出された。

オランダでは、中道右派のキリスト教民主アピールと左派の社会党の党員が、自国の六一二トンの金を回収するようオランダ中央銀行に請願している。オランダの金のうち、国内にあるのは一一パーセント、すなわち六七トンにすぎず、残りはニューヨークに約三一二トン、カナダに一二二トン、ロンドンに一一〇トンと分散されている[*20]。二〇一二年に、ニューヨークに保管されているオランダの金がアメリカに接収される可能性について質問されたとき、当時のオランダ中央銀行総裁、クラース・ノットはこう答えた。「われわれはアメリカの法律の域外適用に常時、直面しており、通常これはヨーロッパでは歓迎されない」。「われわれの金を返せ」という名称のポーランドの小規模な運動は、二〇一三年八月に開始され、イングランド銀行に保管されている同国の一〇〇トンの金の回収をめざしている。もちろん、ロシア、中国、イランなど多くの国が、すでに自国の金を国内に保管して、接収のリスクから逃れている。

中央銀行による金の取得と金の回収は、密接に関連している。この二つの問題は、金が国際通貨制度の要というかつての役割を取り戻しつつあるという、より大きな図の一部なのだ。大量の金を持っている者は、現状どおりの紙幣制度のほうが望ましいと思っているので、金を持っていることを認めたがらない。少量の金しか持っていない者は、魅力的な価格で金を取得したいと思っており、金の争奪戦が手に負えなくなった場合の価格高騰を防ぎたいので、金を持っていることを認めたがらない。金をけなしている人々と金を支持している人々の間で、貨幣としての金という問題を当分の間、表に出さないでおくことで利害が一致しているのである。だが、この状態は長くは続かないだろう。金をふたたび貨幣化する動きはもう止められなくなっているからだ。

過去および未来の貨幣

金については、「金本位制は今日の世界では機能しない」という先験的な言説のほかにも、偏向した言説がいくつかある。実際には、きちんと設計された金本位制は、それを制定し、その非インフレ的な規律を守る政治的意志が存在していれば、問題なく機能するはずだ。金本位制は、創意工夫や企業家精神や勤勉さによって富を生み出す人々にとって、理想的な通貨制度である。だが、富を創造せず、インフレやインサイダー情報や市場操作によって他者から富を搾り取ろうとする人々には嫌われる。金対不換紙幣の論争は、実は企業家と不労所得者との論争なのだ。

新しい金本位制は何種類もの設計が考えられ、どの設計を選ぶかによって、またどのような条件下で開始されるかによって、成功するかどうかが決まるだろう。一八七〇年から一九一四年までの古典的金本位制は大成功を収め、物価の安定、高い実質成長率、偉大な発明の時代をともなった。それに対し、一九二二年から一九三九年までの金為替本位制は失敗に終わり、大恐慌の一因になった。一九四四年から一九七一年までのドル・金本位制は、二〇年にわたりまずまずの成功を収めたが、主唱者だったアメリカの関与が足りなかったせいで崩壊した。過去一五〇年の間に起こったこの三つの出来事は、金本位制はいくつもの形をとること、また、その成否は金そのものによってではなく、制度設計と参加者にゲームのルールを守る積極的な意志があるかどうかによって決まることを示している。

新しい金本位制の検討は、古い金本位制は完全に捨て去られたわけではないという理解から始まる。一九七一年八月にニクソン大統領が外国の中央銀行によるドルの金兌換を停止し、ブレトンウッズ体制が崩壊したとき、金本位制はただちに捨て去られたわけではなかった。それどころか、一九七一年一二月にはドルが七・八九パーセント切り下げられて、金の公定価格は一オンス三五ドルから一オンス三八ドルに上昇した。一九七三年二月一二日には、ドルはさらに一〇パーセント切り下げられ、金の公定価格は一オンス四二・二二ドルになった。一部の中央銀行とアメリカ財務省にとって、またIMFの会計処理のためには、これが今日もなお金の公定価格だが、この数字はそれよりはるかに高い市場価格とはまったく関係がない。この期間、つまり一九七一年から七三年の間に、国際通貨制度はよたよたしながら変動相場制に移行し、その変動相場制が今もなお使われているわけだ。

ＩＭＦは一九七二年に、国際通貨制度の改革について検討するため、理事会に議席を持っている加盟国二〇ヵ国で構成される二〇ヵ国委員会、略称Ｃ20を招集した。[*21] Ｃ20は一九七四年六月に「改革の概要」と題した報告書を発表し、変動相場制導入のための指針を提供するとともに、ＳＤＲを金に裏づけられた準備資産から紙幣のバスケット（組み合わせ）を参照する準備資産に変換するよう勧告した。Ｃ20の勧告は一九七五年にＩＭＦ内部で熱心に議論されたが、そのときは採用されなかった。だが、一九七六年一月にジャマイカで開かれたＩＭＦ暫定委員会で、Ｃ20報告の内容に沿った具体的な改革が決定され、ＩＭＦ協定の第二次改正に盛り込まれた。この改正は、一九七八年四月一日に発効した。

一九七二年のＣ20プロジェクトから一九七八年の第二次改正までの国際通貨制度に関する議論は、ＩＭＦの金の処分という問題を中心に展開された。アメリカは、国際金融における金の役割を完全に葬り去りたいと思っていた。アメリカ財務省はカーター政権時代に、金の価格を下げるとともに、金に対するアメリカの関心のなさを示すために、三〇〇〇トンの金を市場に放出した。その間、フランスと南アフリカは、国際準備資産としての金の役割を維持するよう強く主張していた。ジャマイカでの妥協はこれら二つの立場を混ぜ合わせたもので、ＩＭＦの金のうち七一〇トンが加盟国に返還され、七一〇トンが市場で売却され、残りの約二八〇〇トンがＩＭＦの手に残された。ＩＭＦは自身の会計処理上の計算単位をＳＤＲに切り替え、ＳＤＲの価格の基準は金から紙幣のバスケットに変更された。アメリカは金の役割が格下げされたことでよしとし、フランスは金が準備資産であり続けることでよしとし、ＩＭＦはかなりの量の金を引き続き保持することができた。この米仏の妥協の本質は、今日まで変わっていない。

一九八一年にレーガン政権が登場したことで、アメリカは金に対する姿勢を大きく変えた。一九八一年から二〇〇六年の間には残りの金の一パーセント弱しか売却しなかったし、二〇〇六年以降はまったく売却していない。アメリカとＩＭＦが一九八一年以降は金を手放していないことは、ドイツ、イタリア、フランス、スイスなどが引き続き大量の金備蓄を保有していることとあいまって、世界に影の金本位制を残しているのである。

金がグローバルな貨幣性資産としての役割を持ち続けていることは、欧州中央銀行総裁、マリオ・ドラギが二〇一三年一〇月九日にケネディ行政大学院で行った、驚くほど率直な講演で痛烈に思い知らされた。「中央銀行は金についてどのように考えているのか」という金融ジャーナリスト、テカオ・ダ・シルバの質問に答えて、ドラギは次のように語った。

あなたは……かつてイタリア銀行総裁を務めていた人間に、この質問をしておられるわけです。イタリア銀行は世界第四位の金準備保有者であり……

私は［金を］売ることが賢明だと思ったことはありません。中央銀行にとって金は安全な準備資産ですから。イタリアは、金をそうみなしています。非ドル諸国の場合、金はドルの変動に対してかなり優れた保護を与えてくれますし、リスク分散などの理由もあります。ですから、中央銀行は、数年前に金売却プログラムを開始していたのに、実質的に……それを停止したのです。全般的に見て、中央銀行はもう金を売却してはいません。また、一〇年ほど前に金備蓄をすべて売り払った一部の中央銀行の動きは、華々しい成功とはみなされませんでした。*22

金は準備資産であり続けるべきだという、一九七九年にジャマイカで主張されたフランスの考えは、通貨制度に関するＩＭＦの議論にバンコールの幽霊のようにつきまとってきた。『マクベス』でバンコーが王の祖先になると約束されたように、金は「過去および未来の貨幣」という役割を持ち続けるかもしれない。

新しい金・SDR制度

二一世紀の金本位制はどのような構造になるのだろう？　それは少なくともアメリカ、ユーロ圏、日本、中国、イギリス、それに他の主要経済国を参加させるグローバルな制度でなければならないだろう。アメリカはその大量の金準備からすると、金を裏づけとするドルを単独で開始する能力があるが、アメリカがそうすることにしたら、世界の他の通貨は、金に裏づけられた新しいドルに比べ、投資家にとっての魅力が小さくなる。その結果、他の通貨での取引が減少し、流動性が縮小して、デフレに突入することになる。グローバルな金本位制だけが、アメリカが単独で金本位制に移行しようとした場合に生じるデフレを回避できるのだ。

第一歩は、ブレトンウッズ会議と同様のグローバルな通貨会議を開くことだ。参加者たちはそこで、新しいグローバルな通貨単位を定めることで合意する。SDRは、すでに存在しているのだから、新しいグローバル通貨の格好の候補である。だが、この新しいSDRは金に裏づけられており、金もしくはこの制度の参加国の通貨と自由に交換することができる。今日存在している紙のSDRではないわけだ。

新しい制度は二層構造にする必要もある。上の層はSDRで、その価値は特定の重量の金と同等と定義される。下の層はドル、ユーロ、円、ポンドなど、個々の参加国の通貨で構成され、それぞれのローカル通貨の単位は、特定の量のSDRと同等と定義される。ローカル通貨はSDRで定義され、SDRは金で定義されるのだから、その延長線上で考えると、どのローカル通貨も特定の量の金と同等の価値を持つことになる。最後の点として、どのローカル通貨もＳＤＲと、さらには金と固定された関係にあるので、それぞれの通貨同士も固定された関係にあることになる。たとえば、一・〇〇ＳＤＲ＝一・〇〇ユーロで、一・〇〇ＳＤＲ＝一・五〇ドルだとすると、その場合、一・〇〇ユーロ＝一・五〇ドルになるわけだ。

この新しい金・ＳＤＲ制度に参加するためには、ＩＭＦ加盟国は資本取引を自由化していなければならない。つまり、自国通貨がＳＤＲや金や他の参加国の通貨と自由に交換できることが要件になるのである。これはアメリカ、日本、ユーロ圏など、すでに資本取引を自由化している国や地域にとっては負担ではないだろうが、自由化していない中国にとっては障害になるおそれがある。それでも、中国は新ＳＤＲのような金に裏づけられた非ドル通貨を十分魅力的だと判断して、新制度に参加し、それを成功させるために資本市場を自由化するかもしれない。

参加国は、新しい金・ＳＤＲを計算単位としてできるかぎり広く採用するよう奨励される。原油や他の天然資源のグローバル市場では、価格がドルではなくＳＤＲで表示されるようになる。ＩＢＭやエクソンなど、大手グローバル企業の財務記録はＳＤＲで記載され、世界全体のＧＤＰや国際収支勘定などの各種経済指標はＳＤＲで算出、発表される。最後に挙げると、ＳＤＲ建て債券の市場が発達し、諸国の政府やグローバル企業や地域開発銀行によって発行され、政府系ファンドや大手年金基金によって購入されるだろう。その仲介は、ゴールドマン・サックスを始めとする最大手のグローバル銀行が、ＩＭＦの監督を受けながら行うことになるかもしれない。

このグローバルな金・ＳＤＲ制度の、もっと厄介な技術的問題の一つが、個々の通貨の適切な固定交換レートを決定することだ。たとえば、一・〇〇ユーロは一・三〇ドルと等価とするべきか、一・四〇ドルと等価とするべきか、それとも他の額と等価とするべきか？　これは一九九二年のマーストリヒト条約締結後に、ユーロの創設者たちが直面した課題と本質的に同じものだ。マーストリヒト条約は締約国に、イタリア・リラ、ドイツ・マルク、フランス・フランなどの多様な通貨から単一通貨を創設することを誓約させていたのである。

ユーロの場合には、何年もの技術的研究と専門機関によって生み出された経済理論がこの作業に適用された。技術的検討は今日も当然、必要だが、最も望ましいアプローチは、市場シグナルを使って問題を解決することだろう。新制度の参加国は、固定レートはその適用開始日に先立つ一二カ月間の銀行の外貨取引の加重平均にもとづいて四年後に決定されると宣言すればよい。四年という期間は、市場にとって新制度に適応し、その影響を検討する十分な時間になるだろうし、加重平均をとる一二カ月という期間は、短期的な変則事象や市場操作を取り除いてくれるだろう。

最も難しい課題は、金の重量で表されるＳＤＲの価値と新制度を存続可能にするために必要な、部分金準備の量に関するものだ。この問題は、一つの問いにまとめることができる。金に裏づけられたグローバルな通貨制度における、デフレを生まない金のインプライド価格（訳注　同程度の基準値や変動性を考慮したモデルによって算出される価格。市場価格が存在しない場合に使われる）はいくらか、という問いだ。一つの交換比率に関してこの問いが解決されたら、固定交換レートを使って他の計算単位に変換するのは何でもないことだ。

新制度は、当初は世界の通貨供給量を拡大せずに運営される。ＳＤＲの取得を希望する国は、銀行やディーラーから購入したり、貿易によって獲得したり、自国通貨と引き換えにＩＭＦから取得したりすることができる。ＳＤＲと引き換えにＩＭＦに渡されたローカル通貨は、世界の通貨供給量が拡大しないように不胎化される。ＦＲＢやＥＣＢなど、国や地域の中央銀行は、金やＳＤＲや他の通貨に対する固定レートを維持する必要がある場合にかぎり、裁量的金融政策を行えるものとする。ＩＭＦは例外的な状況において、新制度に参加しているＩＭＦ加盟国の圧倒的多数の承認を得た場合にかぎり、新ＳＤＲの不胎化をともなわない創造という形で裁量的金融政策を行えるものとする。

新ＳＤＲの創造に対するこれらの制約を考えると、この制度はＳＤＲをアンカーとし、計算単位とするが、ＳＤＲの発行量は比較的少ない状態で発足することになる。今日と同じく、参加国のベースマネー（中央銀行が供給する通貨）供給量の合計が、世界全体の通貨供給量となり、その通貨供給量が金の適切な価格を決定するための基準点になる。

もう一つの重要な問題は、世界全体の通貨供給量を支えるために必要な裏づけの金の量を決定することだ。オーストリア学派の経済学者たちは、一〇〇パーセントの裏づけが必要だと主張するが、厳密にはそこまで必要なわけではない。実際には、金に裏づけられた紙幣より実物の金を持ちたいと思うすべての人に供給できるだけの金と、固定金価格はいったん定められたら変更されることはないという十分な保証があればよいのである。この二つの目標は関連しており、変更されないという保証が強力であればあるほど、信認を維持するために必要な金は少なくてすむ。

歴史的には、金本位制は通貨供給量に対して二〇パーセントから四〇パーセントの金の裏づけがあるとき、順調に機能してきた。一九一四年、一九三一年、一九七一年に金本位制が破棄されたことを考えると、金本位制に対して当然疑り深くなっている市民の信認を生み出すためには、もっと高い割合の金が必要だろう。わかりやすくするために、通貨供給量の五〇パーセントを裏づけの目標とし、アメリカ、ユーロ圏、中国、日本が新制度に参加すると想定して、世界全体の公的金の保有量を金の供給量、Ｍ１

を通貨供給量としてみよう。通貨供給量を金の供給量で割ると、一オンス約九〇〇〇ドルという、金に裏づけられたSDR本位制におけるデフレを引き起こさない金のインプライド価格が算出される。

この計算式に入れる数字については議論の余地があるが、一オンス九〇〇〇ドルという値は、金に裏づけられたグローバルなSDR本位制における、デフレを引き起こさない金価格のかなり適切な推定値だ。もちろん、この世に孤立して動くものはない。金が一オンス九〇〇〇ドルの世界は、原油が一バレル六〇〇ドル、銀が一オンス一二〇ドル、アメリカ中部で初めて買う持ち家の価格が百万ドルという世界でもある。この新しい金本位制はインフレを引き起こしはしないが、一九七一年以降、紙幣ですでに生じているインフレを率直に認めるものになるだろう。この一度かぎりの価格急騰は、過去四〇年間に不換貨幣の乱用によって生じた歪みを社会が清算する動きである。

参加国は最も貧しい人々が手にする年金、福祉給付、保険上限までの貯蓄預金といった形の固定収入について、名目額を調整する法整備を行う必要があるだろう。債務の名目価値は変わらないので、グローバルな政府債務・負債圧縮問題はたちどころに解決される。銀行や不労所得者は打撃を受けるだろうが、これはさらなる成長への健全な一歩である。インフレによる略奪は、この新制度が維持されているかぎり過去のものになる。富の搾取が富の創造にとって代わられ、創意工夫の勝利が始まるのではなかろうか。

諸国の中央銀行による裁量的金融政策は、この新制度でも維持される。それどころか、通貨発行量に対する裏づけの金の割合を、必要に応じて拡大したり、縮小したりすることさえできる。とはいえ、この制度に参加している中央銀行は、実物の金の買い手に回ったり売り手に回ったりすることで、自国通貨での固定金価格を維持することを義務づけられる。どの国の中央銀行であれ、緩和的すぎる金融政策を長く続けすぎているとみなされたら、市民がどっと押し寄せて、その銀行の金をまたたく間にはぎ取ってしまうだろう。一時的な調整需要に対処するためには、ブレトンウッズ体制と同様、他の中央銀行の保証つきのＩＭＦ金スワップ枠を利用できる。こうした金市場の運営は、プロセスに対する信認を植えつけるために透明な形で行われる。

重要な点として、グローバルな流動性危機に対処するため、ＩＭＦは加盟国の圧倒的多数の承認によりＳＤＲの供給を拡大する緊急権限を与えられるが、ＳＤＲと諸国の通貨はそうした事態の際にもいつでも自由に金に交換できる。市民が緊急措置を信認していれば、制度は安定を維持するだろう。エリートと不労所得者を助けるために貨幣創造が行われていると市民がみなしたら、金に対する取り付け騒ぎが始まるだろう。これらの市場シグナルは、ＩＭＦや中央銀行の権限の乱用に対する歯止めの役割を果たすだろう。実質的に、市場メカニズムに仲介された民主的な声が、第一次世界大戦以降では初めてグローバル金融に注入されることになるのである。

古典的金本位制を支持するオーストリア学派の人々は、この新しい金本位制を支持しないだろう。金の裏づけが部分的で、その割合が変動することさえあるからだ。陰謀論を好む人々もやはり支持しないだろう。この制度はグローバルなもので、新しい世界秩序のように見え、そのように感じられるからだ。比較的穏やかな批判者でさえ、この制度は政府による約束に全面的に依存しており、このような約束は過去に一貫して破られてきたと指摘するだろう。

それでも、この制度には実用性という長所がある。これは実際に実現できるのだ。この制度は、アメリカが単独で金本位制を採用した場合に生じるデフレの問題に真正面から取り組み、部分的な裏づけという方法が使われない場合に生じるハイパーインフレ（物価暴騰）の衝撃を緩和する。新しい金本位制は、最適通貨圏を世界全体とするマンデルの処方に近く、アメリカがドル覇権を主張する前のブレトンウッズでのケインズの構想をよみがえらせたものだ。

最も重要な点として、新しい金本位制は今日の世界で最も重要な三つの経済問題、すなわちドルの衰退、債務中毒、金の争奪戦に対処するものとなる。アメリカ財務省とFRBは、弱いドル政策が世界の経済成長の弱さに対する救済策だと思い込んでいる。両機関の計画は、インフレを生み出し、名目総需要を拡大して、車軸までぬかるみにつかった収穫機に連結されたジョンディア・トラクターのように、アメリカがグローバル経済を溝から引っ張り出すことだ。問題は、アメリカの解決策は世界が現在直面している構造的問題ではなく、循環的問題に対するものであることだ。構造的問題を解決するためには、新しい国際通貨制度を始めとする新しい構造が必要なのだ。

一〇年以内にドルに代わって主要準備通貨の地位を占めそうに見える不換通貨は存在していない。今現在でさえ、ドルが放棄されつつあり、金がますます速いペースでふたたび貨幣化されつつある。どちらもアメリカの弱いドル政策に対する完全に賢明な反応だ。アメリカとIMFは、世界を金に裏づけられたSDRへと導いていくべきだ。それは中国やロシアの利益にかない、同時にアメリカとヨーロッパに最大級の準備資産高を残してくれるだろう。紙のSDRと人民元とユーロが、複数の準備通貨が存在する理想郷に集結するまで、世界は一〇年も待つことはできない。誤った金融リーダーシップの結果は、数年もしないうちに表に現れるのだ。

第一〇章　FRB

私は、パーティがまさに盛り上がろうとしているときにパンチボウルを片づける人間だ。

ウィリアム・マッチェスニー・マーティン・ジュニア（連邦準備制度理事会議長［一九五一年〜七〇年］）

問題は、これが決して普通の景気後退ではなく、多くの人がカクテルをまだ一滴も飲んでいないことだ。

ケネス・ロゴフ　二〇一三年六月六日

先進国がデフォルト（債務不履行）するわけがない。先進国はいつでも貨幣を増刷できるのだから。

ジョージ・ソロス　二〇一三年四月九日

インフレとデフレの綱引き

FRB（アメリカ連邦準備制度理事会）の政策は、どちらの道を選んでも厳しい道のりになる岐路に差しかかっている。世界中の金融政策が、何年もの市場操作に内在する矛盾のせいで、収縮か破滅のリスクをともなわない選択肢は残されていない地点に来ている。さらなる金融緩和は、貨幣に対する信認の喪失を促進するおそれがある。引き締め策をとれば、二〇〇七年に始まった資産価値の暴落をふたたびスタートさせることになる。アメリカ経済の構造改革という、FRBの権限外の政策だけが、この手詰まりを打破できるのだ。

ここまでは二〇一三年には明白になっており、疲れ切った経済学者や政策決定者は、二〇〇九年に株式市場の反発が始まって以来しきりに予測していた力強い回復をひたすら待っていた。アメリカのGDP（国内総生産）成長率は、二〇〇九年第四・四半期には年率換算で四パーセントに達し、大恐慌以来最悪の景気後退から回復しつつある兆しの中で、回復の「芽吹き」という言葉が聞かれるようになった。二〇一〇年第二・四半期に年率換算の成長率が二・二パーセントに低下したときでさえ、楽観的な解釈は続き、「回復の夏」というティモシー・ガイトナー財務長官のおめでたい言葉が登場した。現実は徐々に理解されていった。年間成長率は、二〇一一年には一・八パーセントという弱々しい数字になり、二〇一二年にはそれよりほんの少しよいだけの二・二パーセントになった。その後、二〇一三年は回復の年になるというFRBや民間アナリストの予測にもかかわらず、成長率は二〇一三年第一・四半期にはふたたび一・一パーセントに低下した。もっとも、第三・四半期には四・一パーセントに回復したのではあるが。

経済は八〇年ぶりの様相を呈していた。それは専門的な意味での景気後退でもなければ、広く期待されていた力強い成長でもなかった。ケインズが「回復の方向にも完全な崩壊の方向にも顕著な動きはなく、通常以下の活動がかなりの期間続いている慢性的状態」[*1]と定義したとおりの不況だった。経済がはらんでいたのは循環的問題ではなく、構造的問題だったので、循環的な回復は期待できなかった。構造改革が行われないかぎり、この不況はいつまでも続くと予想するべきだったのだ。

ＦＲＢの予想担当者も民間のほとんどのアナリストも、第二次世界大戦の終結から七〇年ほどの間の信用・景気サイクルにもとづくモデルを使っている。これらの基準サイクルには、不況は含まれていない。比較可能な時期を見つけるには、不況期の中の回復期だった一九三三年〜三六年まで、八〇年さかのぼらなければならない。大恐慌は、一九四〇年に構造改革によって終わった。経済が戦時体制に切り替えられたのだ。二〇一四年初めの時点では、戦争が差し迫ってはいないし、構造改革も検討されてはいない。代わりに、不況につながる低い成長率と高い失業率が、アメリカ経済の常態になっている。

景気循環の正確な予測で並外れた実績を持つアメリカ企業公共政策研究所（ＡＥＩ）のジョン・メイキンは、歴史上のパターンによると、アメリカは二〇一四年に景気後退に向かうおそれがあると指摘した。この予測が正しいとすれば、二〇〇七年からの不況の中で二度目の景気後退ということになる。二〇〇九年以降のトレンド以下の成長率にもかかわらず、拡大は四〇年以上続いており、アメリカの近代の景気拡大期の平均期間に近づいていると、メイキンは指摘した。成長の勢いにもとづく予測ではないにしても、持続期間にもとづくと、アメリカの実質成長率は近い将来マイナスに転じると予想するべきだ。[*2]

アメリカが二〇一四年に専門的な意味での景気後退に突入しない場合でも、不況は持続するだろう。その最も強力な証拠は、不況レベルの失業率データである。ひと月当たり二〇万人分の新規雇用が創出されており、失業率は低下しているという二〇一三年末の心強い発表にもかかわらず、そうしたデータの背後にある現実は厳しい。[*3] アナリストのダン・アルパートが指摘しているように、二〇一三年上半期に創出された雇用の六〇パーセント近くが、アメリカ経済の最も低賃金の部門に属していた。これらの部門は通常、雇用全体の三分の一を占めるので、新規雇用の創出は通常の二倍近く低賃金部門に偏っていることになる。低賃金の雇用は、マクドナルドのカウンター・スタッフやウォルマートのレジ係などの職である。すべての仕事に尊厳があるが、必ずしもすべての仕事が自律的な景気回復を呼びさませるだけの賃金を与えてくれるわけではない。

二〇一三年上半期に創出された雇用のおよそ五〇パーセントが、週労働時間が三五時間以下の雇用と定義されるパートタイム雇用だった。なかには、週労働時間がわずか一時間のパートタイム雇用もある。フルタイムの雇用を望んでいながらパートタイムで働いている人々や、職につきたいと思いながら職探しをあきらめている人々を勘定に入れて失業率を計算すると、二〇一三年半ばの失業率は政府が発表した七・一パーセントではなく、一四・三パーセントになる。一四・三パーセントという数字は、大恐慌の間に記録された水準に匹敵し、不況の際に見られる水準だ。

二〇〇九年以降の新規採用者数は、その期間の新卒者数とほぼ同じである。これはつまり、新規採用は二〇〇八年、二〇〇九年のパニックと景気後退の深刻な時期に失業した人々の総数を減らす役には立たなかったということだ。失業率の低下という明るいはずの材料でさえまがいものだということも、アルパートは指摘している。そのデータは、拡大している労働力プールにおける新規雇用の創出よりも、むしろ労働力から完全に脱落した労働者の数を反映しているからだ。労働力人口にカウントされるアメリカ人の割合は、このたびの不況の前の六六・一パーセントという高い値から、二〇一三年半ばには六三・五パーセントに下がっていた。労働力人口が減少しても、インフレ(物価上昇)調整後の実質賃金の上昇は実現される気配がなく、それどころか実質賃金は、過去一五年にわたり低下してきた。

こうした暗い雇用状況に加えて、政府プログラムへの依存が著しく増大しているという問題もある。二〇一三年末には、五〇〇〇万人以上のアメリカ人がフードスタンプ（食料費補助制度）を受けており、二六〇〇万人以上が失業、不完全就業、もしくは職を探す意欲をなくした状態にあった。また、一一〇〇万人以上のアメリカ人が終身障害給付を受けていたが、それは多くの場合、失業給付が切れたためだった。これらの数字は国の恥だ。弱々しい成長、景気後退に入るかどうかのボーダーラインの経済状況、五年以上続くゼロ金利、それにこれらの数字を合わせて考えると、景気が回復しているという話は見当違いのように思われる。

全体的な状況は新たな不況を示唆しているのだが、この全体図には一つの要素が欠けている。それは、消費者物価と資産価値の全般的下落と定義されるデフレである。大恐慌の最悪の時期、すなわち一九三〇年から一九三三年には、アメリカの累積デフレ率は二六パーセントに達しており、より広い世界全体のデフレ的崩壊の一部をなしていた。アメリカの物価は、二〇〇九年に前年に比べ若干下落したが、この下落は大恐慌のときに比べれば微々たるものだった。実のところ、新しい不況では緩やかな物価上昇が続いており、公式の消費者物価指数は二〇〇八年初めから二〇一三年半ばまでに一〇・六パーセント上昇している。大恐慌の激しいデフレと新しい不況の緩やかなインフレという違いは、二つの期間の最も明白な相違点であり、FRBが現在直面している最大の課題の種でもある。これは貨幣増刷をいつ、どのようにして縮小し、やがて反転させるかという厄介な問題を浮上させる。

不況の自然な状態は、デフレである。売り上げ減少に直面した企業や失業した個人は、債務を削減するため急いで資産を売却する。デレバレッジ（負債圧縮）と呼ばれるプロセスが進行するわけだ。資産の売却が続き、支出が減少すると、物価はさらに下落する。これが、デフレの直接的な原因だ。こうした物価下落は経済的緊張をさらに高め、さらなる資産売却、さらなる失業、さらなる支出減少というフィードバック・ループ（訳注　フィードバックの繰り返しで結果が増幅されること）を生み出す。デフレのときは現金の実質価値が増大し、そのため個人や企業は消費に使ったり土地や工場や設備に投資したりせずに、現金を退蔵する。

資産の売却、退蔵、物価の下落というこのプロセスは、全体をまとめて「流動性の罠《わな》」と呼ばれ、アーヴィング・フィッシャーが一九三三年の論文「大恐慌の負債・デフレ論」で、またジョン・メイナード・ケインズが彼の最も有名な著作『雇用、利子および貨幣の一般理論』で説明したことで知られている。経済が流動性の罠に陥ったら、貨幣増刷に対する反応は概して弱く、ケインズ主義の視点から言うと、財政政策のほうが好ましい処方である。

貨幣増刷に対する反応は弱いのは確かだが、ゼロではない。デフレのおそれがある中で、FRBはそれを防ぐために大規模な貨幣増刷を行ってきた。二〇〇八年から二〇一四年までの六年間に、アメリカのベースマネー（中央銀行が供給する通貨）は約八〇〇〇億ドルから四兆ドル以上に拡大された。四〇〇パーセントを超える拡大だ。貨幣の流通速度は急激に低下してきたが、貨幣の量は飛躍的に増大して、支出のペースの低下を埋め合わせる働きをしてきた。大規模な貨幣増刷とゼロ金利の組み合わせは資産価格を下支えする働きもしてきて、二〇〇九年以降の株式市場の反発と住宅価格の力強い回復をもたらした。だが、資産価値は他の要因によっても押し上げられている。

学資ローンの債務不履行

弱々しい経済成長にもかかわらず、デフレがインフレより優勢になっていないもう一つの理由は、アメリカ財務省が経済への新しい資金注入、二〇〇二年〜〇七年のサブプライム（低所得者向け）住宅ローンより大規模な資金注入を促進してきたことだ。この資金注入は、学資ローンという形をとっている。学資ローンは新しいサブプライム住宅ローンであり、政府が補助金を出している、いずれは破裂するバブルである。学生は授業料そのものに対してであれ、本やアパートや家具やビールに対してであれ、カネを使う性向が高い。学生にカネを与えたら、彼らはそれを使う。金を買ったり貯蓄したりして、そのカネを退蔵するおそれはほとんどない。学資ローンによって融資されるカネのうち授業料として支払われる部分は、職員の給与や大学の諸経費に回されるので、媒介役にすぎない。授業料を支払った後に残る借入金は、学生によって直接使われる。

学部生と大学院生を対象とするすべての学資ローン・プログラムの年間借入額は、二〇〇七年の不況が始まったときは約六五〇〇億ドルだったが、二〇一二年には一〇〇〇億ドル以上にはね上がった。二〇一三年八月には、アメリカ政府の保証がついた学資ローンの総額は、二〇〇九年から倍増して一兆ドル以上になっていた。[*4] 二〇一〇年オバマケア法（医療保険改革法）に盛り込まれた条項によって、アメリカ財務省は学資ローンの組成に関する独占に近い権利を与えられ、かつてこの市場に参加していた民間の大手ローン会社はほとんど脇に追いやられた。これは、財務省が融資基準を緩めることで量的緩和を継続できるということだ。

学資ローン市場は、政治的に手をつけてはならない分野である。高等教育は歴史的に見て、やがてはローンを返済し、より高い所得を得るようになる、付加的スキルを持つ市民を生み出すからだ。ジョニーやスージーが大学の授業料を払えるようにするのを阻止する法案など、どの議員も支持したがらない。だが、学資ローン・プログラムは、今では政府が経済に直接資金を送り込む手段と化している。かっては生産的だった住宅融資プログラムが一九九四年から二〇〇七年の間に住宅バブルに変わったのと同様、様変わりしてしまったのだ。住宅ローン市場では、ファニー・メイ（連邦住宅抵当公庫）やフレディ・マック（連邦住宅貸付抵当公社）が、政府の補助金を使ってローンを返済できない層にも住宅所有を押し広げ、所得証明書や頭金のいらないサブプライム住宅ローンを生み出した。住宅ローン市場は二〇〇七年に崩壊して、不況の始まりを告げた。

学資ローンも、今や同様の変化を突きつけている。学資ローンの大部分は健全で、当初の取り決めどおりに返済されるだろう。だが、必要なスキルを取得できなかったとか、弱々しい経済の中で仕事を見つけられないといった理由で、多くの借り手が返済できなくなるだろう。これらの債務不履行は連邦政府の財政赤字を悪化させるだろうが、こうした展開は政府の財政予測に十分反映されていない。学資ローンは事実上、アメリカ財務省によって提供されており、消費性向が高く返済能力が限られている借り手に与えられている。

これらのカネはアメリカ経済を下支えする働きをしてきたが、学資ローンのキャッシュフロー（現金収支）は持続可能ではない。それは中国が返済不可能な借金でゴーストタウンを建設していることと、経済的には何ら変わりない。中国のゴーストタウンやアメリカの学位は現実のものだが、生産性の向上やローン返済能力はそうではないのである。

学資ローンは裁量的支出を短期的に押し上げるかもしれないが、雇用がないという現実とセットになった過度の債務の長期的な影響は、経済にさらに負担をかける。一八歳から三一歳までの若者で親と同居している者は、史上最高の二一〇〇万人に上る。これらの若者の多くが大学や大学院を最近卒業した者で、学資ローンのために家賃や住宅の頭金を払えないのである。今のところ、学資ローンのキャッシュフローと支出はデフレの脅威を先送りする助けになっているが、将来的には学資ローン・バブルがはじけて政府債務危機や財政危機を悪化させるだろう。

イエレンの経済予測

バーナンキ前FRB議長はかつて、「FRBはヘリコプターからカネをばらまくことによってデフレを抑え込める」と言った。彼の比喩は、人々がそのカネを喜んで拾って使うことを前提にしたものだった。ところが、現実の世界では、カネを拾うということは、企業向け融資、住宅ローン、クレジットカードなどの形で借金するということだ。企業や個人は、政策の不確実性やデフレがさらに進むおそれのために借金するのを嫌がっている。

二〇〇九年に話を戻すと、バーナンキの批判者たちは、量的緩和は受け入れがたいほど激しいインフレにつながり、ハイパーインフレ（物価暴騰）さえもたらしかねないと主張してきた。これらの批判者たちは貨幣増刷だけに注目し、インフレはマネーサプライ（通貨供給量）の部分関数にすぎないということを認識していなかった。もう一つの重要因子は、貸し出しや支出という形の行動だ。経済の基本的な弱さと、課税・医療・環境規制・その他の事業コスト決定要因に関する政策の極度の不確実性を人々が理解していたことが、経済成長の二大推進力である消費支出と事業投資の低迷をもたらしたのだ。

デフレとインフレの戦いが互角で推移しているからといって、それは物価の安定が勝利するということではない。相対立する力は当面は互いを中和しているかもしれないが、どちらも消えてなくなったわけではない。中国の成長が頓挫《とんざ》したり、ヨーロッパの債務危機が再燃したりしたら、デフレが優勢になる可能性がある。逆に、中東で戦争が勃発《ぼっぱつ》し、コモディティ・ショック、原油価格の急騰、金のパニック買いがそれに続いたら、ドルの暴落とインフレ率の上昇という展開が考えられ、ＦＲＢはそれを抑え込むことはできないだろう。この両極のシナリオは、どちらも起こりうるものだ。

実際の展開がどちらになると予測するべきかというジレンマは、ＦＲＢの政策策定部門である連邦公開市場委員会（ＦＯＭＣ）における、貨幣増刷の縮小を支持する人々とＦＲＢの資産買い入れを通じて貨幣供給量を維持、もしくは拡大することを支持する人々の意見の相違に表れている。貨幣増刷の縮小、いわゆるテーパリングを支持するグループは、ジェレミー・スタインＦＲＢ理事を中心として、量的緩和の継続は限定的なプラス効果しかおよぼさず、資産バブルやシステミック・リスクを生み出すおそれがあると主張している。ゼロ金利政策のおかげで貨幣は事実上タダだし、レバレッジ（負債）を利用すれば投資家にとってのリターンは何倍にもなるのだから、借金して資産価格の上昇に賭けるよう促す力は抗《あらが》いがたい。レバレッジは株式トレーダーの場合は信用取引という形で、住宅の買い手の場合は金利の低い住宅ローンという形で利用できる。株式や住宅の値上がりは、経済のファンダメンタルズ（基礎的条件）ではなく低金利によるものなので、どちらの市場も新たなバブルを形成しつつあり、それはいずれは破裂して、ふたたび信認を損なうだろう。

結果がバブルの破裂より悲惨なものになり、システミック・リスクや明白なパニックをともなうというシナリオも考えられる。株式市場は二〇〇〇年や二〇〇八年の暴落よりひどい暴落が起こりうる状態になっている。ビジネス専門チャンネルのアンカーや証券会社のアナリストは、株式市場指数が新「高値」をつけるたびに嬉々《きき》として発表している。実際には、これらの高値はほとんど名目値だ。完全に実質的な数字というわけではないのである。発表された指数レベルをインフレ調整すると、まったく異なる図が見えてくる。二〇〇八年のピーク値は、実質では二〇〇〇年のピーク値より低かった。一九七三年の名目上のピークの後には、一九七四年のアメリカ史上有数の株価暴落が続いた。過去は必ずしも未来を予示するものではないが、それでも過度のレバレッジ、経済の弱さ、迫りくる景気後退という三点セットは、株式市場を歴史的暴落のリスクにさらしている。そのような暴落は、FRBがどれだけ貨幣を増刷しても緩和できない、信認に対する打撃という結果をもたらすだろう。それはフィッシャーの債務デフレ・サイクルの極端バージョンを始動させることになる。このシナリオでは、デフレがついにインフレより優勢になり、一九三〇年代初めの経済のダイナミクスが極端な形で再登場するだろう。

最悪の結果をもたらすおそれがあるもう一つの要因は、銀行のバランスシート（貸借対照表）に見られる、デリバティブ（金融派生商品）や資産スワップ（交換）という形の隠れたレバレッジだ。ここで懸念されるのは、株価の暴落ではなく取引相手の倒産で、これは金融市場の流動性危機を誘発し、パニックを引き起こす。

スタインFRB理事を中心とするテーパリング支持派は、貨幣増刷を縮小したら成長が損なわれるおそれがあることを理解しているが、株価の暴落や金融パニックという事態になったら、信認が破壊されて成長がそれ以上に損なわれることになると危惧している。彼らの考えでは、貨幣増刷を今すぐ縮小することで、バブルを完全にしぼませてしまわずにバブルから少し空気を抜くことができるのだ。

この考えと対立しているのが、ジャネット・イエレンFRB議長のようなFOMCメンバーだ。イエレンは労働市場や製造業部門の過剰生産能力のおかげで、差し迫ったインフレ・リスクはないと思っている。また、とりわけ最近の財政引き締め政策を考慮すると、成長を持続させるための唯一の頼みの綱として大規模な資産買い入れと貨幣増刷を継続することを支持している。イエレンにとって、二・五パーセントを超える持続的なインフレが実際に現れ、なおかつ失業率が六・五パーセント以下になるまで、貨幣増刷は続けるべきなのだ。イエレンはインフレ率が三パーセント以上になっても、失業率が六・五パーセントより高い間は、貨幣増刷を続けるべきだと考えている。彼女は金融パニックのリスクをかすかとみなしており、インフレ率が上昇しすぎたとしても手持ちのツールでやがて制御できると確信している。

インフレのリスクはかすかだし、インフレが発生したとしてもFRBはそれを制御できるというイエレンの確信は、彼女が複雑性理論や相互接続性、それにシステミック・リスクの突発的な出現に関する最先端の理論研究を取り入れていない従来の一般均衡モデルを使っていることによるものだ。その一方で、労働市場と工業生産設備に余力があるのでインフレは差し迫っていないという彼女の見方は、二〇一一年から二〇一三年にかけて、彼女の経済予測を同僚理事やFRB職員の予測より一貫して正確なものにした。こうした予測の成功は、FRB内部で彼女の信頼性を高め、彼女が新しいFRB議長に選ばれるうえで重要な要素となった。そのため、貨幣増刷を続ける必要性に関する彼女の見解は、FRB職員やFOMCに対して大きな影響力を持っている。

FOMCメンバーの意見が、スタインとイエレンがそれぞれ支持する対照的な見方の間で完全に分かれているのは当然だ。簿外取引によって銀行システムに目に見えないシステミック・リスクが蓄積されつつあり、新しいバブルが生まれようとしているという点では、スタインは間違いなく正しい。経済は基本的に低迷しており、明白な景気後退やデフレを防ぐためには、できるかぎりの政策的支援が必要だという点では、イエレンは明らかに正しい。論争のどちらの側も正しいということは、相手の正当な主張を自分の見方に取り入れていないという意味で、どちらの側も正しくないということでもある。

その結果生じる政策の一貫性のなさは、FRBの市場操作の必然的な帰結である。正当な価格シグナルが抑え込まれたり歪《ゆが》められたりするため、銀行はゼロ金利環境で利益をひねり出すという目的以外のどんな事業目的にも役立たない高リスクのポジションをとる。同時に、資産価値がつり上げられ、それはとりもなおさず資本が最も生産的な用途に回されず、株式や住宅の一過性の時価評価益を追いかけるということだ。貨幣増刷の継続も縮小も、リスクの種類は異なるものの、どちらもリスクをもたらすのである。

その結果、現状は自然なデフレと政策によって生み出されたインフレが互角にせめぎ合っている状態だ。経済は標高約八五〇〇メートルの稜線《りょうせん》を酸素ボンベなしでゆっくり慎重に進んでいる登山者のようなものだ。尾根の一方の側には、約一・六キロ下までまっすぐ伸びている垂直な崖があり、もう一方の側には、グリップを確保できそうな地点などまったくない急勾配《きゅうこうばい》の氷河がある。どちらの側に転落しても、確実に死ぬことになる。しかも、一歩進むごとに前進はより難しくなり、転落の可能性も高くなる。引き返すという選択肢もあるが、それは貨幣増刷の旅が始まった二〇〇九年に回避した痛みに経済がついに向き合うということだ。

アメリカの偉大な小説家、F・スコット・フィッツジェラルドは、一九三六年にこう記した。「第一級の知性を見分けるテストは、相反する二つの考えを同時に受け入れることができ、なおかつ知性として機能し続けることができるか否かである」[*5]。FRB理事たちは二〇一四年現在、フィッツジェラルドのテストにかけられている。インフレとデフレは相反する考えであり、貨幣増刷の縮小と継続もまたしかりだ。彼らは、明らかに第一級の知性の持ち主としてスタートしている。今現在、相反する考えに向き合っているのだから。問題は、フィッツジェラルドの表現を使うと、彼らが「知性として機能し続けること」ができるか否かである。

ビットコインと物々交換

元FRB議長ポール・ボルカーは、一九五二年にスタッフ・エコノミストとしてFRBに入り、以来、通貨・金融分野のあらゆる重要な進展を目撃もしくは指揮してきた。一九七一年にドルの金兌換《だかん》が停止されたときは、財務次官としてニクソン大統領のそばにいた。一九七九年にカーター大統領によってFRB議長に任命され、一九八一年には、一九七七年からアメリカを悩ませていたハイパーインフレ並みのインフレを抑え込むために、金利を一九パーセントに引き上げた。

二〇〇九年にはオバマ大統領が、大恐慌以来最悪の景気後退に対する対応策を策定させるために、彼を経済回復諮問委員会の委員長に任命した。彼はこの立場から、一九九九年にグラス・スティーガル法の廃止によって捨て去られた銀行業界の健全な慣行を復活させる試み、ボルカー・ルールを打ち出した。ボルカー・ルールは、二〇一三年にようやく大手銀行のロビイストたちの反対攻勢を乗り越えた。ボルカーは銀行システムの最もリスクの高い面を正しく認識しており、それを正す努力をしたことは大きな称賛に値する。銀行家にも政策決定者にも、貨幣とその機能についてボルカーほど熟知している者はいない。

今日、国際通貨制度におけるドルの役割について質問されると、ボルカーはアメリカ経済、とりわけドルが直面している課題を、自分はすでに経験済みだと言わんばかりの自信たっぷりの姿勢ですんなり認める。そして、状況は一九七一年や一九七八年のときほど切迫してはいないと指摘する。一九七一年には金の取り付け騒ぎがあったし、一九七八年には外国の債権者が米ドルを価値貯蔵手段として受け入れるのを拒否し始めたため、アメリカ財務省は、スイス・フラン建ての悪名高いカーター・ボンドを発行した。

さらに突っ込んで質問されると、ボルカーは中国の台頭を率直に認め、ドルが世界の主要準備通貨の座から追い落とされるという主張があることも認める。だが、こうした主張にもかかわらず、真の準備資産に必要な厚みと流動性がある投資可能資産のプールという点では、どの通貨もドルの足元にもおよばないと、すぐさま指摘する。ボルカーは決して金本位制の支持者ではなく、金への復帰は実現可能でもなければ望ましくもないと考えている。

最後に言うと、債券発行による借金、多額の福祉予算、継続的な財政赤字、ドルの終焉《しゅうえん》がすでに始まっていることを思わせる議会の機能不全などの問題を突きつけられると、ボルカーは視線を鋭くし、態度を硬化させて、ただ一言「信認だ」と答える。

人々がドルに対する信認を持っていれば、ドルはどんな嵐にも耐えることができると、彼は信じている。人々がドルに対する信認を失ったら、どれほど多くの博士たちが知恵を絞ってもドルを救うことはできない、と。この点については、ボルカーはもちろん正しい。だが、FRBのミスや債務上限をめぐる混乱やロシアや中国の予防措置《そち》のせいで、ドルに対する信認の低下が後戻り不可能な地点まで行っているかどうかは、誰にもわからないのである。

残念なことに、ドルに対する信認が消え失せつつある兆候は増加している。二〇一三年一〇月の時点で、外国為替《かわせ》市場におけるドルの地位の最も信頼できる判定基準、FRBの物価調整後対広域通貨米ドル・レート・インデックスは八四・〇五だった。二〇一一年七月の八〇・五二という史上最低値からは上昇したが、一九七八年一〇月、一九九五年七月、二〇〇八年四月に記録したそれ以前の最低値とほぼ同じ値だった。ドルに対する信認喪失の判定基準である実物の金の需要は、二〇一三年の半ばから末にかけて急激に増大し始めたが、これもまたドルが弱くなっているしるしである。世界の外貨準備の構成は、外貨準備に占めるドルの割合が二〇〇〇年の約七〇パーセントから今日の約六〇パーセントへと、引き続き低下していることを示している。これらの数値はいずれも差し迫った危機をうかがわせるものではないが、三つすべてが信認の低下を示しているのは確かである。

他の兆候は逸話的なもので数量化は難しいが、数値データに劣らず多くを物語っている。そうした兆候の一つが、代替通貨の台頭やビットコインなどのデジタル通貨（仮想通貨）の登場だ。デジタル通貨は私的なピアツーピア・コンピューター・ネットワークの中に存在するもので、政府や中央銀行によって発行されたり裏づけられたりはしていない。ビットコイン現象は、新しいデジタル通貨を創造するためのプロトコル（通信規約）を説明した論文が、（サトシ・ナカモトという）ペンネームで発表された二〇〇八年に始まった。[*6] 二〇〇九年一月には、ナカモトのソフトウェアによって最初のビットコインが創造された。ナカモトはビットコイン・プロジェクトに技術的な面で貢献し続けたが、二〇一〇年に積極的な参加を取りやめた。だが、そのころには開発者やリバタリアン（自由至上主義者）や起業家の大きなコミュニティが、このプロジェクトを引き継いでいた。二〇一三年末には一一五〇万ビットコインが流通しており、その数は着実に増大していた。それぞれのビットコインの価値は需給関係によって変動するが、二〇一三年一一月には一ビットコイン当たり七〇〇ドルを超えていた。ビットコインが仮想通貨として長期的に存続できるかどうかはまだわからないが、その採用が急速に広まっていることは、世界中のコミュニティがドルや従来の不換通貨に代わるものを求めているしるしとみなすことができる。

代替通貨の世界の向こうには、まったく通貨を使わない取引の世界がある。電子物々交換の市場である。物々交換は最も誤解されている経済概念の一つであり、大量の経済文献が物々交換の非効率性について論じている。物々交換では、二組の当事者の間でウォンツが同時に合致することが必要だ。一方の当事者が小麦を釘と交換したいと思っていて、相手当事者が小麦は欲しいが交換するものをロープしか持っていないという場合、最初の当事者はロープを受け取って、それから釘を持っていてロープを欲しがっている人間を探すかもしれない。この例で明らかなように、貨幣は同時性の問題を解決してくれる効率的な交換手段である。小麦をロープと交換しなくても、貨幣と引き換えに小麦を売り、それからその貨幣を使って釘を買うことができるからだ。だが、人類学者のデヴィッド・グレーバーが指摘しているように、物々交換の歴史はほとんど虚構なのだ。[*7]

アダム・スミス以降の経済学者たちは、物々交換は貨幣より先に生まれていたと想定してきたが、貨幣の誕生以前に物々交換経済が広く存在していた証拠は、実証的にも考古学的にもその他の形でも、存在していない。実際、貨幣以前の経済は主として信用――今引き渡される価値と引き換えに将来価値を返すという約束――に支えられていたようだ。古代の信用システムは、今日と同じく異時点間の交換を可能にし、ウォンツが同時に合致する必要性という問題を解決していたのである。物々交換の歴史もまた、経済学者たちが現実との結びつきをほとんど持たずに理論を構築した例なのだ。

虚構の歴史であるにもかかわらず、物々交換は今日、急成長している経済交換の形態である。ネットワーク化されたコンピューターが、同時性の問題を解決してくれるからだ。最近のある物々交換には、中国鉄路総公司とゼネラル・エレクトリック（GE）とタイソン・フーズが関与していた。中国鉄路総公司の顧客だった家禽《かきん》肉加工業者が破産を申請し、そのため鉄道会社は担保に入れられていた冷凍七面鳥を差し押さえた。GEはこの鉄道会社に電気式ガス・タービン機関車を販売しており、中国鉄路は機関車の代金を冷凍七面鳥で支払うことは可能かと問い合わせた。総勢一八人の電子物々交換デスクを設けているGEは、タイソン・フーズ・チャイナが現金と引き換えに七面鳥を引き取ってくれることをすぐに突き止めた。中国鉄路はタイソン・フーズに七面鳥を納品し、タイソン・フーズはGEに現金を支払い、GEは中国鉄路に機関車を納品した。GEと中国鉄路の間の取引は、事実上、七面鳥と機関車の物々交換で、金銭のやりとりはまったくなかった。現金不要の物々交換は過去の一部ではないかもしれないが、急速に未来の一部になっていくだろう。

ビットコインと物々交換の例は、どちらもドルの重要性が日ごとに低下していることを示している。これは北東アジアや中国と南米のつながりなど、地域貿易通貨ブロックの台頭にも表れている。中国、日本、韓国の三国間貿易や中国と南米の個々の貿易相手国との二国間貿易は、世界で最も大規模で最も急成長している貿易関係だ。使われている通貨――人民元、円、ウォン、レアル、ペソ――のどれ一つとして、準備通貨にはとうていなれそうにない。だが、以前はドルで請求されていた取引の貿易通貨としては、どれもみな申し分なく機能する。貿易通貨は貿易収支を記録する一時的な方法として使われ、一方、準備通貨は富を貯蔵するために使われる投資可能資産の厚みのあるプールをともなっている。これらの地域通貨が準備資産としてではなく貿易のために使われるのだとしても、一つ一つの取引がドルの役割の縮小を象徴しているのである。

ヘミングウェイの言葉をもじって言うと、ドルに対する信認は最初はゆっくりと、それから急速に失われる。仮想通貨、新しい貿易通貨、それに（物々交換の場合の）通貨不使用は、すべてドルに対する信認がゆっくりと、徐々に失われていることを示す症状だ。それらは症状であって、原因ではない。ドルに対する信認低下の原因は、インフレとデフレの二重の不安である。すなわち、ドルはもう価値貯蔵手段ではなくなっており、保有者の制御のおよばない理由で、額面よりはるかに大きな価値を持ったりはるかに小さな価値しか持たなかったりする宝くじのようなものだという、多くの人が抱いている認識だ。金のパニック買いが発生したり、流動性を回復するためにSDR（特別引き出し権）が緊急発行される事態になったりしたら、それは信認が急速に失われる段階ということになるだろう。

「不換通貨制度の安定には信認が不可欠だ」というボルカーの主張は正しい。残念なことに、現在、金融政策を担当している学者たちは、均衡モデルだけに注目して、信認を当然あるものと思い込みすぎているのである。

デフレ・ダイナミクス

ニューヨークとワシントンDCに対する九・一一テロ攻撃の後、アメリカの諜報《ちょうほう》コミュニティはハイジャック計画の検知と阻止に失敗したとして非難された。CIA（アメリカ中央情報局）とFBI（アメリカ連邦捜査局）がテロリストと飛行訓練を結びつける具体的な情報を持っていたにもかかわらず、その情報を共有したり点をつないで線にしたりしなかったことが明らかになると、こうした批判は最高潮に達した。

『ニューヨーク・タイムズ』のコラムニスト、トム・フリードマンは、失敗の原因について最も納得のいく説明を打ち出した。「九・一一は諜報活動や調整の失敗ではなかった。想像力の失敗だったのだ」[*8]と。フリードマンの主張こうだ。さまざまな諜報機関にすべての事実が把握され、共有されていたとしても、これらの機関はそれでも計画を見落としていただろう。なぜなら、それはあまりにも異例で邪悪だったので、テロリストの能力に関する分析官の先入観に合致しなかったからだ。

今日のアメリカの経済政策決定者たちも、同様の問題に直面している。景気動向や失業率やメガバンク内部で積み上がっているデリバティブの額に関するデータは、簡単に入手できる。従来型の経済モデルはたくさんあり、それらのモデルを使う分析官は、それぞれの分野で最も優秀な者たちだ。生情報の欠如も、解析情報の不足もない。欠けているピースは想像力なのだ。過去の景気循環にもとづくモデルを使うことしか考えていないFRBやウォール街のアナリストは、アメリカ経済が実際に直面している危険を想像できないようだ。九・一一テロ攻撃は、最悪の事態を想像できなければ、それは往々にしてそうした事態を防げないという結果につながることを示したのだ。

アメリカが直面している最悪の経済的危険は、一見複雑そうだが実は単純だ。それは次のような形をしている。

(−1)−(−3)=2

この等式では、最初の項は名目成長率を、二つ目の項はインフレ率もしくはデフレ率を表し、等式の右側は実質成長率に等しい。この等式のもっとなじみのある形は、次のようなものだ。

5−2=3

この見慣れた形の等式は、五パーセントの名目成長率から二パーセントのインフレ率を引くと、三パーセントという実質成長率が得られることを示している。名目成長率は経済の中で生産された財・サービスの総価値であり、インフレ率は実質的な成長を意味しない物価水準の変化である。実質成長率を算出するためには、名目価値からインフレ率を引かなければならない。このインフレ調整法は、資産価値や金利や他の多くのデータポイントに適用できる。実質価値を出すためには、表示価値、すなわち名目価値からインフレ分を引けばよいのである。

インフレがデフレに変わると、デフレ環境の中で物価が下がるので、物価調整分はプラスの価値ではなくマイナスの価値になる。(－1)－(－3)＝2という式は、マイナス一パーセントの名目成長率からマイナス三パーセントの物価変動率を引くと、プラス二パーセントの実質成長率が得られるということを表している。実質的には、物価下落の影響は名目成長率の低下を補って余りあり、したがって実質成長率はプラスになっている。この状況はアメリカでは一九世紀末からこのかたほとんど経験されていない。実を言うと、これは過去二五年にわたり断続的に日本に見られた状況だ。

この等式に関してまず気づく点は、二パーセントの実質的な成長があることだ。これは歴史的基準では低いものの、二〇〇九年以降のアメリカの成長率とほぼ等しい。この公式を使った別のシナリオとして、年間デフレ率を一九三一年から一九三三年の実際の数字と同じ四パーセントと想定してみよう。すると、等式は(－1)－(－4)＝3になる。この場合、実質成長率は三パーセントと、トレンドにはるかに近い数字になり、ほぼ間違いなく不況水準ではなくなる。ところが、高いデフレ率、ゼロ金利、持続的な高い失業率という状況は、不況にきわめてよく似ている。これは、デフレの世界における経済分析のもどかしさの例だ。

実質的な成長の可能性があるにもかかわらず、アメリカ財務省とFRBは、デフレを他のどんな経済的結果よりも恐れている。デフレは、財やサービスの価格水準の持続的な低下を意味する。物価が下がれば、消費財に使う金額が減るので、賃金が変わらなくても生活水準の向上が可能になる。コンピューターや携帯電話など、一部の製品の価格をやがて低下させる技術の進歩や生産性の向上を根底に置いて考えると、これは望ましい結果のように思われる。FRBはなぜ、インフレを生み出すために異例の政策措置をとるほどデフレを恐れているのだろう。それには四つの理由がある。

一つ目は、政府の債務返済に対するデフレの影響だ。債務の実質価値はインフレやデフレによって変動するが、債務の名目価値は契約によって固定されている。一〇〇万ドル借りた場合は、一〇〇万ドルの実質価値がデフレもしくはインフレのせいで増大しているか減少しているかに関係なく、一〇〇万ドル＋金利を返済しなければならない。アメリカの債務は、実質的な成長と税収をどう組み合わせても、返済に必要な額を調達できない地点まで来ている。だが、FRBが――貨幣錯覚を生み出すために最初はゆっくりと、それから急速に――インフレを生み出すことができれば、債務は価値が低下した名目額で返済されるので対処可能になる。デフレの場合は、逆に債務の実質価値が増大して、返済がさらに難しくなるのである。

デフレの二つ目の問題は、債務の対GDP比におよぼす影響だ。この比率は債務の名目額をGDPの名目額で割った値である。新たな資金調達が必要な継続的な財政赤字と新規の債務でまかなわれる金利の支払いのせいで、債務の名目額は増え続けている。だが、前の例で示したように、名目GDPが縮小している場合でも実質的な成長率はプラスになることがある。債務の対GDP比の場合、分子である債務が拡大し、分母のGDPが縮小すれば、比率は上昇する。福祉給付を計算に入れなくても、アメリカの債務の対GDP比はすでに第二次世界大戦以来の高水準になっており、福祉給付を含めると状況は一段と悪くなる。やがて、デフレの影響がアメリカの債務の対GDP比をギリシャの水準より上に押し上げて、日本の水準に近づけるかもしれない。実際、このデフレ・ダイナミクスは、日本の債務の対GD

P比が現在二二〇パーセントを超えていて、先進国の中ではダントツで最高になっている一つの理由である。このようなきわめて高い債務の対GDP比の一つの影響が、外国の債権者がついに信認を失うことであり、そうなると金利が上昇し、金利上昇のせいで財政赤字が悪化し、最終的に完全な債務不履行に陥ることになる。

デフレに関する三つ目の懸念は、銀行システムの健全さとシステミック・リスクに関係がある。デフレは貨幣の実質価値を増大させ、したがって債務者に対する貸し手の債権の実質価値を増大させる。これは債務者より貸し手に有利なように感じられ、実際、当初はそのとおりだ。だがデフレが進行するにつれ、債務の実質的な負担が大きくなりすぎて、債務者のデフォルトが急増する。そうなると、損失は貸し手である銀行が背負い込まされることになり、銀行の支払い不能が発生する。だから、政府はデフレよりインフレを好むのだ。インフレは、銀行と債務者を支払い可能にしておくことによって銀行システムを下支えするのである。

デフレの四つ目の、そして最後の問題は、税収におよぼす影響だ。この問題は年間一〇万ドル稼いでいる労働者を二つの異なるシナリオの中で比較するとよくわかる。最初のシナリオでは、物価はまったく変わらず、労働者は五〇〇〇ドルの昇給を得る。二つ目のシナリオでは、物価が五パーセント下落し、労働者の賃金はまったく上がらない。税引き前ベースでは、この労働者の生活水準はどちらのシナリオでも等しく五パーセント向上する。最初のシナリオでは、向上は昇給によるもので、二つ目のシナリオでは物価の下落によるものだが、経済的結果は同じである。だが、税引き後ベースでは、二つのシナリオはまったく異なる結果を生み出す。政府は昇給分には、たとえば四〇パーセントの税金をかけるが、物価の下落分には課税できない、、、のだ。

最初のシナリオでは、税引き後に労働者の手元に残るのは昇給分の六〇パーセントだけだ。だが、二つ目のシナリオでは、労働者は物価下落の恩恵を一〇〇パーセント自分のものにできる。最初の例でインフレが起こったと想定すると、税引き後に手元に残る昇給分がインフレによって目減りするため、労働者の暮らし向きは悪くなることさえあるかもしれない。一方、政府のほうは、税収が増え、しかも政府債務の実質価値が低下するので、財政状態が改善される。インフレは政府に有利に働き、デフレは労働者に有利に働くことから、政府はつねにインフレを支持するのである。

要するに、FRBはインフレのほうがよいと思っているわけだ。インフレは政府の債務を消し去り、債務の対GDP比を低下させ、銀行を下支えし、おまけに課税できる。デフレは消費者や労働者には助けになるかもしれないが、財務省や銀行に打撃を与え、FRBによって断固反対される。アラン・グリーンスパンの二〇〇二年の例外的な低金利政策や、ベン・バーナンキの二〇〇八年からのゼロ金利政策はこういうわけだったのだ。FRBの視点からは、経済を支え、失業を減らすことは、インフレを生み出す活動に付随する副産物なのだ。デフレをめぐるこれらの動きの結論は、政府はインフレを必要としており、FRBはそれを生み出さなければならないということだ。

アベノミクスの教訓

デフレをめぐるこれらの動きは、デフレの自然な力と政府のインフレ要求との歴史的衝突に至る。物価指数のデータがデフレが脅威であることを示しているかぎり、FRBはゼロ金利政策や貨幣増刷、それに輸入価格の上昇を通じてインフレを輸入するために外為市場でドルを安くする努力を続けるだろう。データがインフレに向かうトレンドを示しているときは、FRBは名目的な成長が自律的な成長に発展することを期待して、そのトレンドを持続させるだろう。これによってインフレは、FRBのモデルには含まれていない行動のフィードバック・ループ（フィードバックの繰り返しで結果が増幅されること）を通じて、自律的に成長していくことになるだろう。

この点については、日本は炭鉱の大きなカナリアだ。このアジアの国は一九九九年以来持続的なコア・デフレーションを経験してきたが、その間の二〇〇三年から二〇〇七年までは実質成長率がプラスになり、二〇〇一年と二〇〇二年には名目成長率がマイナスになった。日本はマイナスの名目成長率とデフレとプラスの実質成長率の三つを厳密に同時に持続的ベースで経験してきたわけではないが、過去一五年を通して、それらの要素のすべてにまつわりつかれてきた。この状態から抜け出すために、二〇一二年一二月に選出された日本の新しい総理大臣、安倍晋三《あべしんぞう》は、「三本の矢」と呼ばれる政策を打ち出した。インフレを生み出すための貨幣増刷、赤字財政支出、それに構造改革だ。この政策の必然的な目標は、主としてエネルギー資源の輸入価格の上昇を通じてインフレを輸入するために円の交換価値を下げることだった。

「アベノミクス」に対する当初の反応は、すこぶる好意的だった。安倍の就任から五カ月で、円の対ドル・レートは一ドル八五円から一ドル一〇二円へと、一七パーセント下落し、一方、日経株価指数は五〇パーセント上昇した。円安と株価上昇による資産効果、それにさらなる量的緩和と赤字財政支出の約束という組み合わせは、デフレ・スパイラルから脱出する方法に関する中央銀行家の戦術ノートの一ページのようだった。

アベノミクスに対する市場の熱狂にもかかわらず、日本の金融界屈指の重要人物で「ミスター円」の異名を持つ元大蔵省財務官、榊原英資《さかきばらえいすけ》が二〇一三年五月三一日に韓国・ソウルで行った講演では、警戒的な響きが打ち出された。榊原は名目的な成長がない場合でも実質的な成長は重要であることを強調し、二〇年以上にわたる低い名目成長率にもかかわらず、日本人は個人的には裕福で繁栄してきたと指摘した。そして、人口が減少するため、日本の人口一人当たりの実質ＧＤＰは実質ＧＤＰ総額より速いペースで成長するという、概して見過ごされている点を取り上げて、次のように述べた。デフレと人口減少と名目ＧＤＰの縮小を経験している日本は、悲惨な事態になるどころか、力強い人口一人当たり実質ＧＤＰ成長率を生み出すことができる。この状況は、日本国民の蓄積された富とあいまって、ほとんどの中央銀行家が経済に大量のマネーを注入する必要があると判断するような弱々しい名目成長率の中でも、豊かな社会を生み出すことができる。

榊原は、債務の実質価値に対するデフレの影響を認識していないわけではない。日本の債務の対ＧＤＰ比は、債務が急速に膨れ上がるのを防いでいるゼロ金利のおかげで軽減されている。日本の国債の大部分は日本人自身が保有しており、したがって一九九七年にタイを、二〇〇〇年にアルゼンチンを襲ったような対外債務危機が生じる可能性は低い。榊原の最も印象的な主張は、日本の成長の問題は構造的なものであって循環的なものではなく、したがって貨幣増刷などの循環的対策は成功しないということだ。彼は日本のインフレ率が二パーセントという目標値に達する可能性はゼロだと思っているのである。

構造的問題は金融的な対策では解決されないし、実質成長率のほうが名目成長率より重要だという榊原の明察は、日米両国の中央銀行に無視されている。ＦＲＢと日本銀行は、投資家が自国の通貨か国債、もしくはその両方に対する信認をついに失うまでは、量的緩和という間違った対応策をできるだけ長く続けるだろう。日本というカナリアは、この信認の危機に最初にみまわれることになるだろう。

ＦＲＢの支持者たちは「ＦＲＢはほかに何ができただろうか」と、この機関を擁護する。ＦＲＢが二〇

○八年以降けた外れの貨幣創造を行っていなかったら、資産価格はさらに落ち込み、失業率は現状より大幅に高く、GDP成長率は現状より大幅に低くなっていただろう。一九二〇年の不況と同じく、倒産の増加と工業生産高の大幅な減少によって激しい収縮が起こっていたかもしれない。要するに、FRBの擁護者たちは、未曽有《みぞう》の規模で貨幣を創造する以外に本当に選択肢がなかったのだと主張しているのである。

この見方では、量的緩和からの出口戦略を実行するという問題は、不況がもたらす諸問題より対処しやすいとされる。擁護者たちは、FRBは二〇〇八年に正しい策を選び、それをきわめて巧みにやり抜いたと主張する。これが、バーナンキはヒーローだという現代の物語、今ではジャネット・イエレンに移し替えられた栄光の物語を生んだ主流の見方なのだ。

一八三七年以降のアメリカの不況の歴史は、FRBの行動に関する別の見方を裏づけている。この見方に従うと、FRBは二〇〇八年後半の金融パニックの最悪の局面を緩和するに十分な流動性だけを供給するべきだった。それ以後は、超過準備の額を制限し、金利を一〜二パーセントという正常な幅に戻すべきだった。ほとんどの大手銀行――シティバンク、モルガン・スタンレー、ゴールドマン・サックスを含む――が一時的に国有化されるべきだったし、それらの銀行の株式保有者は一掃され、債券保有者は資本を回復する必要性に応じて元本の削減を受諾させられるべきだった。不良資産はこれらの銀行からはぎ取られて管財人に移管され、それから長期の政府信託に組み入れられて、状況が許せば納税者の利益のために清算されるという処理が可能だっただろう。銀行の経営陣に対する強制措置や刑事訴追が証拠にもとづいて進められたが、彼らは解雇されるべきだった。最後に、資産価格、とりわけ住宅と株式の価格は、てこ入れされずに、二〇〇九年の水準よりはるかに低い水準まで下落させられるべきだった。

　このシナリオでは、二〇〇九年～一〇年の倒産や失業ははるかに多くなっていただろうし、資産価値は実際の水準よりはるかに低くなっていただろう。二〇〇九年は、失業が急増し、工業生産が崩壊し、企業倒産が多発して、不況の深刻さの点で一九二〇年に酷似した年になっていただろう。だが、それによって変曲点が訪れていただろう。政府所有の銀行はバランスシートをクリーンにしたうえで再上場できていただろうし、貸し出しに対する新たな意欲を示していただろう。プライベートエクイティ・ファンド（未公開株投資）は生産的な資産をバーゲン価格で見つけて、投資し始めていただろう。単位労働コストの低下により、豊富な労働力を動員して生産を拡大することができていただろうし、弱々しい回復ではなく力強い回復が始まっていただろう。不況は二〇一〇年には終わっていて、二〇一一年、二〇一二年の実質成長率は四～五パーセントになっていただろう。

　二〇〇九年に深刻な不況に陥っていた場合の利点は、深刻さそのものではない。強欲な銀行家が当然の報いを受ける道徳劇を繰り広げたくない者はいない。二〇〇九年に深刻な不況に陥っていたらという仮定の核心は、そうなっていたら、アメリカ経済に必要な構造調整が促進されていただろうということだ。また、資産が銀行業の寄生的な利益追求から技術や製造業のより生産的な用途に回されていただろう。さらに、労働コストが、アメリカの高い生産性を考慮に入れるとグローバル市場で競争力を持っていたはずの、より低い水準に押し下げられていただろう。経済は「借金して使う」という消費のパラダイム（枠組み）に頼るのではなく、投資と輸出によって牽引《けんいん》されていただろう。GDPの構成は、個人消費が七〇パーセント近くを占めていたここ数十年ではなく、個人消費がGDPの約六〇パーセントだった一九五〇年代により近いものになっていただろう。過剰な債務やレバレッジ、それに金融のぶざまな過剰拡大が一挙に清算されることで、アメリカ経済にこのような健全で長期的な構造調整が強いられていただろう。

不況が始まったとき、それに対処するに当たってFRBには選択の余地がなかったと主張するのは正しくない。トム・フリードマンの言葉を借りるなら、経済の問題が構造的なものであって循環的なものではないことを見抜く想像力が欠けていたと主張するのが正しいのだ。FRBは古臭い一般均衡モデルを使って、構造的問題について独りよがりのとらえ方をした。FRBと財務省の政策決定者たちは、二〇〇九年に深刻な不況を回避したが、その一方で、今日も続いていて、この先いつまでも続く緩やかな不況を生み出した。FRBと財務省の高官や職員は二〇〇九年に、一九九〇年代の日本の誤りは避けたいと繰り返し語った。ところが、労働市場の必要な構造調整を進めること、ゾンビ銀行を退場させること、減税を行うこと、非金融部門に対する規制を削減することに失敗し、日本の誤りを一から一〇まで繰り返してきた。アメリカは高い税率、貯蓄者に打撃を与える低金利、労働市場の硬直性、大きすぎてつぶせない銀行など、日本と同じ特質を備えており、規模を大きくした日本なのだ。

アベノミクスとFRBの貨幣増刷はどちらもデフレを回避することに熱狂的に集中しているが、日本でもアメリカでも基調をなしているデフレは異常な現象ではない。システムが借金と無駄な投資をしすぎて崩壊寸前になっていることを示す、正当な価格シグナルだ。アメリカが住宅に過剰投資したように、日本はインフラに過剰投資した。どちらの場合にも、間違った配分をされた資本は、銀行のバランスシートを解放して、新しい、より生産的な融資ができるようにするために不良債権として償却しなければならないところまで来ていた。だが、そうした処理は行われなかった。

政治の腐敗と縁故主義のせいで、どちらの国の規制担当者も銀行幹部の雇用を保障するとともに病んでいるバランスシートをそのまま封じ込めた。デフレを示唆する価格シグナルは、アスリートの痛みをステロイドでごまかすのと同様、貨幣増刷によって弱められた。だが、デフレは消え去りはしなかったし、これから先も構造調整が行われるまで消え去りはしないだろう。

アメリカは日本の見かけの成功に間違った勇気を見出《みいだ》して、日本のモデルを自国の量的緩和政策を評価する手段として使っているのかもしれない。だが、日本に見られるサインはまがいもので、より大きな貨幣錯覚と新たな資産バブルで構成されている。日本は先に岐路に到達した。そして、アベノミクスを選んだ。FRBは日本の不況からの脱出とされるものをもっと批判的に検討する必要がある。日本と同じ道を選んだら、どちらの国も深刻な債務危機に向かうことになるだろう。唯一の違いは、日本のほうが先にそこに至ることかもしれない。

第一一章　金融崩壊

金価格を本当に理解している者はいない。私自身も理解しているふりをするつもりはない。

ベン・バーナンキ（前FRB［アメリカ連邦準備制度理事会］議長）　二〇一三年七月一八日

この時点で、このグローバル文明は限界を超えたのだと思う。……このようなマネー崇拝を生み出したのだから。

ローマ教皇フランシスコ　二〇一三年七月二六日

金融の雪崩

雪崩《なだれ》は金融崩壊を言い表すのにピッタリの比喩だ。実際、それは比喩以上のものだ。雪崩のシステム分析は、一つの銀行の崩壊が他の銀行にどのように広がっていくかという分析と同じなのだから。

雪崩は一つの雪片から始まる。一つの雪片が他の雪片をかき乱し、かき乱された雪片がまた他の雪片をかき乱して、次第に勢いが増し、制御不能になるのである。雪片は一つの銀行の倒産のようなもので、それに続いて次々とパニックが起こり、最終的には、解雇された金融パーソンたちが崩壊したウォール街の銀行から退去させられることになる。雪崩と銀行パニックはどちらも、物理学者の言う相転移を複雑システムが経ている例だ。相転移とは、安定した状態から崩壊へと急速かつ予想外に変化し、最終的には最初の状態とはまったく異なる新しい状態になることを言う。雪崩と銀行パニックはダイナミクスが同じであり、プロセスをモデル化するために使われる再帰関数も同じである。重要な点として、システムの規模の関数であるイベントの頻度と重大度の関係、すなわち次数分布も同じなのだ。

金融崩壊のリスクを算定するに当たっては、雪崩を想像するだけでなく研究もする必要がある。一九六〇年代初めに初めて打ち出された複雑性理論は、科学の歴史からすると新しい学問だが、複雑システムの振る舞い方について印象的な知見を与えてくれる。

多くのアナリストが「コンプレックス（複雑な）」という言葉と「コンプリケイティッド（込み入った）」という言葉を区別せずに使っているが、それは正確な使い方ではない。ベニスのサン・マルコ広場の時計塔のような込み入った装置は、多くの可動部品でできていても単純な方法で組み立てたり、分解したりできる。部品が互いに適応するわけではないし、時計が突然スズメに変身して飛び去ることはありえない。それに対し、複雑なシステムは、変身して飛び去ったり、山肌を滑り降りたり、国を崩壊させたりすることがある。複雑システムは自律エージェントと呼ばれる可動部品を含んでいるが、自律エージェントは単に動くだけではない。多様で、結合していて、互いに作用し合い、適応するのである。その多様性と結合性は限られた範囲内でモデル化できるが、相互作用と適応は一見無限に見える結果にまたたく間に分かれ、それらの結果は、理論上はモデル化できるが実際はできない。別の言い方をすると、悪いことが起こるかもしれないということはわかっても、正確に何が起こるかは決してわからないのである。

時計や自動車は、込み入ってはいるが複雑ではない拘束システムの例だ。これらを地震やハリケーンや竜巻――それに資本市場――など、至るところに見られる複雑システムと対比させてみよう。人間は一人だけですでに複雑システムだ。株式や債券やデリバティブ（金融派生商品）の取引に携わっている一〇億人の人間は、理解を受け付けない、ましてや計算などはねつける途方もなく複雑なシステムを構成する。この計算の難しさは、政策決定者やリスク管理者はお手上げだとあきらめるべきだとか、「バリュー・アット・リスク」のようなもっともらしいモデルを使うべきだということを意味するわけではない。複雑性理論のツールを可知のことに関する謙虚さという、もう一つの欠かせない要素とセットにして使うことで、リスク管理は可能なのだ。

雪崩について検討してみよう。雪崩に巻き込まれるおそれがある登山者やスキーヤーは、雪崩がいつ始まるのかも、どの雪片が雪崩を起こすのかも知ることはできない。だが、特定の状況が他の状況より危険であることや、予防が可能であることは間違いなく知っている。湿った雪か乾いた雪かが注意深く観察され、気温や風速も細かく観察される。最も重要な点として、雪塊のサイズ、すなわち物理学者の言うシステム規模も観察される。危険にさらされている人々は、大きな雪塊は単に大きな雪崩ではなく、幾何級数的に大きな雪崩を引き起こすことができるのを知っている。賢明な適応は、雪を見下ろす稜線《りようせん》を登るなどだ。雪崩のコースから離れたところに村をつくる、雪崩のコースの外側を滑る、雪を見下ろす稜線を登るなどだ。雪塊システムの規模をダイナマイトで小さくするという方法もある。雪崩を予測することはできないが、安全を保つ努力をすることはできるのだ。

資本市場では、規制機関が安全を保たないことがしょっちゅうある。それどころか、規制機関は危険を増大させる。銀行がデリバティブの自己勘定投資を積み上げるのを許容することは、雪がどんどん積もっていくのを無視するようなものだ。JPモルガン・チェースが拡大するのを放置しておくことは、雪崩のコースの真ん中に村をつくるようなものだ。市場の危険を測定するためにバリュー・アット・リスクを使うことは、不安定な雪塊を終点とするスキーリフトをつくって、みんなに無料リフト券を配るようなものだ。

現在の金融規制政策が間違っているのは、リスク管理モデルが不健全であるためだ。もっと不安な点は、ウォール街の幹部たちがそれらのモデルが不健全であることを知りながら、より高いレバレッジ比率（自己資本に対する負債の比率）、より大きな利益、より多額のボーナスを可能にしてくれるモデルであるため、かまわず使っていることだ。規制機関の面々は、モデルの健全さを同じく疑っているにもかかわらず、自分が規制している当の銀行に職を得ることを期待して調子を合わせている。たとえて言うと、銀行家の邸宅は村から遠く離れた高い尾根にあり、一方、村人たち、すなわち普通のアメリカ人や世界中の市民は、雪崩のコースの真ん中で暮らしているのである。

金融の雪崩は強欲によってあおられるが、強欲だけで説明しきれるものではない。銀行家の寄生的行動は文化の相転移の結果であり、まさに崩壊に近づいている社会の特徴なのだ。富はもう創造されてはおらず、他者から奪い取られている。寄生的行動は銀行家だけに見られるのではなく、政府高官や企業幹部や社会のエリート層にも広がっている。

富を保全するコツは、金融の雪崩の複雑なプロセスを理解し、崩壊の伝播《でんぱ》から逃れるためのシェルターを見つけることだ。エリートの堕落に直面する中で、投資家は無力ではないのである。

自己組織化するシステム

金融リスクの原型的な解釈は、フランク・H・ナイトの一九二一年の重要な著作『危険・不確実性および利潤』に示されている。ナイトはリスクと不確実性を区別した。彼の言うリスクは、未知ではあるが、それでもある程度の確率でモデル化できる結果であり、不確実性はまったくモデル化できない結果である。ポーカーゲームのテキサス・ホールデムは、ナイトの言うリスクの例だ。カードがめくられようとしているとき、プレーヤーはそれがどんなカードかはわからないが、四種類のスーツの一つに属していて、それぞれ一枚しかない五二の可能性の一つであることは確実にわかっている。めくられるカードの数が増えるにつれて、いくつかの結果はそれまでのプレーによって排除されるので、確実性は高まる。ギャンブラーはリスクをとるが、完全な不確実性に対処しているわけではない。

今度は「ワイルド・カード」を使おうと言い張るプレーヤーと同じゲームをすることを想像してみよう。ワイルド・カードを使うワイルド・ポーカーでは、フルハウスやストレートフラッシュのような高い手をつくるために、どのプレーヤーも、どんなカードでも他のどんなカードにでも見立てることができる。専門的には、これは完全な形のナイトの不確実性ではないが、それに近いものだ。すばらしい計算能力を持つ最高のポーカー・プレーヤーでさえ、ワイルド・カードで手をつくる確率を計算することはできない。プロのポーカー・プレーヤーがワイルド・ポーカーを嫌い、アマチュアがそれを楽しむのはこのためだ。ワイルド・カードは、複雑性の代わりになるものでもある。クラブの2がプレーヤーの思いつきでスペードのエースに変わるのは、相転移のようだ。予測不可能で、瞬時に起こり、賭けの負けの側にいる者に破滅的な結果をもたらすおそれがある。

ナイトの著作は、複雑性理論が登場する四〇年前、コンピューターの出現がランダム性や確率システムの高度な研究を可能にする四〇年前に発表された。金融風景をリスクと不確実性という白と黒の世界に分けたことは当時は有益だったが、今日では白と黒だけでなく、さまざまな色合いの灰色もある。

乱数とは、予測はできないが、時間を経る中で、もしくは同種の出来事が何度も繰り返される中で発生する確率にもとづいて値を付与される数を言う。コイン・トスやトランプ・ゲームはよく知られた例だ。次のコイン・トスで表が出るか裏が出るかを知るのは不可能だし、デッキの中の次のカードがスペードのエースかどうかを知ることはできないが、確率を計算することはできる。確率モデルは、乱数の投入にもとづいてシステムを説明するモデルである。このようなシステムは決定論的なものではなく確率論的なシステムで、金融市場に適用すると、確率にもとづいて価格と値が付与されることを可能にする。これが、リスクについてのナイトの定義だった。確率論的システムは、投入の小さな変化によって結果に大きな変化が生じる非線形関数、すなわち指数関数を含んでいることがある。

確率モデルは、量を測定する積分と変化を測定する微分によって補完される。ある変数と別の変数の後戻り的関連を明らかにする回帰分析は、研究者が特定のイベントを相互に関連づけることを可能にする。乱数、確率システム、非線形関数、微積分、回帰分析というこのリストが、現代の金融のツールキットを構成している。このツールキットをデリバティブの価格決定やバリュー・アット・リスク、金融政策や経済予測に適用する人は、経済理論の最先端にいることになる。

最先端のもう一つ先にあるのが、複雑性理論である。複雑性理論は主流の経済学者にはあまり歓迎されてこなかったが、それは一つには、過去半世紀の経済研究の多くが間違っている、もしくは重大な欠陥を含んでいることが、この理論によって明らかにされるからだ。複雑性理論は、新しい科学が古い科学のパラダイムをくつがえす典型的な例だ。経済学者が複雑性という新しい科学を受け入れていないという事実は、一九八七年、一九九八年、二〇〇〇年、二〇〇八年の市場崩壊が予想外で、しかも専門家たちの最も厳しい予想より深刻だったのはなぜかを、ある程度説明している。

複雑性理論はフィードバック・ループ（訳注　フィードバックの繰り返しで結果が増幅されること）のダイナミクスを再帰関数によって理解する一つの方法を与えてくれる。フィードバック・ループはきわめて多くの瞬間的な繰り返しを含んでいるので、小さすぎて気づきさえしないささいな原因から、爆発的な結果が生まれることがある。その一例が、原子爆弾だ。高濃縮ウランを臨界状態にして中性子源を照射すれば、都市をまるごと破壊できる破滅的な爆発が起こることを、物理学者たちは知っている。だが、正確にどの素粒子がそうした連鎖反応をスタートさせるのかはわかっていない。現代の経済学者は素粒子を探すことに時間を費やしており、その一方でシステムの臨界状態は無視している。雪片を探して、雪崩を無視しているのである。

複雑システムのもう一つの特性は、起こりうる最悪のイベントの規模が、システムの規模の指数関数であることだ。これは複雑システムの規模が二倍になると、システミック・リスクは二倍ではなく一〇倍以上増大するおそれがあるということだ。金融崩壊が発生するたびに、それが銀行家や規制当局にとって「予想外」であるのはそのためだ。システムの規模がデリバティブによって拡大されるにつれて、システミック・リスクは指数関数的に増大するのである。

システムの臨界とは、システムが崩壊の瀬戸際にあることを言う。必ずしもすべての複雑システムが臨界状態にあるわけではなく、安定しているシステムもあれば、臨界未満のシステムもある。経済学者にとって難しい点は、臨界状態ではない複雑システムは概して複雑ではないシステムのように振る舞い、その確率論的特性は臨界の瞬間に至るまで安定していて予測可能なように見えることだ。この場合も濃縮ウランがよい例になる。約一六キログラムの立方体のウラン・ブロックは、どんなリスクももたらさない。それは複雑システムではあるが――それを構成している素粒子は相互に作用し、適応し、減衰する――どんな大惨事も差し迫ってはいない。だが、そのウラン・ブロックが精密工学によって二つの塊――グレープフルーツ大の塊と野球のバットのような塊――に分けられ、二つの塊が強力な爆発によって結合させられたら、原子爆弾が生まれるのだ。システムは、工学によって臨界未満から臨界に変化するのである。

複雑システムは、内発的に臨界未満から臨界に変わることもある。芋虫が蝶《ちょう》になるのと同じように変身するのであり、物理学者はこれを「自己組織化臨界」と呼んでいる。資本市場を含む社会システムは、このような自己組織化臨界を特徴としている。株式市場は、今日は安定した振る舞いをし、明日は不意に暴落するということがある。一九八七年一〇月一九日のブラック・マンデーに一日で二二・六パーセント下落したことや、二〇一〇年五月六日に一五分で七パーセントの「フラッシュ・クラッシュ（瞬間暴落）」が起こったことは、どちらも金融システムが自己組織化して臨界状態になった例だ。その地点に達したら、一つの雪片、すなわち一つの売り注文が崩壊をスタートさせる。もちろん、事後に振り返って、市場の暴落をスタートさせたとされる特定の売り注文を見つけること（雪片を探し出すこと）は可能である。だが、その売り注文は重要ではない。重要なのはシステムの状態なのだ。

中央銀行の金市場介入

中央銀行による金市場の操作は、複雑システムを臨界状態に至らせるおそれがある、システム内部の活動の例だ。

中央銀行が金市場に介入することは、目新しいことでも意外なことでもない。金が貨幣であり、中央銀行が貨幣をコントロールする機関であるかぎり、中央銀行は金をコントロールしなければならないのだ。一九七〇年代半ばに金が部分的に廃貨される前は、中央銀行の金市場への関与は、議論の余地はあるにせよ、操作のためではなく政策の問題だった。もっとも、政策の実施の仕方は不透明だったのではあるが。

ブレトンウッズ体制後の時代には、十分な証拠文書がある中央銀行の金市場操作が何度も行われてきた。たとえば一九七五年には、アーサー・バーンズFRB議長がジェラルド・フォード大統領に次のような極秘メモを送った。

大きな問いは、中央銀行や政府は……市場関連価格で……自由に金を購入できるべきか、です。連邦準備制度は……反対です。

公的機関による民間市場からの購入……に対する現在の制約が早く取り除かれたら、通貨制度における金の相対的重要性を高める力や行動が解き放たれたり誘発されたりするおそれがあります……かかる自由は、諸国の政府に自国の公的金準備を……市場関連価格で評価し直すインセンティブ（動機）を与えるでしょう。そのようなけた外れの規模の流動性創造は……インフレを制御しようとする……われわれの努力を著しく危険にさらし、場合によっては妨げることさえあるかもしれません。

私は……ドイツ連邦銀行との書面によるやりとりの中で、ドイツは一オンス四二・二二ドルという公定価格を上回る価格では市場からも他国の政府からも金を購入しないという黙契を得ています。*1

バーンズのメモが書かれてからわずか三日後に、フォード大統領はドイツのヘルムート・コール首相に、バーンズの助言の大要を盛り込んだ書簡を送った。

ホワイトハウス、ワシントン　一九七五年六月六日

親愛なる首相殿

……われわれは……金をシステムの中心に戻す流れが大きくならないようにするために、何らかの予防措置《そち》が必要だと強く感じています。諸国の政府が金ブロックを構築すること、もしくは主要な国際金融手段としての金への依存を復活させることを目的として、政府間で金の活発な取引を始める機会が生まれないようにしなければなりません。世界的なインフレ（物価上昇）問題を考慮すると、国際流動性のさらなる大幅な拡大を防ぐことも必要です。諸国の政府がまったく自由に互いの間で市場関連価格で取引できることになったら、両国共通のインフレ問題に拍車がかかることになるでしょう。

敬具

ジェラルド・R・フォード*2

中央銀行による金市場の操作は一九七〇年代だけの動きではなく、その後も何十年も続いた。活動家グループがFRBを相手取って起こした情報自由法訴訟は、一九九七年四月七日に国際決済銀行（BIS）で秘密裏に開かれたG10（主要一〇ヵ国）中央銀行総裁の金・外国為替委員会の会議メモを明るみに

ニューヨーク連邦準備銀行のディノ・コスが作成したこのメモには、次のように記されていた。

出した。[*3] この委員会は、悪名高い一九六〇年代のロンドン金プール価格維持協定の後継組織である。

一九九六年五月には、市場は連日三〇億ドル相当の金を取引した。スワップ（交換）取引が……出来高の七五パーセントを占めていた。金は伝統的に……秘密主義の市場だった。

金リースも市場の重要な構成要素だったが、その成長には中央銀行が大きな役割を果たした。中央銀行は、非収益資産を少なくともいくらかのプラスのリターンを生む資産……に変えるよう求める圧力に対応していたのである。中央銀行はたいてい三〜六カ月……の償還期限で金を貸し出していた。中央銀行には、金リース市場に対する責任があった。そもそもその市場を可能にしたのは……中央銀行の活動だったからだ。金には軍事費としての、また……国際通貨制度における役割が確かにある。

ＢＩＳは何年もの間、金をまったく売却しなかった。リースはいくらか行った。

［ピーター］フィッシャー（アメリカ）が……金の価格は……歴史的に生産コストに近づく傾向は示してこなかったと述べた。これは、継続的な需給不均衡を物語っているように思われた。……金リース市場は……このパズルの重要な構成要素だと、彼は感じていた。

マイネルト（ドイツ）が、大量の売却は市場にどのような影響をおよぼすかという問いを投げかけた。仮に中央銀行が二五〇〇トン――一年分の生産量に等しい量――売却したとすると、何が起こるだろう。マイネルトの……問いかけには誰も応じなかった。

［ピーター］フィッシャーが、アメリカの金は財務省のものであることを説明した。しかしながら、財務省は連邦準備銀行に金証券を発行しており、したがって金は……ＦＲＢのバランスシート（貸借

対照表）にも顔を出す。金の再評価が行われるようなことがあれば、金証券も上方に再評価されるだろう。だが、「FRBのバランスシートが拡大するのを防ぐために」これは国債の売却につながるだろう。[*4]

もっと新しい証拠としては、二〇〇九年九月一七日に元FRB理事ケビン・ウォルシュがバージニア州の法律事務所に送った書簡がある。彼はこの書簡で、FRBの金スワップに関する記録文書の開示請求を、「連邦準備制度を代表して外国の銀行と行ったスワップ取引に関する情報[*5]」については、FRBは免責されるという理由で拒否していた。情報開示請求は拒否したものの、ウォルシュの書簡は少なくとも中央銀行によるスワップ取引が存在することは認めていた。

二〇一三年五月三一日には、日本の大蔵省（現財務省）の元財務官、榊原英資《さかきばらえいすけ》が、一九八〇年代半ばに日本政府が三〇〇トンの金をひそかに取得した経緯を楽しげに振り返った。この金取得は、ワールド・ゴールド・カウンシルが発表する日本銀行の金準備高には現れない性質のものだった。

われわれは、昭和天皇在位六〇周年記念硬貨を鋳造するために、一九八〇年代半ばに三〇〇トンの金を買った。それはきわめて難しいオペレーションだった。われわれはJPモルガン・チェースとシティバンクを通じて行動した。きわめて量が多く、価格がそれだけ大幅に上昇するのは防ぎたかったので、われわれはその活動を公表するわけにはいかなかった。そこで、流動性の高い金の先物を買い、それから受け渡し決済を選んで市場をアッと言わせた。受け渡されたバーの中にはスリー・ナイン（純度九九・九九パーセント）もあったが、われわれはそれを溶かしてフォー・ナイン（純度九九・九〇パーセント）に精製した。天皇のためとあって、最も純度の高い金しか使えなかったからだ。[*6]

金は貨物用につくられた二機のボーイング747の二階に乗せられ、ブリンクスによって日本に輸送された。[*7] 二機に分けられたのは、重さのせいではなくリスクを分散するためだった。ブリンクスはそれぞれの便に二人の係員をつけ、一人が眠っているときでも必ず金を監視できる態勢をとった。

ここで紹介した文書記録は、中央銀行や財務省、それにそれぞれの代理人を務める銀行による金市場の操作という点では氷山の一角にすぎない。それでも、諸国の政府が金の購入、売却、リース、スワップ、先物、それに政策目的を実現するために金価格を操作するという政治的圧力を使っていることを、しかも、ブレトンウッズ体制が終わってから何十年もそうしてきたことを、議論の余地がないほどはっきり証明している。金価格を押し下げる公的金の売却は、一九七五年から二〇〇九年まで欧米の中央銀行によって広く行われていたが、二〇一〇年に突然終わりを迎えた。金価格が高騰する中で、このような貴重な資産を売却する見識を市民が疑うようになったためだ。

最も悪評高い、厳しく批判された事例は、イギリスの大蔵大臣ゴードン・ブラウンが、一九九九年七月から二〇〇二年三月までの一連のオークションで自国の金三九五トンを売却した一件だ。[*8] イギリスが受け取った代金は平均すると一オンス約二七五ドルだった。一オンス一五〇〇ドルを参考価格とすると、ブラウンの失態によってイギリス国民がこうむった損失は一七〇億ドルを超えていた。富の喪失よりさらに打撃が大きかったのは、世界の金大国ランキングでイギリスの地位が低下したことだった。最近では、金準備が激減し、価格が高騰し、アメリカが自国の金を売ることを明らかに拒否しているので、中央銀行によるあからさまな金の売却は、価格操作の方法として魅力を失っている。

IMFの金売却

中央銀行やその代理人を務める民間銀行による価格操作のもっと強力な方法は、スワップ、先渡し、先物、リースなどだ。これらの「ペーパー・ゴールド」の取引は、大きなレバレッジを可能にし、金価格に下降圧力をかけ、しかも実物の金が中央銀行の保管庫から出ることはめったにない。

金スワップは一般に二つの中央銀行の間で、将来その取引をリバースする（元に戻す）という約束の下、通貨と金の交換として行われる。通貨を受け取る側は、スワップ契約の期間が終わるまでその通貨を投資してリターンを得ることができる。

金の先渡し取引と先物取引は、民間銀行と取引相手の間で行われるか、取引所で行われるかのどちらかだ。これらは、未来のある時点で金の受け渡しを行うことを約束する契約だ。先渡しと先物の違いは、先渡しは既知の相手と相対で取引され、それに対し先物は、取引所で匿名で取引されることだ。契約日から未来の受け渡し日までの間に金の価格が上がるか下がるかで、利益が出たり損失が出たりする。

リース契約では、中央銀行が自行の金を民間銀行にリースし、民間銀行はそれを先渡しベースで売却する。中央銀行は、リースの料金を賃貸料のように徴収する。金をリースするとき、中央銀行は相手民間銀行に、先渡しベースで売却するために必要な権原を与える。先渡し市場は、未受け渡しの金を売るという慣行によって拡大される。銀行が顧客に未受け渡しの金を売るとき、顧客は特定のゴールド・バーを自分のものにするわけではない。そのため銀行は、同じ金を使って何人もの顧客にいくつもの契約を売ることができる。受け渡し取引では、顧客は保管庫の中の特定のナンバーが刻印されたゴールド・バーに対する直接的な権原を得る。

これらの契約には一つ共通点がある。それは実物の金が動くことはめったになく、いくつもの契約を裏づけるために、同じ金を何度も担保として差し出せることだ。ニューヨーク連邦準備銀行がロンドンのJPモルガンに一〇〇トンの金をリースしたら、JPモルガンはリース契約にもとづいて法的所有権を得るが、その金はニューヨーク連銀の保管庫から一歩も出ることはない。法的権原を得たJPモルガンは、その後同じ金を未受け渡しベースで別々の顧客に一〇回売ることができる。

同様に、HSBC（香港上海銀行）のような銀行が先物市場に参加して、三カ月後の受け渡しという約束で一〇〇トンの金を売る場合も、実物の金は必要ない。売り手は、証拠金を現金で支払うだけでよいのであり、その額は金の価値のごく小さな割合だ。レバレッジを使うこうしたペーパー・ゴールド取引は、市場価格を操作するうえで完全な売却よりはるかに効果的だ。金を中央銀行の保管庫から動かす必要がなく、したがって手元にある金の何倍もの金を販売できるからだ。

中央銀行が金市場での活動を隠す最も簡単な方法は、JPモルガンなどの銀行を仲介者として使うことだ。仲介銀行の中でも最たるものが、スイスのバーゼルにあるBISだ。BISが顧客である中央銀行のために金市場で活動することは、驚くに当たらない。実際、それは一九三〇年にBISが創設された一つの理由だった。BISはIMF（国際通貨基金）と同じく、財務記録をSDR（特別引き出し権）建てで表示している。BISのウェブサイトには、率直にこう記されている。「顧客の預入金の九〇パーセント前後が各種通貨建てで、残りが金建てになっています。……金預金は、二〇一三年三月三一日の時点で一七六億SDR（約二七〇億ドル）に上っていました。……当行は、二〇一三年三月三一日の時点で一一五トンの純金を所有していました[*9]」

二〇一三年三月三一日を期末とする期間に関するBISの第八三期年次報告書は、次のように述べている。

> 当行は……顧客の代理として金の……取引を行っており、それによって、たとえば準備資産の構成の定期的なリバランス（調整）や準備通貨の配分の大幅な変更という文脈において、大きな流動性基盤へのアクセスを提供しています。……それに加えて、売買、要求払い《サイト》口座、定期預金、特定口座、純度の引き上げおよび精製、所在地交換などの金関連サービスを提供しています。[*10]

金の要求払い口座は未受け渡し取引用、金の特定口座は現物取引用だ。金融では、「サイト」は古い法律用語で「要求があり次第支払われる」という意味だ。とはいえ、かかる要求が実際になされるまでは金を手元に保有する義務はない。BISは、リースや先渡しや先物を利用している民間銀行と同じレバレッジを実現しているのである。

とりわけ、二〇一〇年BIS年次報告書の会計方針の脚注一五には、「金ローンは商業銀行に対する定期金ローンからなる[*11]」と記されていた。二〇一三年の年次報告書では、同じ脚注に「金ローンは定期金ローンからなる[*12]」とあった。どうやら二〇一三年には、民間商業銀行と取引している事実を隠すほうが賢明だと判断したらしい。BISは金市場を操作するための主な伝達チャネルの一つであるから、この削除は理にかなっている。中央銀行はBISに金を預け入れ、BISはその金を商業銀行にリースする。リースされた商業銀行は、その金を未受け渡しベースで販売する。これによって、BISに預金されている金一ドル分ごとに一〇ドル分以上の金を販売できることになる。金市場に大きな下降圧力が加わるが、実物の金が受け渡されることはない。これは、金価格を抑え込むためのよくできたシステムだ。

中央銀行が金市場に参加していることは明白だが、中央銀行の操作の正確な時と場所は明かされない。

だが、興味深い推論をすることができる。たとえば、二〇〇九年九月一八日に、IMFは四〇三・三トンの金の売却を認可した。[*13]そのうちの二二二トンは、二〇〇九年の一〇月と一一月にインド、モーリシャス、スリランカの中央銀行に売却された。一〇トンは二〇一〇年九月にバングラデシュ中央銀行に売却された。これらの売却は、市場を混乱させないよう事前に相談したうえで行われた。残りの一八一・三トンの売却は二〇一〇年二月一七日に始まったが、買い手の正体は一度も明かされていない。IMFは残りの売却は「市場で」行われたと主張したが、「市場での売却の開始は、関心を持つ中央銀行もしくは他の公的保有者に直接、市場外でさらに売却することを除外しなかった」とも述べた。要するに、一八一・三トンは中国もしくはBISに行った可能性が十分あるということだ。

IMFの金の売却が発表、実行されたのと時を同じくして、BISは金保有高の大幅な増大を発表した。BISの金は、二〇〇九年末の一五四トンから二〇一〇年末には五〇〇トン以上に増大していた。IMFが行方不明の一八一・三トンの一部をBISに譲渡し、当時はドイツの元中央銀行家、ギュンター・プライネスが監督していたBISの銀行部門が、その金を中国に売ったということも考えられる。また、BISへの大量の金の流入は、政府債務危機で資産価値が暴落する中、債務返済のために現金を調達しようとやっきになっていたヨーロッパの銀行からの金スワップによるものだったかもしれない。答えは不明だが、いずれにしてもBISは、一九三〇年からナチスなどのためにやっていたように、金市場のこうした不透明な活動を手助けする用意がいつでもできているのである。

金市場の操作の最も説得力のある証拠の中には、世界最大級のマクロ系ヘッジファンドの調査部門が行った調査の結果もある。この調査は、二〇〇三年から二〇一三年までの一〇年間にわたる二つの仮想投資プログラムを使って行われた。一つのプログラムは、金の先物を毎日ニューヨーク商品取引所（C

ＯＭＥＸ）の始値で買い、終値で売るというものだった。もう一つは、金を時間外取引の開始時に買い、翌日ＣＯＭＥＸが開く直前に売るというものだった。事実上、一つのプログラムはニューヨークの営業時間を担当し、もう一つのプログラムは時間外を担当したわけだ。操作のない市場では、二つのプログラムは日々の変動はあるものの、やがては同一に近い結果を生み出すはずだ。実際はというと、ニューヨークのプログラムは破滅的な損失を出し、一方、時間外のプログラムは同じ期間の市場の金価格を大幅に上回る目を見張るような利益を上げた。ここから必然的に推論されるのは、ニューヨーク商品取引所の終値が操作によって押し下げられ、そのため時間外トレーダーにとって超過利益の機会が生まれているということだ。ニューヨークの終値は最も広く報じられる金「価格」なので、操作の動機は明白だ。

秩序あるインフレ

中央銀行が金市場を操作する動機は、使われる手法と同じくらいとらえにくい。中央銀行は、政府債務の実質価値を低下させ、貯蓄者から銀行に富を移転させるためにインフレを望んでいる。だが、中央銀行は金の価格を抑え込む努力もしている。この二つの目標は、折り合いをつけにくいように思われる。中央銀行がインフレを望むなら、そして金価格の上昇がインフレをもたらすなら、中央銀行はなぜ金価格を抑制するのだろう。

答えは、中央銀行、主としてＦＲＢは確かにインフレを望んでいるが、無秩序なインフレではなく秩序あるインフレになることを願っているということだ。人々に気づかれずにすむよう、徐々にインフレになってほしいと思っているのである。金はきわめて変動が激しく、大幅に値上がりすると、インフレ期待を高める働きをする。ＦＲＢとＢＩＳが金価格を抑制するのは、それを永遠に抑制し続けるためではなく、貯蓄者がインフレに気づかないよう、金価格の上昇を秩序あるものにするためだ。中央銀行は、母親の財布に五〇ドル入っていることを知って、気づかれないよう一ドルずつ盗む九歳の少年のように行動しているわけだ。二〇ドルとったら母親は当然気づき、自分はお仕置きされるということを、彼は知っているのである。

年率三パーセントのインフレはほとんど気づかれないが、それが二〇年続いたら政府債務の価値は半分近くに下がる。このようなゆっくりと着実に進むインフレが中央銀行の目標なのだ。金価格を下方に操作することによってインフレ期待を管理するというのが、ＦＲＢ議長、アーサー・バーンズが一九七五年の極秘メモでジェラルド・フォード大統領に与えた操作の論理的根拠だった。それは今なお変わっていない。

しかしながら、それ以後、中央銀行の金価格操作のさらに懸念される動機が生まれている。金保有高が主要経済国間でリバランスされるまで金価格は低く抑える必要があり、また、リバランスは国際通貨制度が崩壊する前に完了しなければならないということだ。世界が金本位制に復帰するとき、インフレを生み出すために復帰を選んだ場合であれ、信認を取り戻すため必要に迫られて復帰する場合であれ、世界のすべての主要経済センターから支持されることがきわめて重要だろう。金保有量が不十分な主要経済国は、新しいブレトンウッズ型の会議で片隅に追いやられるか、金の再評価による利益を得られないので参加を拒否するかのどちらかになるだろう。

ブレトンウッズでは、アメリカはすべてのチップを保有していて、それを積極的に使って結果を決定づけた。ブレトンウッズがふたたび開かれるようなことがあったら、ロシアや中国などの国々が、アメリカが自国の意志を押しつけるのを許さないだろう。これらの国は、アメリカの金融覇権に従属するくらいなら独自の道を行きたいと思うだろう。システムを改革するための協力的なプロセスを生み出すためには、もっと公平な出発点にする必要がある。

金準備のリバランスの好ましい測定基準はあるのだろうか。多くのアナリストが準備資産に占める金の割合に注目する。アメリカは準備資産の七三・三パーセントを金で保有しており、それに対し中国は一・三パーセントである。だが、この基準は誤解を招きやすい。ほとんどの国の準備資産が金とハードカレンシー（国際通貨）で構成されている。だが、アメリカはドルを増刷できるので、多額の外貨準備を持つ必要はなく、そのため、アメリカの準備資産は金が中心になっている。それに対し中国は、金はほとんど持っていないが、およそ三兆ドルのハードカレンシーを持っている。その準備資産は将来的にはインフレに対して脆弱《ぜいじゃく》だとしても、短期的には大きな価値がある。これらの理由から、七三パーセントという割合はアメリカの強さの誇大表示であり、一・三パーセントという割合は中国の弱さの誇大表示であると言える。

通貨準備としての金の役割のもっとよい測定基準は、金の名目市場価値を名目ＧＤＰ（国内総生産）で割ることだ（金の対ＧＤＰ比）。名目ＧＤＰは、経済が生産した財やサービスの総価値だ。金は真のベースマネー（中央銀行が供給する通貨）である。Ｍゼロ（Ｍ０）と呼ばれる、ＦＲＢのベースマネーの背後にある陰の準備資産である。金は、Ｍサブゼロなのだ。金の対ＧＤＰ比は、経済を支えるために使える真のマネーを表し、金本位制が復活した場合の相対的な国力を示す。**表2**は、合計すると世界のＧＤＰの七五パーセントを構成する特定の諸国の最近のデータである。

二・二パーセントという世界全体の金の対ＧＤＰ比は、グローバル経済が実質貨幣に四五倍のレバレッジをかけていることと、アメリカ、ユーロ圏、ロシアに有利な方向に大きく歪んでいることを示し

表2　特定の経済国・地域の金の対GDP比

国	金（トン）	金の市場価値（億ドル）※一オンス1,500ドルと想定	GDP（兆ドル）	金の対GDP比（％）
ユーロ圏	10,783.4	5,690	12.3	4.6
アメリカ	8,133.5	4,290	15.7	2.7
中国	1,054.1	560	8.2	0.7
ロシア	996.1	530	2	2.7
日本	765.2	400	6	0.7
インド	557.7	290	1.8	1.6
イギリス	310.3	160	2.4	0.7
オーストラリア	79.9	40	1.5	0.3
ブラジル	67.2	35	2.4	0.1
カナダ	3.2	2	1.8	0.01
計	22,750.6	11,997	54.1	2.2

ている。これら三つの国・地域の比率は世界全体の平均より高く、ユーロ圏の四・六パーセントという比率は世界の平均の二倍以上である。アメリカとロシアは金に関して戦略的均衡状態にあるが、これはロシアが二〇〇九年から金保有高を六五パーセント増大させてきた結果である。この動きは、ロシアとアメリカが核兵器で優位に立つために競争していた、一九六〇年代初めの「ミサイル・ギャップ」の不気味な写し絵だ。あの競争は不安定とみなされて、一九七〇年代に戦略的軍備制限条約を生み出し、これらの条約が以来四〇年にわたり核の安定を維持してきた。ロシアは今では「ゴールド・ギャップ」を埋めて、アメリカと肩を並べている。

目立って弱い部分は中国、イギリス、日本であり、これらの国の金の対GDP比はいずれも〇・七パーセントと、アメリカやロシアの三分の一にも達しておらず、ユーロ圏の比率よりはるかに低い。ブラジル、オーストラリアなど、他の主要経済国はさらに低く、カナダの金備蓄はその経済規模に比べると

表3　金の対GDP比に対する中国のひそかな金取得の影響

国	金（トン）	金の市場価値（億ドル）※一オンス1,500ドルと想定	GDP（兆ドル）	金の対GDP比（%）
ユーロ圏	10,783.4	5,690	12.3	4.6
アメリカ	8,133.5	4,290	15.7	2.7
中国	4,200.0	2,220	8.2	2.7
ロシア	996.1	530	2	2.7
日本	765.2	400	6	0.7
インド	557.7	290	1.8	1.6
イギリス	310.3	160	2.4	0.7
オーストラリア	79.9	40	1.5	0.3
ブラジル	67.2	35	2.4	0.1
カナダ	3.2	2	1.8	0.01
計	25,896.5	13,657	54.1	2.5

微々たるものだ。

金が貨幣ではないのなら、これらの比率は重要ではない。だが、もしも不換紙幣に対する信認が崩壊して、計画的にであれ緊急措置としてであれ、金を裏づけとする貨幣に戻るようなことがあれば、これらの比率は国際通貨制度を改革するためのＩＭＦやＧ20（主要二〇カ国）の交渉でどの国が最も力を持つことになるかを決定づけるだろう。現状では、ロシアとドイツとアメリカがそうした議論を支配することになるだろう。

中国のごまかし

ここでふたたび、中国について検討してみよう。世界第二の（ユーロ圏を単一の主体とみなすならば世界第三の）経済大国である中国の本格的な参加なしに、国際通貨制度の改革ができると判断するとしたら、それはばかげた考えのように思われる。中国が公式に発表している量よりはるかに大量の金準備を持っていることは、公表されてはいないが広く知られている。**表2**を中国が推定四二〇〇トンの金を持っていることを示す、もっと正確な表（**表3**）に書き換えると、比率の変化は目を見張るほどだ。

この改訂された表では、世界の金の対GDP比は二・二パーセントから若干上昇して二・五パーセントになり、金に対する世界のレバレッジは四〇倍になる。より重要な点として、中国は世界の平均を優に上回り、ロシアやアメリカと肩を並べる二・七パーセントという比率になって、「金クラブ」に仲間入りする。

金融エリートたちによって公然と論じられることはめったにないが、**表2**と**表3**の比較が示すように、中国の比率の〇・七パーセントから二・七パーセントへの上昇は、実際にはここ数年の間に起こったことだ。この金のリバランスが完了したら、国際通貨制度は中国を紙幣しか持っていない状態で置き去りにすることなく、新しい均衡金価格へと進むことができる。中国の金準備の拡大は、中国にロシアやアメリカやユーロ圏と同等の金を与えて、世界の金準備をリバランスすることを意図したものだ。

このリバランスはグローバルなインフレか、でなければ準備通貨としての金の緊急使用に道を開くが、その道はこれまで、中国にとって困難なものだった。ヨーロッパと日本が第二次世界大戦の廃墟《はいきょ》から浮上したときは、これらの国は貿易黒字として積み上げたドルの償還を得ることで、金を取得することができた。ドルは固定価格で自由に兌換《だかん》できたからだ。ヨーロッパと日本がドルを金と引き換える中で、アメリカの金準備高は一九五〇年から一九七〇年の間に一万一〇〇〇トン減少した。三〇年後、中国はアメリカの最大の貿易国となり、貿易黒字として多額のドルを積み上げていた。だが、金の窓は一九七一年から閉じられており、中国はそのドルを、アメリカの金と固定価格で交換することはできなかった。そのため、中国は金準備を公開市場や国内の鉱山から取得せざるをえなかったのだ。

この市場ベースの金の取得は、中国と世界にとって三つの危険を生み出した。一つ目は、このような大量購入の市場への影響として、中国がリバランスを完了する前に金の価格が高騰するおそれがあることだった。二つ目は、中国経済はきわめて急速に成長しているので、戦略的同等に達するために必要な金の量が増えるおそれがあることだった。三つ目は、中国は金を買うために自国のドル準備を大量に放出するわけにはいかないことだった。それはアメリカに金利の上昇という負担を負わせ、それに対応してアメリカの消費者が中国製品を買わなくなったら、中国経済にとって打撃になるからだ。

中国にとって近い将来の最大のリスクは、中国が必要な金をすべて取得する前にアメリカにインフレが発生することだ。その場合は、中国の成長の加速化と金価格の上昇があいまって、中国が自国の金の対GDP比を維持するためのコストが上昇することになる。しかし、ひとたび十分な金を取得したら、インフレによる損失は金価格の上昇によって完全に埋め合わせられるので、中国は安全な立場を手に入れたことになる。その時点で、中国はアメリカのインフレにゴーサインを出すことができる。金準備の公平な分散に向かうこの動きは、中央銀行による価格操作の理由でもある。中国が必要な金をすべて取得するまで金価格を低く抑えておくことは、アメリカと中国の共通の利益なのだから。

リバランスを早期に完了させるための策は、アメリカと中国がスワップやリースや先物を使った金価格の抑制を協調して行うことだ。リバランスが――おそらく二〇一五年に――完了したら、金の価格を抑制する理由は小さくなるだろう。価格が高騰しても、中国が不利な立場に置かれることはないからだ。

アメリカが中国の金の取得に便宜をはかっている証拠は、簡単に見つけられる。最も説得力がある証拠は、IMF副専務理事の朱民の発言だ。中国の金の取得について先ごろ質問されたとき、彼はこう答えた。「中国の金の取得は理にかなっている。ほとんどのグローバル準備資産は信用の要素を含んでいるからだ。それらはペーパーマネーだ。準備資産の一部を実質のあるもので保有するのはよい考えだ」[*14]。準備資産を言い表すのに信用という言葉を使っていることは、すべての紙幣は中央銀行の負債であり、したがって一種の債務であるという現実と整合している。紙幣で購入される財務省証券も同じく債務である。朱民が信用準備資産と実質準備資産を区別していることは、まさに真のベースマネー、すなわちMサブゼロとしての金の役割を浮き彫りにしているのである。

中国の金のリバランスに対する、アメリカの国家安全保障コミュニティ内部の反応は無関心だ。アメリカの諜報《ちょうほう》部門の最高位にいる人物の一人は、中国の金の取得について質問されたとき、肩をすくめてこう言った。「誰かが買わなくちゃいけないからね」[*15]。金準備がグローバルなガレージ・セールの売り物であるかのような言い方だ。国防長官室のある高官は、中国の金のリバランスが持つ戦略的意味合いについて懸念を表明したが、その後でこう続けた。「われわれがドルについて語ると、財務省は本当に嫌がるんだ」

国防総省とCIA（アメリカ中央情報局）は、テーマが金やドルになると決まってFRBと財務省に任せるし、議会はこのテーマについてほとんど知らない。下院金融サービス委員会と下院情報常設特別委員会の両方のメンバーになっている両党でわずか四人の議員の一人、ジェームズ・ハイムズ下院議員は、「金準備の取得に関する議論は耳にしたことがない」[*16]と言った。軍も諜報機関も議会も、中国による金の取得について無関心だったり情報不足だったりするのだから、財務省とFRBは、リバランスが既成事実になるまで中国を自由に手助けすることができる。

グローバルな金のリバランスは細心の注意を払って慎重に進められているにもかかわらず、国際通貨制度は金もしくはSDRへの移行が完了する前に崩壊するかもしれないというサインが次第に増えてきている。カオス理論の用語で言うと、システムはぐらついているのである。ほぼすべての「ペーパー・ゴールド」契約が、通知・転換条項によって実物の受け渡しに変換できる性質を持っている。あらゆる先物契約が、その大多数はより長い決済期間に書き換えられたり、相殺契約によって決済されたりする。だが、金の先物契約の買い手は、通知したうえで、指定保管庫から受け渡しを受ける用意をすることで、実物の受け渡しを要求する権利を持っている。金のリースは契約期間の終わりに貸し手の側が解除できるが、いわゆる未受け渡しの金は、一般に追加料金を払うことで受け渡しの金に変えることができ、その金はその後、要求すればオーナーが受け渡しを受けることができる。一部の金上場投資信託（ＥＦＴ）の大口保有者は、持ち分の償還を受けてＥＦＴの金保管銀行から金を受け取ることで、実物の金を得ることができる。

不安定化を招くおそれがある要因は、ペーパー・ゴールド契約の対象となる金の量は、それらの契約の裏づけとなっている実物の金の量の一〇〇倍に上ることだ。保有者がペーパー契約にとどまっているかぎり、システムは均衡状態を維持する。大口の保有者が実物の金を要求するようなことがあれば、それはペーパー・ゴールドという不安定な山の雪片になるおそれがある。自分の契約を金と交換する前に実物の金が底をつくことに他の保有者が気づいたら、契約の相手方が取引所とＥＴＦを支えている金保管銀行である場合を除き、雪片の滑り落ちが雪崩、すなわち事実上の銀行取り付け騒ぎに発展することもありうるだろう。これは一九六九年に、アメリカのヨーロッパの貿易相手国がドルを実物の金に交換し始めたとき起こったことだ。ニクソン大統領は一九七一年八月、これらの交換の窓口を閉じた。彼がそうしていなかったら、フォートノックスのアメリカの金保管庫は、一九七〇年代の終わりには空っぽになっていただろう。

同様の動きが、二〇一二年一〇月四日に始まった。この日、金のスポット価格が一オンス一七九〇ドルという暫定最高値をつけたのだ。金価格は次の六カ月で一二パーセント下落し、その後さらに二三・五パーセント下落して、六月末には一オンス一二〇〇ドルになった。この金の暴落は買い手を恐れさせて追い払うどころか、世界中の何百万人もの個人の買い手に金は割安だと感じさせた。これらの買い手は銀行や専門証券会社に列をなし、保管されていた金をまたたく間にはぎ取った。標準的な四〇〇オンス・バーや一キロ・バーを買おうとした人は、売り手がまったくいないことに気づいた。彼らは精製所によって新しいバーが生産されるまで、三〇日近く待たなければならなかった。スイスの精製所、アルゴル・ヘラエウスとパンプは、需要についていくために二四時間シフトに移行した。金ETFでは大量の償還が行われた。すべての投資家が金について弱気だったからではなく、一部の投資家がETFの保管所から金地金を取得することを望んだからだ。

先物契約の決済用の金を保管しているCOMEXの保管所では、在庫が二〇〇八年のパニック時以来の水準まで減少した。金の先物契約は逆ザヤ、すなわち、現物渡しの金のほうが先渡しの金より高いというきわめて珍しい状況になった。先渡し契約の売り手は保管料と保険料を負担しなければならないので、通常はこの反対になることが圧倒的に多いのだ。これは、実物の深刻な不足と実物を即座に取得したいという買い手が多いことのもう一つのサインだった。

もしも今日、金買いパニックが発生するようなことがあったら、大統領が閉じるただ一つの金の窓は存在していない。その代わりに、金の買い手が読み込むことはめったにない細かい文字で印刷された多くの契約条項が生かされることになるだろう。金先物取引所には契約を現金だけに変換し、現物受け渡しのチャネルを遮断する権限がある。金取り扱い銀行にも金先渡し契約を現金で決済して、買い手が受け渡しの金に代えることを認めない権限がある。契約に盛り込まれている「早期解除」条項や不可抗力条項が、手元にある金より多くの金を売った銀行によって使われる可能性がある。その結果どうなるかというと、投資家は契約満了日までの決済金を受け取り、それで終わりになる。現金はもらえるが金はまったくもらえず、その後確実に起こるはずの価格上昇の恩恵を受けられないのである。

二〇一四年初めには実物の金は供給が不足し、需要が高くなっていたが、これは必ずしも金価格の激しい高騰が近いことを意味していたわけではない。少量の雪が滑り落ちたからといって、それが必ず雪崩に変わるというわけではない。時には、それとは別の状態が雪崩につながることもある。中央銀行は、金価格を短期的に抑制するために売却しようと思えばできる実物の金を含めて、今なお莫大《ばくだい》な資源を持っている。それでもやはり、警報が鳴り始めている。金価格を抑制する中央銀行の能力に挑戦が突きつけられているし、ペーパー・ゴールドの買い手が実物の金を積極的に要求するという新しい動きが生まれている。中国の金取得作戦がハイペースで続いている中で、国際通貨制度全体が、中国の野望と実物の金に対するグローバルな需要に挟まれた狭い尾根の上でよろめいているのである。

支払い不能に陥るFRB

金価格が実物需要と中央銀行の操作という二つの力の間で揺れている一方で、別の、より大きな大惨事が迫りつつある。FRBは支払い不能に陥る淵《ふち》をまだ超えてはいないものの、超える寸前まできている。この結論を打ち出したのは、FRBの批判者ではなく、世界屈指の金融経済学者で、ベン・バーナンキやFRBの他の理事やエコノミストたちのメンター役だったフレデリック・S・ミシュキンだ。数人の同僚と共同執筆した二〇一三年の論文「信用逼迫《ひっぱく》のとき――財政危機と金融政策の役割」で、ミシュキンは、FRBはその独立性が致命的なほど危険にさらされ、その残された唯一の目的がインフレを生み出すことで、財政赤字を貨幣化することになる地点に危険なほど近づいていると警告している。*17

ミシュキンとその共著者たちは、分析を行うに当たって、複雑性理論と再帰関数を彼らの同輩たちの誰よりもうまく使っている。彼らは財政赤字が拡大すると、借り入れコストが上昇し、それが財政赤字をさらに拡大させ、借り入れコストをさらに上昇させて、最終的には死のスパイラルが始まるという、政府の資金調達のフィードバック・ループを指摘している。死のスパイラルが始まった時点で、その国はいわゆる緊縮措置によって赤字を削減するか、それとも債務不履行に陥るかという不快な選択に直面する。緊縮策は名目成長率を損ない、債務の対GDP比を悪化させるおそれがあり、場合によってはデフォルト（債務不履行）を防ごうとする過程でデフォルトを引き起こすかもしれないと、ミシュキンは主張している。

代替策は、ミシュキンの考えでは、中央銀行が金融緩和策をとることで金利を制御し、その一方で、政治家が赤字問題を解決する長期的な方策を成立させることだ。その間、短期的な赤字は緊縮の呪縛《じゅばく》を防ぐために容認することができる。短期的な金融緩和と財政緩和が連動して経済を成長させ続け、その一方で、長期的な財政改革が死のスパイラルを反転させるのだ。

このアプローチは理論上はうまくいくと述べたうえで、ミシュキンはわれわれを、金融緩和に頼って財政サイドの厳しい選択を避けるようになっている機能不全の政治システムを持つ現実世界に連れ戻す。彼は、この状況を「財政優位」と呼ぶ。彼の論文は、その結果生じる危機を次のように説明している。

極端な言い方をすると、持続不可能な財政政策は、政府の異時点間の予算制約が貨幣負債を発行することで満たされるか――これは「財政優位」として知られている――政府債務の不履行によって満たされるかのどちらかが必要であることを意味している。財政優位は中央銀行に、インフレを抑制する強い責任があるにもかかわらず、たとえばインフレ・ターゲットを導入するなどして、インフレ的金融政策をとることを強いる。……未来のある時点での財政優位は中央銀行に、現在の金融引き締め政策にもかかわらずインフレ率が……上昇するように、債務を貨幣化することを強いる。

結局のところ、中央銀行には持続不可能な財政政策の結果を回避する力はないのである。……中央銀行が公開市場での長期国債の買い入れ代金を新たに創出した準備通貨で支払っているとしたら、その場合、公開市場での買い入れがもたらすのは、（新規発行財務省証券という形の）長期政府債務が（利付準備金という形の）オーバーナイト（翌日）の政府債務と交換されることだけだ。長期債務を短期債務と交換することは、どのような交換であれ、実際には政府を……国債からの自己実現的逃避に対して、もしくはアメリカの場合ドルからの自己実現的逃避に対してより脆弱にすることは……よく知られている。

財政優位は中央銀行を板挟みにする。中央銀行が債務を貨幣化しなければ、その場合、国債の金利は急上昇するだろう……したがって、中央銀行は事実上ほとんど選択肢がなく、国債を買い入れてそれを貨幣化せざるをえなくなり、いずれはインフレ率の上昇をもたらすことになるだろう。[*18]

ミシュキンと共著者たちは、債務の貨幣化やインフレとは別に、もう一つの崩壊も進行中だと指摘している。ＦＲＢが増刷した貨幣でより長期の国債を買い入れると、ＦＲＢのバランスシートは金利の上昇とともに多額の評価損を含むことになる。ＦＲＢは、出口戦略の一環として国債を実際に売却するまで評価損を明らかにしない。もっとも、独立系のアナリストは、公開されている入手可能な情報から損失の規模を推定できるのではあるが。

債務の貨幣化は、ＦＲＢに選択の余地を残さない。アメリカがデフレに陥ったら不十分な名目成長率しか達成できないため、債務の対ＧＤＰ比は悪化する。アメリカがインフレに陥ったら、アメリカの債務に対する金利が上昇するため債務の対ＧＤＰ比は悪化する。ＦＲＢが資産を売却することによってインフレを抑制しようとしたら、債券売却の損失を計上することになり、ＦＲＢが支払い不能状態にあることが明白になる。この支払い不能は信認を損ない、それだけで金利の上昇を引き起こす可能性がある。ＦＲＢの国債売却による損失は、債務の対ＧＤＰ比も悪化させる。ＦＲＢはもう財務省に利益を送金できなくなり、そのため債務が増大するからだ。アメリカの政府債務危機から脱する方法はどこにもないように見える。道はすべて塞がれているのである。ＦＲＢは二〇〇九年に、金融政策と市場操作によって痛みをともなう措置を回避したが、痛みはそのまま保存されて次の機会を待っている。そして、その日がもうそこまで来ているのである。

世界の金融エリートとＦＲＢやＩＭＦやＢＩＳは、時間稼ぎをしている。彼らには、アメリカが長期的な財政改革を実現するための時間が必要だ。グローバルなＳＤＲ市場を創設するための時間が必要だ。中国の金の取得を手助けするための時間が必要だ。問題は、もう時間が残っていないことだ。中国が必要な量を取得する前に、金の取り付け騒ぎが始まっている。ＳＤＲがドルに取って代わる用意ができる前に、ドルに対する信認の崩壊が始まっている。ＦＲＢの支払い不能が迫ってきている。ドル崩壊の瞬間が近づく中で、システムは赤く点滅しているのである。

むすび

兆候と警告

金融の世界には、一つの結果を予測し、それからただ一つのコースを進むための水晶玉はない。それでも、いくつかのコースとそれぞれのコースにある里程標を描き出すことはできる。情報分析の専門家は、これらの里程標を「兆候と警告」と呼ぶ。いったん兆候と警告が特定されたら、イベントは次から次へと通り過ぎていく表面的なニュースとしてではなく、ダイナミックなシステム分析の一環として詳しく観察されなくてはいけない。

大手債券ファンド、PIMCO（パシフィック・インベストメント・マネジメント）の投資家、モハメド・エルエリアンは、二〇〇八年金融危機後のグローバル経済を言い表す「ニュー・ノーマル（新しい常態）」という言葉を世に広めた。彼のとらえ方は半分正しい。オールド・ノーマルは去ったが、新しいニュー・ノーマルはまだ到着していないのだ。グローバル経済は古い均衡状態から転げ落ちたが、新しい均衡状態で安定してはいない。一つの状態から別の状態への相転移の最中にあるのである。

これは、鍋に入れた水を沸騰するまで加熱することで説明できる。水と水蒸気は動態は異なるものの、どちらも安定した状態だ。水と水蒸気の中間に、水の表面が揺れ動き、泡が上がって、それからまた水に戻る段階がある。水がオールド・ノーマルで、水蒸気がニュー・ノーマルだ。今現在、世界経済はどちらでもない。水に戻るか、上昇して水蒸気になるかを決めようとしている揺れ動く表面だ。金融政策は、熱の温度を上げるか下げるかという問題なのだ。

ある種の相転移は元に戻せない。木材が燃えて灰になると、それは相転移だが、灰を木材に戻す簡単な方法はない。FRB（アメリカ連邦準備制度理事会）は、自分たちは元に戻せるプロセスを管理していると思っている。適切な量のマネーを投入し、時間の経過を待てば、デフレ（物価下落）をインフレ（物価上昇）に、それからディスインフレ（物価上昇率の低下）に変えられると思っている。この点で、FRBは間違っている。

FRBは、貨幣創造が不可逆的なプロセスになりうることを理解していない。ある時点で貨幣に対する信認が失われることも考えられ、そうなったらそれを元に戻すことはできない。元に戻すのではなく、まったく新しいシステムが登場しなければならないのだ。第二次世界大戦の炎がまだ消えていなかった一九四四年に、ドル・システムがブレトンウッズで英連邦の残骸から生まれたように、新しい国際通貨制度は古いドル・システムの残骸から生まれるだろう。

今日のグローバル金融システムが抱えている問題の核心は、貨幣ではなく債務である。不履行になった債務に対処する手段として、貨幣創造が使われている。アメリカは二〇〇五年には、自己利益に目がくらんで危険が見えなくなった銀行家に主導されて、返済能力のない借り手に対する過剰な住宅ローンや与信枠によって世界を過剰債務で汚染していた。住宅ローン問題は、それだけなら大規模ではあったが対処できる問題だった。対処不可能だったのは、原資産の住宅ローンから生み出された何兆ドルものデリバティブ（金融派生商品）や何兆ドルもの買い戻し契約、それにデリバティブの裏づけとなる住宅ローン担保証券の売れ残りを処理するために使われたコマーシャル・ペーパー（無担保約束手形）だった。

避けがたい崩壊が訪れたとき、損失は崩壊に責任がある者たち――銀行と債券保有者――に割り振られるのではなく、連邦政府の融資を通じて国民に回された。二〇〇九年から二〇一二年の間に、アメリカ財務省は五兆ドルの累積赤字を出し、FRBは一兆二〇〇〇億ドルの新規マネーを印刷した。銀行によるデリバティブの創造が縮小もされずに続く中で、同様の赤字支出・貨幣増刷プログラムが世界中で開始された。民間の不良債権は、ごく一部しか損金処理されなかった。

銀行家の職とボーナスは守られたが、一般市民のためには何一つ達成されなかった。民間債務の問題は、過去のどんな民間債務よりも多額の公的債務に置き換えられた。これらの公的債務は実質ベースでは支払い不可能で、ほどなく債務不履行という事態に立ち至るだろう。ギリシャ、キプロス、アルゼンチンのような比較的小規模な国の債務不履行は、国債の利子の不払いや銀行預金者に損失を与えるという形をとるだろう。アメリカなど大規模国の債務不履行は、貯蓄者や預金者や債券保有者から一様に利益を盗み取る全面的なインフレによって生じるだろう。

課題をさらに増やすのが、ほとんど忘れられている現象が復活しているという警告だ。一九三〇年代以降、先進国ではあまり目にされていない現象であるデフレが根を下ろして、中央銀行のインフレ戦略を台無しにしているのである。デフレは不況マインドに根差すものだ。投資家は二〇〇八年のイベントに衝撃を受け、恐れをなした。彼らの直接的な反応は、支出をやめ、リスクを避け、現金に移行することだった。この反応が、デフレのダイナミクスを始動させたのだ。

二〇〇九年以降、株価と住宅価格の上昇についていろいろ言われてきたが、よく見ると株式市場の出来高は依然として低く、レバレッジ（増幅）はかなり高い。これは指数の上昇が実はプロのトレーダーや投機家、とりわけヘッジファンドによって牽引《けんいん》された資産バブルであり、一般市民の参加は限られていることを示すサインである。同様に住宅価格の上昇も、従来のように新たな家族の形成によってではなく、レバレッジを使って大規模な住宅団地を購入したり、住宅所有者の債務を再編したり、住宅ローンの賃借料への切り替えを行ったりしている投資プールによって支えられてきた。キャッシュフロー（現金収支）の点では、これらのプールは債券並みの魅力的な投資対象になりうるが、この金融工学を正常化した健全な住宅市場と勘違いしてはならない。資産価格の上昇はニュースの見出しや解説者にとっては結構なことだが、典型的な投資家や貯蓄者のデフレ・マインドを打ち破る役には立たない。

中央銀行がインフレを追い求めているのにそれを達成できないという事実は、根底にあるデフレのしつこさのしるしである。デフレを退治するための貨幣増刷は、不換紙幣制度に対する信認の喪失という結果をもたらすかもしれない。デフレ・マインドが打ち破られたら、インフレ・ムードが中央銀行の能力の上を行って、封じ込めたり反転させたりするのが不可能になるかもしれない。しつこいデフレか手に負えないインフレになるという場合、われわれはポール・ボルカーが指摘した最も大事なもの、信認を危険にさらすことになる。通貨制度に対する信認が失われたら、回復するのはまず不可能だ。

新たに信認を生み出せる新しい基盤を持つ新しい制度が、おそらく必要だろう。金を裏づけとするドルは、一九二五年から一九四四年の間に段階的にイギリス・ポンドに取って代わった。金という裏づけのない紙のドルは、一九七一年から一九八〇年の間に段階的に金を裏づけとするドルに取って代わった。どちらの場合にも、信認は一時的に失われたが、新しい価値貯蔵手段によって取り戻された。

ドルに対する信認の喪失が外的脅威によるものだろうと内部の怠慢によるものだろうと、投資家は次の二点――「次に来るものは何か？」「どうすれば移行中に富を保全できるか？」――を考えるべきだ。

ドル崩壊の三つの道

ドルの崩壊は、三つの道のいずれかをたどることになるだろう。一つは世界貨幣ＳＤＲ（特別引き出し権）に進む道、二つ目は金本位制に復帰する道、そして三つ目は、社会的混乱に至る道だ。これらの結果はいずれも予測可能であり、いずれの場合にも富を最もうまく保全できる資産配分戦略がある。

グローバル準備通貨としてドルの代わりにSDRを使う動きはすでに進行中で、IMF（国際通貨基金）は一〇カ年移行計画を発表しており、アメリカはそれを非公式に支持している。この青写真には、SDRの流通量を拡大することや、SDR建て投資可能資産とその発行者、投資家、ディーラーなどのインフラを構築することが含まれている。やがてSDRバスケット（組み合わせ）におけるドルの比重は引き下げられ、人民元がその空白を埋めるようになるだろう。

IMFによって作成されたこの計画は、ジョージ・ソロスが推奨するやり方、彼のお気に入りの哲学者カール・ポパーの表現を使うと「モードゥス・オペランディ」を典型的な形で示している。ソロスとポパーはそれを「漸進的工学」と呼び、社会工学の望ましい形とみなしている。彼らの理想は、状況に応じて前倒ししたり先送りしたりできる小さな、ほとんど目立たない変革を積み重ねることによって、大きな変革を実現することだ。ポパーは次のように述べている。

漸進的工学は、したがって、それを唱えることが、状況がもっと有利になるまで……行動を何度も先送りする手段にやすやすとなってしまうおそれがある……手法を採用する。

漸進的工学の青写真は比較的単純だ。それは単一の制度をつくるための青写真だ……。

漸進的工学は大胆にはなりえないとか、「小さめの」問題に限定しなければならないと言っているわけではない。[*1]

ソロスとポパーの手法では、一九六九年に打ち出された「SDRを世界貨幣にする」というIMFの目標は、ポパーが述べているように「状況がもっと有利になる」まで、二〇二五年にでも他のどの時点にでもやすやすと先送りできる。

皮肉なことに、この漸進的手法は、SDRがドルに取って代わるシナリオとして最も可能性の高いものではない。むしろ、デリバティブの規模と銀行の相互接続性によって生じる数年後の金融パニックが、一九九八年や二〇〇八年の危機より深刻なグローバルな流動性危機を引き起こすかもしれない。そのときには、すでに限界まで膨れ上がっているFRBのバランスシート（貸借対照表）は、銀行間市場をふたたび流動性で満たすほど柔軟に対応することはできないだろう。一九七九年と二〇〇九年にそうなったように、SDRがシステムを安定させる役目を担わされるだろう。新たに出現している状況を考えると、SDRへの移行プロセスは、現在意図されている慎重に構築されたインフラについて考慮する余裕もなく、崩壊ベースで実行されるだろう。DTCC（デポジトリー・トラスト・アンド・クリアリング・コーポレーション）やSWIFT（国際銀行間通信協会）などの機関が提供している既存のインフラは、新しいSDR市場を手助けする役目を担うことになるだろう。

SDRをこのように使うためには中国の同意が必要で、中国は同意と引き換えに、SDRが過去の例のようにドルを救済するためではなく、できるだけ早くドルに取って代わるために使われることを要求するだろう。このプロセスは数カ月で完了するだろうが、これは国際通貨制度の基準では光速並みの速さである。移行はドルに関してはインフレをもたらすだろうが、それはドルが増刷されるからではなく、ドルがSDRに対して切り下げられるからだ。それ以後、アメリカ経済は、準備通貨を意のままに増刷することによってではなく、グローバル市場での競争によってSDRを獲得しなければならないことに気づいて、厳しい構造調整に取り組むだろう。

このシナリオでは、銀行預金、保険、年金、退職給付という形の貯蓄は、ほとんど吹き飛ぶことになるだろう。

絶え間ない貨幣増刷という迷宮から抜け出すもう一つの道が、金本位制への復帰である。これは極端なインフレ——信認を回復するために金が必要になる——か、極端なデフレ——全般的な物価水準を上げるために政府が金を再評価する——から生じる可能性がある。金本位制は明らかに選択の問題ではなく、信認が崩壊したときに必要性の問題として推し進められるだろう。デフレを招かない金の均衡価格は、だいたい一オンス九〇〇〇ドルだ。ただし、金本位制の設計内容によっては、それより高い価格でも低い価格でも均衡が成立しうる。流通貨幣は金貨ではなく、ドル（アメリカが主導権を握った場合）もしくはSDR（IMFが仲介機関になった場合）になるだろう。

金を裏づけとするこのSDRは、紙のSDRとはまったく別物になるだろうが、ドルにとっての意味合いは同じである。金を裏づけとするドルや金を裏づけとするSDRへの動きは、すべてインフレを生み出すだろう。世界の貿易と金融を既存の金ストックで支えるためには、金を大幅に高く評価し直す必要があるからだ。紙のSDRのシナリオと同様、金に対するドルの切り下げから生じるインフレは、あらゆる種類の貯蓄を吹き飛ばすだろう。

考えられる三つ目の道は、社会的混乱だ。社会的混乱には、暴動、ストライキ、破壊工作、その他の機能不全が含まれる。混乱には違法性や暴力や財産の破壊がともなうので、社会的混乱は社会的抗議とは完全に別物だ。社会的混乱は、国が認めた窃盗と広くみなされる極端なハイパーインフレ（物価暴騰）に対する反発として生じることもある。破産や失業や社会福祉給付の削減をともなう可能性が高い、極端なデフレに対する反発として生じることもある。また、金融戦争やシステム崩壊の直後に、つまり自分たちの富がハッキング、操作、ベイル・イン（債権者による救済）、没収という形で霧の中に消えてしまったことを市民が理解したときに生じることもある。

社会的混乱は複雑システムの創発特性であるから、予測することは不可能だ。社会的混乱は、社会という、これ以上ないほど複雑なシステム、その構成要素である金融システムやデジタル・システムより大規模で複雑なシステムから内発的に生じるものだ。マネー暴動、すなわち経済的動機による暴動は、当局に不意打ちをくわせるだろう。社会の崩壊がいったん始まったら、それを阻止するのは難しいだろう。

社会の崩壊が予測不可能だとしても、政府の対応は予測できる。それはネオファシズム、すなわち自由を犠牲にして国家権力を行使するという形をとるだろう。このプロセスは、まずまず穏やかな時期にすでにかなり進んでおり、暴力が噴き出したときには加速するだろう。ジャーナリストのラドリー・バルコが著書 *Rise of the Warrior Cop*（戦士警官の登場）で指摘するように、国家はSWAT（特殊火器戦術部隊）チーム、無人航空機、装甲兵員輸送車、デジタル監視システム、催涙ガス、閃光手榴弾《せんこうしゅりゅうだん》、ハイテク破壊槌《づち》などでしっかり武装している。*2 アメリカのE－Zパス（有料道路の電子料金収受システム）のあらゆる料金所がまたたく間に阻止地点に切り替えられることに、また、あらゆる交通監視カメラがナンバープレート読み取り機の役目も果たしていることに、市民は遅ればせながら気づくだろう。二〇一三年の内国歳入庁（IRS）とNSA（国家安全保障局）の不祥事は、信頼されている政府機関が、違法な監視や特定の集団に対する政治的動機による抑圧を行うように、どれほど簡単に堕落しうるかを示している。

共和党議員も民主党議員も、ネオファシズムの台頭に等しく加担している。ジャーナリストのジョナ・ゴールドバーグは、[*3]ファシズムの歴史を調べて、二〇世紀初めのその出発点は社会主義的性質の運動だったと指摘している。ファシズムを最初に唱えたベニート・ムッソリーニは、当時は左翼とみなされていたのである。今日では、ファシズムの表れとしての右と左の区別は、国家権力を支持する人々と自由を支持する人々の区別ほど重要ではない。前ニューヨーク市長マイケル・ブルームバーグは、その好例だ。彼はあるときは共和党員、あるときは民主党員、あるときは無所属として活動してきた。任期の間中、彼は「愛想のよいファシスト」とでも言うべき気質を示した。彼がニューヨーク市での甘味炭酸飲料の大量販売を禁止しようとしたことは、大いに物笑いの種にされたが、自由を犠牲にして国家権力を行使しようとした典型的な例だ。もっとまがまがしいのは、彼の発言だ。ある講演で、「私はニューヨーク市警察に自分の軍隊を持っている。世界第七位の規模の軍隊だ[*4]」と語ったのだ。

政治的背景を持つマネー暴動を抑え込むためにネオファシスト的戦術を使うに当たっては、新たに法律をつくる必要はない。法的権限は一九一七年の対敵通商法以来、当局に与えられているのであり、この法律は一九七七年の国際緊急経済権限法（IEEPA）によって拡大、改定された。フランクリン・ルーズベルト大統領は、一九三三年に対敵通商法を使ってアメリカ国民から金を没収した。彼は誰が「敵」なのかを明言しなかったが、敵はおそらく金を所有していた人々だったのだろう。ジミー・カーター以降のすべての大統領が、IEEPAを使ってアメリカの銀行に預けられていた資産を凍結したり没収したりした。もっと悲惨な未来の状況において、金が没収され、銀行口座が凍結され、資本規制が課され、取引所が閉鎖されることもありうるだろう。インフレを抑制するために賃金・物価規制が使われ、闇市場を破壊し、闇商人を投獄するためにデジタル監視システムが使われることもありうるだろう。マネー暴動は、あっという間に鎮圧されるだろう。

国家権力の存在論では、命令が自由や正義より重要なのだ。

七つのサイン

投資家は、経済がどの道を進んでいるかを示す兆候や警告に注意を払わなくてはいけない。きわめて重要なサインが七つある。

最初のサインは、**金の価格**である。金の価格は中央銀行によって操作されているのだが、無秩序な価格変動は、リースや未受け渡しの金の販売や先物の販売などによる努力にもかかわらず、操作の策動が崩壊しつつあるシグナルだ。金の価格が一オンス一五〇〇ドルという水準から一オンス二五〇〇ドルという水準に急上昇した場合、それはバブルではなく、むしろ実物買いのパニックが始まっていて、中央銀行の空売り作戦が望みどおりの抑制効果を生んでいないしるしだろう。逆に、金の価格が一オンス八〇〇ドル以下に下がった場合には、それはあらゆる資産クラスのレバレッジを使っている投資家に、破壊的な影響をおよぼすおそれがある深刻なデフレの明らかなサインである。

中央銀行による金の継続的な取得。とりわけ中国による金の購入は、ドル崩壊の二つ目のサインである。中国が二〇一四年末か二〇一五年初めに、四〇〇〇トン以上の金を取得したと発表したら、それは諸国の中央銀行による金の取得というトレンドの重要なしるしになり、インフレの前触れになるだろう。

IMFのガバナンス（**統治**）**改革**。この三つ目のサインは、具体的には中国の議決権の拡大と、コミット済みのアメリカの与信枠をいわゆるクォータ（出資割当額）に切り替えるためのアメリカの立法措置《そち》を意味する。SDR通貨バスケットの構成がドルの比重を下げるように変えられたら、それはドル・インフレの早期警報だ。SDRのインフラを構築するために具体的措置がとられた場合も、同様だ。

キャタピラー、ゼネラル・エレクトリックなどの巨大グローバル企業がＳＤＲ建ての社債を発行し、それが政府系ファンドや地域開発銀行のポートフォリオ（資産構成）に組み入れられたら、それはＳＤＲを世界貨幣にする基準計画が加速化しているしるしだろう。

規制改革の失敗。四つ目のサインは、大手銀行の規模を制限し、銀行の資産集中を減らし、投資銀行活動を抑制しようとするアメリカの規制機関や議会の努力が、銀行のロビイストたちによってくじかれることだ。一九九九年のグラス・スティーガル法の廃止は、二〇〇七年の住宅市場の崩壊と二〇〇八年のパニックに直結した原罪だった。議会では、グラス・スティーガル法の主な条項を復活させる取り組みが進められている。こうした改革を頓挫《とんざ》させ、デリバティブ規制や自己資本比率の引き上げや銀行家のボーナスに対する制限も阻止するために、銀行ロビイストたちが動員されている。

銀行ロビイストは議会で圧倒的優位を占めており、改革の努力が表面的な成功以上のものを達成すると考えるのは難しい。改革が行われないかぎり、銀行の持ち高の規模や相互接続性は、現在のきわめて高い水準から、実体経済よりはるかに速いペースで成長し続けるだろう。その結果、予想外のシステム崩壊がふたたび起こることになり、それはＦＲＢの封じ込め能力を上回ることになるだろう。パニックの直接的な影響は、急激なデフレだろう。現金を調達するために、金を含む資産が大量に投げ売りされるからだ。デフレに陥ったら、ＩＭＦがＳＤＲを投入してシステムに流動性を供給するので、デフレはすぐにインフレに転じるだろう。

システムの崩壊。五つ目のサインは、比較的頻繁に起こるイベントだ。たとえば、二〇一〇年五月六日のフラッシュ・クラッシュ（瞬間暴落）――このときはダウ・ジョーンズ工業株価平均が数分間で一〇〇〇ポイント下がった――、二〇一二年八月一日のナイト・トレーディングのコンピューターによる誤発注——これは同社の資本を吹き飛ばした——、二〇一三年八月二二日のナスダックの一時閉鎖のようなイベントである。システム分析の視点からは、これらのイベントは複雑システムの創発特性として理解するのが最も適切だ。これらの混乱は銀行家の強欲の直接的な結果ではなく、徹底的に自動化された高速大量取引のマシンの悪質ないたずらだ。このようなイベントは変則的な現象として片づけるべきではなく、ありうることと思っておくべきだ。

このようなイベントが増えた場合には、それは取引システムがぐらついているか、不均衡に向かっていることを、もしくは中国かイランの部隊が探りと陽動作戦によってサイバー攻撃能力を完成させつつあることを示唆している可能性がある。そのうちに、問題が制御不能になって市場閉鎖という事態を招くだろう。システミック・リスクのシナリオと同様、結果は、直後には資産売却によってデフレになり、その後、FRBやIMFの消防隊が新規マネーを注入して炎を消すのでインフレになるだろう。

量的緩和（QE）とアベノミクスの終了。六つ目のサインは、アメリカもしくは日本の資産買い入れが持続的に縮小されて、デフレに新たな勢いを与え、資産価格と成長を抑圧することだろう。これはアメリカでQE1とQE2が終了したとき起こったことであり、二〇一二年に日本銀行が約束していた金融緩和を実施しなかったときにも同じことが起こった。だが、資産買い入れが縮小されるとデフレ効果が発生するため、一年以内にふたたび買い入れが拡大されると考えるべきだ。FRBが二〇〇八年以降、また日本銀行が一九九八年以降行ってきたストップ・ゴー政策（訳注　景気拡張姿勢と景気抑制姿勢を交互に繰り返す政策）が繰り返されるということだ。デフレにしょっちゅう対処していると、インフレを実現することはより難しくなる。もっと可能性の高いシナリオは、どちらの国もインフレ率二パーセントを達成してからもずっと量的緩和を続けるというものだ。インフレ率が二パーセントになった時点で、変化した期待を反転させるのがとりわけアメリカでは難しくなるので、リスクはもっぱらインフレ率がどんどん上昇することになるだろう。

中国の崩壊。七つ目のサインは、理財商品というポンジ・スキーム（訳注　高配当をうたって投資家から集めた資金を原資に、利益分配を繰り返す仕組み）の崩壊による中国の金融崩壊だ。中国の金融部門の他国との相互接続の度合いは、アメリカやヨーロッパの主要銀行に比べると低い。そのため中国の崩壊は主として国内の問題になり、共産党は政府系ファンドが保有している準備資産を使って、貯蓄者を落ち着かせ、銀行の資本を強化するだろう。だが、その後は輸出を促進し、雇用を創出し、崩壊で失われた富を回復するために、外国為替市場における人民元の上昇を阻止する、場合によっては下落させる努力を再開するだろう。安価な中国の財がグローバル・サプライチェーン（供給網）にふたたびどっと流れ込むので、短期的にはこれはデフレをもたらすだろう。長期的には、中国のデフレはアメリカと日本のインフレという結果をもたらすだろう。どちらの国も、円またはドルの上昇を相殺するために貨幣を増刷するからだ。その時点で、決して完全には消え去っていなかった通貨戦争が、ふたたび燃え上がるだろう。

これら七つのサインの必ずしもすべてが現れるわけではない。あるサインの出現が別のサインを打ち消したり、遅らせたりする可能性もある。これらのサインは、何か特定の順序で現れるというものではない。いずれかのサインが実際に現れた場合には、投資家はここで描き出した具体的な結果と投資にとっての意味合いに注意を払うべきだ。

五つの投資対象

極端なインフレや極端なデフレや社会的混乱状態に直面した場合には、どの投資ポートフォリオが最も影響を受けずにすむ可能性が高いだろうか。次に挙げる資産は、インフレおよびデフレのときによいパフォーマンスを示すことがすでに実証済みで、三〇年戦争から第三帝国までの社会的混乱の時代に時の試練に耐えてきた。

金　投資可能資産の一〇～二〇パーセントを金に配分することは大いに推奨できる。将来、ペーパー・ゴールド市場に影響をおよぼす可能性が高い、契約の早期解除や現金による決済を避けるために、配分は硬貨や延べ棒など、実物の形をとるべきだ。投資家が容易にアクセスできる安全な管理は検討する必要があるが、銀行での保管は避けるべきだ。銀行に保管されている金は、最も必要なときに引き出せないからだ。二〇パーセントを超える配分は推奨できない。金はきわめて変動が激しいうえに、価格操作を受けるし、同等の資産保全機能を持つ他の投資可能資産が存在しているからだ。

金の保険機能について検討する際は、ポートフォリオの二〇パーセントに対して五〇〇パーセントのリターンが得られるとしたら、ポートフォリオ全体に一〇〇パーセントの保険がかけられていることになると考えるとわかりやすい。金はインフレ局面で、金利がインフレ率を上回る水準に引き上げられるまでは、確実によいパフォーマンスを示す。デフレ局面では、金は当初は名目価値が低下する。ただし、他の資産クラスよりは高いパフォーマンスを示すかもしれない。デフレが長引いた場合には、政府がインフレを生み出すために紙幣の価値を下げるので、金は大きく上昇する。金は重さのわりに高い価値を持ち、社会的混乱のために逃げる必要があるという不幸な事態にみまわれたとき、持ち運びが可能である。

土地　この投資対象は、一等地にある未開発の土地や農地として使える可能性がある土地を含むが、構造物がある土地は含まない。金と同じく土地も、インフレ環境で名目金利がインフレ率を上回るまではよいパフォーマンスを示す。デフレ環境では、土地の名目価値は下がるかもしれないが、開発コストはもっと大幅に下がる。これはつまり、土地はデフレの底で安く開発することができ、その後におそらく続くことになるインフレ局面で大きなリターンを生むということだ。エンパイア・ステート・ビルとロックフェラー・センターはどちらもニューヨークにあるが、大恐慌のときに建設されて、当時の低い労働コストと原材料コストに助けられた。どちらのプロジェクトも、以来ずっと、すばらしい投資だったことを実証してきた。

美術品　これには美術館に展示されるような品質の絵画やスケッチは含まれるが、自動車、ワイン、記念品など、もっと広い範囲の収集可能な品は含まれない。美術品はインフレ局面でもデフレ局面でも、金とは違って操作の影響を受けることなく、金のようなリターン特性を示す。中央銀行は美術品市場の無秩序な価格上昇には関心を持っておらず、価格上昇を止めるために介入したりはしない。投資家は人気が落ちるおそれがあるブームの画家を避けて、名声が確立した画家の作品に集中するべきだ。

絵画も持ち運び可能で、重さのわりにきわめて高い価値を持つ。重さ約九〇〇グラムの一〇〇〇万ドルの絵画は、一オンス当たりの価値が三一万二五〇〇ドルとなり、一オンス当たりの金の価値の二〇〇倍以上である。おまけに、金属探知機を作動させることもない。すばらしいリターンを与えてくれるプール型投資ビークル（訳注　資産の証券化などに際して、資産と投資家とを結ぶ機能を担う組織体）を通じて購入すれば、一〇〇〇万ドルも出さずに高級美術品を取得できる。ただし、このようなビークルを利用する場合は、美術品を直接所有している場合のような流動性と持ち運びの容易さには欠ける。

オルタナティブ・ファンド　これには、特定の戦略を持つヘッジファンドやプライベートエクイティ・ファンド（未公開株投資）が含まれる。インフレやデフレや社会的混乱に強いヘッジファンド戦略には、ロング・ショート・エクイティ戦略、グローバル・マクロ運用、天然資源、貴金属、水、エネルギーなどを対象とする実物資産戦略がある。プライベートエクイティの戦略にも、同じく実物資産、エネルギー、交通、天然資源が含まれているはずだ。株式、新興市場、政府債務、信用証券に依存しているファンドは、これから先の道筋に必要以上のリスクを抱えている。ヘッジファンドやプライベートエクイティ・ファンドは、提供する流動性の程度、つまり契約途中で資金を引き出す自由度がさまざまに異なり、なかには五年から七年の間まったく引き出せないものもある。おしなべて言うと、多様化と有能な運用という利点が流動性の不足というマイナス面を上回るので、これらのファンドはポートフォリオに組み入れるべきだ。

現金　これは、激しいインフレと通貨暴落のおそれがある世界では意外な選択肢のように見える。だが、現金には少なくとも当面は居場所がある。現金は優れたデフレ・ヘッジであり、選択性を内包しているので、保有者は他の投資商品に即座に切り替えられるからだ。ポートフォリオに組み入れられた現金は、ポートフォリオ全体の変動性を縮小する働きもする。これはレバレッジの逆の働きだ。理想的な現金通貨を探している投資家は、シンガポール・ドル、カナダ・ドル、アメリカ・ドル、およびユーロを検討するとよいだろう。現金は惨事の後は最善の投資対象ではないかもしれないが、惨事が姿を現すまでは投資家を十分満足させることができる。投資家にとっての課題は、もちろん、兆候と警告に注意を払い、すでに挙げた他の投資対象の一つからタイムリーな移行をすることだ。

総じて言うと、「金二〇パーセント、土地二〇パーセント、絵画一〇パーセント、オルタナティブ・ファンド二〇パーセント、そして現金三〇パーセント」というポートフォリオが、インフレ、デフレ、社会的混乱といった状況下で資産を保全し、しかも高いリスク調整後リターンと妥当な流動性を得るための最適の組み合わせだ。だが、これらの目標を達成するためのポートフォリオは、長期保有の投資家にとっては役に立たない。このポートフォリオは、積極的に運用されなければならない。兆候と警告が明白になるにつれて、また、特定の結果が見通せるようになるにつれて、賢明な形に修正しなければならないのだ。

金が一オンス九〇〇〇ドルになったら、金を売って土地を買うときが来たのかもしれない。インフレが予想より速いペースで現れたら、現金を金に変えることが理にかなっているのかもしれない。五年にわたり好成績を上げているプライベートエクイティ・ファンド（未公開株投資）は、満期時には状況がより危険になっている可能性があるので、再投資せずに償還を受けるほうがよいかもしれない。正確な結果とポートフォリオのパフォーマンスは、事前にはわからない。そのため、七つのサインに絶えず注意を払うことと、先の展望にある程度の柔軟性を持たせることが必要だ。

本書で描いたシナリオは悲惨ではあるが、必ずしも現実に起こるわけではない。政府と中央銀行の行動に多くがかかっており、それらの機関は最終的には破滅をもたらす政策を推し進めている間でも途方もない持久力を持っている。世界は金融崩壊より悲惨な危機を何度も経験し、それでも生き延びてきた。だが、崩壊が訪れたときは、嵐に対して備えを固めている人間の一人であるほうがよい。われわれはなすすべがないわけではない。中央銀行の思い上がりの避けがたい結果を乗り切る準備を、今すぐ始められるのだ。

あとがき

二〇一一年に『通貨戦争』（原題 *Currency Wars*）を書いたとき、私は金融システムのさまざまな危険を診断し、それらの危険を緩和するために政策決定者がとるべき具体的な措置《そち》を提案した。また、世界中の、とりわけアメリカの金融・通貨政策の失態を方向転換する方法を明らかにした。私の語り口は警戒を呼びかけるものではあったが、希望を感じさせるものだった。銀行家が生じさせた打撃を元に戻し、実業をしゃぶり尽くそうとするのではなく実業を支える健全な基盤に金融システムを戻すには、遅いけれど遅すぎはしないと、はっきり指摘した。

『通貨戦争』を書き終えてから二年半で状況は大きく変わったが、よいほうに変わったわけではない。かつては自己犠牲をいとわなかったエリートたちは、ひたすら自己利益を追い求めるようになっている。世界はソフトランディング（軟着陸）できる可能性が大きく残されていた地点を越えてしまった。これまでの政策の誤りから抜け出すたやすい道は、もうないのである。残っているのは、厳しい選択肢だけだ。

期待されていた、穏やかな中程度のインフレ（物価上昇）、自律的になり、貨幣錯覚ですべての船を持ち上げるように思えるインフレは、もうカードの中に残ってはいない。激しいインフレ、デフレ（物価下落）、混乱、デフォルト（債務不履行）、それに抑圧が、並べられているだけだ。正確なコースや結果は予測できないが、深刻な展開になることは予想できる。これらの展開は完了までにかなり長い時間がかかるかもしれないが、背後にあるプロセスはすでに始まっている。

ドルの崩壊と国際通貨制度の崩壊は、まったく同一のことだ。ドルに対する脅威は、信認の喪失、金融戦争、地域覇権国、ハイパーインフレ（物価暴騰）など、至るところにある。これらの脅威は次第に大きく迫ってきており、インフレが信認を損ない、温かい海水上のハリケーンのようにエネルギーを吸収するフィードバック・ループ（訳注　フィードバックの繰り返しで結果が増幅されること）の中の有害な要素を図に乗らせたら、すべてが一つに結集することさえあるかもしれない。普通の市民の貯蓄は、嵐の通り道にあるのである。

政策決定者はドルを取り巻く危険に注意を払っていないかもしれないが、貯蓄者や投資家ははるかに優れた判断を示している。実物資産の方向に向かう潮流がすでに感じ取れるようになっており、さらに強くなっているのである。

ドルを救うには遅すぎるかもしれないが、富を保全するには遅すぎはしない。われわれは末期に達している代用通貨制度の中で暮らしている。今の時代には、金が真鍮《しんちゅう》になっている。信頼にもとづく真の価値に復帰する時期は、とっくに過ぎているのである。

・Shilling, A. Gary. *Deflation: How to Survive and Thrive in the Coming Wave of Deflation.* New York: McGraw-Hill, 1999.
・——. *The Age of Deleveraging: Investment Strategies for a Decade of Slow Growth and Deflation.* Hoboken, N.J.: John Wiley & Sons, 2011.
・Silver, Nate. *The Signal and the Noise: Why So Many Predictions Fail—But Some Don't.* New York: Penguin Press, 2012.（邦訳『シグナル&ノイズ』川添節子訳、日経BP社）
・Sims, Jennifer E., and Burton Gerber, eds. *Transforming U.S. Intelligence.* Washington, D.C.: Georgetown University Press, 2005.
・Smith, Adam. *The Theory of Moral Sentiments.* Lexington, Ky.: Private Reprint Edition, 2013.（邦訳『道徳感情論』水田洋訳、岩波書店など）
・Sorman, Guy. *The Empire of Lies: The Truth About China in the Twenty-First Century.* New York: Encounter Books, 2008.
・Steil, Benn. *The Battle of Bretton Woods: John Maynard Keynes, Harry Dexter White, and the Making of New World Order.* Princeton, N.J.: Princeton University Press, 2013.
・Steil, Benn, and Manuel Hinds. *Money, Markets and Sovereignty.* New Haven, Conn.: Yale University Press, 2009.
・Steil, Benn, and Robert E. Litan. *Financial Statecraft: The Role of Financial Markets in American Policy.* New Haven, Conn.: Yale University Press, 2006.
・Stewart, Bruce H., and J. M. Thompson. *Nonlinear Dynamics and Chaos*, 2nd ed. John Wiley & Sons, 2002.
・Strogatz, Steven. *Sync: The Emerging Science of Spontaneous Order.* New York: Hyperion, 2003.
・Tainter, Joseph A. *The Collapse of Complex Societies.* Cambridge, U.K.: Cambridge University Press, 1988
・Takeyh, Ray. *Hidden Iran: Paradox and Power in the Islamic Republic.* New York: Henry Holt, 2006.
・Taleb, Nassim Nicholas. *Fooled by Randomness: The Hidden Role of Chance in the Markets and in Life.* New York: Texere, 2001.（邦訳『まぐれ』望月衛訳、ダイヤモンド社）
・——. *The Black Swan: The Impact of the Highly Improbable.* New York: Random House, 2007.（邦訳『ブラック・スワン』望月衛訳、ダイヤモンド社）
・Taylor, John B. *Getting Off Track: How Government Actions and Interventions Caused, Prolonged, and Worsened the Financial Crisis.* Stanford, Calif.: Hoover Institution Press, 2009.（邦訳『脱線FRB』村井章子訳、日経BP社）
・Thompson, J. M. T., and H. B. Stewart. *Nonlinear Dynamics and Chaos*, 2nd ed. New York: John Wiley & Sons, 2002.
・Tilden, Freeman. *A World in Debt.* Toronto: Friedberg Commodity Management, 1983.
・Von Mises, Ludwig. *The Theory of Money and Credit.* Indianapolis: Liberty Fund, 1980.
・Von Mises, Ludwig, et al. *The Austrian Theory of the Trade Cycle and Other Essays.* Compiled by Richard M. Ebeling. Auburn, Ala.: Ludwig von Mises Institute, 1996.
・Von Neumann, John, and Oskar Morgenstern. *The Theory of Games and Economic Behavior.* Princeton, N.J.: Princeton University Press, 1944.
・Waldrop, Mitchell. *Complexity: The Emerging Science at the Edge of Order and Chaos.* New York: Simon and Schuster, 1992.
・Watts, Duncan J. *Six Degrees: The Science of a Connected Age.* New York: W. W. Norton, 2003.（邦訳『スモールワールド・ネットワーク』辻竜平・友知政樹訳、阪急コミュニケーションズ）
・——. *Everything Is Obvious, Once You Know the Answer.* New York: Crown Business, 2011.
・Wolfram, Stephen. *A New Kind of Science.* Champaign, Ill.: Wolfram Media, 2002.
・Woodward, Bob. *Maestro: Greenspan's Fed and the American Boom.* New York: Simon and Schuster, 2000.（邦訳『グリーンスパン』山岡洋一・高遠裕子訳、日本経済新聞社）
・Wriston, Walter B. *The Twilight of Sovereignty: How the Information Revolution Is Transforming Our World.* New York: Charles Scribner's Sons, 1992.
・Yergen, Daniel, and Joseph Stanislaw. *The Commanding Heights: The Battle Between Government and the Marketplace That Is Remaking the Modern World.* New York: Simon and Schuster, 1998.
・Zijlstra, Jelle. *Dr. Jelle Zijlstra: Gesprekken en geschriften.* Naarden, Netherlands: Strengholt, 1978.
・——. *Per slot van rekening, memoires.* Den Haag, Netherlands: CIP-Gegevens Koninklijke Bibliotheek, 1992.

New York: W. H. Freeman, 1983.
- Mandelbrot, Benoit, and Richard L. Hudson. *The (Mis)Behavior of Markets: A Fractal View of Risk, Ruin, and Reward.* New York: Basic Books, 2004.（邦訳『禁断の市場』高安秀樹ほか訳、東洋経済新報社）
- Martines, Lauro. *Furies: War in Europe, 1450–1700.* New York: Bloomsbury, 2013.
- Marx, Karl. *Selected Writings*. Edited by David McLellan. Oxford: Oxford University Press, 1977.
- Mead, Walter Russell. *God and Gold: Britain, America, and the Making of the Modern World.* New York: Random House, 2007.
- Meltzer, Allan H. *A History of the Federal Reserve*, vol. 1, *1913–1951*. Chicago: University of Chicago Press, 2003.
- ——. *Why Capitalism?* Oxford: Oxford University Press, 2012.
- Milgram, Stanley. *The Individual in a Social World: Essays and Experiments*, 2nd ed. New York: McGraw-Hill, 1992.
- Mill, John Stuart. *On Liberty*. Indianapolis: Hackett, 1978.（邦訳『自由論』塩尻公明・木村健康訳、岩波書店など）
- Miller, Edward S. *Bankrupting the Enemy: The U.S. Financial Siege of Japan Before Pearl Harbor.* Annapolis, Md.: Naval Institute Press, 2007.
- Miller, Tom. *China's Urban Billion: The Story Behind the Biggest Migration in Human History.* London: Zed Books, 2012.
- Mills, C. Wright. *The Power Elite.* Oxford: Oxford University Press, 1956.（邦訳『パワー・エリート』鵜飼信成・綿貫譲治訳、東京大学出版会）
- Mitchell, Melanie. *Complexity: A Guided Tour.* New York: Oxford University Press, 2009.
- National Commission on Terrorist Attacks upon the United States. *The 9/11 Commission Report.* New York: W. W. Norton, 2004.
- Newman, Mark, Albert-Laszol Barabasi, and Duncan J. Watts. *The Structure and Dynamics of Networks.* Princeton, N.J.: Princeton University Press, 2006.
- Noah, Timothy. *The Great Divergence, America's Growing Inequality Crisis and What We Can Do About It.* New York: Bloomsbury, 2011.
- Palley, Thomas, I. *From Financial Crisis to Stagnation: The Destruction of Shared Prosperity and the Role of Economics.* Cambridge, U.K.: Cambridge University Press, 2012.
- Pettis, Michael. *The Great Rebalancing: Trade, Conflict, and the Perilous Road Ahead for the World Economy.* Princeton, N.J.: Princeton University Press, 2013.
- Phillips, Chester Arthur, and Thomas Francis McManus. *Banking and the Business Cycle: A Study of the Great Depression in the United States.* New York: Macmillan, 1937.
- Popper, Karl R. *The Open Society and Its Enemies.* Princeton, N.J.: Princeton University Press, 1971.（邦訳『開かれた社会とその敵』内田詔夫・小河原誠訳、未来社）
- Qiao Liang, Colonel, and Colonel Wang Xiangsui. *Unrestricted Warfare.* 1999; reprint Panama City: Pan American, 2002.（邦訳『超限戦』劉琦訳、共同通信社）
- Ramo, Joshua Cooper. *The Beijing Consensus.* London: Foreign Policy Centre, 2004.
- ——. *The Age of the Unthinkable: Why the New World Disorder Constantly Surprises Us and What We Can Do About It.* New York: Little, Brown, 2009.
- Ray, Christina. *Extreme Risk Management: Revolutionary Approaches to Evaluating and Measuring Risk.* New York: McGraw-Hill, 2010.
- Reinhart, Carmen M., and Kenneth S. Rogoff. *This Time Is Different: Eight Centuries of Financial Folly.* Princeton, N.J.: Princeton University Press, 2009.（邦訳『国家は破綻する』村井章子訳、日経BP社）
- Roett, Riordan, and Guadalupe Paz, eds. *China's Expansion into the Western Hemisphere: Implications for Latin America and the United States.* Washington, D.C.: Brookings Institution Press, 2008.
- Schelling, Thomas. *Micromotives and Macrobehavior.* New York: W. W. Norton, 1978.
- ——. *The Strategy of Conflict.* Cambridge, Mass.: Harvard University Press, 1980.
- Schleifer, Andrei. *Inefficient Markets: An Introduction to Behavioral Finance.* Oxford: Oxford University Press, 2000.
- Schumpeter, Joseph A. *Capitalism, Socialism and Democracy.* London: George Allen and Unwin, 1976.（邦訳『資本主義・社会主義・民主主義』中山伊知郎・東畑精一訳、東洋経済新報社）
- Shales, Amity. *The Forgotten Man: A New History of the Great Depression.* New York: HarperCollins, 2007.

University Press, 1997.
- Kahneman, Daniel, Paul Slovic, and Amos Tversky, eds. *Judgment Under Uncertainty: Heuristics and Biases*. Cambridge, U.K.: Cambridge University Press, 1982.
- Kahneman, Daniel, and Amos Tversky, eds. *Choices, Values, and Frames*. Cambridge, U.K.: Cambridge University Press, 2000.
- Keen, Steve. *Debunking Economics: The Naked Emperor Dethroned?* London: Zed Books, 2011.
- Keynes, John Maynard. *The Economic Consequences of the Peace*. London: Macmillan, 1920.（邦訳『ケインズ全集 第2巻 平和の経済的帰結』早坂忠訳、東洋経済新報社）
- ——. *A Tract on Monetary Reform*. 1923; reprint LaVergne, Tenn.: BN Publishing, 2008.（邦訳『ケインズ全集 第4巻 貨幣改革論』中内恒夫訳、東洋経済新報社）
- ——. *Treatise on Money*. 2 vols. 1930; reprint London: Macmillan, 1950.（邦訳『ケインズ全集 第6巻 貨幣論2』長澤惟恭訳、東洋経済新報社）
- ——. *The General Theory of Employment, Interest, and Money*. 1936; reprint San Diego: Harcourt, 1964.（邦訳『雇用、利子および貨幣の一般理論』間宮陽介訳、岩波書店、『雇用、利子、お金の一般理論』山形浩生訳、講談社など）
- Kindleberger, Charles P. *The World in Depression, 1929–1939*. Berkeley: University of California Press, 1986.（改訂版の邦訳『大不況下の世界——1929-1939』石崎明彦・木村一朗訳、岩波書店）
- ——. *Maniacs, Panics, and Crashes: A History of Financial Crises*, rev. ed. New York: Basic Books, 1989.（邦訳『熱狂、恐慌、崩壊』吉野俊彦・八木甫訳、日本経済新聞社）
- Kindleberger, Charles P., and Robert Aliber. *Maniacs, Panics, and Crashes: A History of Financial Crises*. Hoboken, N.J.: John Wiley & Sons, 2005.（第6版の邦訳『熱狂、恐慌、崩壊』高遠裕子訳、日本経済新聞社）
- Knapp, Georg Friedrich. *The State Theory of Money*. First German edition 1924; reprint San Diego: Simon, 2003.
- Knight, Frank H. *Risk, Uncertainty and Profit*. 1921; reprint Washington, D.C.: Beard Books, 2002.（邦訳『危険・不確実性および利潤』奥隅栄喜訳、文雅堂銀行研究社）
- Krugman, Paul. *Pop Internationalism*. Cambridge, Mass.: MIT Press, 1997.（邦訳『良い経済学 悪い経済学』山岡洋一訳、日本経済新聞社）
- ——. *The Accidental Theorist and Other Dispatches from the Dismal Science*. New York: W. W. Norton, 1998.（邦訳『グローバル経済を動かす愚かな人々』三上義一訳、早川書房）
- ——. *End This Depression Now*. New York: W. W. Norton, 2012.（邦訳『さっさと不況を終わらせろ』山形浩生訳、早川書房）
- Kuhn, Thomas S. *The Structure of Scientific Revolutions*. 1962; reprint Chicago: University of Chicago Press, 1996.（邦訳『科学革命の構造』中山茂訳、みすず書房）
- Lam, Lui. *Nonlinear Physics for Beginners*. Singapore: World Scientific, 1998.
- Lao-Tze. *Tao Te Ching*. Translated by Stephen Addis and Stanley Lombardo. Indianapolis: Hackett, 2013.
- Lebor, Adam. *Tower of Basel: The Shadowy History of the Secret Bank That Runs the World*. New York: Public Affairs, 2013.
- Lehrman, Lewis E. *Paper Money or the True Gold Standard: A Monetary Reform Plan Without Official Reserve Currencies*. 2nd ed. Greenville, N.Y.: Lehrman Institute, 2012.
- Lind, Michael. *Land of Promise: An Economic History of the United States*. New York: Harper, 2012.
- Litan, Robert E., and Benn Steill. *Financial Statecraft: The Role of Financial Markets in American Foreign Policy*. New Haven, Conn.: Yale University Press, 2006.
- Lowenstein, Roger. *When Genius Failed: The Rise and Fall of Long-Term Capital Management*. New York: Random House, 2000.（邦訳『天才たちの誤算』東江一紀・瑞穂のりこ訳、日本経済新聞社）
- Luman, Ronald R., ed. *Unrestricted Warfare Symposium*. 3 vols. Laurel, Md.: Johns Hopkins University Applied Physics Laboratory, 2007–9.
- McGregor, James. *No Ancient Wisdom, No Followers*. Westport, Conn.: Prospecta Press, 2012.
- Mackay, Charles. *Extraordinary Popular Delusions and the Madness of Crowds*. New York: Farrar, Straus and Giroux, 1932.
- McKinnon, Ronald I. *The Unloved Dollar Standard: From Bretton Woods to the Rise of China*. Oxford: Oxford University Press, 2013.
- Mandelbrot, Benoit. *The Fractal Geometry of Nature*.

Chicago: University of Chicago Press, 1982.
- Duncan, Richard. *The New Depression: The Breakdown of the Paper Money Economy*. Singapore: John Wiley & Sons Singapore Pte., 2012.
- Easley, David, and Jon Kleinberg. *Networks, Crowds and Markets*. Cambridge, U.K.: Cambridge University Press, 2010.
- Eichengreen, Barry. *Golden Fetters: The Gold Standard and the Great Depression, 1919–1939*. New York: Oxford University Press, 1995.
- ——. *Global Imbalances and the Lessons of Bretton Woods*. Cambridge, Mass.: MIT Press, 2007.（邦訳『グローバル・インバランス』松林洋一・畑瀬真理子訳、東洋経済新報社）
- ——. *Globalizing Capital: A History of the International Monetary System*, 2nd ed. Princeton, N.J.: Princeton University Press, 2008.
- ——. *Exorbitant Privilege: The Rise and Fall of the Dollar and the Future of the International Monetary System*. Oxford: Oxford University Press, 2011.
- Einhard. *The Life of Charlemagne*. Ninth century; reprint Kessinger Publishing, 2010.
- Eisen, Sara, ed. *Currencies After the Crash: The Uncertain Future of the Global Paper-Based Currency System*. New York: McGraw-Hill, 2013.
- Fenby, Jonathan. *Tiger Head, Snake Tails: China Today, How It Got There and Where It Is Heading*. New York: Overlook Press, 2012.
- Fergusson, Adam. *When Money Dies: The Nightmare of Deficit Spending, Devaluation, and Hyperinflation in Weimar Germany*. New York: Public Affairs, 2010.（邦訳『ハイパーインフレの悪夢』黒輪篤嗣・桐谷知未訳、新潮社）
- Financial Crisis Inquiry Commission. *The Financial Crisis Inquiry Report: Final Report on the National Commission on the Causes of the Financial and Economic Crisis in the United States*. New York: Public Affairs, 2011.
- Fleming, Ian. *Goldfinger*. New York: Avenel Books, 1988.（邦訳『007 ゴールドフィンガー』井上一夫訳、早川書房）
- Freeland, Chrystia. *Plutocrats: The Rise of the New Global Super-Rich and the Fall of Everyone Else*. New York: Penguin Press, 2012.
- Friedman, Milton. *Studies in the Quantity Theory of Money*. Chicago: University of Chicago Press, 1967.
- Friedman, Milton, and Anna Jacobson Schwartz. *A Monetary History of the United States, 1867–1960*. Princeton, N.J.: Princeton University Press, 1963.（第7章が『大収縮1929-1933』として邦訳されている。久保恵美子訳、東洋経済新報社）
- Gallarotti, Giulio M. *The Anatomy of an Interna tional Monetary Regime: The Classical Gold Standard, 1880–1914*. New York: Oxford University Press, 1995.
- Gleick, James. *The Information*. New York: Pantheon, 2011.
- Goldberg, Jonah. *Liberal Fascism: The Secret History of the American Left from Mussolini to the Politics of Meaning*. New York: Doubleday, 2008.
- Goodhart, C. A. E. *The New York Money Market and the Finance of Trade, 1900–1913*. Cambridge, Mass.: Harvard University Press, 1969.
- Graeber, David. *Debt: The First 5,000 Years*. Brooklyn, N.Y.: Melville House, 2011.
- Guangqian, Peng, and Yao Youzhi, eds. *The Science of Military Strategy*. Beijing: Military Science Publishing House, 2005.
- Guillen, Mauro F., and Emilio Ontiveros. *Global Turning Points: Understanding the Challenges for Business in the 21st Century*. Cambridge, U.K.: Cambridge University Press, 2012.
- Hahn, Frank. *Money and Inflation*. 1982; reprint Cambridge, Mass.: MIT Press, 1985.
- Hahn, Frank, and F. P. R. Brechling, eds. *The Theory of Interest Rates*. London: Macmillan, 1965.
- Hahn, Robert W., and Paul C. Tetlock, eds. *Information Markets: A New Way of Making Decisions*. Washington, D.C.: AEI Press, 2006.
- Hamilton, Alexander. *Writings*. New York: Literary Classics of the United States, 2001.
- Hapler, Stefan. *The Beijing Consensus: How China's Authoritarian Model Will Dominate the Twenty-First Century*. New York: Basic Books, 2010.
- Hayek, Friedrich A. *The Fortunes of Liberalism: Essays on Austrian Economics and the Ideal of Freedom*. Edited by Peter G. Klein. Indianapolis: Liberty Fund, 1992.
- ——. Good Money. Edited by Stephen Kresge. 2 parts. Indianapolis: Liberty Fund, 1999.
- Jensen, Henrik Jeldtoft. *Self-Organized Critically: Emergent Complex Behavior in Physical and Biological Systems*. New York: Cambridge University Press, 1998.
- Johnson, Clark H. *Gold, France, and the Great Depression, 1919–1932*. New Haven, Conn.: Yale

Monetary and Financial System." Remarks delivered at the Banque de France International Symposium, Paris, March 4, 2011, http://www.federalreserve.gov/newsevents/speech/yellen20110304a.htm.

書籍・報告書

- Acemoglu, Daron, and James A. Robinson. *Why Nations Fail: The Origins of Power, Prosperity, and Poverty*. New York: Crown Business, 2012.
- Admati, Anat, and Martin Hellwig. *The Banker's New Clothes*. Princeton, N.J.: Princeton University Press, 2013.
- Alperovitz, Gar. *America Beyond Capitalism: Reclaiming Our Wealth, Our Liberty, and Our Democracy*. Hoboken, N.J.: John Wiley & Sons, 2005.
- Anderson, Benjamin M. *Economics and the Public Welfare: A Financial and Economic History of the United States*, 1914–1946. Indianapolis: Liberty Press, 1979.
- Authers, John. *The Fearful Rise of Markets*. Upper Saddle River, N.J.: FT Press, 2010.
- Babbin, Jed, and Edward Timberlake. *Showdown: Why China Wants War with the United States*. Washington, D.C.: Regnery, 2006.
- Bagehot, Walter. *Lombard Street: A Description of the Money Market*. New York: Scribner, Armstrong, 1873.
- Bak, Per. *How Nature Works: The Science of Self-Organized Criticality*. New York: Copernicus, 1996.
- Balko, Radley. *Rise of the Warrior Cop: The Militarization of America's Police Forces*. New York: Public Affairs, 2013.
- Barabasi, Albert-Laszlo. *Linked*. New York: Plume, 2003.（邦訳『新ネットワーク思考』青木薫訳、NHK出版）
- Barbero, Alessandro. *Charlemagne: Father of a Continent*. Berkeley: University of California Press, 2004.
- Beinhocker, Eric D. *Origin of Wealth: Evolution, Complexity, and the Radical Remaking of Economics*. Cambridge, Mass.: Harvard University Press, 2007.
- Bell, Stephanie A., and Edward J. Nell, eds. *The State, the Market, and the Euro: Metallism versus Chartalism in the Theory of Money*. Northampton, Mass.: Edward Elgar, 2003.
- Bergman, Ronen. *The Secret War with Iran*. New York: Free Press, 2008 Bernanke, Ben S. *Essays on the Great Depression*. Princeton, N.J.: Princeton University Press, 2000.
- Bernstein, Peter L. *Capital Ideas: The Improbable Origins of Modern Wall Street*. Hoboken, N.J.: John Wiley & Sons, 2005.（邦訳『証券投資の思想革命』青山護・山口勝業訳、東洋経済新報社）
- ——. *A Primer on Money, Banking and Gold*. New York: John Wiley & Sons, 2008.
- Bookstaber, Richard. *A Demon of Our Own Design: Markets, Hedge Funds, and the Perils of Financial Innovation*. Hoboken, N.J.: John Wiley & Sons, 2007.
- Bordo, Michael David. *The Classical Gold Standard: Some Lessons for Today*. Federal Reserve Bank of St. Louis, May 1981.
- Brown, Cynthia Stokes. *Big History: From the Big Bang to the Present*. New York: New Press, 2007.
- Buchanan, Mark. *Ubiquity: The Science of History... or Why the World Is Simpler Than We Think*. New York: Crown, 2001.
- Casey, Michael J. *The Unfair Trade: How Our Broken Global Financial System Destroys the Middle Class*. New York: Crown Business, 2012.
- Casti, John. *X-Events: The Collapse of Everything*. New York: William Morrow, 2012.（邦訳『Xイベント』藤井清美訳、朝日新聞出版）
- Chaisson, Eric J. *Cosmic Evolution: The Rise of Complexity in Nature*. Cambridge, Mass.: Harvard University Press, 2001.
- Chernow, Ron. *The House of Morgan: An American Banking Dynasty and the Rise of Modern Finance*. New York: Simon and Schuster, 1999.
- Christian, David. *Maps of Time: An Introduction to Big History*. Berkeley: University of California Press, 2004.
- Coggen, Philip. *Paper Promises: Debt, Money and the New World Order*. New York: Public Affairs, 2012.
- Conrad, Edward. *Unintended Consequences: Why Everything You've Been Told About the Economy Is Wrong*. New York: Portfolio/Penguin, 2012.
- Courakis, Anthony, ed. *Inflation, Depression, and Economic Policy in the West*. Lanham, Md.: Rowman and Littlefield, 1981.
- Dam, Kenneth W. *The Rules of the Game: Reform and Evolution in the International Monetary System*.

by Spending Cuts: Lessons from 1946." Cato Institute, Cato Policy Report, May–June 2010, http://www.cato.org/policy-report/mayjune-2010/stimulus-spending-cuts-lessons-1946.
· Taylor, John B. "Discretion Versus Policy Rules in Practice." Carnegie-Rochester Conference Series on Public Policy (1993), pp. 195–214, http://www.stanford.edu/~johntayl/Papers/Discretion.PDF.
· ——. "Evaluating the TARP." Testimony for the Committee on Banking, Housing and Urban Affairs, U.S. Senate, March 17, 2011, http://www.stanford.edu/~johntayl/Taylor%20TARP%20Testimony.pdf.
· Tiwari, Dheeraj, and Rajeev Jayaswal. "India, Iran Mull over Gold-for-Oil for Now." *Financial Times*, January 8, 2011, http://articles.economictimes.indiatimes.com/2011-01-08/news/28433295_1_bilateral-issue-oil-india-imports.
· Tsirel, Sergey V., et al. "Log-Periodic Oscillation Analysis and Possible Burst of the 'Gold Bubble' in April–June 2011," http://arxiv.org/pdf/1012.4118.pdf.
· Ummelas, Ott. "Why Estonia Loves the Euro." *Bloomberg Businessweek*, February 2, 2012, http://www.businessweek.com/magazine/why-estonia-loves-the-euro-02022012.html.
· UN Conference on Trade and Development. "Reform of the International Monetary and Financial System." Chap. 4 in *Trade and Development Report*, 2009. New York and Geneva: United Nations, 2009, http://unctad.org/en/docs/tdr2009_en.pdf.
· UN Department of Economic and Social Affairs. "Reforming the International Financial Architecture." Chap. 5 in *World Economic and Social Survey 2010: Retooling Global Development*. New York: United Nations, 2010, http://www.un.org/esa/analysis/wess/wess2010files/wess2010.pdf.
· U.S. Congress. "Housing Wealth and Consumer Spending." Congressional Budge Office Background Paper, January 2007, http://www.cbo.gov/publication/18279.
· U.S. Government Accountability Office. "Iran Sanctions: Impact in Furthering U.S. Objectives Is Unclear and Should Be Reviewed," December 2007, http://www.gao.gov/new.items/d0858.pdf.
· Walker, Marcus, and Alessandra Galloni. "Embattled Economies Cling to the Euro." *Wall Street Journal*, February 13, 2013, p. A1, http://online.wsj.com/news/articles/SB10001424127887324761004578284203099970438.
· Williamson, John. "What Washington Means by Policy Reform." Peterson Institute for International Economics, April 1990, http://www.iie.com/publications/papers/paper.cfm?researchid=486.
· ——. "Is the 'Beijing Consensus' Now Dominant?" *Asia Policy*, no. 13 (January 2012), pp. 1–16.
· Wong, Wing-Keung, Howard E. Thompson, and Kweechong Teh. "Was There Abnormal Trading in the S&P 500 Index Options Prior to the September 11 Attacks?" Social Science Research Network, April 13, 2010, http://ssrn.com/abstract=1588523.
· Woodford, Michael. "Convergence in Macroeconomics: Elements of the New Synthesis." Paper prepared for the annual meeting of the American Economics Association, New Orleans, January 4, 2008, http://www.columbia.edu/~mw2230/Convergence_AEJ.pdf.
· ——. "Simple Analytics of the Government Expenditure Multiplier." National Bureau of Economic Research, Working Paper no. 15714, January 2010, http://www.nber.org/papers/w15714.
· ——. "Methods of Policy Accommodation at the Interest-Rate Lower Bound." Paper presented at the Federal Reserve Bank of Kansas City Symposium, Jackson Hole, Wyo., August 31, 2012, http://www.kc.frb.org/publicat/sympos/2012/mw.pdf.
· World Economic Forum. "More Credit with Fewer Crises: Responsibly Meeting the World's Growing Demand for Credit." Report in Collaboration with McKinsey, January 2010, http://www3.weforum.org/docs/WEF_NR_More_credit_fewer_crises_2011.pdf.
· World Gold Council. "Gold: A Commodity like No Other," April 2011, http://www.exchangetradedgold.com/media/ETG/file/Gold_a_commodity_like_no_other.pdf.
· World Intellectual Property Organization. *WIPO IP Facts and Figures 2012*. WIPO Economics and Statistics Series, http://www.wipo.int/export/sites/www/freepublications/en/statistics/943/wipo_pub_943_2012.pdf.
· "World Money: A More Equal System." *Time*, January 3, 1972.
· Yellen, Janet L. "Improving the International

79_3ay_3a2006_3ai_3a4_3ap_3a1703-1726.htm.

- Pufeng, Major General Wang. "The Challenge of Information Warfare." *China Military Science*, Spring 1995, http://www.fas.org/irp/world/china/docs/iw_mg_wang.htm.
- Reinhart, Carmen M., and Kenneth S. Rogoff. "Growth in a Time of Debt." National Bureau of Economic Research, Working Paper no. 15639, January 2010, http://www.nber.org/papers/w15639.
- Reinhart, Carmen M., and M. Belen Sbrancia. "The Liquidation of Government Debt." National Bureau of Economic Research, Working Paper no. 16893, March 2011, http://www.nber.org/papers/w16893.
- Rickards, James G. "A New Risk Management Model for Wall Street." *Journal of Enterprise Risk Management* (March 2009), pp. 20–24.
- ——. "Keynesianism, Monetarism and Comp lexity." *Reuters Rolfe Winkler Capital Jungle Blog*, January 7, 2010, http://blogs.reuters.com/rolfe-winkler/2010/01/07/keynesianism-monetarism-and-complexity.
- Romer, Christina A. "The Debate That's Muting the Fed's Response." *New York Times*, February 26, 2011, http://www.nytimes.com/2011/02/27/business/27view.html.
- Romer, Christina A., and Jared Bernstein. "The Job Impact of the American Recovery and Reinvest ment Plan." Council of Economic Advisers, January 9, 2009.
- Rosenberg, Matthew. "An Afghan Mystery: Why Are Large Shipments of Gold Leaving the Country?" *New York Times*, December 15, 2012, http://www.nytimes.com/2012/12/16/world/asia/as-gold-is-spirited-out-of-afghanistan-officials-wonder-why.html.
- Scheinkman, Jose A., and Michael Woodford. "Self-Organized Criticality and Economic Fluctuations." *American Economic Review* 84, no. 2 (May 1994), pp.417–21.
- Schneider, Howard. "As Chinese Capital Moves Abroad, Europe Offers an Open Door." *Washington Post*, February 26, 2013, http://articles.washingtonpost.com/2013-02-26/business/37297545_1_direct-investment-chinese-investors-rhodium-group.
- ——. "In a Two-Faced Euro Zone, Financial Conditions Ease and Joblessness Rises." *Washington Post*, March 1, 2013, http://articles.washingtonpost.com/2013-03-01/business/37373712_1_euro-zone-holdings-euro-zone-17-nation-currency-zone.
- Singh, Manmohan, and James Aitken. "The (Sizable) Role of Rehypothecation in the Shadow Banking System." IMF Working Paper no. WP/10/172, July 2010, http://www.imf.org/external/pubs/ft/wp/2010/wp10172.pdf.
- Sornette, Didier. "Critical Market Crashes." Physics Reports 378 (2003), pp. 1–98.
- ——. "Dragon-Kings, Black Swans and the Prediction of Crises." *International Journal of Terraspace Science and Engineering* (December 2009), http://arxiv.org/pdf/0907.4290.pdf.
- Sornette, Didier, and Ryan Woodard. "Financial Bubbles, Real Estate Bubbles, Derivative Bubbles, and the Financial and Economic Crisis." Procee dings of Applications of Physics and Financial Analysis Conference Series, May 2, 2009, http://arxiv.org/pdf/0905.0220.pdf.
- Stein, Jeremy C. "Overheating in Credit Markets: Origins, Measurement, and Policy Responses." Federal Reserve Bank of St. Louis Research Symposium, February 7, 2013, http://www.federalreserve.gov/newsevents/speech/stein20130207a.htm.
- Stevis, Matina. "Euro Zone Closes in on Bank Plans." *Wall Street Journal*, June 13, 2013, online.wsj.com/article/SB10001424127887323734304578542941134353614.html.
- Stewart, James B. "The Birthday Party." *New Yorker*, February 11, 2008, http://www.newyorker.com/reporting/2008/02/11/080211fa_fact_stewart.
- Subbotin, Alexander. "A Multi-Horizon Scale for Volatility." Centre d'Economie de la Sorbonne, working paper, March 3, 2008.
- Swensson, Lars E. O. "The Zero Bound in an Open Economy: A Foolproof Way of Escaping from a Liquidity Trap." National Bureau of Economic Research, Working Paper no. 7957, October 2000, http://www.nber.org/papers/w7957.
- ——. "Escaping from a Liquidity Trap and Deflation: The Foolproof Way and Others." National Bureau of Economic Research, Working Paper no. 10195, December 2003, http://www.nber.org/papers/w10195.
- Taylor, Jason E., and Richard K. Vedder. "Stimulus

"China's Demography and Its Implications." IMF Working Paper no. WP/13/82, March 28, 2013, http://www.imf.org/external/pubs/cat/longres.aspx?sk=40446.0.

- Lie, Eric. "On the Timing of CEO Stock Option Awards." *Management Science* 51, no. 5 (May 2005). Ludvigson, Sydney, and Charles Steindel. "How Important Is the Stock Market Effect on Consumption?" *FRBNY Economic Policy Review*, July 1990, http://ftp.ny.frb.org/research/epr/99v05n2/9907ludv.pdf.
- McAfee Roundstone Professional Services and McAfee Labs. "Global Energy Cyberattacks: 'Night Dragon,'" February 10, 2011, http://www.mcafee.com/us/resources/white-papers/wp-global-energy-cyberattacks-night-dragon.pdf.
- McCulley, Paul, and Zoltan Pozsar. "Helicopter Money: Or How I Stopped Worrying and Love Fiscal-Monetary Cooperation." GIC Global Society of Fellows, January 7, 2013, http://www.interdependence.org/wp-content/uploads/2013/01/Helicopter_Money_Final1.pdf.
- Macdonald, Alistair, Paul Vieira, and Will Connors. "Chinese Fly Cash West, by the Suitcase." *Wall Street Journal*, January 2, 2013, http://online.wsj.com/news/articles/SB10001424127887323635504578213933647167020.
- McGregor, James. "China's Drive for 'Indigenous Innovation': A Web of Industrial Policies," July 28, 2010, http://www.uschamber.com/sites/default/files/reports/100728chinareport_0.pdf.
- Maclachlan, Fiona. "Max Weber and the State Theory of Money." Working paper, http://home.manhattan.edu/~fiona.maclachlan/maclachlan26july03.htm.
- Makin, John H. "Inflation Is Better Than Deflation." American Enterprise Institute, March 2009, http://www.aei.org/article/economics/fiscal-policy/inflation-is-better-than-deflation.
- ——. "Trillion-Dollar Deficits Are Sustainable for Now, Unfortunately." American Enterprise Institute, December 13, 2012, http://www.aei.org/outloook/trillion-dollar-deficits-are-sustainable-for-now-unfortunately.
- Mandiant. "APT1 Exposing One of China's Cyber Espionage Units," 2013, Mandiant Intelligence Center Report, http://intelresport.mandiant.com.
- Martin, Michael F. "China's Sovereign Wealth Fund." Congressional Research Service, January 22, 2008, http://www.fas.org/sgp/crs/row/RL34337.pdf.
- Merton, Robert K. "The Self-Fulfilling Prophecy." *Antioch Review* 8, no. 2 (Summer 1948), pp. 193–210.
- Milgram, Stanley. "Behavioral Study of Obedience." *Journal of Abnormal Social* Psychology (1963).
- Minder, Ralph. "Car Factories Offer Hope for Spanish Industry and Workers." *New York Times*, December 28, 2012, p. B1, http://www.nytimes.com/2012/12/28/business/global/car-factories-offer-hope-for-spanish-industry-and-workers.html?pagewanted=all.
- "Money: DeGaulle v. the Dollar." *Time*, February 12, 1965, http://content.time.com/time/magazine/article/0,9171,840572,00.html.
- Mundell, Robert A. "A Theory of Optimum Currency Areas." *American Economic Review* 51, no. 4 (September 1961), pp. 657–65, esp. 659.
- Newman, Mark. "Power Laws, Pareto Distributions and Zipf's Law." *Contemporary Physics* 46 (Sep tember 2005), pp. 323–51.
- Nixon, Richard M. Address to the Nation Out lining a New Economic Policy, August 15, 1971, http://www.presidency.ucsb.edu/ws/index.php?pid=3115#axzz1LXd02JEK.
- O'Neill, Jim. "Building Better Global Economic BRICs." Goldman Sachs, Global Economics Paper no. 66, November 30, 2001, http://www.goldman sachs.com/our-thinking/archive/archive-pdfs/build-better-brics.pdf.
- Patterson, Scott, Jenny Strasburg, and Jacob Bunge. "Knight Upgrade Triggered Old Trading System, Big Losses." *Wall Street Journal*, August 14, 2012, http://online.wsj.com/news/articles/SB10000872396390444318104577589694289838100.
- Pei, Minxin. "China's Troubled Bourbons." *Project Syndicate*, October 31, 2012, www.project-syndicate.org.
- Pettis, Michael. "The IMF on Overinvestment." *EconoMonitor*, December 28, 2012, http://www.economonitor.com/blog/2012/12/the-imf-on-overinvestment/.
- Poteshman, Allen M. "Unusual Option Market Activity and the Terrorist Attacks of September 11, 2001." *Journal of Business* 79, no. 4 (July 2006), http://econpapers.repec.org/article/ucpjnlbus/v_3a

econlib.org/library/Essays/hykKnw1.html.

- "Heirs of Mao's Comrades Rise as New Capitalist Nobility." *Bloomberg News*, December 26, 2012, http://www.bloomberg.com/news/2012-12-26/immortals-beget-china-capitalism-from-citic-to-godfather-of-golf.html.
- Hetzel, Robert L. "Monetary Policy in the 2008–2009 Recession." *Economic Quarterly* 95 (2009), pp. 201–33.
- Higgins, Andrew. "Used to Hardship, Latvia Accepts Austerity, and Its Pain Eases." *New York Times*, January 1, 2013, http://www.nytimes.com/2013/01/02/world/europe/used-to-hardship-latvia-accepts-austerity-and-its-pain-eases.html?pagewanted=all.
- Hiro, Dilip. "Shanghai Surprise— The Summit of the Shanghai Cooperation Organisation Reveals How Power Is Shifting in the World." *Guardian*, June 16, 2006, http://www.guardian.co.uk/commentisfree/2006/jun/16/shanghaisurprise.
- Hunt, Lacy H. "The Fed's Flawed Model." Casey Research, May 28, 2013, http://www.caseyresearch.com/articles/the-feds-flawed-model.
- International Monetary Fund. "Currency Composition of Official Foreign Exchange Reserves (COFER)," http://www.imf.org/external/np/sta/cofer/eng/index.htm.
- ——. "Proposal for a General Allocation of SDRs." Report, June 9, 2009, http://www.imf.org/external/np/pp/eng/2009/060909.pdf.
- ——."A Framework for the Fund's Issuance of Notes to the Official Sector," June 17, 2009, http://www.imf.org/external/np/pp/eng/2009/063009.pdf.
- ——. "IMF to Begin On-Market Sales of Gold." Press Release no. 10/44, February 17, 2010, http://www.imf.org/external/np/sec/pr/2010/pr1044.htm.
- ——. "Systematic Risk and the Redesign of Financial Regulation." Global Financial Stability Report, April 2010, http://www.imf.org/external/pubs/ft/gfsr/2010/01/pdf/chap2.pdf.
- ——. "The IMF-FSB Early Warning Exercise: Design and Methodological Toolkit." September 2010, http://www.imf.org/external/np/pp/eng/2010/090110.pdf.
- ——. "IMF Determines New Currency Weights for SDR Valuation Basket." Press Release no. 10/434, November 15, 2010, http://www.imf.org/external/np/sec/pr/2010/pr10434.htm.
- Jaffe, Greg. "U.S. Model for a Future War Fans Tensions with China and Inside Pentagon." *Washington Post*, August 1, 2012, http://articles.washingtonpost.com/2012-08-01/world/35492126_1_china-tensions-china-threat-pentagon.
- Kaminski, Matthew. "Guy Sorman: Why Europe Will Rise Again." *Wall Street Journal*, August 18, 2011, p. A11, http://online.wsj.com/news/articles/SB10000872396390444375104577592850332409044.
- ——. "Trying to Save Europe, 'Step by Step.'" *Wall Street Journal*, December 4, 2012, p. A17, http://online.wsj.com/news/articles/SB10001424127887323901604578157282337844170.
- Kannan, Prakash, and Fritzi Kohler-Geib. "The Uncertainty Channel of Contagion." IMF Working Paper no. WP/09/219, October 2009, http://www.imf.org/external/pubs/ft/wp/2009/wp09219.pdf. "Kazakhstan—Two Decades of Global Initiatives." *First Magazine*, http://www.firstmagazine.com/DownloadSpecialReportDetail.1225.ashx.
- Khalifa, Sherif, Ousmane Seck, and Elwin Tobing. "Financial Wealth Effect: Evidence from Threshold Estimation." *Applied Economics Letters* 18, no. 13 (2011), http://business.fullerton.edu/economics/skhalifa/publication13.pdf.
- King, Mervyn. "Do We Need an International Monetary System?" Speech given at Stanford Institute for Economic Policy Research, March 11, 2011, http://www.bankofengland.co.uk/publications/Documents/speeches/2011/speech480.pdf.
- Krugman, Paul. "The Myth of Asia's Miracle." *Foreign Affairs*, November–December 1994, p. 62, http://www.pairault.fr/documents/lecture3s2009.pdf.
- ——. "Sticky Wages and the Macro Story." *New York Times*, July 22, 2012, http://krugman.blogs.nytimes.com/2012/07/22/sticky-wages-and-the-macro-story.
- Lagerspetz, Eerik. "Money as a Social Contract." *Theory and Decision* 17, no. 1 (July 1984), pp. 1–9.
- Lee, Il Houng, Murtaza Syed, and Liu Xueyan. "Is China Over-Investing and Does It Matter?" IMF Working Paper no. WP/12/277, November 2012, http://www.imf.org/external/pubs/cat/longres.aspx?sk=40121.0.
- Lee, Il Houng, Xu Qingjun, and Murtaza Syed.

Economic Research, Working Paper no. 15142, July 2009, http://www.nber.org/papers/w15142.

- eThekwini Declaration. Fifth BRICS Summit, Durban, South Africa, March 27, 2013, http://www.brics5.co.za/assets/eThekwini-Declaration-and-Action-Plan-MASTER-27-MARCH-2013.pdf.
- Evans-Pritchard, Ambrose. "Beijing Hints at Bond Attack on Japan." *Telegraph*, September 18, 2012, http://www.telegraph.co.uk/finance/china-business/9551727/Beijing-hints-at-bond-attack-on-Japan.html.
- ——. "Japan's Shinzo Abe Prepares to Print Money for the Whole World." *Telegraph*, December 17, 2012, http://www.telegraph.co.uk/finance/economics/9751609/Japans-Shinzo-Abe-prepares-to-print-money-for-the-whole-world.html.
- Falliere, Nicolas, Liam O. Murchu, and Eric Chien. "W.32.Stuxnet Dossier Version 1.4," Symantec, February 2011, http://www.symantec.com/content/en/us/enterprise/media/security_response/whitepapers/w32_stuxnet_dossier.pdf.
- Farchy, Jack. "Iran Bought Gold to Cut Dollar Exposure." *Financial Times*, March20, 2011, http://www.ft.com/cms/s/0/cc350008-5325-11e0-86e6-00144feab49a.html.
- Farchy, Jack, and Roula Khalaf. "Gold Key to Financing Gaddafi Struggle." *Financial Times*, March 21, 2011, http://www.ft.com/intl/cms/s/0/588ce75a-53e4-11e0-8bd7-00144feab49a.html.
- Faucon, Benoit. "U.S. Warns Russia on Iranian Bank." *Wall Street Journal*, December 11, 2012, http://online.wsj.com/news/articles/SB10001424127887323330604578145071930969966.
- Ferguson, Niall. "Complexity and Collapse: Empires on the Edge of Chaos." *Foreign Affairs*, March–April 2010, http://www.foreignaffairs.com/articles/65987/niall-ferguson/complexity-and-collapse.
- Fisher, Irving. "The Debt-Deflation Theory of Great Depressions." *Econometrica* (1933), available from the Federal Reserve Bank of St. Louis, http://fraser.stlouisfed.org/docs/meltzer/fisdeb33.pdf.
- Fisher, Max. "Syrian Hackers Claim AP Hack That Tipped Stock Market by $136 Billion. Is It Terrorism?" *Washington Post*, April 23, 2013, http://www.washingtonpost.com/blogs/worldviews/wp/2013/04/23/syrian-hackers-claim-ap-hack-that-tipped-stock-market-by-136-billion-is-it-terrorism.
- Flavelle, Christopher. "Debunking the 'Wealth Effect.' " *Slate*, June 10, 2008, http://www.slate.com/articles/news_and_politics/hey_wait_a_minute/2008/06/debunking_the_wealth_effect.html.
- Forbes, Kristin. "Why Do Foreigners Invest in the United States?" National Bureau of Economic Research, Working Paper no. 13908, April 2008, http://www.nber.org/papers/w13908.
- Gang, Xiao. "Regulating Shadow Banking." *China Daily*, October 12, 2012, http://www.chinadaily.com.cn/opinion/2012-10/12/content_15812305.htm.
- Gelb, Leslie H. "GDP Now Matters More Than Force: A U.S. Policy for the Age of Economic Power." *Foreign Affairs*, November–December 2010, http://www.foreignaffairs.com/articles/66858/leslie-h-gelb/gdp-now-matters-more-than-force.
- Gill, Indermit, and Martin Raiser. "Golden Growth: Restoring the Lustre of the European Economic Model." International Bank for Reconstruction and Development, 2012, http://issuu.com/world.bank.publications/docs/9780821389652. "Gold Seized at Istanbul Airport Was Allegedly for Iran." *Voice of Russia*, January 6, 2013, http://voiceofrussia.com/2013_01_06/Gold-seized-at-Istanbul-airport-was-allegedly-for-Iran.
- Goodhart, Charles. "Central Banks Walk Inflation's Razor Edge." *Financial Times*, January 30, 2013, http://www.ft.com/intl/cms/s/0/744e4a96-661c-11e2-b967-00144feab49a.html.
- Hanemann, Thilo, and Daniel H. Rosen. "China Invests in Europe, Patterns, Impacts and Policy Implications." Rhodium Group, June 2012, http://download.www.arte.tv/permanent /u1/Quand-la-Chine/RHG_ChinaInvestsInEurope_June2012[1].pdf.
- Hanke, Steve H. "The Federal Reserve vs. Small Business." Cato Institute, June 3, 2013, http://www.cato.org/blog/federal-reserve-vs-small-business-0.
- ——. "Syria's Annual Inflation Hits 200%." Cato Institute, July 1, 2013, http://www.cato.org/blog/syrias-annual-inflation-hits-200.
- Hayek, Friedrich. "The Use of Knowledge in Society." *American Economic Review* 35, no. 4 (September 1945), pp. 519–30, http://www.

Empirical Characterization of the Dynamic Effects of Changes in Government Spending and Taxes on Output." *Quarterly Journal of Economics* (2002), pp. 1329–68.
- Bouras, Stelios, and Philip Pangalos. "Foreign Money Is Revisiting Greece." *Wall Street Journal*, February 25, 2013, p. C1, http://online.wsj.com/news/articles/SB10001424127887323864304578320431435196910.
- Bumiller, Elisabeth. "Bin Laden, on Tape, Boasts of Trade Center Attacks; U.S. Says It Proves His Guilt." *New York Times*, December 14, 2001, http://www.nytimes.com/2001/12/14/world/nation-challenged-video-bin-laden-tape-boasts-trade-center-attacks-us-says-it.html.
- Buttonwood. "The Real Deal—Low Real Interest Rates Are Usually Bad New for Equity Markets." *Economist*, October 20, 2012, http://www.economist.com/news/finance-and-economics/21564845-low-real-interest-rates-are-usually-bad-news-equity-markets.
- ——. "The Euro Zone Crisis: Growth Problem." *Economist*, December 17, 2012, http://www.economist.com/blogs/buttonwood/2012/12/euro-zone-crisis. "Cargo Plane with 1.5 Tons of Gold Held in Istanbul." *Hurriyet Daily News*, January 5, 2013, http://www.hurriyetdailynews.com/cargo-plane-with-15-tons-of-gold-held-in-istanbul.aspx?pageID=238&nid=38427.
- Cendrowicz, Leo. "Switzerland Celebrates World's Longest Rail Tunnel." *Time*, October 20, 2010, http://www.time.com/time/business/article/0,8599,2026369,00.html.
- Chesney, Marc, Remo Crameri, and Loriano Mancini. "Detecting Informed Trading Activities in the Options Markets." Swiss Finance Institute Research Paper no.11-42 (July 2012), http://ssrn.com/abstract=1522157. "China, Russia Sign Five-Point Joint Statement," Xinhua, June 18, 2009, http://news.xinhuanet.com/english/2009-06/18/content_11558133.htm.
- Christ, Carl F. "A Short-Run Aggregate-Demand Model of the Interdependence and Effects of Monetary and Fiscal Policies with Keynesian and Classical Interest Elasticities." American Economic Review 57, no. 2 (May 1967).
- Clark, Andrew. "The Guardian Profile: Stephen Schwarzman." *Guardian*, June 15, 2007, http://www.theguardian.com/business/2007/jun/15/4.
- Cogan, John F., Tobias Cwik, John B. Taylor, and Volker Wieland. "New Keynesian Versus Old Keynesian Government Spending Multipliers." National Bureau of Economic Research, Working Paper no. 14782, March 2009, http://www.nber.org/papers/w14782.
- Cogan, John F., and John B. Taylor. "The Obama Stimulus Impact? Zero." *Wall Street Journal*, December 9, 2010, http://online.wsj.com/news/articles/SB100014240527487046792045756466603792267296.
- Das, Mitali, and Papa N'Diaye. "Chronicle of a Decline Foretold: Has China Reached the Lewis Turning Point?" IMF Working Paper no. WP/13/26, January 2013, http://www.imf.org/external/pubs/cat/longres.aspx?sk=40281.0.
- Davis, Bob. "China Tries to Shut Rising Income Gap." *Wall Street Journal*, December 11, 2012, p. A14, http://online.wsj.com/news/articles/SB10001424127887324640104578161493858722884.
- Del Negro, Marco, Marc Giannoni, and Christina Patterson. "The Forward Guidance Puzzle." Federal Reserve Bank of New York, Staff Report no. 574, October 2012, http://newyorkfed.org/research/staff_reports/sr574.pdf.
- Dell'Ariccia, Giovanni, Luc Laeven, and Gustavo Suarez. "Bank Leverage and Monetary Policy's Risk-Taking Channel: Evidence from the United States." IMF Working Paper no. WP/13/143, June 2013, http://www.imf.org/external/pubs/cat/longres.aspx?sk=40642.0.
- Dixon, Hugo. "The Gloom Around Greece Is Dissipating." *New York Times*, April 21, 2013, http://www.nytimes.com/2013/04/22/business/global/the-gloom-around-greece-is-dissipating.html.
- Eichengreen, Barry. "The Dollar Dilemma: The World's Top Currency Faces Competition." *Foreign Affairs*, September–October 2009, pp. 53–68.
- Eichengreen, Barry, and Marc Flandreau. "The Rise and Fall of the Dollar, Or When Did the Dollar Replace Sterling as the Leading Reserve Currency?" National Bureau of Economic Research, Working Paper no. 14154, July 2008, http://www.nber.org/papers/w14154.
- Eichengreen, Barry, and Douglas A. Irwin. "The Slide to Protectionism in the Great Depression: Who Succumbed and Why?" National Bureau of

参考文献

記事・論文

- Akerlof, George A. "The Market for 'Lemons': Quality Uncertainty and the Market Mechanism." *Quarterly Journal of Economics* 84, no. 3 (August 1970), pp.488–500.
- Alderman, Liz. "Under Chinese, a Greek Port Thrives." *New York Times*, October 19, 2012, http://www.nytimes.com/2012/10/11/business/global /chinese-company-sets-new-rhythm-in-port-of-piraeus.html.
- Alderman, Liz, and Demitris Bounias. "Privatizing Greece, Slowly but Not Surely." *New York Times*, November 18, 2012, www.nytimes.com/glogin?URI=http://www.nytimes.com/2012/11/18/business/privatizing-greece-slowly-but-not-surely.html.
- Allouni, Tayser. "A Discussion on the New Crusader Wars," October 21, 2001, http://www.religioscope.com/info/doc/jihad/ubl_int_2.htm.
- Ambinder, Marc. "The Day After." *National Journal*, April 11, 2011, http://www.national journal .com/magazine/government- still-unprepared-for-disaster-20110411.
- Aslund, Anders. "Southern Europe Ignores Lessons from Latvia at Its Peril," Peterson Institute for International Economics, Policy Brief no. PB12-17, June 2012, http://www.iie.com/publications/pb/pb12-17.pdf.
- ——. "Paul Krugman's Baltic Problem," *Foreign Policy*, September 13, 2012, http://www.foreignpolicy.com/articles/2012/09/13/paul_krugmans_baltic_problem.
- Bak, Per. "The Devil's Staircase." *Physics Today* 39, no. 12 (1986), pp. 38–45.
- ——. "Catastrophes and Self-Organized Criticality." *Computers in Physics*, no.5 (1991), pp. 430–33.
- Barnett, Lionel, Joseph T. Lizier, Michael Harre, Anil K. Seth, and Terry Bossomaier. "Information Flow in a Kinetic Ising Model Peaks in the Disordered Phase." *Physical Review Letters* 111, no. 17 (2013), pp. 177203-1–177203-3, http://prl.aps.org/abstract/PRL/v111/i17/e177203.
- Barro, Robert J. "Are Government Bonds Net Wealth?" *Journal of Political Economy* 82 (1974), pp. 1095–117.
- Barro, Robert J., and Charles J. Redlick. "Macroeconomic Effects from Government Purchases and Taxes." National Bureau of Economic Research, Working Paper no. 15369, September 2009, http://www.nber.org/papers/w15369.
- Barsky, Robert B., and Lawrence H. Summers. "Gibson's Paradox and the Gold Standard." *Journal of Political Economy* 96 (1988), pp. 528–50.
- Basher, Dr. Syed Abul. "Regional Initiative in the Gulf: Search for a GCC Currency." Paper presented at the International Institute for Strategic Studies Seminar, Bahrain, September 30, 2012, http://www.iiss.org/en/events/geo-economics%20seminars/geo-economics%20seminars/archive/currencies-of-power-and-the-power-of-currencies-38db.
- Benoit, Angeline, Manuel Baigorri, and Emma Ross-Thomas. "Rajoy Drives Spanish Revolution with Low-Cost Manufacture." *Bloomberg*, December 19, 2012, http://www.bloomberg.com/news/2012-12-19/rajoy-drives-spanish-revolution-with-low-cost-manufacture.html.
- Berkmen, S. Pelin. "Bank of Japan's Quantitative and Credit Easing: Are They Now More Effective?" IMF Working Paper no. WP/12/2, January 2012, http://www.imf.org/external/pubs/ft/wp/2012/wp1202.pdf.
- Bernanke, Ben S. "Irreversibility, Uncertainty, and Cyclical Investment." National Bureau of Economic Research, Working Paper no. 502, July 1980, http://www.nber.org/papers/w502.
- ——. "The Macroeconomics of the Great Depres sion: A Comparative Approach." *Journal of Money, Credit and Banking* 27 (1995), pp. 1–28.
- ——. "Deflation: Making Sure 'It' Doesn't Happen Here." Address to the National Economists Club, Washington, D.C., November 21, 2002, http://www.federalreserve.gov/boarddocs/speeches/2002/20021121/default.htm.
- ——. "U.S. Monetary Policy and International Implications." Remarks at IMF–Bank of Japan seminar, Tokyo, October 14, 2012, http://www.federalreserve.gov/newsevents/speech/bernanke20121014a.htm.
- ——. "Monetary Policy and the Global Economy." Speech at the London School of Economics, Lon don, March 25, 2013, http://www.federalreserve.gov/newsevents/speech/bernanke20130325a.htm.
- Blanchard, Oliver, and Roberto Perotti. "An

むすび

＊1 Karl Popper, The Open Society and Its Enemies (Princeton, N.J.: Princeton University Press, 1971), pp. 157-59. ポパーの言葉は George Soros, "How to Save the Euro from the EU Crisis—The Speech in Full," Guardian, April 9, 2013, http://www.guardian.co.uk/business/2013/apr/09/george-soros-save-eu-from-euro-crisis-speech に引用されている。

＊2 Radley Balko, Rise of the Warrior Cop: The Militarization of America's Police Forces (New York: Public Affairs, 2013).

＊3 Jonah Goldberg, Liberal Fascism: The Secret History of the American Left from Mussolini to the Politics of Meaning (New York: Doubleday, 2008).

＊4 Balko, Warrior Cop, p. 333 に引用されている。

outlook/economics/monetary-policy/third-time-unlucky-recession-in-2014.

＊3 Daniel Alpert, "The New Sick-onomy? Examining the Entrails of the U.S. Employment Situation," EconoMonitor, July 24, 2013, http://www.economonitor.com/danalperts2cents/2013/07/24/the-new-sick-onomy-examining-the-entrails-of-the-u-s-employment-situation.

＊4 "The Rolling Student Loan Bailout," Wall Street Journal, August 9, 2013, http://online.wsj.com/article/SB10001424127887323968704578652291680883634.html.

＊5 F. Scott Fitzgerald, The Crack-Up (1936; reprint New York: New Directions, 2009).

＊6 Satoshi Nakamoto, "Bitcoin: A Peer-to- Peer Electronic Cash System," November 1, 2008, http://bitcoin.org/bitcoin.pdf.

＊7 David Graeber, Debt: The First 5,000 Years (Brooklyn, N.Y.: Melville House, 2011), pp. 21-41.

＊8 Thomas L. Friedman, "A Failure to Imagine," New York Times, May 19, 2002, http://www.nytimes.com/2002/05/19/opinion/a-failure-to-imagine.html.

第11章　金融崩壊

＊1 Arthur F. Burns, memorandum to President Gerald R. Ford, June 3, 1975, U.S. Department of State, Office of the Historian, http://history.state.gov/historicaldocuments/frus1969-76v31/d86.

＊2 President Gerald R. Ford to Chancellor Helmut Schmidt, June 6, 1975, Gerald R. Ford Library, Ann Arbor, Mich., http://www.fordlibrarymuseum.gov/library/document/0351/1555807.pdf.

＊3 Adam Lebor, Tower of Basel: The Shadowy History of the Secret Bank That Runs the World (New York: Public Affairs, 2013), p. 189.

＊4 Dino Kos, Gold and Foreign Exchange Committee Discussion on Gold Market, April 7, 1997, http://www.gata.org/files/FedMemoG-10Gold&FXCommittee-4-29-1997.pdf.

＊5 Kevin M. Warsh, Board of Governors of the Federal Reserve System, to William J. Olson, September 17, 2009, http://www.gata.org/files/GATAFedResponse-09-17-2009.pdf.

＊6 Eisuke Sakakibara, conversation with the author, Seoul, South Korea, May 31, 2013.

＊7 Retired official of Brinks, conversation with the author, Hickory, N.C., November 10, 2013.

＊8 Holly Watt and Robert Winnett, "Goldfinger Brown's £2 Billion Blunder in the Bullion Market," Sunday Times, April 15, 2007, http://www.thesundaytimes.co.uk/sto/Test/politics/article63170.ece.

＊9 Bank for International Settlements, Financial Statements, updated June 24, 2013 , http://www.bis.org/banking/balsheet.htm (accessed July 21, 2013).

＊10 Bank for International Settlements, 83rd Annual Report, March 31, 2013, p. 110, http://www.bis.org/publ/arpdf/ar2013e7.pdf#page=44.

＊11 Bank for International Settlements, 80th Annual Report, March 31, 2010, p. 158n15, http://www.bis.org/publ/arpdf/ar2010e8.htm; emphasis added.

＊12 Bank for International Settlements, 83rd Annual Report, June 23, 2013, p. 133n15, http://www.bis.org/publ/arpdf/ar2013e7.pdf.

＊13 IMFの金売却に関するこの拡張分析の情報は、"Questions and Answers, IMF Gold Sales," International Monetary Fund, updated May 16, 2013, http://www.imf.org/external/np/exr/faq/goldfaqs.htmより。

＊14 ジェームズ・ハイムズとの会話（2012年11月8日、ニューヨーク市にて）より。

＊15 諜報関係部門高官との会話（2012年12月13日、バージニア州マクリーンにて）より。

＊16 ジェームズ・ハイムズとの会話（2013年7月15日、コネティカット州サウスポートにて）より。

＊17 David Greenlaw, James D. Hamilton, Peter Hooper, and Frederic S. Mishkin, "Crunch Time: Fiscal Crises and the Role of Monetary Policy," U.S. Monetary Policy Forum, February 22, 2013, rev. July 29, 2013, http://dss.ucsd.edu/~jhamilto/USMPF13_final.pdf.

＊18 同上、pp. 61-62.

States) 1926-1931," at Ludwig von Mises Institute, http://mises.org/money/4s3.aspを参照。本項の一部はこの論文を参考にしたもの。

＊9　たとえばPaul Krugman, "Golden Instability," New York Times, August 26, 2012, http://krugman.blogs.nytimes.com/2012/08/26/golden-instabilityを参照。

＊10　本項の金の生産量、需要量、供給量に関するデータはワールド・ゴールド・カウンシルのウェブサイトwww.gold.orgより。

＊11　事前合意の可能性に最も適合する変化は、2002年の第四・四半期に現れている。報告された中国の金準備高が99.84トン増加し、同時にスイスの金準備高が70.4トン減少したのである（ワールド・ゴールド・カウンシルのウェブサイト www.gold.org を参照）。とはいえ、スイスと中国の事前合意の証拠はまったく見つかっていない。スイスと中国の取引が事前に合意されていたとすると、それはバーゼルの国際決済銀行（BIS）の機関を通じて処理された可能性が高い。スイスの中央銀行、スイス国立銀行は、1930年のBIS設立時からBISの株主になっている。スイス国立銀行のウェブサイトhttp://www.snb.ch/en/iabout/internat および国連条約集のウェブサイト http://treaties.un.org/Pages/showDetails.aspx?objid=0800000280167c31を参照。

＊12　中国のグローバルな金購入活動をじかに知っている銀行幹部や資産運用会社幹部との会話（2012年9月、香港にて）より。

＊13　中国の金購入代理人との会話（2013年8月7日、ニューヨーク市にて）、およびパース・ミントから著者への2013年9月25日付電子メールより。

＊14　Brendan Conway, "China: Soon to Be World's Biggest Gold Importer, If It Isn't Already," Barron's, February 6, 2013, http://blogs.barrons.com/focusonfunds/2013/02/06/china-soon-to-be-worlds-biggest-goldimporter-if-it-isnt-already.

＊15　U.S. Geological Survey, "Gold," Mineral Commodity Summaries, January 2013, http://minerals.usgs.gov/minerals/pubs/commodity/gold/mcs-2013-gold.pdf　を参照。

＊16　同上

＊17　Scott Mayerowitz, "Welcome to the World's Largest Gold Vault," ABC News, September 19, 2009, http://abcnews.go.com/Business/story?id=5835433&page=1; and Mike Hanlon, "The Big Picture: This Vast Vault of Gold Under the Bank of England Should Weather Credit Crunch," Daily Mail, October 22, 2008, http://forums.canadiancontent.net/news/78369-vast-vault-gold-under-bank.htmlを参照。4,600トンという数字を挙げたデイリーメールの記事以降、約100トンがベネズエラに返還された。

＊18　"Deutsche Bundesbank's New Storage Plan for Germany's Gold Reserves," Deutsche Bundesbank, press notice, January 16, 2013, http://www.bundesbank.de/Redaktion/EN/Pressemitteilungen/BBK/2013/2013_01_16_storage_plan_gold_reserve.htm.

＊19　Katharina Bart and Albert Schmieder, "Swiss Right-Wing Forces Referendum on Banning SNB Gold Sales," Reuters, March 20, 2013, http://www.reuters.com/article/2013/03/20/us-swiss-gold-idUSBRE92J0Z320130320.

＊20　Jaco Schipper, "90% of Dutch Gold Reserve Is Held Abroad," Market Update, January 7, 2012, http://www.marketupdate.nl/nieuws/valutacrisis/90-of-dutch-gold-reserve-is-held-abroad.

＊21　C20、ジャマイカ会議、IMF協定の第2次改正を含む、国際通貨制度改革のための取り組みに関する学術的な掘り下げた研究については、Kenneth W. Dam, The Rules of the Game: Reform and Evolution in the International Monetary System (Chicago: University of Chicago Press, 1982)を参照。

＊22　Mario Draghi, lecture at the John F. Kennedy Jr. Forum at the Institute of Politics, Harvard University, Cambridge, Mass., October 9, 2013, https://forum.iop.harvard.edu/content/public-address-mario-draghi.

第10章　FRB

＊1　John Maynard Keynes, The General Theory of Employment, Interest, and Money (San Diego: Harcourt, 1964), p. 249.

＊2　John H. Makin, "Third Time Unlucky: Recession in 2014?" American Enterprise Institute, July 30, 2013, http://www.aei.org/

indexbc_m.htm のthe Foreign Exchange Rates H.10 data seriesのページで閲覧できる。

＊22 IMF Strategy, Policy, and Review Department, "Enhancing International Monetary Stability—A Role for the SDR?" January 7, 2011, http://www.imf.org/external/np/pp/eng/2011/010711.pdf.

＊23 同上。IMF Finance and Strategy, Policy, and Review Departments, "Criteria for Broadening the SDR Currency Basket," September 23, 2011, http://www.imf.org/external/np/pp/eng/2011/092311.pdf も参照。

＊24 IMF Strategy, Policy, and Review Department, "Enhancing International Monetary Stability—A Role for the SDR?"

＊25 IMF Articles of Agreement, Article XVII, Section 3(i), http://www.imf.org/external/pubs/ft/aa/index.htm#a5s1.

＊26 Adam Lebor, Tower of Basel: The Shadowy History of the Secret Bank That Runs the World (New York: Public Affairs, 2013), chap. 3.

＊27 Annual Report 2012, International Monetary Fund, Appendix VI: Financial Statements for FY 2012, Independent Auditors' Report on the Special Drawing Rights Department, June 21, 2012, Schedule 2, http://www.imf.org/external/pubs/ft/ar/2012/eng/pdf/a6.pdf.
IMFは他の参加国との間でSDRとハード・カレンシーの交換を行ったためSDR保有額が割当額より少なくなっている参加国の持ち高も記録している。このような参加国はIMF協定第19条第6項(a)に従って、「復元」に関する規則の適用を受ける。これはSDRの不足分は、そもそもSDRの発行を余儀なくさせた流動性危機の後に取得したハード・カレンシーでSDRを買い戻すことによって、いずれ埋め合わせなければならないということだ。とはいえ、IMF協定は復元に関する規則の適用の仕方についてきわめて柔軟で、第19条第6項(b)ではこの規則はいつでも変更できると定められている。この種の変更の提案に関しては、アメリカは有効な拒否権を持っていない。

＊28 本人との会話より。

＊29 IMF Articles of Agreement, Article XVIII, Section 1(a), http://www.imf.org/external/pubs/ft/aa/index.htm.

第9章　貨幣化する金

＊1 Nouriel Roubini, "After the Gold Rush," Project Syndicate, June 1, 2013, http://www.project-syndicate.org/commentary/the-end-of-the-gold-bubble-by-nouriel-roubini.

＊2 Gary Dorsch, "What's Behind the Global Flight into Gold?" Financial Sense Observations, June 30, 2010, http://www.financialsensearchive.com/Market/dorsch/2010/0630.html.

＊3 J. P. Morgan, Testimony of J. P. Morgan Before the Bank and Currency Committee of the House of Representatives at Washington, D.C., December 18-19, 1912, http://memory.loc.gov/service/gdc/scd0001/2006/20060517001te/20060517001te.pdf に引用されている。

＊4 国際通貨制度改革のための委員会、通称「20カ国委員会」の活動、勧告、および最終段階としてのIMF協定第二次改正の発効（1978年）に関する学術的説明については、Kenneth W. Dam, The Rules of the Game: Reform and Evolution in the International Monetary System (Chicago: University of Chicago Press, 1982), pp. 211-90を参照。

＊5 同上、p. 273n92.

＊6 ここに記した金の総供給量、および本章におけるこれ以後の具体的な金の量は、すべて2013年7月現在の数字であり、ワールド・ゴールド・カウンシルのウェブサイトwww.gold.orgで入手できる。

＊7 これらの数字はFRB、欧州中央銀行、日本銀行、中国人民銀行の2013年7月11日現在のウェブサイトより。
http://www.federalreserve.gov（FRB）
http://www.ecb.int/home/html/index.en.html（欧州中央銀行）
http://www.boj.or.jp/en（日本銀行）
http://www.pbc.gov.cn/publish/english/955/2013/20130313140427964275661/20130313140427964275661_.html（中国人民銀行）
円、ユーロ、元の対ドル交換レートは、1ドルに対してそれぞれ100円、0.77ユーロ、6.1元だった。

＊8 このテーマに関するより詳しい分析は、Murray N. Rothbard, What Has Government Done to Our Money? part 4, "The Monetary Breakdown of the West, 3. Phase III: The Gold Exchange Standard (Britain and the United

＊2 Riordan Roett and Guadalupe Paz, eds., China's Expansion into the Western Hemisphere: Implications for Latin America and the United States (Washington, D.C.: Brookings Institution Press, 2008).

＊3 William D. Cohan, "Rethinking Robert Rubin," Bloomberg Businessweek, September 30, 2012, http://www.businessweek.com/articles/2012-09-19/rethinking-robert-rubin; and Jonathan Stempel and Dan Wilchins, "Robert Rubin Quits Citigroup amid Criti cism," Reuters, January 9, 2009, http://www.reuters.com/article/2009/01/09/us-citigroup-rubin-idUSN0930738020090109 を参照。

＊4 朱民との会話より。

＊5 同上

＊6 IMF Monetary and Capital Markets Department, "Macrofinancial Stress Testing—Principles and Practices," August 22, 2012, http://www.imf.org/external/np/pp/eng/2012/082212.pdf.

＊7 IMF Articles of Agreement, Article V, Section 1, http://www.imf.org/external/pubs/ft/aa/index.htm.

＊8 "IMF Lending Arrangements as of May 13, 2013," International Monetary Fund, http://www.imf.org/external/np/fin/tad/extarr11.aspx?memberKey1=ZZZZ&date1key=2020-02-28.

＊9 この分析では1米ドル＝0.667SDRという交換レートが使われている。交換レートの変遷は "Exchange Rate Archives by Month," International Monetary Fund, http://www.imf.org/external/np/fin/data/param_rms_mth.aspx で閲覧できる。

＊10 "Letters from the President to the Bipartisan Leadership on NAB Fund," Office of the Press Secretary, White House, April 20, 2009, http://www.whitehouse.gov/the-press-office/letters-president-bipartisan-leadership-nab-fund.

＊11 同上

＊12 "IMF Managing Director Dominique Strauss-Kahn Welcomes U.S. Congressional Approval of IMF-Related Legislation, Including U.S. Financial Commitment of up to US$100 Billion," International Monetary Fund, Press Release no. 09/220, June 18, 2009, http://www.imf.org/external/np/sec/pr/2009/pr09220.htm.

＊13 John Gizzi, "Why Is the U.S. Bankrolling IMF's Bailouts in Europe?" Human Events, April 25, 2011, http://www.humanevents.com/2011/05/02/why-is-the-us-bankrolling-imfs-bailouts-in-europe.

＊14 Sandrine Rastello and Timothy R. Homan, "Lagarde Boosting China IMF Clout Requires New Allies," Bloomberg, April 10, 2013, http://www.bloomberg.com/news/2013-04-10/lagarde-boosting-china-imf-clout-requires-new-allies.html.

＊15 Lesley Wroughton and David Lawder, "Senate Rebuffs Obama Request to Shift Fund for IMF," Reuters, March 12, 2013, http://www.reuters.com/article/2013/03/12/us-usa-imf-reforms-idUSBRE92B04K20130312.

＊16 Pan Pylas, "Christine Lagarde at Davos 2012: 'I Am Here with My Little Bag, to Collect a Bit of Money,'" Huffington Post, January 28, 2012, http://www.huffingtonpost.com/2012/01/28/christine-lagarde-davos-2012_n_1239050.html.

＊17 Howard Schneider, "Q & A with IMF Director Christine Lagarde," Washington Post, June 29, 2013, http://articles.washingtonpost.com/2013-06-29/business/40269400_1_christine-lagarde-imf-former-french-finance-minister.

＊18 "Easy Money: Consequences of the Global Liquidity Glut," Milken Institute 2012 Global Conference, May 1, 2012, http: //www.mi lkeninst itute.org/events/gcprogram.taf?functi on=detail&EvID=3353&eventid=GC12.

＊19 International Monetary Fund, Annual Report 2012, Appendix VI: Financial Statements for FY 2012, Independent Auditors' Report on the Special Drawing Rights Department, June 21, 2012, p. 31, http://www.imf.org/external/pubs/ft/ar/2012/eng/pdf/a6.pdf; emphasis added.

＊20 Kenneth W. Dam, The Rules of the Game: Reform and Evolution in the International Monetary System (Chicago: University of Chicago Press, 1982), pp. 151-52.

＊21 この指数は連邦準備制度理事会が発表する統計シリーズに含まれており、http://www.federalreserve.gov/releases/h10/summary/

は貨幣の付帯的価値ではなく本質的価値を明らかにするために、アップデートされた形で説明されている。

＊2 Irving Fisher, "The Debt-Deflation Theory of Great Depressions," Econometrica (1933), available from the Federal Reserve Bank of St. Louis, http://fraser.stlouisfed.org/docs/meltzer/fisdeb33.pdf; and Milton Friedman, Studies in the Quantity Theory of Money (Chicago: University of Chicago Press, 1967).

＊3 Georg Friedrich Knapp, The State Theory of Money (San Diego: Simon, 2003).

＊4 John Maynard Keynes, Treatise on Money, vol. 1, The Pure Theory of Money, and vol. 2, The Applied Theory of Money (London: Macmillan, 1950).

＊5 Paul McCulley and Zoltan Pozsar, "Helicopter Money: Or How I Stopped Worrying and Love Fiscal-Monetary Cooperation," GIC Global Society of Fellows, January 7, 2013, http://www.interdependence.org/wp-content/uploads/2013/01/Helicopter_Money_Final1.pdf; Stephanie A. Bell and Edward J. Nell, eds., The State, the Market, and the Euro: Metallism versus Chartalism in the Theory of Money (Northampton, Mass.: Edward Elgar, 2003).

＊6 Richard Duncan, The New Depression: The Breakdown of the Paper Money Economy (Singapore: John Wiley & Sons Singapore Pte., 2012).

＊7 Fiona Maclachlan, "Max Weber and the State Theory of Money," working paper, http://home.manhattan.edu/~fiona.maclachlan/maclachlan26july03.htm.

＊8 Warren Buffett, interview by Becky Quick and Joe Kernan, CNBC, November 3, 2009, http://www.cnbc.com/id/33603477.

＊9 John F. Cogan, Tobias Cwik, John B. Taylor, and Volker Wieland, "New Keynesian Versus Old Keynesian Government Spending Multipliers," National Bureau of Economic Research, Working Paper no. 14782, February 2009, http://www.nber.org/papers/w14782.pdf?new_window=1.

＊10 John H. Makin, "Trillion-DollarnDeficits Are Sustainable for Now, Unfortunately," American Enterprise Institute, December 13, 2012, http://www.aei.org/outloook/trillion-dollar-deficits-are-sustainable-for-now-unfortunately.

＊11 Carmen M. Reinhart and Kenneth S. Rogoff, "Growth in a Time of Debt," National Bureau of Economic Research, Working Paper no. 15639, January 2010, http://www.nber.org/papers/w15639.

＊12 Carmen M. Reinhart and M. Belen Sbrancia, "The Liquidation of Government Debt," National Bureau of Economic Research, Working Paper no. 16893, March 2011, http://www.nber.org/papers/w16893.

＊13 Michael Woodford, "Methods of Policy Accommodation at the Interest-Rate Lower Bound," paper presented at the Federal Reserve Bank of Kansas City Symposium, Jackson Hole, Wyo., August 31, 2012, p. 6, emphasis in the original, http://www.kc.frb.org/publicat/sympos/2012/mw.pdf.

＊14 Federal Reserve, press release, December 12, 2012, http://www.federalreserve.gov/newsevents/press/monetary/20121212a.htm.

＊15 Marco Del Negro, Marc Giannoni, and Christina Patterson, "The Forward Guidance Puzzle," Federal Reserve Bank of New York, Staff Report no. 574, October 2012, http://newyorkfed.org/research/staff_reports/sr574.pdf.

＊16 Charles Goodhart, "Central Banks Walk Inflation's Razor Edge," Financial Times, January 30, 2013, http://www.ft.com/intl/cms/s/0/744e4a96-661c-11e2-b967-00144feab49a.html.

＊17 Jeremy C. Stein, "Overheating in Credit Markets: Origins, Measurement, and Policy Responses," Federal Reserve Bank of St. Louis Research Symposium, February 7, 2013, http://www.federalreserve.gov/newsevents/speech/stein20130207a.htm.

第8章　IMF

＊1 本章の朱民博士の略歴は、著者との会話（2012年11月8日、ニューヨーク市）の中で本人が語ったことにもとづいている。Dr. Min Zhu, lecture at the Watson Institute, Brown University, Providence, R.I., March 29, 2013.

to-hardship-latvia-accepts-austerity-and-its-pain-eases.html?pagewanted=all.

＊8 Christine Lagarde, "Latvia and the Baltics—A Story of Recovery," speech delivered in Riga, Latvia, June 5, 2013, http://www.imf.org/external/np/speeches/2012/060512.htm.

＊9 Ott Ummelas, "Why Estonia Loves the Euro," Bloomberg Businessweek, February 2, 2012, http://www.businessweek.com/magazine/why-estonia-loves-the-euro-02022012.html.

＊10 Jim O'Neill, interview, CNN Marketplace Africa, April 5, 2011, http://edition.cnn.com/2011/BUSINESS/04/05/jim.oneill.africa.bric/index.html.

＊11 eThekwini Declaration, Fifth BRICS Summit, Durban, South Africa, March 27, 2013, http://www.brics5.co.za/assets/eThekwini-Declaration-and-Action-Plan-MASTER-27-MARCH-2013.pdf.

＊12 同上

＊13 "Brazil Plans to Go Offline from US-Centric Internet," Hindu, September 17, 2013, http://www.thehindu.com/news/international/world/brazil-plans-to-go-offline-from-uscentric-internet/article5137689.ece.

＊14 Dilip Hiro, "Shanghai Surprise—The Summit of the Shanghai Cooperation Organisation Reveals How Power Is Shifting in the World," Guardian, June 16, 2006, http://www.guardian.co.uk/commentisfree/2006/jun/16/shanghaisurprise.

＊15 "The Interbank Consortium of the Shanghai Cooperation Organisation," Shanghai Cooperation Organisation, March 16, 2009, http://www.sectsco.org/EN123/show.asp?id=51.

＊16 Rick Rozoff, "The Shanghai Cooperation Organization: Prospects for a Multipolar World," Centre for Research on Globalisation, May 2009, http://www.globalresearch.ca/the-shanghai-cooperation-organization-prospects-for-a-multipolar-world.

＊17 "China, Russia Sign Five-Point Joint Statement," Xinhua, June 18, 2009, http://news.xinhuanet.com/english/2009-06/18/content_11558133.htm.

＊18 Dr. Syed Abul Basher, "Regional Initiative in the Gulf: Search for a GCC Currency," paper presented at the International Institute for Strategic Studies Seminar, Bahrain, September 30, 2012, http://www.iiss.org/en/events/geo-economics%20seminars/geo-economics%20seminars/archive/currencies-of-power-and-the-power-of-currencies-38db を参照。

＊19 原油のドル価格をSDRバスケットに入れるという案とその説明は、上記のDr. Syed Abul Basherの論文にもとづいている。

＊20 Ben S. Bernanke, "U.S. Monetary Policy and International Implications," remarks at IMF-Bank of Japan seminar, Tokyo, October 14, 2012, http://www.federalreserve.gov/newsevents/speech/bernanke20121014a.htm.

＊21 Ben S. Bernanke, "Monetary Policy and the Global Economy," speech at the London School of Economics, London, March 25, 2013, http://www.federalreserve.gov/newsevents/speech/bernanke20130325a.htm.

＊22 "Quantitative Easing Explained," Bank of England, http://www.bankofengland.co.uk/monetarypolicy/Pages/qe/default.aspx.

＊23 S. Pelin Berkmen, "Bank of Japan's Quantitative and Credit Easing: Are They Now More Effective?" IMF Working Paper no. WP/12/2, January 2012, http://www.imf.org/external/pubs/ft/wp/2012/wp1202.pdf.

＊24 Ambrose Evans-Pritchard, "Japan's Shinzo Abe Prepares to Print Money for the Whole World," Telegraph, December 17, 2012, http://www.telegraph.co.uk/finance/economics/9751609/Japans-Shinzo-Abe-prepares-to-print-money-for-the-whole-world.html.

＊25 "Introduction to the 'Quantitative and Qualitative Monetary Easing,'" Bank of Japan, April 4, 2013, http://www.boj.or.jp/en/announcements/release_2013/k130404a.pdf.

＊26 同上

第Ⅲ部　貨幣と富

第7章　債務と赤字とドル

＊1 Eerik Lagerspetz, "Money as a Social Contract," Theory and Decision 17, no. 1 (July 1984), pp. 1-9を参照。貨幣契約説の哲学的・法的起源は古くはアリストテレスにあり、近代ではジョン・ロックとサミュエル・フォン・プーフェンドルフにある。ここで

Joblessness Rises," Washington Post, March 1, 2013, http://articles.washingtonpost.com/2013-03-01/business/37373712_1_euro-zone-holdings-euro-zone-17-nation-currency-zone.

＊15 IMF, "Currency Composition of Official Foreign Exchange Reserves (COFER)," http://www.imf.org/external/np/sta/cofer/eng/index.htm.

＊16 Barack Obama, "Remarks by the President in State of the Union Address," January 27, 2010, http://www.whitehouse.gov/the-press-office/remarks-president-state-union-address;and Ben Bernanke, "U.S. Monetary Policy and International Implications," remarks at IMF-Bank of Japan seminar, October 14, 2012, http://www.federalreserve.gov/newsevents/speech/bernanke20121014a.htm.

＊17 "Salaries Drop by over 10 Pct Within a Year," ekathimerini, July 2, 2013, http://www.ekathimerini.com/4dcgi/_w_articles_wsite2_1_02/07/2013_507091.

＊18 Marcus Walker and Alessandra Galloni, "Embattled Economies Cling to the Euro," Wall Street Journal, February 13, 2013, p. A1, http://online.wsj.com/news/articles/SB10001424127887324761004578284203099970438.

＊19 Matthew Kaminski, "Guy Sorman: Why Europe Will Rise Again," Wall Street Journal, August 18, 2011, p. A11, http://online.wsj.com/news/articles/SB10000872396390444375104577592850332409044.

＊20 Stelios Bouras and Philip Pangalos, "Foreign Money Is Revisiting Greece," Wall Street Journal, February 25, 2013, p. C1, http://online.wsj.com/news/articles/SB10001424127887323864304578320431435196910.

＊21 Hugo Dixon, "The Gloom Around Greece Is Dissipating," New York Times, April 21, 2013, http://www.nytimes.com/2013/04/22/business/global/the-gloom-around-greece-is-dissipating.html.

＊22 Liz Alderman and Demitris Bounias, "Privatizing Greece, Slowly but Not Surely," New York Times, November 18, 2012, http://www.nytimes.com/glogin?URI=http://www.nytimes.com/2012/11/18/business/privatizing-greece-slowly-but-not-surely.html.

＊23 Liz Alderman, "Under Chinese, a Greek Port Thrives," New York Times, October 19, 2012, http://www.nytimes.com/2012/10/11/business/global/chinese-company-sets-new-rhythm-in-port-of-piraeus.html?pagewanted=all.

＊24 Ralph Minder, "Car Factories Offer Hope for Spanish Industry and Workers," New York Times, December 28, 2012, p. B1, http://www.nytimes.com/2012/12/28/business/global/car-factories-offer-hope-for-spanish-industry-and-workers.html?pagewanted=all; Angeline Benoit, Manuel Baigorri, and Emma Ross-Thomas, "Rajoy Drives Spanish Revolution with Low-Cost Manufacture," Bloomberg, December 19, 2012, http://www.bloomberg.com/news/2012-12-19/rajoy-drives-spanish-revolution-with-low-cost-manufacture.html.

＊25 Buttonwood, "The Euro Zone Crisis: Growth Problem," Economist, December 17, 2012, http://www.economist.com/blogs/buttonwood/2012/12/euro-zone-crisis.

＊26 Matina Stevis, "Euro Zone Closes In on Bank Plans," Wall Street Journal, June 13, 2013, http://online.wsj.com/article/SB10001424127887323734304578542941134353614.html.

第6章　BELLs、BRICS、その他の新興市場国

＊1 Jim O'Neill, "Building Better Global Economic BRICs," Goldman Sachs, Global Economics Paper no. 66, November 30, 2001, http://www.goldmansachs.com/our-thinking/archive/archive-pdfs/build-better-brics.pdf.

＊2 同上、p. S11.

＊3 Anders Åslund, "Southern Europe Ignores Lessons from Latvia at Its Peril," Peterson Institute for International Economics, Policy Brief no. PB12-17, June 2012, http://www.iie.com/publications/pb/pb12-17.pdf.

＊4 同上

＊5 Paul Ames, "Estonia Uses the Euro, and the Economy Is Booming," CNBC, June 5, 2012, http://www.cnbc.com/id/47691090.

＊6 同上

＊7 Andrew Higgins, "Used to Hardship, Latvia Accepts Austerity, and Its Pain Eases," New York Times, January 1, 2013, http://www.nytimes.com/2013/01/02/world/europe/used-

＊7 "Heirs of Mao's Comrades Rise as New Capitalist Nobility," Bloomberg News, December 26, 2012, http://www.bloomberg.com/news/2012-12-26/immortals-beget-china-capitalism-from-citic-to-godfather-of-golf.html.

＊8 Xiao Gang, "Regulating Shadow Banking," China Daily, October 12, 2012, p. 8, http://www.chinadaily.com.cn/opinion/2012-10/12/content_15812305.htm.

＊9 Alistair Macdonald, Paul Vieira, and Will Connors, "Chinese Fly Cash West, by the Suitcase," Wall Street Journal, January 2, 2013, p. A1, http://online.wsj.com/news/articles/SB10001424127887323635504578213933647167020.

＊10 Bob Davis, "China Tries to Shut Rising Income Gap," Wall Street Journal, December 11, 2012, p. A14, http://online.wsj.com/news/articles/SB10001424127887324640104578161493858722884.

＊11 Minxin Pei, "China's Troubled Bourbons," Project Syndicate, October 31, 2012, www.project-syndicate.org.

＊12 Il Houng Lee, Murtaza Syed, and Liu Xueyan, "Is China Over-Investing and Does It Matter?" IMF Working Paper no.WP/12/277, November 2012, http://www.imf.org/external/pubs/cat/longres.aspx?sk=40121.0.

＊13 Michael Pettis, "The IMF on Overinvestment," Michael Pettis' China Financial Markets, December 28, 2012, http://www.economonitor.com/blog/2012/12.

＊14 Houng Il Lee, Xu Qingjun, and Murtaza Syed, "China's Demography and Its Implications," IMF Working Paper no. WP/13/82, March 28, 2013, http://www.imf.org/external/pubs/cat/longres.aspx?sk=40446.0.

第5章　新しいドイツ帝国

＊1 Einhard, The Life of Charlemagne (ninth century; reprint Kessinger, 2010).

＊2 Lauro Martines, Furies: War in Europe, 1450-1700 (New York: Bloomsbury, 2013), p. 118.

＊3 John Williamson, "What Washington Means by Policy Reform," Peterson Institute for International Economics, 1990, http://www.iie.com/publications/papers/paper.cfm?researchid=486.

＊4 Joshua Cooper Ramo, The Beijing Consensus (London, Foreign Policy Centre, 2004), p. 4.

＊5 John Williamson, "Is the 'Beijing Consensus' Now Dominant?" Asia Policy, no. 13 (January 2012), pp. 1-16.

＊6 World Intellectual Property Organization, WIPO IP Facts and Figures 2012, WIPO Economics and Statistics Series, http://www.wipo.int /export /sites/www/freepublications/en/statistics/943/wipo_pub_943_2012.pdf.

＊7 "Corporate Tax Rates Table," KPMG, http://www.kpmg.com/global/en/services/tax/tax-tools-and-resources/pages/corporate-tax-rates-table.aspx.

＊8 Leo Cendrowicz, "Switzerland Celebrates World's Longest Rail Tunnel," Time, October 20, 2010, http://www.time.com/time/business/article/0,8599,2026369,00.html.

＊9 Paul Krugman, "Sticky Wages and the Macro Story," New York Times, July 22, 2012, http://krugman.blogs.nytimes.com/2012/07/22/sticky-wages-and-the-macro-story.

＊10 Robert A. Mundell, "A Theory of Optimum Currency Areas," American Economic Review 51, no. 4 (September 1961), pp. 657-65, esp. 659.

＊11 Indermit Gill and Martin Raiser, "Golden Growth, Restoring the Lustre of the European Economic Model," International Bank for Reconstruction and Development, 2012, http://issuu.com/world.bank.publications/docs/9780821389652.

＊12 Howard Schneider, "As Chinese Capital Moves Abroad, Europe Offers an Open Door," Washington Post, February 26, 2013, http://articles.washingtonpost.com/2013-02-26/business/37297545_1_direct-investment-chinese-investors-rhodium-group.

＊13 Lingling Wei and Bob Davis, "China's Zhu Changhong Helps Steer Nation's Currency Reserves," Wall Street Journal, July 16, 2013, p. C1, http://online.wsj.com/article/SB10001424127887323664204578606301739504368.html.

＊14 Howard Schneider, "In a Two-Faced Euro Zone, Financial Conditions Ease and tary Management: The U.K. Experience," in Anthony Courakis, ed., Inflation, Depression, and Economic Policy in the West (Lanham, Md.: Rowman and Littlefield, 1981), pp. 111-46を参照。

＊3 U.S. Congress, "Housing Wealth and Consumer Spending," Congressional Budget Office Background Paper, January 2007, http://www.cbo.gov/publication/18279.

＊4 Sydney Ludvigson and Charles Steindel, "How Important Is the Stock Market Effect on Consumption?" FRBNY Economic Policy Review, July 1990, http://ftp.ny.frb.org/research/epr/99v05n2/9907ludv.pdf.

＊5 Sherif Khalifa, Ousmane Seck, and Elwin Tobing, "Financial Wealth Effect: Evidence from Threshold Estimation," Applied Economics Letters 18, no. 13 (2011), http://business.fullerton.edu/economics/skhalifa/publication13.pdf.

＊6 Christopher Flavelle, "Debunking the 'Wealth Effect,'" Slate, June 10, 2008, http://www.slate.com/articles/news_and_politics/hey_wait_a_minute/2008/06/debunking_the_wealth_effect.html.

＊7 U.S. Congress, "Housing Wealth"; and Ludvigson and Steindel, "How Important."

＊8 Lacy H. Hunt, "The Fed's Flawed Model," Casey Research, May 28, 2013, http://www.caseyresearch.com/articles/the-feds-flawed-model.

＊9 同上

＊10 Steve H. Hanke, "The Federal Reserve vs. Small Business," Cato Institute, June 3, 2013, http://www.cato.org/blog/federal-reserve-vs-small-business-0.

＊11 Giovanni Dell'Ariccia, Luc Laeven, and Gustavo Suarez, "Bank Leverage and Monetary Policy's Risk-Taking Channel: Evidence from the United States," IMF Working Paper no. WP/13/143, June 2013, http://www.imf.org/external/pubs/cat/longres.aspx?sk=40642.0.

＊12 この分析は、Buttonwood, "The Real Deal—Low Real Interest Rates Are Usually Bad News for Equity Markets," Economist, October 20, 2012, http://www.economist.com/news/finance-and-economics/21564845-low-real-interest-rates-are-usually-bad-news-equity-markets のデータと報告にもとづいている。

＊13 George A. Akerlof, "The Market for 'Lemons': Quality Uncertainty and the Market Mechanism," Quarterly Journal of Economics 84, no. 3 (August 1970), pp. 488-500.

＊14 Ben S. Bernanke, "Irreversibility, Uncertainty, and Cyclical Investment," National Bureau of Economic Research, Cambridge, Mass., July 1980, http://www.nber.org/papers/w502.

＊15 Jason E. Taylor and Richard K. Vedder, "Stimulus by Spending Cuts: Lessons from 1946," Cato Institute, Cato Policy Report, May-June 2010, http://www.cato.org/policy-report/mayjune-2010/stimulus-spending-cuts-lessons-1946.

＊16 Frank H. Knight, Risk, Uncertainty and Profit (1921; reprint Washington, D.C.: Beard Books, 2002).

＊17 Bernanke, "Irreversibility, Uncertainty."

＊18 同上

＊19 Robert E. Hall, "The Routes into and out of the Zero Lower Bound," paper prepared for the Federal Reserve Bank of Kansas City Symposium, Jackson Hole, Wyo., August 13, 2013, http://www.stanford.edu/~rehall/HallJacksonHole2013.

第４章　中国の新興金融閥

＊1 Tao Te Ching, trans. Stephen Addis and Stanley Lombardo (Indianapolis: Hackett, 1993).

＊2 1930年代に天津市長を務めた張薛明の孫、デービッド・T・C・リーとの会話（2012年6月6日、上海にて）より。

＊3 Paul Krugman, "The Myth of Asia's Miracle," Foreign Affairs, November-December 1994, p. 62, http://www.pairault.fr/documents/lecture3s2009.pdf.

＊4 Mitali Das and Papa N'Diaye, "Chronicle of a Decline Foretold: Has China Reached the Lewis Turning Point?" IMF Working Paper no. 13/26, January 2013, http://www.imf.org/external/pubs/cat/longres.aspx?sk=40281.0.

＊5 James McGregor, No Ancient Wisdom, No Followers (Westport, Conn.: Prospecta Press, 2012), p. 23.

＊6 同上、p. 34.

*24 Benoît Faucon, "U.S. Warns Russia on Iranian Bank," Wall Street Journal, December 11, 2012, http://online.wsj.com/news/articles/SB10001424127887323330604578145071930969966.

*25 Siobhan Gorman and Danny Yadron, "Iran Hacks Energy Firms, U.S. Says," Wall Street Journal, May 23, 2013, http://online.wsj.com/article/SB10001424127887323336104578501601108021968.html.

*26 Steve H. Hanke, "Syria's Annual Inflation Hits 200%," Cato Institute, July 1, 2013, http://www.cato.org/blog/syrias-annual-inflation-hits-200.

*27 "Three Nukes for $5 billion," Debka-Net-Weekly 13, no. 588 (May 24, 2013), http://www.debka.com.

*28 著者は前のパラグラフで説明されているバーレーン、アメリカ科学者連盟、ボーイング、国防大学による金融戦争ゲーム・イベントのすべてに、ゲーム参加者として、もしくは講演者または発言者として参加した。

*29 Henry Samuels, "Swiss War Game Envisages Invasion by Bankrupt French," Telegraph, September 30, 2013, http://www.telegraph.co.uk/news/worldnews/europe/switzerland/10344029/Swiss-war-game-envisages-invasion-by-bankrupt-French.html.

*30 中国やイランを含むさまざまな主体による、アメリカの金融その他のシステムに対するサイバー攻撃の範囲と蔓延ぶりに関する主な研究報告や白書は次のとおり。"Global Energy Cyberattacks: 'Night Dragon,'" McAfee Foundstone Professional Services and McAfee Labs White Paper, February 10, 2011, http://www.mcafee.com/us/resources/white-papers/wp-global-energy-cyberattacks-night-dragon.pdf; Nicolas Falliere, Liam O. Murchu, and Eric Chien, "W.32.Stuxnet Dossier Version 1.4," Symantec, February 2011, http://www.symantec.com/content/en/us/enterprise/media/security_response/whitepapewh/w32_stuxnet_dossier.pdf; and Mandiant, "APT1: Exposing One of China's Cyber Espionage Units," 2013, Mandiant Intelligence Center Report, http://intelreport.mandiant.com.

*31 SEC高官との会話(2012年9月)より。

*32 Max Fisher, "Syrian Hackers Claim AP Hack That Tipped Stock Market by $136 Billion. Is It Terrorism?" Washington Post, April 23, 2013, http://www.washingtonpost.com/blogs/worldviews/wp/2013/04/23/syrian-hackers-claim-ap-hack-that-tipped-stock-market-by-136-billion-is-it-terrorism.

*33 Scott Patterson, Jenny Strasburg, and Jacob Bunge, "Knight Upgrade Triggered Old Trading System, Big Losses," Wall Street Journal, August 14, 2012, http://online.wsj.com/news/articles/SB10000872396390444318104577589694289838100.

*34 著者はロング・ターム・キャピタル・マネジメント(LTCM)の法務顧問だった関係で、ニューヨーク連邦準備銀行が取りまとめた1998年の救済で主任交渉人を務めた。LTCMは債券およびデリバティブの取引では有名だったが、株式市場でも活発に取引していたことはあまり知られていなかった。LTCMは株式の未決済ポジションを150億ドル以上抱えていた、世界最大のリスク裁定取引業者だったのだ。1998年9月20日、当時ニューヨーク連邦準備銀行公開市場操作部門の責任者だったピーター・R・フィッシャーは、著者やLTCMの創業者でCEOのジョン・メリウェザーと一緒にLTCMの帳簿記録を調べた後、即座にこう言った。「君たちが債券市場を崩壊させるおそれがあることは知っていたが、株式市場も崩壊させるとは考えもしなかったよ」。救済をまとめるFRBの努力は翌朝始まり、1998年9月28日に終了した。

*35 Marc Ambinder, "The Day After," National Journal, April 11, 2011, http://www.nationaljournal.com/magazine/government-still-unprepared-for-disaster-20201104.

第II部　貨幣と市場

第3章　市場の緩やかな死

*1 Friedrich A. Hayek, "The Use of Knowledge in Society," American Economic Review 35, no. 4 (1935), pp. 519-30, http://www.econlib.org/library/Essays/hykKnw1.html.

*2 この論文はいくつかの出版物に転載されてきた。 Charles Goodhart, "Problems of Mone

Washington Post, August 1, 2012, http://articles.washingtonpost.com/2012-08-01/world/35492126_1_china-tensions-china-threat-pentagon.

＊3 Major General Wang Pufeng, "The Challenge of Information Warfare," China Military Science, Spring 1995, http://www.fas.org/irp/world/china/docs/iw_mg_wang.htm.

＊4 Colonel Qiao Liang, and Colonel Wang Xiangsui, Unrestricted Warfare (Beijing: People's Liberation Army, 1999).

＊5 同上

＊6 Floyd Norris, "Data Shows Less Buying of U.S. Debt by China," New York Times, January 21, 2011, http://www.nytimes.com/2011/01/22/business/economy/22charts.html?_r=0.

＊7 Andrew Ross Sorkin and David Barboza, "China to Buy $3 Billion Stake in Blackstone," New York Times, May 20, 2007, http://www.nytimes.com/2007/05/20/business/world business/20cnd-yuan.html?pagewanted=print.

＊8 James B. Stewart, "The Birthday Party," New Yorker, February 11, 2008, http: //www.newyorker.com/reporting/2008/02/11/080211fa_fact_stewart.

＊9 Andrew Clark, "The Guardian Profile: Stephen Schwarzman," Guardian, June 15, 2007, http://www.theguardian.com/business/2007/jun/15/4. に引用されている。

＊10 Sorkin and Barboza, "China to Buy."

＊11 Ambrose Evans-Pritchard, "Beijing Hints at Bond Attack on Japan," Telegraph, September 18, 2012, http://www.telegraph.co.uk/finance/china-business/9551727/Beijing-hints-at-bond-attack-on-Japan.html.

＊12 "Australia: Reserve Bank Networks Hacked," Stratfor Global Intelligence, March 11, 2013, www.stratfor.com.

＊13 軍の諜報部門を使ってサイバー戦争によって極秘情報や知的財産を盗もうとする中国の動きについては、Mandiant, "APT1: Exposing One of China's Cyber Espionage Units," 2013, Mandiant Intelligence Center Report, http://intelreport.mandiant.com で詳しく説明されている。

＊14 Matthew M. Aid, "Inside the NSA's Ultra-Secret China Hacking Group," Foreign Policy, June 10, 2013, http://www.foreignpolicy.com/articles/2013/06/10/inside_the_nsa_s_ultra_secret_china_hacking_group.

＊15 "Fact Sheet: Quantum Dawn 2, July 18, 2013," SIFMA,http://www.sifma.org/uploadedfiles/services/bcp/qd2-fact-sheet.pdf?n=19890.

＊16 Kasia Klimasinska and Ian Katz, "Useless Rial Is U.S. Goal in New Iran Sanctions, Treasury Says," Bloomberg, June 6, 2013, http://www.bloomberg.com/news/2013-06-06/useless-rial-is-u-s-goal-in-new-iran-sanctions-treasury-says.html.

＊17 Jack Farchy, "Iran Bought Gold to Cut Dollar Exposure," Financial Times, March 20, 2011, http://www.ft.com/cms/s/0/cc350008-5325-11e0-86e6-00144feab49a.html.

＊18 Dheeraj Tiwari and Rajeev Jayaswal, "India, Iran Mull over Gold-for-Oil for Now," Economic Times, January 8, 2011, http://articles.economictimes.indiatimes.com/2011-01-08/news/28433295_1_bilateral-issue-oil-india-imports.

＊19 "Turkey's Gold Export to Iran Rises Again," Hurriyet Daily News, May 1, 2013, http://www.hurriyetdailynews.com/turkeys-gold-export-to-iran-rises-again-.aspx?pageIp=238&nid=46002.

＊20 "Cargo Plane with 1.5 Tons of Gold Held in Istanbul," Hurriyet Daily News, January 5, 2013, http://www.hurriyetdailynews.com/cargo-plane-with-15-tons-of-gold-held-in-istanbul-.aspx?pageID=238&nid=38427.

＊21 "Gold Seized at Istanbul Airport Was Allegedly for Iran," Voice of Russia, January 6, 2013, http://voiceofrussia.com/2013_01_06/Gold-seized-at-Istanbul-airport-was-allegedly-for-Iran.

＊22 Matthew Rosenberg, "An Afghan Mystery: Why Are Large Shipments of Gold Leaving the Country?" New York Times, December 15, 2012, http://www.nytimes.com/2012/12/16/world/asia/as-gold-is-spirited-out-of-afghanistan-oficials-wonder-why.html.

＊23 "U.S. to Block Sale of Gold to Iran in Sanctions Clampdown," Al Arabiya, May 16, 2003, http://english.alarabiya.net /en/business/economy/2013/05/16/U-S-to-block-sales-of-gold-to-Iran-in-sanctions-clampdown.html.

原注

序文

＊1　Janet Tavakoli, "Who Says Gold Is Money (Part Two)," Financial Report, Tavakoli Structured Finance, August 30, 2013, http://www.tavakolistructuredfinance.com/2013/08/tavakoli-says-gold-is-money.

第Ⅰ部　貨幣と地政学

第1章　市場のシグナル

＊1　著者との会話の中で語られた言葉（2003年9月26日、CIA本部にて）。

＊2　ジョン・マルヘレンの1990年の有罪判決は1991年に第二巡回区控訴裁判所によってくつがえされた。これにより完全に疑いが晴れたことで、彼は証券業界に復帰することができた。

＊3　Elisabeth Bumiller, "Bin Laden, on Tape, Boasts of Trade Center Attacks; U.S. Says It Proves His Guilt," New York Times, December 14, 2001, http://www.nytimes.com/2001/12/14/world/nation-challenged-video-bin-laden-tape-boasts-trade-center-attacks-us-says-it.html.
ビデオでの9月5日という発言は、市場がまだ開いていたニューヨーク時間帯について言ったもの。ビン・ラディンはアフガニスタンでこの発言をしたのだが、ニューヨーク時間より9.5時間早いアフガニスタン時間では、それは2001年9月6日のことだった。

＊4　Tayser Allouni, "A Discussion on the New Crusader Wars," October 21, 2001, http://www.religioscope.com/info/doc/jihad/ubl_int_2.htm.

＊5　National Commission on Terrorist Attacks upon the United States, The 9/11 Commission Report (New York: W. W. Norton, 2004),pp. 222, 237.

＊6　オプション取引のデータについては、Allen M. Poteshman, "Unusual Option Market Activity and the Terrorist Attacks of September 11, 2001," Journal of Business 79, no. 4 (July 2006), pp. 1703-26, http://www.jstor.org/stable/10.1086/503645を参照。

＊7　National Commission on Terrorist Attacks, 9/11 Commission Report, p. 172.

＊8　Poteshman, "Unusual Option Market Activity"; Wing-Keung Wong, Howard E. Thompson, and Kweechong Teh, "Was There Abnormal Trading in the S&P 500 Index Options Prior to the September 11 Attacks?" Social Science Research Network, April 13, 2010, http://ssrn.com/abstract=1588523; and Marc Chesney, Remo Crameri, and Loriano Mancini, "Detecting Informed Trading Activities in the Options Markets," Swiss Finance Institute Research Paper no. 11-42 (July 2012), http://ssrn.com/abstract=1522157を参照。

＊9　Poteshman, "Unusual Option Market Activity."

＊10　Erik Lie, "On the Timing of CEO Stock Option Awards," Management Science 51, no. 5 (May 2005), pp. 802-12, http://www.biz.uiowa.edu/faculty/elie/Grants-MS.pdf.

＊11　Poteshman, "Unusual Option Market Activity," p. 1725.

＊12　Chesney, Crameri, and Mancini, "Detecting," p. 19.

＊13　9/11 Commission Report, p. 259.に引用されている。

＊14　ジョージ・W・ブッシュのこの言葉は、Andrew J. Bacevich, "He Told Us to Go Shopping," Washington Post, October 5, 2008, http://articles.washingtonpost.com/2008-10-05/opinions/36929207_1_president-bush-american-consumer-congressに引用されている。

＊15　Siobhan Gorman, Devlin Barrett, and Jennifer Valentino-Devries, "CIA's Financial Spying Bags Data on Americans," Wall Street Journal, November 14, 2013, http://online.wsj.com/news/articles/SB10001424052702303559504579198370113163530.

第2章　金融戦争

＊1　"The Dragon's New Teeth," Economist, April 7, 2012, http://www.economist.com/node/21552193.に引用されている。

＊2　Greg Jaffe, "U.S. Model for a Future War Fans Tensions with China and Inside Pentagon,"

ジェームズ・リカーズ（James Rickards）

資本市場で30年を超える実務経験を持つ投資銀行家、リスク管理の専門家。国防総省やアメリカの諜報コミュニティ、大手ヘッジファンドなどにグローバル金融について助言しており、国防総省が実施した初の金融戦争ゲームの推進役を務めた。*Currency Wars*（邦訳『通貨戦争』［朝日新聞出版］）と本書は、ともに米国でベストセラーになった。

藤井清美（ふじい・きよみ）

京都大学文学部卒業。翻訳家。主な訳書に『大統領のリーダーシップ』（東洋経済新報社）、『強欲の帝国』（早川書房）、『コトラーのマーケティング3.0』『タックスヘイブンの闇』『通貨戦争』（以上、朝日新聞出版）などがある。

ドル消滅

国際通貨制度の崩壊は始まっている！

2015年6月30日　第1刷発行

著者　ジェームズ・リカーズ
訳者　藤井清美

発行者　首藤由之
発行所　朝日新聞出版
〒104-8011　東京都中央区築地5-3-2
電話　03-5541-8814（編集）　03-5540-7793（販売）

印刷所　大日本印刷株式会社

Published in Japan by Asahi Shimbun Publications Inc.
ISBN 978-4-02-331359-0